金融违法案件办理丛书

期货违法案件
办理总成

侍 雯 许楚奇◎编著

DEALING WITH
ILLEGAL FUTURES CASES

法律出版社
LAW PRESS · CHINA
北京

图书在版编目(CIP)数据

期货违法案件办理总成 / 侍雯，许楚奇编著. -- 北京：法律出版社，2022
ISBN 978 - 7 - 5197 - 7293 - 2

Ⅰ. ①期… Ⅱ. ①侍… ②许… Ⅲ. ①期货交易－案例－处理－中国 Ⅳ. ①D922.287.5

中国版本图书馆 CIP 数据核字(2022)第 208257 号

期货违法案件办理总成
QIHUO WEIFA ANJIAN BANLI ZONGCHENG

侍 雯 许楚奇 编著

责任编辑 许 睿
装帧设计 汪奇峰

出版发行 法律出版社
编辑统筹 司法实务出版分社
责任校对 朱轶佳
责任印制 胡晓雅
经　　销 新华书店

开本 710 毫米×1000 毫米 1/16
印张 22　　字数 359 千
版本 2022 年 12 月第 1 版
印次 2022 年 12 月第 1 次印刷
印刷 三河市兴达印务有限公司

地址：北京市丰台区莲花池西里 7 号(100073)
网址：www.lawpress.com.cn
投稿邮箱：info@lawpress.com.cn
举报盗版邮箱：jbwq@lawpress.com.cn
销售电话：010 - 83938349
客服电话：010 - 83938350
咨询电话：010 - 63939796

书号：ISBN 978 - 7 - 5197 - 7293 - 2
定价：98.00 元

序

期货违法活动横跨刑事、行政、民事三大领域，涉及的法律法规规章、司法解释、行业规范十分繁杂；在法律规范供给不足之处，典型案例、主管部门的权威解读对于指导实践也发挥着至关重要的作用。办理此类案件，必须对刑行民三大领域的相关规定、典型案例、权威解读均烂熟于心、了如指掌，才有可能妥当地处理案件、全面地为当事人提供法律服务。特别是，2020年《中华人民共和国刑法修正案（十一）》对涉期货犯罪条款作了修正；2022年《中华人民共和国期货和衍生品法》对期货违法的行政责任和民事责任作了全新的设计。在这样的制度背景下，打通刑行民三大领域进行系统梳理更是势在必行。

本书是已经出版的《证券违法案件办理总成》的姊妹篇，整体结构与之基本保持一致，分为刑事犯罪、行政违法、民事侵权三篇。在每一篇中，以法律条文（主要是《刑法》和《期货和衍生品法》的条文）为中心，围绕条文进行三个方面的注解：一是“相关规定”，其中既包括相关法律法规规章，也包括司法解释和规范性文件，还包括一些重要的自律监管规则等。二是“典型案例”，主要是最高人民法院、最高人民检察院、中国证监会等主管部门发布的指导性案例、典型案例，以及在实践中影响较大、广为关注、有典型意义的案例。三是“权威解读”，主要是最高立法机关、最高司法机关、中国证监会等主管部门编写的法律释义、司法解释理解与适用文章，突出重要性、权威性。至于笔者对于相关问题的观点，只在必要之处以“本书注”的形式体现在脚注之中。

需要说明的是，为了聚焦中心、突出重点、节约篇幅，本书在体例上，一是并非每个法条项下均有“相关规定”“典型案例”“权威解读”三个方面的注解，而是根据实际需要进行编录。对于实践中不常用的法条，相关内容适当简省。二是根据行文需要，少量重要的文件属于全文编录，案例以及多数文件则属于节录。

本书的最后设置“附篇”，整理了一个指引（刑行民衔接指引）、三个比对表（《期货和衍生品法》与《期货交易管理条例》条文比对、刑行民责任条文比对、《期货和衍生品法》与《证券法》法律责任条文比对）、一个汇总表（自1999年中国证监会对期货市场实现统一集中监管以来的期货市场行政处罚和市场禁入案例汇总），作为读者进一步研究、学习的索引。

鉴于个人能力有限，难免会有错漏之处，希望学界、实务界同仁能够不吝指正，以便于本书更好地为期货研究者、从业者、爱好者服务。

侍　雯　许楚奇

2022年11月

目　录

第一篇　刑事犯罪篇

第二篇　行政违法篇

第三篇 | 民事侵权篇

附　篇

第一篇　刑事犯罪篇

《刑法》第一百七十四条　【擅自设立金融机构罪】【伪造、变造、转让金融机构经营许可证、批准文件罪】

第一百七十四条　未经国家有关主管部门批准，擅自设立商业银行、证券交易所、期货交易所、证券公司、期货经纪公司、保险公司或者其他金融机构的，处三年以下有期徒刑或者拘役，并处或者单处二万元以上二十万元以下罚金；情节严重的，处三年以上十年以下有期徒刑，并处五万元以上五十万元以下罚金。

伪造、变造、转让商业银行、证券交易所、期货交易所、证券公司、期货经纪公司、保险公司或者其他金融机构的经营许可证或者批准文件的，依照前款的规定处罚。

单位犯前两款罪的，对单位判处罚金，并对其直接负责的主管人员和其他直接责任人员，依照第一款的规定处罚。

相关规定

《最高人民检察院、公安部关于公安机关管辖的刑事案件立案追诉标准的规定（二）》（公通字〔2022〕12 号）

第十九条　〔擅自设立金融机构案（刑法第一百七十四条第一款）〕未经国家有关主管部门批准，擅自设立金融机构，涉嫌下列情形之一的，应予立案追诉：

（一）擅自设立商业银行、证券交易所、期货交易所、证券公司、期货公司、保险公司或者其他金融机构的；

（二）擅自设立金融机构筹备组织的。

第二十条　〔伪造、变造、转让金融机构经营许可证、批准文件案（刑法

第一百七十四条第二款)〕伪造、变造、转让商业银行、证券交易所、期货交易所、证券公司、期货公司、保险公司或者其他金融机构的经营许可证或者批准文件的，应予立案追诉。

权威解读①

1. 在实践中，有些证券公司、期货经纪公司或者其他金融机构为了扩展业务，不向主管机关申报而擅自扩建营业网点、增设分支机构，或者虽向主管机关申报，但在主管机关尚未批准前就擅自设立分支机构进行营业活动。虽然这些行为都是违法行为，但与那些未取得金融业务经营资格的单位或者个人违反法律、法规的规定擅自设立商业银行、证券交易所、期货交易所、证券公司、期货公司、保险公司或者其他金融机构的行为在本质上还是有区别的。前者应由有关主管部门查处后予以纪律或行政处理，如责令取消未经批准设立和扩建的营业网点和分支机构，给予行政处罚等，而不应当按照犯罪处理。

2. “伪造”是指仿照经营许可证或者批准文件的形状、特征、色彩、样式，非法制造假的经营许可证或者批准文件的行为。“变造”是指通过涂改、拼改、挖补等手段，改变经营许可证或者批准文件内容的行为，如通过上述手段改变原许可证或者批准文件上的经营业务的范围、单位的名称、批准的日期、批准的单位等。“转让”是指行为人将自己的经营许可证或者批准文件通过出售、出租、出借、赠与等方式有偿或者无偿转与或者让与其他的机构或者个人使用的行为。

《刑法》第一百八十条 【内幕交易、泄露内幕信息罪】【利用未公开信息交易罪】

第一百八十条　证券、期货交易内幕信息的知情人员或者非法获取证券、期货交易内幕信息的人员，在涉及证券的发行，证券、期货交易或者其他对证券、期货交易价格有重大影响的信息尚未公开前，买入或者卖出该证券，或者从事与该内幕信息有关的期货交易，或者泄露该信息，或者明示、暗示他人从事上述交易活动，情节严重的，处五年以下有期徒刑或者拘役，并处或者单处违法所得一倍以上五倍以下罚金；情节特别严重的，处五年以上十年以下有期

---

① 参见王爱立主编:《〈中华人民共和国刑法〉释解与适用》(上)，人民法院出版社2021年版，第429－431页。

徒刑，并处违法所得一倍以上五倍以下罚金。

单位犯前款罪的，对单位判处罚金，并对其直接负责的主管人员和其他直接责任人员，处五年以下有期徒刑或者拘役。

内幕信息、知情人员的范围，依照法律、行政法规的规定确定。

证券交易所、期货交易所、证券公司、期货经纪公司、基金管理公司、商业银行、保险公司等金融机构的从业人员以及有关监管部门或者行业协会的工作人员，利用因职务便利获取的内幕信息以外的其他未公开的信息，违反规定，从事与该信息相关的证券、期货交易活动，或者明示、暗示他人从事相关交易活动，情节严重的，依照第一款的规定处罚。

相关规定

1.《最高人民法院、最高人民检察院关于办理内幕交易、泄露内幕信息刑事案件具体应用法律若干问题的解释》(法释〔2012〕6号)

为维护证券、期货市场管理秩序，依法惩治证券、期货犯罪，根据刑法有关规定，现就办理内幕交易、泄露内幕信息刑事案件具体应用法律的若干问题解释如下：

第一条　下列人员应当认定为刑法第一百八十条第一款规定的“证券、期货交易内幕信息的知情人员”：

（一）证券法第七十四条①规定的人员；

（二）期货交易管理条例第八十五条第十二项②规定的人员。

第二条　具有下列行为的人员应当认定为刑法第一百八十条第一款规定的“非法获取证券、期货交易内幕信息的人员”：

（一）利用窃取、骗取、套取、窃听、利诱、刺探或者私下交易等手段获取内幕信息的；

（二）内幕信息知情人员的近亲属或者其他与内幕信息知情人员关系密切的人员，在内幕信息敏感期内，从事或者明示、暗示他人从事，或者泄露内幕信息导致他人从事与该内幕信息有关的证券、期货交易，相关交易行为明显异常，且无正当理由或者正当信息来源的；

---

① 2005年《证券法》第七十四条即2019年《证券法》第五十一条。——本书注

② 2007年《期货交易管理条例》第八十五条第十二项即2017年《期货交易管理条例》第八十一条第十二项。——本书注

（三）在内幕信息敏感期内，与内幕信息知情人员联络、接触，从事或者明示、暗示他人从事，或者泄露内幕信息导致他人从事与该内幕信息有关的证券、期货交易，相关交易行为明显异常，且无正当理由或者正当信息来源的。

第三条 本解释第二条第二项、第三项规定的“相关交易行为明显异常”，要综合以下情形，从时间吻合程度、交易背离程度和利益关联程度等方面予以认定：

（一）开户、销户、激活资金账户或者指定交易（托管）、撤销指定交易（转托管）的时间与该内幕信息形成、变化、公开时间基本一致的；

（二）资金变化与该内幕信息形成、变化、公开时间基本一致的；

（三）买入或者卖出与内幕信息有关的证券、期货合约时间与内幕信息的形成、变化和公开时间基本一致的；

（四）买入或者卖出与内幕信息有关的证券、期货合约时间与获悉内幕信息的时间基本一致的；

（五）买入或者卖出证券、期货合约行为明显与平时交易习惯不同的；

（六）买入或者卖出证券、期货合约行为，或者集中持有证券、期货合约行为与该证券、期货公开信息反映的基本面明显背离的；

（七）账户交易资金进出与该内幕信息知情人员或者非法获取人员有关联或者利害关系的；

（八）其他交易行为明显异常情形。

第四条 具有下列情形之一的，不属于刑法第一百八十条第一款规定的从事与内幕信息有关的证券、期货交易：

（一）持有或者通过协议、其他安排与他人共同持有上市公司百分之五以上股份的自然人、法人或者其他组织收购该上市公司股份的；

（二）按照事先订立的书面合同、指令、计划从事相关证券、期货交易的；

（三）依据已被他人披露的信息而交易的；

（四）交易具有其他正当理由或者正当信息来源的。

第五条 本解释所称“内幕信息敏感期”是指内幕信息自形成至公开的期间。

证券法第六十七条第二款[①]所列“重大事件”的发生时间，第七十五条[②]规

① 2005 年《证券法》第六十七条第二款即 2019 年《证券法》第八十条第二款。——本书注

② 2019 年《证券法》已删除该条中的相关内容。——本书注

定的“计划”、“方案”以及期货交易管理条例第八十五条第十一项[①]规定的“政策”、“决定”等的形成时间，应当认定为内幕信息的形成之时。

影响内幕信息形成的动议、筹划、决策或者执行人员，其动议、筹划、决策或者执行初始时间，应当认定为内幕信息的形成之时。

内幕信息的公开，是指内幕信息在国务院证券、期货监督管理机构指定的报刊、网站等媒体披露。

第六条　在内幕信息敏感期内从事或者明示、暗示他人从事或者泄露内幕信息导致他人从事与该内幕信息有关的证券、期货交易，具有下列情形之一的，应当认定为刑法第一百八十条第一款规定的“情节严重”：

（一）证券交易成交额在五十万元以上的；

（二）期货交易占用保证金数额在三十万元以上的；

（三）获利或者避免损失数额在十五万元以上的；

（四）三次以上的；

（五）具有其他严重情节的。

第七条　在内幕信息敏感期内从事或者明示、暗示他人从事或者泄露内幕信息导致他人从事与该内幕信息有关的证券、期货交易，具有下列情形之一的，应当认定为刑法第一百八十条第一款规定的“情节特别严重”：

（一）证券交易成交额在二百五十万元以上的；

（二）期货交易占用保证金数额在一百五十万元以上的；

（三）获利或者避免损失数额在七十五万元以上的；

（四）具有其他特别严重情节的。

第八条　二次以上实施内幕交易或者泄露内幕信息行为，未经行政处理或者刑事处理的，应当对相关交易数额依法累计计算。

第九条　同一案件中，成交额、占用保证金额、获利或者避免损失额分别构成情节严重、情节特别严重的，按照处罚较重的数额定罪处罚。

构成共同犯罪的，按照共同犯罪行为人的成交总额、占用保证金总额、获利或者避免损失总额定罪处罚，但判处各被告人罚金的总额应掌握在获利或者避免损失总额的一倍以上五倍以下。

第十条　刑法第一百八十条第一款规定的“违法所得”，是指通过内幕交易行为所获利益或者避免的损失。

---

① 2007 年《期货交易管理条例》第八十五条第十一项即 2017 年《期货交易管理条例》第八十一条第十一项。——本书注

内幕信息的泄露人员或者内幕交易的明示、暗示人员未实际从事内幕交易的，其罚金数额按照因泄露而获悉内幕信息人员或者被明示、暗示人员从事内幕交易的违法所得计算。

第十一条 单位实施刑法第一百八十条第一款规定的行为，具有本解释第六条规定情形之一的，按照刑法第一百八十条第二款的规定定罪处罚。

2.《最高人民法院、最高人民检察院关于办理利用未公开信息交易刑事案件适用法律若干问题的解释》（法释〔2019〕10号）

为依法惩治证券、期货犯罪，维护证券、期货市场管理秩序，促进证券、期货市场稳定健康发展，保护投资者合法权益，根据《中华人民共和国刑法》《中华人民共和国刑事诉讼法》的规定，现就办理利用未公开信息交易刑事案件适用法律的若干问题解释如下：

第一条 刑法第一百八十条第四款规定的“内幕信息以外的其他未公开的信息”，包括下列信息：

（一）证券、期货的投资决策、交易执行信息；

（二）证券持仓数量及变化、资金数量及变化、交易动向信息；

（三）其他可能影响证券、期货交易活动的信息。

第二条 内幕信息以外的其他未公开的信息难以认定的，司法机关可以在有关行政主（监）管部门的认定意见的基础上，根据案件事实和法律规定作出认定。

第三条 刑法第一百八十条第四款规定的“违反规定”，是指违反法律、行政法规、部门规章、全国性行业规范有关证券、期货未公开信息保护的规定，以及行为人所在的金融机构有关信息保密、禁止交易、禁止利益输送等规定。

第四条 刑法第一百八十条第四款规定的行为人“明示、暗示他人从事相关交易活动”，应当综合以下方面进行认定：

（一）行为人具有获取未公开信息的职务便利；

（二）行为人获取未公开信息的初始时间与他人从事相关交易活动的初始时间具有关联性；

（三）行为人与他人之间具有亲友关系、利益关联、交易终端关联等关联关系；

（四）他人从事相关交易的证券、期货品种、交易时间与未公开信息所涉证券、期货品种、交易时间等方面基本一致；

（五）他人从事的相关交易活动明显不具有符合交易习惯、专业判断等正当理由；

（六）行为人对明示、暗示他人从事相关交易活动没有合理解释。

第五条 利用未公开信息交易，具有下列情形之一的，应当认定为刑法第一百八十条第四款规定的“情节严重”：

（一）违法所得数额在一百万元以上的；

（二）二年内三次以上利用未公开信息交易的；

（三）明示、暗示三人以上从事相关交易活动的。

第六条 利用未公开信息交易，违法所得数额在五十万元以上，或者证券交易成交额在五百万元以上，或者期货交易占用保证金数额在一百万元以上，具有下列情形之一的，应当认定为刑法第一百八十条第四款规定的“情节严重”：

（一）以出售或者变相出售未公开信息等方式，明示、暗示他人从事相关交易活动的；

（二）因证券、期货犯罪行为受过刑事追究的；

（三）二年内因证券、期货违法行为受过行政处罚的；

（四）造成恶劣社会影响或者其他严重后果的。

第七条 刑法第一百八十条第四款规定的“依照第一款的规定处罚”，包括该条第一款关于“情节特别严重”的规定。

利用未公开信息交易，违法所得数额在一千万元以上的，应当认定为“情节特别严重”。

违法所得数额在五百万元以上，或者证券交易成交额在五千万元以上，或者期货交易占用保证金数额在一千万元以上，具有本解释第六条规定的四种情形之一的，应当认定为“情节特别严重”。

第八条 二次以上利用未公开信息交易，依法应予行政处理或者刑事处理而未经处理的，相关交易数额或者违法所得数额累计计算。

第九条 本解释所称“违法所得”，是指行为人利用未公开信息从事与该信息相关的证券、期货交易活动所获利益或者避免的损失。

行为人明示、暗示他人利用未公开信息从事相关交易活动，被明示、暗示人员从事相关交易活动所获利益或者避免的损失，应当认定为“违法所得”。

第十条 行为人未实际从事与未公开信息相关的证券、期货交易活动的，其罚金数额按照被明示、暗示人员从事相关交易活动的违法所得计算。

第十一条 符合本解释第五条、第六条规定的标准，行为人如实供述犯罪事实，认罪悔罪，并积极配合调查，退缴违法所得的，可以从轻处罚；其中犯罪情节轻微的，可以依法不起诉或者免予刑事处罚。

符合刑事诉讼法规定的认罪认罚从宽适用范围和条件的，依照刑事诉讼法的规定处理。

第十二条　本解释自2019年7月1日起施行。

3.《最高人民检察院、公安部关于公安机关管辖的刑事案件立案追诉标准的规定（二）》（公通字〔2022〕12号）

第三十条　〔内幕交易、泄露内幕信息案（刑法第一百八十条第一款）〕 证券、期货交易内幕信息的知情人员、单位或者非法获取证券、期货交易内幕信息的人员、单位，在涉及证券的发行，证券、期货交易或者其他对证券、期货交易价格有重大影响的信息尚未公开前，买入或者卖出该证券，或者从事与该内幕信息有关的期货交易，或者泄露该信息，或者明示、暗示他人从事上述交易活动，涉嫌下列情形之一的，应予立案追诉：

（一）获利或者避免损失数额在五十万元以上的；

（二）证券交易成交额在二百万元以上的；

（三）期货交易占用保证金数额在一百万元以上的；

（四）二年内三次以上实施内幕交易、泄露内幕信息行为的；

（五）明示、暗示三人以上从事与内幕信息相关的证券、期货交易活动的；

（六）具有其他严重情节的。

内幕交易获利或者避免损失数额在二十五万元以上，或者证券交易成交额在一百万元以上，或者期货交易占用保证金数额在五十万元以上，同时涉嫌下列情形之一的，应予立案追诉：

（一）证券法规定的证券交易内幕信息的知情人实施或者与他人共同实施内幕交易行为的；

（二）以出售或者变相出售内幕信息等方式，明示、暗示他人从事与该内幕信息相关的交易活动的；

（三）因证券、期货犯罪行为受过刑事追究的；

（四）二年内因证券、期货违法行为受过行政处罚的；

（五）造成其他严重后果的。

第三十一条　〔利用未公开信息交易案（刑法第一百八十条第四款）〕 证券交易所、期货交易所、证券公司、期货公司、基金管理公司、商业银行、保险公司等金融机构的从业人员以及有关监管部门或者行业协会的工作人员，利用因职务便利获取的内幕信息以外的其他未公开的信息，违反规定，从事与该信息相关的证券、期货交易活动，或者明示、暗示他人从事相关交易活动，涉嫌下列情形之一的，应予立案追诉：

（一）获利或者避免损失数额在一百万元以上的；

（二）二年内三次以上利用未公开信息交易的；

（三）明示、暗示三人以上从事相关交易活动的；

（四）具有其他严重情节的。

利用未公开信息交易，获利或者避免损失数额在五十万元以上，或者证券交易成交额在五百万元以上，或者期货交易占用保证金数额在一百万元以上，同时涉嫌下列情形之一的，应予立案追诉：

（一）以出售或者变相出售未公开信息等方式，明示、暗示他人从事相关交易活动的；

（二）因证券、期货犯罪行为受过刑事追究的；

（三）二年内因证券、期货违法行为受过行政处罚的；

（四）造成其他严重后果的。

权威解读

1. 关于内幕交易、泄露内幕信息罪①

（1）关于内幕信息的知情人员范围

内幕信息的知情人员，包括基于管理地位、监督地位、职业地位或者通过职务行为能够接触或者获得内幕信息的人员。司法实践中，对内幕信息的知情人员的认定，需要注意以下三个问题的把握：

①严格区分证券、期货监督管理机构的规定与证券、期货监督管理机构的认定

前者是一种抽象行政行为，具有部门规章的性质；而后者往往是应司法机关的请求，基于监督管理机构对专业知识、经验的把握而出具的一种意见材料，既不是抽象行政行为，也不是具体行政行为。证券、期货监督管理机构出具的认定意见，经司法机关审查，具有客观性、真实性和合法性的，可以作为定案的根据。

②发行人（上市公司）的控股股东、实际控制人控制的其他公司的董事、监事、高级管理人员不是法定的内幕信息的知情人员

在《最高人民法院、最高人民检察院关于办理内幕交易、泄露内幕信息刑事案件具体应用法律若干问题的解释》（以下简称《内幕交易司法解释》）起草过程中，有观点认为，上述人员可以通过发行人、上市公司的内部传阅文件获

---

① 参见刘晓虎等：《〈最高人民法院、最高人民检察院关于办理内幕交易、泄露内幕信息刑事案件具体应用法律若干问题的解释〉的理解与适用》，载《人民司法》2012 年第 15 期。

悉内幕信息，应当通过《内幕交易司法解释》将上述人员明确为内幕信息的知情人员。后经征询有关部门，发行人（上市公司）的内部文件未必都传阅到其控股股东、实际控制人控制的其他公司的董事、监事、高级管理人员，而且这种可能性很大，因而《内幕交易司法解释》未将上述人员明确规定为内幕信息的知情人员。

③内幕信息的知情人员不包括单位

“人员”指的仅是自然人，而不包括单位，这是汉语中的通解。这样的理解并不与刑法关于单位犯内幕交易、泄露内幕信息罪的规定相违背，因为单位犯罪并非必须由单位具体实施，而是通过具体自然人实施的。如果自然人是根据单位集体决议，为了单位利益而从事内幕交易，就应当追究单位犯内幕交易罪的责任。同理，非法获取内幕信息的人员也仅指自然人，不包括单位。

（2）关于非法获取内幕信息的人员的范围

非法获取内幕信息的人员概括起来包括三类：一是非法手段型获取内幕信息的人员，即获取信息的手段行为本身是非法的，如通过窃取、刺探手段获取内幕信息的；二是特定身份型获取内幕信息的人员，即获取信息的手段行为未必是非法的，但其作为特定身份的人员不应获取内幕信息，如内幕信息知情人员的配偶从知情人员处获取内幕信息；三是积极联系型获取内幕信息的人员，即主动联络、接触行为未必是非法的，但结合行为目的分析，行为人毕竟是从内幕信息的知情人员处获取不应该获取的内幕信息，因此其获取行为是非法的。具体分述如下：

①关于非法手段型获取内幕信息的人员

《内幕交易司法解释》第二条第一项对以非法手段获取内幕信息的人员进行了规定。在征求意见过程中，有观点提出，窃取、骗取、套取、窃听、利诱、刺探或者私下交易这些非法手段在含义上存在交叉、重复，不如从行为人有无内幕信息知情的权利角度认定获取内幕信息的行为是否非法，任何内幕信息知情人员以外的人获取内幕信息都属非法获取内幕信息，建议取消非法手段的规定。如果保留本项规定，建议增加被动获悉内幕信息而从事内幕交易的犯罪情形。

经研究认为，窃取、骗取、套取、窃听、利诱、刺探或者私下交易这些手段在含义上虽然不是彼此完全孤立的，但每种手段都具有明显的特色，将这些手段行为并列规定不至于造成混同。当前，主流观点认为，在定罪过程中应当坚持主客观相统一原则。在这一原则主导下，要认定行为人是非法获取内幕信息，除了要求行为人在客观上通过行为获取信息并从事或者明示、暗示他人从事或者泄露该信息导致他人从事与该信息有关的证券、期货交易，还要求行为人在获悉信息时主观上明知该信息是内幕信息。因此，仅仅从行为人有无内幕信息知情的权利角度认定获取内幕信息是否非法的观点，难以在法理上经得住推敲。

②关于特定身份型非法获取内幕信息的人员

《内幕交易司法解释》起草过程中，关于特定身份型非法获取内幕信息人员的范围，主要围绕以下两个问题展开分析讨论：

一是应否将特定身份型非法获取内幕信息的人员范围扩展到内幕信息知情人员的配偶、父母、子女之外的其他近亲属。由于内幕信息知情人员的近亲属获取内幕信息具有天然的便利条件，要加大对内幕信息的保密力度，除了强化内幕信息知情人员的保密义务，还应适度设置内幕信息知情人员的近亲属的保密义务，所以《解释》第二条第二项将内幕信息知情人员的近亲属规定为特定身份型非法获取内幕信息的人员。在起草之初，惟恐打击面过大，《内幕交易司法解释》将特定身份型非法获取内幕信息的人员范围限定为内幕信息知情人员的配偶、父母、子女。后考虑到内幕信息知情人员的兄弟姐妹、（外）祖父母、（外）孙子女以及其他近亲属与内幕信息知情人员的配偶、父母、子女具有同等便利条件，如果仅将特定身份型非法获取内幕信息的人员范围限制为配偶、父母、子女，留给内幕交易犯罪分子规避法律的空间将会非常大。基于这一考虑，《内幕交易司法解释》将特定身份型非法获取内幕信息的人员范围扩展到内幕信息知情人员的所有近亲属。

二是应否将特定身份型非法获取内幕信息的人员范围扩展到与内幕信息知情人员关系密切的人。肯定观点认为，内幕信息知情人员的情妇、情夫以及其他与其关系密切的人，在获取内幕信息的条件上，具有与内幕信息知情人员的近亲属同等的便利，应当设置此类人员的保密义务，将该类人员有条件地明确为非法获取内幕信息的人员。建议具体参照以下两种模式予以规定：一种模式参照《最高人民法院、最高人民检察院关于办理受贿刑事案件适用法律若干问题的意见》的规定，使用“特定关系人”的表述；另一种模式参照《刑法修正案（七）》“利用影响力受贿罪”的规定，使用“关系密切的人”的表述。否定观点认为，目前我国证券、期货市场处于起步发展阶段，法治理念和法律体系、制度尚不健全，如果将关系密切的人纳入非法获取内幕信息人员的范围，可能会造成打击面过大，在实践层面上也不易操作，搞不好会带来不好的社会效果。

《内幕交易司法解释》采纳了前一种观点。具体理由如下：其一是与内幕信息知情人员关系密切的人从事内幕交易或者泄露内幕信息的现象越来越普遍，需要在政策上加大打击力度。其二是关系密切的人从内幕信息知情人员那里获取内幕信息，具有与近亲属一样的便利条件，而且由于其身份更具隐秘性，规避法律的空间更大，所以有必要纳入刑法的调整范围。其三是在非法获取内幕信息人员的范围上，行政法与刑法没有本质区别，《最高人民法院关于审理证券行政处罚案件证据若干问题的座谈会纪要》第五条采用了“内幕信息知情人员的配偶、父母、子女以及其他有密切关系的人”的规定，为加强行刑衔接，可以参照这一表述。其四是就身份关系而论，与内幕信息知情人员关系密切的人从事内幕交易与《刑法》第三百八十八条之一规定的与国家工作人员关系密切的人利用影响力受贿，在利用影响力这一方面具有一定的相似性，在技术规范上援引《刑法》第三百八十八条之一的表述并无不妥。

三是被动型获取内幕信息的人员应否认定为非法获取内幕信息的人员。

首先，必须明确两个前提：第一，此处被动型获取内幕信息的人员必须是内幕信息知情人员的近亲属或者与其关系密切的人之外的人，如果是内幕信息知情人员的近亲属或者与其关系密切的人，则无论是主动获取还是被动获取内幕信息，均属于非法获取内幕信息的人员；第二，被动型获取内幕信息的人员主观上必须是明知：其一是明知信息的性质，即明知信息是内幕信息；其二是明知信息的来源，即明知信息是内幕信息的知情人员泄露的或者明知信息是他人非法获取的。

在具备上述两个前提下，被动型获取内幕信息的人员应否认定为非法获取内幕信息的人员，主要存在两种观点。

一种观点认为，根据刑法的规定，内幕交易、泄露内幕信息罪的主体只有两类，即内幕信息的知情人员和非法获取内幕信息的人员。被动获取内幕信息的人员不具有保密内幕信息的义务，其行为手段也不具有非法性，因此不能认定为非法获取内幕信息的人员。

另一种观点认为，内幕交易、泄露内幕信息罪保护的法益是证券、期货交易的管理制度和投资者的合法权益，被动获取内幕信息的人员应否认定为非法获取内幕信息的人员，关键要看被动获取内幕信息的人员有无利用内幕信息侵害这些法益的目的。一些资本市场比较发达的国家对被动型获取内幕信息的人员都保留了追究刑事责任的空间。如：美国是最早对内幕交易进行立法的国家，美国证券交易委员会制定的《14e－3号规则》规定：“当任何人已采取主要步骤进行公开收购或收购已正式展开时，其他取得与该公开收购有关的重要消息，且明知或可知此消息未公开，并明知该消息来自公开收购人或目标公司或其职员、内部人、代表进行公开收购之人，不得买进或卖出该公司之股份。”英国对内幕交易的现行立法主要体现在《1993年刑事审判法》。《1993年刑事审判法》

第五章第五十七条规定了内幕人的认定条件：其一是消息本身属于内幕信息或行为人知道其属于内幕信息；其二是行为人从内部渠道获取的信息，或者知道该信息来自内部。欧盟关于内幕交易和市场操纵（市场滥用）2003/6 号指令第四条明确，任何人如果知道或应当知道自己所掌握的信息是内幕信息，则不得从事与该内幕信息有关的证券、期货交易。日本将内幕交易罪的主体扩展到情报受领人，即包括从公司关系人处直接获悉的与上市公司内部业务相关的重要情报的人员。我国香港地区对内幕交易罪主体范围的规定与上述国家也基本相似。应当借鉴这些资本主义国家的成熟做法，有条件地将被动型获取内幕信息的人员认定为非法获取内幕信息的人员。

上述两种观点均有一定道理，考虑到我国证券、期货市场尚处于起步发展阶段，被动型获取内幕信息的人员从事内幕交易或者泄露内幕信息的情形又十分复杂，在实践中难以准确把握，出于审慎起见，《内幕交易司法解释》未将被动型获取内幕信息的人员明确规定为非法获取内幕信息的人员。值得强调的是，如果被动获取内幕信息的人员与传递信息的人员具有犯意联络，则可能构成内幕交易、泄露内幕信息罪的共犯。

（3）关于非法获取内幕信息的人员的认定

由于窃取、骗取、套取、窃听、利诱、刺探或者私下交易这些手段本身是非法的，所以对于非法手段型获取内幕信息人员的认定相对简单。在《内幕交易司法解释》起草过程中，争议的焦点主要是围绕特定身份型、积极联系型非法获取内幕信息的人员的认定上。

鉴于有关内幕信息的知情人员与其近亲属或者与其关系密切的人之间交流信息的取证十分困难，《内幕交易司法解释》曾借鉴《最高人民法院、最高人民检察院、公安部关于办理毒品犯罪案件适用法律若干问题的意见》第二条的做法，规定内幕信息知情人员的近亲属或者与其关系密切的人在内幕信息敏感期内从事或者明示、暗示他人从事或者泄露内幕信息导致他人从事与该内幕信息有关的证券、期货交易的，必须对相关明显异常交易或者其获得信息的来源作出合理解释，不能作出合理解释的，应当认定为非法获取内幕信息的人员。后在征求意见过程中，有观点提出，上述规定是一种举证责任倒置，而举证责任倒置是无罪推定的例外，应当严格限制，且必须由法律明文规定。多数观点则认为，要求上述人员作出合理解释与举证责任倒置存在显著区别，认定上述人员非法获取内幕信息是基于敏感时期、敏感身份、敏感行为等基础事实所作的一种认定。换言之，根据这些基础事实就基本可以认定上述人员是非法获取内幕信息。“合理解释”本质上属于抗辩条款，发挥的是阻却犯罪事由的功能，体现的是有利被告人原则。

后经多方分析论证，鉴于使用“合理解释”这样的措词容易给人举证责任倒置的误导，《内幕交易司法解释》未使用“合理解释”的表述。结合实践，《内幕交易司法解释》对特定身份型非法获取内幕信息人员的认定明确了这样一个思路：先由司法机关认定相关交易行为是否明显异常；在确定这一前提下，司法机关必须进而认定相关明显异常交易有无正当理由或者正当信息来源。相关交易人员，明示、暗示人员或者泄露内幕信息的行为人可以就其行为有无正当理由或者正当信息来源提出抗辩；对无正当理由或者无正当信息来源的，应当认定行为人为非法获取内幕信息的人员。

积极联系型获取内幕信息的人员的认定原理同上，在此不再赘述。

（4）相关交易行为明显异常的认定

①关于“相关交易行为”的理解

《内幕交易司法解释》规定的“相关交易行为”，包括三类交易行为：第一类是指内幕信息的知情人员从事的与该内幕信息有关的证券、期货交易；第二类是指被明示、暗示的人员从事的与内幕信息有关的证券、期货交易；第三类是指非法获取内幕信息的人员从事的与内幕信息有关的证券、期货交易。

②关于“相关交易行为明显异常”的认定

实践中，对“相关交易行为明显异常”的认定主要综合从交易时间吻合程度、交易背离程度、利益关联程度三个方面进行把握。《内幕交易司法解释》第三条吸收了这一普遍做法，明确了从以下三个方面综合把握相关交易行为是否明显异常：

一是时间吻合程度。即从行为时间与内幕信息形成、变化、公开的时间吻合程度把握。所要比对的时间主要有以下三类：行为人开户、销户、激活资金账户或者指定交易（托管）、撤销指定交易（转托管）时间；资金变化时间；相关证券、期货合约买入或者卖出时间。

二是交易背离程度。即从交易行为与正常交易的背离程度把握。正常交易主要体现在以下两点：基于平时交易习惯而采取的交易行为；基于证券、期货公开信息反映的基本面而理应采取的交易行为。

三是利益关联程度。即从账户交易资金进出与该内幕信息的知情人员或者非法获取人员有无关联或者利害关系把握。

所谓综合把握，是指不能单纯从上述某一个方面认定交易是否明显异常，而必须综合三个方面进行全面分析、论证。考虑到实际情况错综复杂，许多情形难以预料，《内幕交易司法解释》第三条第八项还规定了兜底项。

（5）关于内幕交易、泄露内幕信息犯罪阻却事由的理解

内幕交易的抗辩条款在西方发达国家、我国香港地区被广泛应用。如：美国《刑事审判》对内幕交易抗辩条款有专章规定；香港《证券期货条例》也有专章规定。借鉴这些成熟资本市场国家和地区的做法，《内幕交易司法解释》第四条采用“列举＋兜底”方式规定了四项内幕交易、泄露内幕信息犯罪的阻却事由。

①如何理解和适用《内幕交易司法解释》第四条第一项的规定

司法实践中，出现了不少以收购上市公司股份为由而实际从事内幕交易的案件，如何准确理解和适用《内幕交易司法解释》第四条第一项，直接影响到罪与非罪的认定。

根据相关规定，上市公司百分之五以上股份的自然人、法人或者其他组织收购该上市公司股份的，必须向交易所报备，并在两天内不能再买卖该上市公司股票。如果拟收购百分之三十以上股份的，还必须发出要约公告，经证监会批准，也可以获取豁免权，即在不发出要约公告的条件下继续收购。上述信息无疑会严重影响到股票、期货的价格，对于收购人而言，属于强制披露的信息；对于收购人以外的人，属于禁止知悉的信息。由于收购信息与收购过程密不可分，为了鼓励、维护公司之间正常的收购，应当允许上市公司百分之五以上股份的自然人、法人或者其他组织，在该重大收购信息尚未公开前，利用该信息收购该上市公司股份。收购决议如果是经二个以上收购人商议通过的，收购行为被称为“一致行动”，收购人被称为“一致行动人”。

对《内幕交易司法解释》第四条第一项的适用，要注意从以下三个方面严格把握：一是关于收购人的把握。如果是单独持有上市公司百分之五以上的股份，收购人仅限单独持有人。如果是共同持有上市公司百分之五以上的股份，则收购人仅限共同持有人。二是关于收购信息的把握。如果是单独持有，收购信息指的是单独持有人拟收购上市公司的信息。如果是共同持有，则收购信息指的是共同持有人之间达成的拟收购上市公司的信息。三是关于收购行为的把握。只有收购人利用收购信息收购上市公司股票、期货的，才能适用《内幕交易司法解释》第四条第一项的规定。收购人以外或者收购人利用收购信息以外的信息的，不能适用该项规定。如B公司拟收购A上市公司，A上市公司百分之五以上的股东曹某获知此消息后，利用其控制的账户购入大量A上市公司股票。曹某与B公司显然不是一致行动，B公司拟收购A公司的信息属于曹某收购A公司股份信息之外的信息，因此曹某的行为不能适用《内幕交易司法解释》第四条第一项的规定。

②如何理解按照事先订立的书面合同、指令、计划从事相关交易作为一种阻却事由

有观点认为，内幕交易人往往会制作虚假的书面合同、指令以及计划，用作规避内幕交易的事由，建议对《内幕交易司法解释》中的该项内容不作规定。经研究认为，如果行为人按照事先订立的书面合同、指令、计划从事相关证券、期货交易，表明其完全是出于正当理由而从事交易。因此，从实体法的角度出发，按照事先订立的书面合同、指令、计划从事相关证券、期货交易，应当作为阻却内幕交易犯罪的事由。至于对《内幕交易司法解释》该项规定可能引发大量制作虚假合同、指令、计划的担忧，实际涉及的是刑事证据的认定，属于另一层面的问题。基于上述考虑，《内幕交易司法解释》保留了该项规定。

③如何理解依据已被他人披露的信息而交易作为一种阻却事由

《内幕交易司法解释》第四条第三项规定的“他人披露”是指强制披露信息以外的其他人在国务院证券监管机构指定的报刊、媒体以外的报刊、媒体披露相关信息。《内幕交易司法解释》第四条第三项规定的“依据已被他人披露的信息而交易”是指行为人之所以从事相关股票、期货交易是因为从非指定报刊、媒体获取了相关信息，换言之，是他人在非指定报刊、媒体披露的信息促使行为人从事相关股票、期货交易。广大股民对国务院证券监管机构指定的报刊、媒体披露的信息的信赖程度要远高于非指定报刊、媒体披露的信息。由于依据非指定报刊、媒体披露的信息从事股票、期货交易，实质上具有很大博弈的成分，所以即便从非指定报刊、媒体获悉的信息与后来指定报刊、媒体公布的内幕信息相同，行为人也可以基于这一事由主张自己的行为不构成犯罪。

值得强调的是，如果行为人在交易过程中同时从内幕信息的知情人员处获取了内幕信息，且真正促使行为人从事相关证券、期货交易的是行为人对内幕信息知情人员泄露的信息的信赖，则不能适用《内幕交易司法解释》第四条第三项的规定。

④兜底抗辩事由

实践中，不可否认存在行为人依据本人的知识、经验判断或者通过其他正当途径获悉内幕信息的事实，这些事实难以一一穷举，因此《解释》第四条第四项规定了兜底项。

（6）内幕信息敏感期的认定

①关于内幕信息敏感期的理解

根据《内幕交易司法解释》第五条第一款的规定，“内幕信息敏感期”是指内幕信息自形成至公开的期间。在《内幕交易司法解释》起草过程中，有观

点认为，公开就是社会公众知悉的时刻，一旦公开，就谈不上敏感的问题，建议将“形成至公开的期间”修改为“形成至公开之前的期间”。经研究认为，《内幕交易司法解释》第五条第一款“形成至公开的期间”的核心词汇是“期间”，公开只是一个点，公开之后，就不在此期限之内，因此“形成至公开的期间”的表述不至于造成混乱。“公开之前”表达的则是一个时段，“至公开之前”表述的期间模糊不定，在逻辑上欠缺严谨，故该意见未被采纳。

另有观点对本条规定的内幕信息敏感期的截止期提出异议，认为内幕信息公布后的较短时间内，内幕信息难以反馈到广大股民，内幕信息的部分影响力仍然存在，应当从实质影响力上把握内幕信息敏感期的截止期，建议将截止期延至内幕信息公布后的十二小时乃至二十四小时。由于刑法明文规定内幕交易、泄露内幕信息犯罪的时间点是内幕信息尚未公开前，从严格法律意义上讲，内幕信息公开了就不再是内幕信息，利用这些信息就不可能构成犯罪。再者，作为股民，应当对国务院证券监督管理机构指定报刊、媒体发布的信息在第一时间了解和掌握，不积极了解和掌握这些信息所造成的不利后果应当归结于本人的责任。对不具有第一时间了解和掌握信息条件的股民而言，其不利条件在其入市炒股时就应考虑在内，从这一角度而言，也就存在公不公平的问题。基于上述分析，《内幕交易司法解释》明确规定内幕信息敏感期的截止期为内幕信息的公开。

②关于内幕信息公开的形式

内幕信息的公开是否必须通过国务院证券监管机构指定的报刊、媒体发布，实践中对这一问题存在不同认识。一种观点认为，内幕信息是否公开是以市场是否消化内幕信息作为认定标准的，不以在国务院证券监管机构指定的报刊、媒体发布为要件，在非指定报刊、媒体上发布也应视为内幕信息的公开。另一种观点认为，根据《证券法》的规定，内幕信息必须以在国务院证券监管机构指定的报刊、媒体发布的方式公开。为使广大股民对非指定报刊、媒体披露的信息与指定报刊媒体公开的信息形成区别认识，保持对权威报刊、媒体发布内幕信息的信赖程度，《内幕交易司法解释》第五条根据相关法律规定，明确内幕信息必须以在国务院证券监管机构指定的报刊、媒体发布的方式公开，强制披露信息人以外的人在非指定报刊、媒体披露内幕信息的，不能认定为内幕信息的公开。

③关于内幕信息形成之时的认定

在司法实践中，一般将“重大事件”的发生时间、“计划”“方案”“政策”“决定”等的形成时间认定为内幕信息的形成之时。然而，随着证券、期货市场的飞速发展，上述认定模式越来越难适应打击证券、期货市场犯罪的需要。如广东董某内幕交易案。董曾是影响“广发证券借壳延边公路”内幕信息形成的主要决策人，董指使他人买入相关证券的行为远在内幕信息正式形成之前，按照传统理解，董的大部分行为都不在内幕信息敏感期内，对于该部分行为不能认定为内幕交易、泄露内幕信息的行为；再如江苏刘某内幕交易、泄露内幕信息案。刘曾是南京市经委主任，是牵头重组高淳陶瓷股份有限公司并借壳上市的主要参与人员。在洽谈过程中，刘指使其妻陈某买入高淳陶瓷股票60余万股，折合430万元，最终获利700多万元。刘是在重组计划、方案正式形成之前指使其妻从事相关证券交易的，按照传统理解，该部分行为不能认定为内幕交易、泄露内幕信息的行为。然而，该部分行为的社会危害性和所体现的行为人的主观恶性比传统内幕交易、泄露内幕信息行为有过之而无不及。因此，对于能够影响内幕信息形成的动议、筹划、决策或者执行人员，应当区别于普通的内幕信息的知情人员，内幕信息的敏感期应当自其动议、筹划、决策或者执行初始时间开始起算。

（7）内幕交易、泄露内幕信息的定罪量刑标准

①单次证券交易成交额、期货交易占用保证金数额的认定

如何认定单次证券交易成交额、期货交易占用保证金数额，实践中存在不同看法。一种观点认为，应当根据不同情形，以单次买入金额或者卖出金额作为成交额（占用保证金数额）。在利空消息案件中，以单次买入金额作为成交额（占用保证金数额）；在利好消息案件中，以单次买出金额作为成交额。另一种观点认为，以初始买入金额作为成交额（占用保证金数额），既有利于被告人，也有利于证据收集，同时便于计算获利金额，应当以初始买入金额作为成交额（占用保证金数额）。

经研究认为，买入金额、卖出金额均能体现行为的社会危害程度。在有的案件中，买入金额最能准确体现行为的社会危害大小，而在有的案件中，卖出金额最能准确体现行为的社会危害大小。考虑到具体案件中情况比较复杂，《内幕交易司法解释》对此未确立一个统一的原则。实践中，对于单次买入金额、卖出金额不同的，比较普遍的做法是按照“从一重处断”原则，即将数量大的认定为成交额（占用保证金数额）。

②获利或者避免损失数额的认定如何认定

获利或者避免损失数额，是按照实际所得还是按照账面所得，是司法实践中经常遇到的问题。一种观点认为，获利或者避免损失数额应当按照实际所得计算，不能按照账面所得进行计算。另一种观点认为，获利或者避免损失数额应当按照账面所得进行计算。

经调研，在有的案件中，股票仅卖出一部分；在有的案件中，行为人为逃避处罚通常选择卖亏；而在有的案件中，对未抛售的涉案股票可能需要进行应急处理，根据具体股市行情决定是否抛售。考虑到实际情况纷繁多变，《内幕交易司法解释》未对获利或者避免损失数额的认定确立一个总的原则。实践中比较倾向的观点是，对已抛售的股票按照实际所得计算，对未抛售的股票按照账面所得计算，但对为逃避处罚而卖亏的股票，应当按照账面所得计算。对于涉案股票暂不宜抛售的，在认定获利或者避免损失数额时，应当按照查封股票账户时的账面所得计算，但在具体追缴财产或退赔财产时，可按最终实际所得认定获利或者避免损失数额。

此外，还有一个问题值得探讨的是，企业分红能否计入获利数额？一种观点认为，企业分红与内幕交易行为无关，不应计入获利数额；另一种观点认为，企业分红与买进的股票数量成正比，而买进的股票数量直接与内幕信息的影响力有关，因此企业分红应当计入获利数额。

《内幕交易司法解释》未对此作明确规定，实践中比较倾向的做法是，将交易过程中的企业分红计入获利数额。具体又分两种情况：一是企业业绩、分红本身是内幕信息，行为人获取该信息后，买进大量股票。该情形下，将企业分红计入获利数额没有任何争议。二是企业业绩、分红与内幕信息无关，只不过在行为人买进大量股票后，企业分发了红利。由于内幕信息的影响力主要体现在证券、期货交易量、交易价格的变化上，而交易量与企业分红数额直接成正比，即买进的股票越多，企业分红就越多。因此，企业分红多少与知情内幕信息之间具有刑法上的因果关系，应当将企业分红计入获利数额。

③情节严重与情节特别严重的量比

在起草之初，基于证券、期货犯罪涉及的数额一般都偏高的考虑，又鉴于其情节严重（起刑点标准）与最高人民检察院、公安部联合发布的相关立案追诉标准最好保持一致，《内幕交易司法解释》曾单方面提高了情节特别严重的认定标准，将内幕交易、泄露内幕信息罪的情节严重和情节特别严重量化比例确定为1∶10。后在征求意见过程中，不少意见认为，通常司法解释对情节严重与情节特别严重的量化比例确定在1∶4至1∶5之间，建议本解释遵循常例。参考这一意见，《内幕交易司法解释》将“情节严重”与“情节特别严重”的量比确定为1∶5。

（8）二次以上内幕交易或者泄露内幕信息相关交易数额的累计计算

①“相关交易数额”的理解

《内幕交易司法解释》第八条中的“相关交易数额”中的“相关交易”与

第二条第二、三项规定的“相关交易”涵义相同。“相关交易数额”，包括相关交易行为的成交额、占用保证金额、获利或者避免损失数额，不能仅理解为成交额。

②相关交易数额是否累计计算

实践中，对这一问题存在不同主张。一种观点认为，以初始成交额（占用保证金数额）、获利或者避免损失数额认定行为人的犯罪数额，既有利于被告人，又有利于证据收集，还便于违法所得的计算。如果进行累计，一旦涉案人员对证据进行了销毁，就难以准确计算相关交易数额总量。因此，最好以初始成交额（占用保证金数额）、获利或者避免数额作为最终的犯罪数额，反对将相关交易数额进行累计。另一种观点认为，证券、期货犯罪与其他挪用公款的职务犯罪不同，证券、期货犯罪主要体现在交易量的变化对市场秩序以及由此导致的对股民权益的侵害，应当对成交额（占用保证金数额）、获利或者避免损失数额进行累计。《内幕交易司法解释》采纳了后一种观点。

③关于纳入累计的内幕交易行为的范围

《内幕交易司法解释》第八条对内幕交易数额的累计计算仅作了原则性规定，即必须依法累计计算。对这一原则性规定，应理解为对内幕交易数额累计计算的限定，即单次内幕交易或者泄露内幕信息行为如不构成犯罪但超过行政处罚时效期限或者构成犯罪但超过追诉期限的，不在累计范围，但依照法律不受追诉期限限制的除外。

要准确认定累计数额，必须准确认定哪些行为能够作为累计对象。由于一般违法行为和犯罪行为的处罚时效不同，所以首先必须界分一般违法行为和犯罪行为。违法行为必须在行政处罚时效之内的限定旨在限制刑罚权的无限扩大，科学体现刑法的谦抑精神。行政违法行为，处罚时效一般为二年（逃税行为除外），对于已过处罚时效的一般违法行为，如果不能追究行政责任，那么无疑也不宜追究刑事责任，这应是社会主义法治精神的原则性要求。针对已经举报、行政执法机关或者司法机关已经立案，不受行政处罚时效期限或追诉期限限制的违法犯罪行为，行政处罚权或者刑罚权没有限制，因此对这类内幕交易行为应当纳入累计范围。

（9）犯罪数额构成不同情节的处罚原则

《内幕交易司法解释》第九条第一款对犯罪数额构成不同情节的犯罪规定了处罚原则。

在内幕交易、泄露内幕信息案件中，只要成交额（期货案件为占用保证金额）、获利额其中之一达到入罪标准，就构成犯罪。从原理分析，社会危害性是定罪量刑最基本的依据，《内幕交易司法解释》之所以将成交额、占用保证金额、获利额作为定罪依据，是因为这三者均能体现行为的社会危害程度。在有的案件中，交易数额（保证金额）最能准确体现行为的社会危害大小，而在有的案件中，获利或者避免损失数额最能准确体现行为的社会危害大小。理论界和实务界的主流观点均认为，同一行为成交额（占用保证金额）、获利或者避免损失数额构成不同情节的，应当按照“从一重处断”原则确定有关被告人的量刑幅度。

由于内幕交易、泄露内幕信息犯罪有情节严重和情节特别严重两个法定刑幅度，且情节严重、情节特别严重均是通过成交额（占用保证金额）、获利或者避免损失数额来体现的，所以三者不仅是区分罪与非罪的标准，还可能是区分此罪与彼罪的标准。如在牵连犯、想象竞合犯案件中，一般是按处罚较重的罪进行定罪处罚，这就要求准确找到能够体现最重罪行的犯罪数额。这一定罪逻辑，反过来表明，在同一案件中，如果犯罪数额构成不同情节的，一般按照处罚较重的数额确定量刑幅度。

基于上述分析和论证，《内幕交易司法解释》第九条第一款规定：“同一案件中，成交额、占用保证金额、获利或者避免损失额分别构成情节严重、情节特别严重的，按照处罚较重的数额定罪处罚。”

（10）关于共犯情形罚金刑的适用

共同犯罪情形，是按照共同犯罪数额计算罚金，还是按照各自的犯罪数额计算罚金，在司法实践中不好把握，因此有必要予以明确。

一般情况下，定罪与量刑应坚持同一数额标准，但在共同犯罪案件中，特别是人数众多的共同犯罪案件中，这一原则应有所修正，否则必然导致罚金数额过大，而出现根本无法执行的情况。《内幕交易司法解释》第九条第二款借鉴《最高人民法院、最高人民检察院、海关总署关于办理走私刑事案件适用法律若干问题的意见》第二十二条的规定，对共同犯罪的罚金刑适用在总额上作了如下限制：构成共同犯罪的，按照共同犯罪行为人的成交总额、占用保证金总额、获利或者避免损失总额定罪处罚，但判处各被告人罚金的总额应掌握在各被告人获利或者避免损失总额的一倍以上五倍以下。

（11）违法所得数额的理解

“违法所得数额”通常被理解为“获利数额”，如1995年《最高人民法院关于审理生产、销售伪劣产品刑事案件如何认定“违法所得数额”的批复》将“违法所得数额”界定为“生产、销售伪劣产品获利的数额”。由于生产、销售行业的违法犯罪行为很少涉及损失避免的认定，所以将此处的“违法所得”理解为“获利数额”有其一定的合理性。然而，证券、期货交易是一种高风险的投资行业，获取内幕信息后，买入行为可能获取暴利，卖出行为可能避免损失，因此，行为人在内幕信息敏感期内卖出证券、期货所避免的损失应当认定为《刑法》第一百八十条第一款规定的“违法所得”。

(12) 泄露内幕信息人员、明示人员、暗示人员的罚金数额

①非共犯情形下泄露内幕信息人员、明示人员、暗示人员的罚金数额

《刑法》第一百八十条第一款对内幕交易、泄露内幕信息罪规定了并处或者单处违法所得一倍以上五倍以下罚金，然而，对于非共犯情形下的泄露内幕信息人员、明示人员、暗示人员，此处的“违法所得”是指从事内幕交易的违法所得还是指因泄露内幕信息或者明示、暗示行为而获取的报酬，该问题亟需明确。

有观点认为，非共犯情形下泄露内幕信息人员未参与内幕交易，也就未从交易行为中获取所得。由此而论，对于此类人员，违法所得只能是因其泄露、明示、暗示行为而获取的报酬，将此处的“违法所得”理解为内幕交易人员的违法所得，违背了刑法原意。另外，获取内幕信息人员可能自己未从事内幕交易但将内幕信息再泄露，甚至连锁泄露内幕信息二、三次，由此根据所有人的内幕交易违法所得对泄露人员进行处罚，便显失公平。经研究认为，《刑法》第一百八十条第一款规定的“违法所得”应是指内幕交易人员的违法所得。该条之所以未具体明确违法所得主体，从一个角度可以理解为是立法者的疏漏，但从另一角度也可以理解为是一种立法技术，将此处的“违法所得”理解为内幕交易人员的违法所得，并未违背立法原意。对关系密切的人泄露内幕信息，可能根本不存在什么报酬，因此将“违法所得”理解为泄露内幕信息行为，明示、暗示行为的报酬，与立法原意不符。基于这一分析，《解释》第十条第二款规定:“内幕信息的泄露人员或者内幕交易的明示、暗示人员未实际从事内幕交易的，其罚金数额按照因泄露而获悉内幕信息人员或者被明示、暗示人员从事内幕交易的违法所得计算。”

②对二手以上的内幕信息传递行为是否追究刑事责任

一种观点认为，我国应当采取信息内容为主，传递身份为辅模式。对多级传递内幕信息行为的认定，主要看被传递人是否明知其接受的信息为内幕信息，其次考虑传递人与被传递人之间的关系。但从当前司法现状出发，对二手以上的内幕信息传递行为，原则上不应追究刑事责任，否则打击面过大。如在证券、期货市场比较发达的欧盟采取的是传递身份模式，对二手以下的传递者仅给予行政处罚，而日本对二手以下的传递者则不追究任何责任。

另一种观点认为，对于内幕交易、泄露内幕信息行为的认定，关键在于内

幕信息传递人主观上是否明知。如果属于明知是内幕信息而予以传递的，即表明行为人在传递时具有主观恶性，属于恶意侵犯法益，无论是第几手传递内幕信息，都应当追究刑事责任。当前，世界各国对内幕信息多级传递行为的认定模式存在一定差别。我国当前证券、期货市场秩序过乱，应借鉴美国模式进行综合治理。美国采取的是信息内容模式，传递身份在所不问。2000 年，美国有个内幕交易案件，追究了内幕信息传递第六手的刑事责任。

经研究认为，并非所有存在二传、三传的案件都难以认定泄露内幕信息人员的责任，即便难以认定，在能够认定的限度内也应追究泄露内幕信息人员的责任。对于泄露内幕信息行为，即如二传、三传不是从内幕信息知情人员那里获悉信息，但如果泄露内幕信息人员知晓有二传、三传乃至之后的人在利用其泄露的内幕信息进行交易而不加制止或未有效制止，那么其就应当对这些从事内幕交易的行为承担责任。

（13）关于无获利且未避免损失情形的罚金刑适用

在无违法所得的情况下，如何适用罚金刑，实践中存在分歧。

一种观点认为，应当处以罚金刑，具体适用时可以选择替代标准。理由是：首先，从刑罚设置原理分析，对经济犯罪处以财产刑是必要的；其次，从刑法条文的表述分析，“并处或者单处违法所得一倍以上五倍以下罚金”意味着必须处以罚金刑；最后，突破刑法规定，弥补立法漏洞的做法，在司法解释中已有先例可循。如生产、销售伪劣商品罪中的“销售金额”就是一适例。

另一种观点认为，并处罚金刑只是为了区别单处罚金刑，即在判处主刑的同时也可以判处罚金刑，但并非必须判处罚金刑，特别是在没有违法所得情形下。理由如下：首先，不处以罚金刑不等于不处罚，主刑的轻重仍然是罪刑均衡的主要参考指标；其次，刑法明文规定按照违法所得计算罚金，司法解释无权突破刑法对没有违法所得情形规定罚金计算标准；此外，在内幕交易、泄露内幕信息案件中，难以在违法所得之外找到计算罚金的替代标准，如果以交易额替代违法所得，那么将会大大加重内幕交易、泄露内幕信息行为人的财产刑。

《内幕交易司法解释》对此未作明确。实践中，比较倾向的做法是对行为人判处一千元的罚金，即以罚金刑的下限作为判处行为人的罚金数额，如此解决了具体案件中无违法所得而无罚金参照标准与刑法规定的并处罚金而必须判处罚金之间的矛盾。

（14）关于定罪量刑标准是否区分单位和个人主体

有观点认为，单位犯罪和个人犯罪在起诉标准和处刑上均应有所区别。而反对观点认为，2008 年《关于经济犯罪案件追诉标准的补充规定》（以下简称

“《补充规定》”）没有区分单位和个人两种主体，因此无需区别单位犯罪主体和个人犯罪主体。经研究认为，就本罪而言，刑法对单位犯罪规定了单独的法定刑，即便不对单位犯罪和个人犯罪的量刑标准加以区别，也可以追求两者之间的量刑平衡。因此，《内幕交易司法解释》采纳了后一种观点。

2. 关于利用未公开信息交易罪①

（1）关于“未公开信息”的认定问题

根据刑法的规定，利用未公开信息交易罪与内幕交易罪的区别主要是信息的内容、性质不同。内幕信息是指对证券、期货交易价格有重大影响，应当及时向社会公开但尚未公开的信息，如涉及证券发行人的经营、财务，涉及期货的相关政策等信息。利用未公开信息交易罪中所利用的信息主要是指证券、期货等金融机构使用客户资金购买证券、期货的投资交易信息，一般属于单位内部的商业秘密，法律并未要求此类信息应当公开，不属于内幕信息的范围，而属于“内幕信息以外的其他未公开的信息”（以下简称“未公开信息”）。

结合证券法、期货管理条例等相关规定，《最高人民法院、最高人民检察院关于办理利用未公开信息交易刑事案件适用法律若干问题的解释》（以下简称《利用未公开信息交易司法解释》）第一条就“未公开信息”作了界定。第一项是证券、期货的投资决策、交易执行信息，如基金投资公司即将建仓、出仓的信息等，这是“未公开信息”的常见类型，过去查处的“老鼠仓”案件所涉信息基本上属于此类信息。第二项是证券持仓数量及变化、资金数量及变化、交易动向信息，通常是指证券交易所、证券结算中心等金融机构工作人员利用职务便利能够获取，并且应当予以保密的重要信息，如本单位受托管理的资金的运营情况，客户的交易信息等。因这类信息不属于证券法规定的内幕信息，但又对证券交易活动具有影响，故作为“未公开信息”。② 第三项是其他可能影响证券、期货交易活动的信息。

司法实践中，对是否属于“未公开信息”难以认定的，《利用未公开信息交易司法解释》第二条作了提示性规定。我国证券、期货领域的相关政策以及相

---

① 参见姜永义、陈学勇、王尚明：《〈最高人民法院、最高人民检察院关于办理利用未公开信息交易刑事案件适用法律若干问题的解释〉的理解与适用》，载《人民法院报》2020 年 4 月 30 日，第 5 版。

② 该文章还指出：“需要注意的是，《期货管理条例》明确规定此类信息属于‘内幕信息’，不属于‘未公开信息’，如果在期货领域，利用此类信息进行非法交易的，应当以内幕交易、泄露内幕信息罪论处。”根据《期货和衍生品法》第十四条的规定，期货交易场所会员、交易者的资金和交易动向也属于期货交易的内幕信息。可见在这个问题上，《期货管理条例》和《期货和衍生品法》是一脉相承的。——本书注

关法律、法规正在不断改革、完善之中，如证券领域中设立科创板并实行注册制改革，新三板也在不断改革、完善等。在此背景下，很可能出现某些案件中所涉信息是否属于“未公开信息”难以认定的情况。对于“未公开信息”难以认定的，司法机关可以在有关行政主管、监管部门认定意见的基础上，根据案件事实和法律规定作出认定。

（2）关于“违反规定”的认定问题

《刑法修正案（七）》新增该罪主要是针对实践中金融机构从业人员以及有关监管部门或者行业协会的工作人员违背职业义务背信从事非法交易行为。这种行为既损害市场秩序，也损害金融机构本身或者委托人利益。鉴于当时证券法、证券投资基金法等相关法律、法规中都没有明确规定内幕信息之外的其他未公开信息的保护制度，行政立法相对滞后，打击该类违法、犯罪行为，主要依据监管部门或行业协会制定的金融机构从业人员职业规范。因此，新增该罪名时使用“违反规定”的表述。

从立法原意上看，《刑法》第一百八十条第四款规定的“违反规定”，除了违反法律、法规、规章、全国性行业规范之外，也包括违反金融机构内部关于信息保密、禁止交易、利益输送等规章制度。《利用未公开信息交易司法解释》第三条明确，“违反规定”包括违反法律、行政法规、部门规章、全国性行业规范有关证券、期货未公开信息保护的规定，以及行为人所在的金融机构有关信息保密、禁止交易、禁止利益输送等规定。之所以将“行为人所在金融机构有关信息保密、禁止交易、禁止利益输送等规定”纳入“违反规定”，主要考虑是：法律、行政法规、部门规章、全国性行业规范有关未公开信息保护的规定比较原则，在实践中需要结合行为人所在的金融机构有关信息保密、禁止交易、禁止利益输送等规定予以认定。

（3）关于“明示、暗示他人从事相关交易活动”的认定问题

实践部门反映，由于资本市场关系复杂，技术手段先进，涉及证券、期货、法律、会计、计算机、网络通信等诸多领域，犯罪分子往往具有较深的专业背景，熟悉资本市场运行规则和信息技术，惯于利用规则和制度的漏洞逃避法律追究，又加上证券、期货具有无纸化、信息化交易等特点，查处难度大。在实践中，稽查部门查明某投资者账户与某金融机构账户的交易高度趋同，该金融机构某工作人员涉嫌对交易人“明示、暗示”相关交易活动，但双方均否认“明示、暗示”，这类案件能否移送侦查、起诉或者审判，存在不同认识，甚至发生相互扯皮、“踢皮球”的不良现象。我们认为，综合全案证据，足以认定行为人明示、暗示他人从事相关交易活动的，即使行为人和被明示、暗示人拒不

交代，也应当定罪处罚。结合审判实践，并参考《最高人民法院、最高人民检察院关于办理内幕交易、泄露内幕信息刑事案件应用法律若干问题的解释》（以下简称《内幕交易司法解释》）有关规定，《利用未公开信息交易司法解释》第四条从六个方面明确了“明示、暗示他人从事相关交易活动”的综合认定标准。

第一项，行为人具有获取未公开信息的职务便利。即从主体方面判断行为人是否具有获取未公开信息的职务便利。本罪是特殊主体，行为人必须具备获取未公开信息的职务便利。行为人的职务不是金融机构的一般职务，而是涉密岗位的相关职务。对于非涉密岗位人员（如银行中与证券、期货投资无关的工作人员）偶然听到未公开信息而从事相关交易的，则不属于利用职务之便获取未公开信息。此外，还要结合《利用未公开信息交易司法解释》第三条，看行为人是否违反所在金融机构对涉案信息的保密规定或者禁止交易的相关规定。

第二项，行为人获取未公开信息的初始时间与他人从事相关交易活动的初始时间具有关联性。即从时间关联性来判断他人从事相关交易活动是否受到行为人的明示或者暗示。如行为人系股票投资基金的决策者，他人在行为人投资决策期间买入了相关股票，行为人明示、暗示他人交易的关联性较强；如果他人系行为人投资决策之后买入相关股票，亦具有关联性，但关联性相对较弱，须结合其他项的规定进行综合判断；如果他人在行为人投资决策前或该信息失效后买入相关股票，则不具有关联性，应排除行为人明示、暗示他人从事相关交易活动的嫌疑。因此，要根据他人从事相关交易的初始时间，与未公开信息的生成时间、行为人获取信息的初始时间进行关联判断，是案件证据审查的重点内容之一。

第三项，行为人与他人之间具有亲友关系、利益关联、交易终端关联等关联关系。即从行为人与他人之间的关联关系判断他人从事相关交易活动是否受到行为人的明示或者暗示。在实践中，通常是从交易者与未公开信息知情人之间是否存在亲友关系、交易终端关联以及利益关联等方面进行排查，并据此发现明示、暗示他人交易的犯罪嫌疑人。如果交易者与行为人之间存在夫妻、父母、子女等密切关系，或者交易终端关联（共同使用交易的电脑、手机）等，一般可以锁定犯罪嫌疑人。如果交易者与某未公开信息知情人仅具有一般朋友关系，该知情人是否为明示、暗示人，则要结合其他证据进行综合判断。

第四项，他人从事相关交易的证券、期货品种、交易时间与未公开信息所涉证券、期货品种、交易时间等方面基本一致。即从他人从事相关交易的证券、期货品种、交易时间与未公开信息所涉证券、期货品种、交易时间等方面是否基本一致，判断他人从事相关交易活动是否受到行为人的明示或者暗示。如某个人账户与机构账户交易的多只股票重合度高，且在相近时间同买、同卖，即两个账户交易的股票品种及交易时间基本一致，在实践中又称为“高度趋同交易”，这种情况下，明示、暗示他人从事相关交易活动的可能性就很大。趋同度的高低，通常是由证券交易所等监管机构以两个账户相近时间、交易方向相同的品种重合度等客观方面，再结合概率统计等科学方法，以百分比的方式计算趋同度。在司法实践中，“高度趋同”一般是以趋同度达到60%以上为标准。这是认定他人利用未公开信息从事相关交易活动的重要客观依据。

第五项，他人从事的相关交易活动明显不具有符合交易习惯、专业判断等正当理由。

第六项，行为人对明示、暗示他人从事相关交易活动没有合理解释。即对明示、暗示他人从事相关交易活动的行为人和被明示、暗示人给予合理辩解的机会，并着重提示监管稽查人员及司法人员应当充分听取有关辩解，并查证辩解的合理性。

需要注意的是，行为人明示、暗示他人从事相关交易活动，如果“他人”是行为人的配偶、父母等特殊亲属，行为人与“他人”系不可分割的利益共同体，则可认定为共同犯罪。

（4）关于“情节严重”的认定标准

“老鼠仓”案件行为人利用未公开信息从事相关的证券、期货交易活动，或者明示、暗示他人从事相关交易活动，目的是获得巨额利益。“老鼠仓”犯罪之所以受到广大投资者的深恶痛恨，主要是因为“老鼠偷到了油”，违法获得了巨额利益，严重破坏金融管理秩序，损害市场公平、公正、公开的交易秩序，严重损害客户投资者的利益。《利用未公开信息交易司法解释》第五条、第六条规定了“情节严重”的认定标准。其中第五条规定了三种应当认定为“情节严重”的情形，以违法所得数额作为入罪的主要标准，但并非唯一的入罪标准，同时结合实践，将“二年内三次以上利用未公开信息交易的”“明示、暗示三人以上从事相关交易活动的”作为“情节严重”的情形。

①关于违法所得数额标准

《利用未公开信息交易司法解释》第五条第一项规定违法所得数额100万元以上作为认定“情节严重”的数额标准，比《内幕交易司法解释》规定的入罪标准（违法所得数额15万元以上）有所提高。主要考虑是：一是与内幕交易罪相比较，内幕信息是应当向广大投资者公开，并对证券、期货价格具有重大影响的信息；未公开信息交易罪涉及的未公开信息通常是不对外公布的信息，影响范围较小，社会危害性相对较小。二是根据违法犯罪真实案例统计数据，获利25万元以上占92%；获利50万元以上占69%；获利100万元以上占61%；获利500万元以上占35%；获利1000万元以上占20%。从实际进入司法程序的案件来看，95%以上的案件违法所得均在100万元以上。以违法所得数额100万元以上为标准，符合“老鼠仓”刑事案件实际。

②关于“二年内三次以上利用未公开信息交易”的认定

《利用未公开信息交易司法解释》第五条第二项规定“二年内三次以上利用未公开信息交易的”作为“情节严重”的情形之一。需要注意的是，一是三次以上利用的未公开信息，是指不同的未公开信息，而不是指利用同一未公开信息进行三次以上交易；二是三次利用未公开信息交易的行为，均应达到依法应予行政处理或者刑事处理的程度，且尚未经处理的；三是三次以上利用未公开信息交易的时间段限定在二年内，超出二年时间达到三次的不属于此情形。

③关于“明示、暗示三人以上从事相关交易活动”的认定

《利用未公开信息交易司法解释》第五条第三项规定“明示、暗示三人以上从事相关交易活动的”作为“情节严重”的情形之一。值得注意的是，其一，三人以上是指不同的人，三次以上明示、暗示同一人从事相关交易活动的不属于此种情形；其二，被明示、暗示人只有从事相关交易活动的，才构成犯罪；换言之，如果行为人仅是将信息泄露给他人，但他人没有从事相关交易活动的，不构成本罪。

④关于“数额＋情节”的认定标准

在适当提高违法所得数额入罪标准的同时，为更有效打击该类犯罪，《利用未公开信息交易司法解释》第六条又规定了“数额＋情节”的入罪标准作为补充，明确了四种应当认定为“情节严重”的“数额＋情节”的情形，即：利用未公开信息交易，违法所得数额在五十万元以上，或者证券交易成交额在五百万元以上，或者期货交易占用保证金数额在一百万元以上，具有以出售或者变相出售未公开信息等方式，明示、暗示他人从事相关交易活动的，或者因证券、期货犯罪行为受过刑事追究的，或者二年内因证券、期货违法行为受过行政处罚的，或者造成恶劣社会影响或者其他严重后果的，应当认定为《刑法》第一百八十条第四款规定的“情节严重”。需要注意的是，《利用未公开信息交易司法解释》第五条规定了“情节严重”的一般认定标准，第六条规定了“数额＋情节”的认定标准，对于符合第六条规定的数额标准，但不具备第六条规定的四种情形之一，又不符合第五条规定的认定标准的，不能认定为“情节严重”。

关于是否将证券交易成交额、期货交易占用保证金数额单独作为入罪标准

的问题。《内幕交易司法解释》规定证券交易成交额、期货交易占用保证金数额作为内幕交易犯罪的入罪标准。在起草过程中，对于本罪是否也应将证券交易成交额、期货交易占用保证金额单独作为入罪标准，有不同的观点。我们经研究，考虑利用未公开信息交易罪与内幕交易罪所涉信息性质和内容的不同，对证券、期货交易市场的危害程度有所差异，利用未公开信息交易罪的社会危害性主要体现在非法获利上；证券交易成交额、期货交易占用保证金数额往往与违法所得数额相关，大多数情况下可以通过违法所得这一入罪标准对利用未公开信息交易罪进行规制与惩罚，避免两种不同数额标准的重合与交叉；从"老鼠仓"案件的实际情况看，非法获利情况居多，不获利甚至亏本的情况较少，故《利用未公开信息交易司法解释》没有将证券交易成交额、期货交易占用保证金数额单独作为入罪标准，而是结合其他情节，在第六条"数额 + 情节"的情形中作了相应规定。

（5）关于"情节特别严重"的认定标准

《刑法》第一百八十条第四款规定"情节严重的，依照第一款的规定处罚"，实践中对本罪是否包括《刑法》第一百八十条第一款中"情节特别严重"的情形，存在较大分歧。2015 年 11 月 23 日，最高人民法院审理了最高人民检察院提起抗诉的被告人马某利用未公开信息交易案，终审判决中明确本罪包括《刑法》第一百八十条第一款中"情节特别严重"的情形。《利用未公开信息交易司法解释》第七条第一款对此予以明确。

《利用未公开信息交易司法解释》第七条第二款，参照有关司法解释，考虑本罪的实际和相关案例，按照"情节严重"违法所得数额标准的 10 倍确定"情节特别严重"的数额标准。相应地，第七条第三款规定了四种应当认定为"情节特别严重"的"数额 + 情节"的情形，即：违法所得数额在五百万元以上，或者证券交易成交额在五千万元以上、期货交易占用保证金数额在一千万元以上，具有以出售或者变相出售未公开信息等方式，明示、暗示他人从事相关交易活动的，或者因证券、期货犯罪行为受过刑事追究的，或者二年内因证券、期货违法行为受过行政处罚的，或者造成恶劣社会影响或者其他严重后果的，应当认定为"情节特别严重"。

（6）关于犯罪数额认定和刑事处罚问题

①犯罪数额的认定问题

利用未公开信息交易的相关交易数额或者违法所得数额是定罪量刑的依据，依法应当累计计算，但犯罪数额累计计算的前提条件是，单次利用未公开信息交易行为必须是依法应予行政处理或者刑事处理而未经处理的。对于不构成犯罪但超过行政处罚时效期限，或者构成犯罪但超过追诉期限的，相关数额不应累计计算。据此，《利用未公开信息交易司法解释》第八条规定，二次以上利用未公开信息交易，依法应予行政处理或者刑事处理而未经处理的，相关交易数额或者违法所得数额累计计算。

②违法所得的认定问题

实践中，利用未公开信息交易有两种情形：一是行为人利用未公开信息从事与该信息相关的证券、期货交易活动，二是行为人本人未利用未公开信息从事相关交易活动，但被明示、暗示人利用该未公开信息从事相关交易活动。据此，《解释》第九条第一款规定，“违法所得”，是指行为人利用未公开信息从事与该信息相关的证券、期货交易活动所获利益或者避免的损失。实践中对此没有争议。第九条第二款规定，行为人明示、暗示他人利用未公开信息从事相关交易活动，被明示、暗示人员从事相关交易活动所获利益或者避免的损失，应当认定为“违法所得”。起草过程中，对该款规定存在一定争议。《利用未公开信息交易司法解释》之所以作这样的规定，主要考虑：其一，通常情况下，被明示、暗示人与行为人之间并不构成共同犯罪，但他们从事相关交易活动属于利用未公开信息交易的重要组成部分，与行为人的明示、暗示具有直接因果关系，具有行政违法性，故他们所获利益或者避免的损失，也应当认定为“违法所得”。其二，如果将被明示、暗示人从事相关交易活动所获利益或避免的损失，不认定为违法所得，不利于打击“老鼠仓”违法犯罪活动。其三，《内幕交易司法解释》已将内幕交易犯罪活中被明示、暗示人从事相关交易活动所获利益或避免的损失认定为“违法所得”，为保持司法解释的一致性，故加以明确。

③罚金刑的适用标准

根据刑法的规定，行为人本人利用未公开信息交易的，并处或者单处违法所得一倍以上五倍以下罚金。司法实践中，对于行为人未实际从事与未公开信息相关的证券、期货交易活动，而明示、暗示他人从事相关交易活动的，罚金数额应当如何计算，存在一定争议，《利用未公开信息交易司法解释》第十条予以明确，行为人未实际从事与未公开信息相关的证券、期货交易活动的，其罚金数额按照被明示、暗示人从事相关交易活动的违法所得计算。

④从宽处罚问题

为切实贯彻宽严相济的刑事政策，在加大对利用未公开信息交易犯罪分子打击力度的同时，有必要依法对那些具有法定或者酌定从轻处罚情节的行为人予以从轻处罚。《利用未公开信息交易司法解释》第十一条参照相关司法解释的规定，明确了从轻处罚及“出罪”的情形。由于利用未公开信息交易违法、犯罪案件的取证难度大，对于行为人如实供述犯罪事实，认罪悔罪，并积极配合调查，退缴违法所得的，依法可以从轻处罚，其中犯罪情节轻微的，可以依法不起诉或免予刑事处罚，目的是让一些罪行较轻、确有悔罪表现的行为人更好地回归社会，降低诉讼成本，取得好的办案效果。其中“犯罪情节轻微”的认定，应结合行为人犯罪动机、犯罪前后表现等客观方面，根据情理法相统一的原则进行综合判断。如，行为人符合“次数”或者“人数”的入罪标准，但交易成交额不大或者违法所得数额较少，又主动认罪认罚，积极配合调查的；又如，违法所得刚达入罪标准，只是偶犯一次，案发后认罪认罚的，等等。

为更好地衔接和落实认罪认罚从宽制度，《利用未公开信息交易司法解释》第七条第二款规定，对于符合刑事诉讼法规定的认罪认罚从宽适用范围和条件的，依照刑事诉讼法的规定处理。需要注意的是，该条第一款只适用于《利用未公开信息交易司法解释》第五条、第六条规定的在利用未公开信息交易罪第一档法定刑幅度定罪处罚的情形，不适用于第二档法定刑的情形。另外，对于因犯罪情节轻微而依法不起诉或者免予刑事处罚的，不影响对行为人的行政处理。

《刑法》第一百八十一条　【编造并传播证券、期货交易虚假信息罪】【诱骗投资者买卖证券、期货合约罪】

第一百八十一条　编造并且传播影响证券、期货交易的虚假信息，扰乱证券、期货交易市场，造成严重后果的，处五年以下有期徒刑或者拘役，并处或者单处一万元以上十万元以下罚金。

证券交易所、期货交易所、证券公司、期货经纪公司的从业人员，证券业协会、期货业协会或者证券期货监督管理部门的工作人员，故意提供虚假信息或者伪造、变造、销毁交易记录，诱骗投资者买卖证券、期货合约，造成严重后果的，处五年以下有期徒刑或者拘役，并处或者单处一万元以上十万元以下罚金；情节特别恶劣的，处五年以上十年以下有期徒刑，并处二万元以上二十万元以下罚金。

单位犯前两款罪的，对单位判处罚金，并对其直接负责的主管人员和其他直接责任人员，处五年以下有期徒刑或者拘役。

相关规定

《最高人民检察院、公安部关于公安机关管辖的刑事案件立案追诉标准的规定（二）》（公通字〔2022〕12号）

第三十二条 〔编造并传播证券、期货交易虚假信息案（刑法第一百八十一条第一款）〕 编造并且传播影响证券、期货交易的虚假信息，扰乱证券、期货交易市场，涉嫌下列情形之一的，应予立案追诉：

（一）获利或者避免损失数额在五万元以上的；

（二）造成投资者直接经济损失数额在五十万元以上的；

（三）虽未达到上述数额标准，但多次编造并且传播影响证券、期货交易的虚假信息的；

（四）致使交易价格或者交易量异常波动的；

（五）造成其他严重后果的。

第三十三条 〔诱骗投资者买卖证券、期货合约案（刑法第一百八十一条第二款）〕 证券交易所、期货交易所、证券公司、期货公司的从业人员，证券业协会、期货业协会或者证券期货监督管理部门的工作人员，故意提供虚假信息或者伪造、变造、销毁交易记录，诱骗投资者买卖证券、期货合约，涉嫌下列情形之一的，应予立案追诉：

（一）获利或者避免损失数额在五万元以上的；

（二）造成投资者直接经济损失数额在五十万元以上的；

（三）虽未达到上述数额标准，但多次诱骗投资者买卖证券、期货合约的；

（四）致使交易价格或者交易量异常波动的；

（五）造成其他严重后果的。

权威解读①

影响证券交易的虚假信息，主要是指可能对上市公司股票交易价格产生较大影响的虚假信息，如涉及公司分配股利或者增资的计划；公司债务担保的重大变更；公司发生重要亏损或者遭受重大损失；公司减资、合并、分立、解散等虚假信息。影响期货交易的虚假信息，主要是指可能对期货合约的交易产生较大影响的虚假信息，如金融银根政策、有关会议内容、市场整顿措施、新品种上市、税率调整、大户入市、保证金比例的提高、交易头寸变化、仓量调整、

---

① 参见王爱立主编：《〈中华人民共和国刑法〉释解与适用》（上），人民法院出版社2021年版，第464页。

新法规新措施的出台等。值得注意的是，这里的“虚假信息”，是指凭空捏造的、歪曲事实的或者有误导性的，能引起市场行情变化的信息，如引起价格上涨或者下跌，大量抛售或者吸纳等。行为人必须既具有编造，又具有传播影响证券、期货交易的虚假信息的行为。至于行为人是否从中牟利，不影响本罪的构成。如果行为人只编造而没有传播，或者道听途说又散布给他人，不能以犯罪论处。行为人编造并传播的必须是能够影响证券、期货交易的虚假信息，如该虚假信息对证券、期货交易无影响，也不构成本罪。

《刑法》第一百八十二条　【操纵证券、期货市场罪】

第一百八十二条　有下列情形之一，操纵证券、期货市场，影响证券、期货交易价格或者证券、期货交易量，情节严重的，处五年以下有期徒刑或者拘役，并处或者单处罚金；情节特别严重的，处五年以上十年以下有期徒刑，并处罚金：

（一）单独或者合谋，集中资金优势、持股或者持仓优势或者利用信息优势联合或者连续买卖的；

（二）与他人串通，以事先约定的时间、价格和方式相互进行证券、期货交易的；

（三）在自己实际控制的帐户之间进行证券交易，或者以自己为交易对象，自买自卖期货合约的；

（四）不以成交为目的，频繁或者大量申报买入、卖出证券、期货合约并撤销申报的；

（五）利用虚假或者不确定的重大信息，诱导投资者进行证券、期货交易的；

（六）对证券、证券发行人、期货交易标的公开作出评价、预测或者投资建议，同时进行反向证券交易或者相关期货交易的；

（七）以其他方法操纵证券、期货市场的。

单位犯前款罪的，对单位判处罚金，并对其直接负责的主管人员和其他直接责任人员，依照前款的规定处罚。

相关规定

1.《最高人民法院、最高人民检察院关于办理操纵证券、期货市场刑事案件适用法律若干问题的解释》（法释〔2019〕9号）

为依法惩治证券、期货犯罪，维护证券、期货市场管理秩序，促进证券、期货市场稳定健康发展，保护投资者合法权益，根据《中华人民共和国刑法》《中华人民共和国刑事诉讼法》的规定，现就办理操纵证券、期货市场刑事案件适用法律的若干问题解释如下：

第一条 行为人具有下列情形之一的，可以认定为刑法第一百八十二条第一款第四项规定的“以其他方法操纵证券、期货市场”：

（一）利用虚假或者不确定的重大信息，诱导投资者作出投资决策，影响证券、期货交易价格或者证券、期货交易量，并进行相关交易或者谋取相关利益的；

（二）通过对证券及其发行人、上市公司、期货交易标的公开作出评价、预测或者投资建议，误导投资者作出投资决策，影响证券、期货交易价格或者证券、期货交易量，并进行与其评价、预测、投资建议方向相反的证券交易或者相关期货交易的；

（三）通过策划、实施资产收购或者重组、投资新业务、股权转让、上市公司收购等虚假重大事项，误导投资者作出投资决策，影响证券交易价格或者证券交易量，并进行相关交易或者谋取相关利益的；

（四）通过控制发行人、上市公司信息的生成或者控制信息披露的内容、时点、节奏，误导投资者作出投资决策，影响证券交易价格或者证券交易量，并进行相关交易或者谋取相关利益的；

（五）不以成交为目的，频繁申报、撤单或者大额申报、撤单，误导投资者作出投资决策，影响证券、期货交易价格或者证券、期货交易量，并进行与申报相反的交易或者谋取相关利益的；

（六）通过囤积现货，影响特定期货品种市场行情，并进行相关期货交易的；

（七）以其他方法操纵证券、期货市场的。

第二条 操纵证券、期货市场，具有下列情形之一的，应当认定为刑法第一百八十二条第一款规定的“情节严重”：

（一）持有或者实际控制证券的流通股份数量达到该证券的实际流通股份总量百分之十以上，实施刑法第一百八十二条第一款第一项操纵证券市场行为，连续十个交易日的累计成交量达到同期该证券总成交量百分之二十以上的；

（二）实施刑法第一百八十二条第一款第二项、第三项操纵证券市场行为，连续十个交易日的累计成交量达到同期该证券总成交量百分之二十以上的；

（三）实施本解释第一条第一项至第四项操纵证券市场行为，证券交易成交额在一千万元以上的；

（四）实施刑法第一百八十二条第一款第一项及本解释第一条第六项操纵期货市场行为，实际控制的账户合并持仓连续十个交易日的最高值超过期货交易所限仓标准的二倍，累计成交量达到同期该期货合约总成交量百分之二十以上，且期货交易占用保证金数额在五百万元以上的；

（五）实施刑法第一百八十二条第一款第二项、第三项及本解释第一条第一项、第二项操纵期货市场行为，实际控制的账户连续十个交易日的累计成交量达到同期该期货合约总成交量百分之二十以上，且期货交易占用保证金数额在五百万元以上的；

（六）实施本解释第一条第五项操纵证券、期货市场行为，当日累计撤回申报量达到同期该证券、期货合约总申报量百分之五十以上，且证券撤回申报额在一千万元以上、撤回申报的期货合约占用保证金数额在五百万元以上的；

（七）实施操纵证券、期货市场行为，违法所得数额在一百万元以上的。

第三条 操纵证券、期货市场，违法所得数额在五十万元以上，具有下列情形之一的，应当认定为刑法第一百八十二条第一款规定的“情节严重”：

（一）发行人、上市公司及其董事、监事、高级管理人员、控股股东或者实际控制人实施操纵证券、期货市场行为的；

（二）收购人、重大资产重组的交易对方及其董事、监事、高级管理人员、控股股东或者实际控制人实施操纵证券、期货市场行为的；

（三）行为人明知操纵证券、期货市场行为被有关部门调查，仍继续实施的；

（四）因操纵证券、期货市场行为受过刑事追究的；

（五）二年内因操纵证券、期货市场行为受过行政处罚的；

（六）在市场出现重大异常波动等特定时段操纵证券、期货市场的；

（七）造成恶劣社会影响或者其他严重后果的。

第四条 具有下列情形之一的，应当认定为刑法第一百八十二条第一款规定的“情节特别严重”：

（一）持有或者实际控制证券的流通股份数量达到该证券的实际流通股份总量百分之十以上，实施刑法第一百八十二条第一款第一项操纵证券市场行为，连续十个交易日的累计成交量达到同期该证券总成交量百分之五十以上的；

（二）实施刑法第一百八十二条第一款第二项、第三项操纵证券市场行为，连续十个交易日的累计成交量达到同期该证券总成交量百分之五十以上的；

（三）实施本解释第一条第一项至第四项操纵证券市场行为，证券交易成交额在五千万元以上的；

（四）实施刑法第一百八十二条第一款第一项及本解释第一条第六项操纵期货市场行为，实际控制的账户合并持仓连续十个交易日的最高值超过期货交易所限仓标准的五倍，累计成交量达到同期该期货合约总成交量百分之五十以上，且期货交易占用保证金数额在二千五百万元以上的；

（五）实施刑法第一百八十二条第一款第二项、第三项及本解释第一条第一项、第二项操纵期货市场行为，实际控制的账户连续十个交易日的累计成交量达到同期该期货合约总成交量百分之五十以上，且期货交易占用保证金数额在二千五百万元以上的；

（六）实施操纵证券、期货市场行为，违法所得数额在一千万元以上的。

实施操纵证券、期货市场行为，违法所得数额在五百万元以上，并具有本解释第三条规定的七种情形之一的，应当认定为“情节特别严重”。

第五条 下列账户应当认定为刑法第一百八十二条中规定的“自己实际控制的账户”：

（一）行为人以自己名义开户并使用的实名账户；

（二）行为人向账户转入或者从账户转出资金，并承担实际损益的他人账户；

（三）行为人通过第一项、第二项以外的方式管理、支配或者使用的他人账户；

（四）行为人通过投资关系、协议等方式对账户内资产行使交易决策权的他人账户；

（五）其他有证据证明行为人具有交易决策权的账户。

有证据证明行为人对前款第一项至第三项账户内资产没有交易决策权的除外。

第六条 二次以上实施操纵证券、期货市场行为，依法应予行政处理或者刑事处理而未经处理的，相关交易数额或者违法所得数额累计计算。

第七条 符合本解释第二条、第三条规定的标准，行为人如实供述犯罪事实，认罪悔罪，并积极配合调查，退缴违法所得的，可以从轻处罚；其中犯罪情节轻微的，可以依法不起诉或者免予刑事处罚。

符合刑事诉讼法规定的认罪认罚从宽适用范围和条件的，依照刑事诉讼法的规定处理。

第八条 单位实施刑法第一百八十二条第一款行为的，依照本解释规定的定罪量刑标准，对其直接负责的主管人员和其他直接责任人员定罪处罚，并对单位判处罚金。

第九条 本解释所称“违法所得”，是指通过操纵证券、期货市场所获利益或者避免的损失。

本解释所称“连续十个交易日”，是指证券、期货市场开市交易的连续十个交易日，并非指行为人连续交易的十个交易日。

第十条　对于在全国中小企业股份转让系统中实施操纵证券市场行为，社会危害性大，严重破坏公平公正的市场秩序的，比照本解释的规定执行，但本解释第二条第一项、第二项和第四条第一项、第二项除外。

第十一条　本解释自2019年7月1日起施行。

2.《最高人民检察院、公安部关于公安机关管辖的刑事案件立案追诉标准的规定（二）》（公通字〔2022〕12号）

第三十四条　〔操纵证券、期货市场案（刑法第一百八十二条）〕操纵证券、期货市场，影响证券、期货交易价格或者证券、期货交易量，涉嫌下列情形之一的，应予立案追诉：

（一）持有或者实际控制证券的流通股份数量达到该证券的实际流通股份总量百分之十以上，实施刑法第一百八十二条第一款第一项操纵证券市场行为，连续十个交易日的累计成交量达到同期该证券总成交量百分之二十以上的；

（二）实施刑法第一百八十二条第一款第二项、第三项操纵证券市场行为，连续十个交易日的累计成交量达到同期该证券总成交量百分之二十以上的；

（三）利用虚假或者不确定的重大信息，诱导投资者进行证券交易，行为人进行相关证券交易的成交额在一千万元以上的；

（四）对证券、证券发行人公开作出评价、预测或者投资建议，同时进行反向证券交易，证券交易成交额在一千万元以上的；

（五）通过策划、实施资产收购或者重组、投资新业务、股权转让、上市公司收购等虚假重大事项，误导投资者作出投资决策，并进行相关交易或者谋取相关利益，证券交易成交额在一千万元以上的；

（六）通过控制发行人、上市公司信息的生成或者控制信息披露的内容、时点、节奏，误导投资者作出投资决策，并进行相关交易或者谋取相关利益，证券交易成交额在一千万元以上的；

（七）实施刑法第一百八十二条第一款第一项操纵期货市场行为，实际控制的账户合并持仓连续十个交易日的最高值超过期货交易所限仓标准的二倍，累计成交量达到同期该期货合约总成交量百分之二十以上，且期货交易占用保证金数额在五百万元以上的；

（八）通过囤积现货，影响特定期货品种市场行情，并进行相关期货交易，实际控制的账户合并持仓连续十个交易日的最高值超过期货交易所限仓标准的二倍，累计成交量达到同期该期货合约总成交量百分之二十以上，且期货交易占用保证金数额在五百万元以上的；

（九）实施刑法第一百八十二条第一款第二项、第三项操纵期货市场行为，实际控制的账户连续十个交易日的累计成交量达到同期该期货合约总成交量百分之二十以上，且期货交易占用保证金数额在五百万元以上的；

（十）利用虚假或者不确定的重大信息，诱导投资者进行期货交易，行为人进行相关期货交易，实际控制的账户连续十个交易日的累计成交量达到同期该期货合约总成交量百分之二十以上，且期货交易占用保证金数额在五百万元以上的；

（十一）对期货交易标的公开作出评价、预测或者投资建议，同时进行相关期货交易，实际控制的账户连续十个交易日的累计成交量达到同期该期货合约总成交量的百分之二十以上，且期货交易占用保证金数额在五百万元以上的；

（十二）不以成交为目的，频繁或者大量申报买入、卖出证券、期货合约并撤销申报，当日累计撤回申报量达到同期该证券、期货合约总申报量百分之五十以上，且证券撤回申报额在一千万元以上、撤回申报的期货合约占用保证金数额在五百万元以上的；

（十三）实施操纵证券、期货市场行为，获利或者避免损失数额在一百万元以上的。

操纵证券、期货市场，影响证券、期货交易价格或者证券、期货交易量，获利或者避免损失数额在五十万元以上，同时涉嫌下列情形之一的，应予立案追诉：

（一）发行人、上市公司及其董事、监事、高级管理人员、控股股东或者实际控制人实施操纵证券、期货市场行为的；

（二）收购人、重大资产重组的交易对方及其董事、监事、高级管理人员、控股股东或者实际控制人实施操纵证券、期货市场行为的；

（三）行为人明知操纵证券、期货市场行为被有关部门调查，仍继续实施的；

（四）因操纵证券、期货市场行为受过刑事追究的；

（五）二年内因操纵证券、期货市场行为受过行政处罚的；

（六）在市场出现重大异常波动等特定时段操纵证券、期货市场的；

（七）造成其他严重后果的。

对于在全国中小企业股份转让系统中实施操纵证券市场行为，社会危害性大，严重破坏公平公正的市场秩序的，比照本条的规定执行，但本条第一款第一项和第二项除外。

典型案例

1. 姜某操纵期货市场案[①]

【案情】2014 年 11 月 3 日，被告人姜某通过成都大角牛化工材料有限公司（以下简称大角牛公司）和成都欣华欣化工材料有限公司（以下简称欣华欣公司）向郑州商品交易所大量申请临近交割月买入甲醇 1501 合约套期保值额度，当月 26 日共计获批 15,000 手，实现在临近交割月持有大量多头仓位的基本条件，并利用大角牛公司等五个账户建仓大量买入甲醇 1501 合约，在 11 月 14 日买入持仓占比达 30.75%，同时囤积现货，以便对期货价格造成影响。2014 年 11 月 14 日至 12 月 16 日期间，为使甲醇现货市场价格符合预期，并确保多头套期保值持仓顺利进入交割月份，姜某控制或决策欣华欣公司等 42 个期货账户，累计动用资金 4.1 亿余元，利用持仓优势，连续交易甲醇 1501 合约，在价格处于低位或价格下跌时，集中增加买入持仓量，阻止价格继续下跌并拉抬价格适当上升，当价格较高时，适当进行卖出平仓，既维持盘面的交投活跃，又回流资金以补充流动资金，以便在价格下跌时反手买入，继续维持并扩大持仓优势，确保价格在可接受区间，致使甲醇 1501 合约价格出现异常波动，导致期货价格信息失真，严重影响期货市场价格发现、规避风险等功能的有效发挥。

其中，11 月 14 日至 12 月 11 日，在连续 20 个交易日内，姜某通过其控制的欣华欣公司、大角牛公司、合业化工公司以及其妻子陈某和员工邬某的共 5 个期货账户连续买入开仓 1596 笔 16,673 手，卖出平仓 1539 笔 13,158 手，累计买入开仓成交量占市场第一位。受此影响，12 月 3 日甲醇 1501 合约价格较 11 月 14 日上涨 8.9%，而同期与甲醇 1501 合约价格高度关联的原油近月合约价格下跌 14.5%，甲醇 1506 合约价格下跌 6.16%。自 12 月 4 日起，受原油持续走弱及资金短缺等因素影响，甲醇 1501 合约价格开始走低，至 12 月 11 日，甲醇 1501 合约价格累计下跌 10.04%。12 月 12 日，姜某为了维护甲醇 1501 合约价格，通过江西瑞奇资产管理有限公司、上海盛圭科技有限公司等单位，借用账户进行分仓操作，规避有关部门的监管，操纵 42 个期货账户买入开仓 134 笔成交 3258 手，卖出平仓 21 笔成交 448 手，买仓量为 22,487 手，买仓占比为 63.5%，当日甲醇 1501 合约价格上涨 0.93%，结束了前六个交易日的下跌趋势，并保持价格基本持平直至 12 月 16 日。12 月 15 日买仓量为 23,680 手，买

---

① 参见四川省成都市中级人民法院（2016）川 01 刑初 100 号刑事判决书、四川省高级人民法院（2017）川刑终 70 号刑事判决书。对姜某的行政处罚，见本书“《期货和衍生品法》第一百二十五条　【操纵市场】”部分的“姜某操纵‘甲醇 1501’合约案”。——本书注

仓占比为67.76%，12月16日，买仓量达27,517手，买仓占比达76.04%，其中投机持仓13,803手，超过期货交易所规定的持仓限额约26倍。

2014年12月16日结算后，被告人姜某因资金链断裂，无力追加期货保证金，当晚夜盘开市后，期货公司按照规定对其实施强行平仓，合约价格大幅下跌，并引发市场恐慌性抛盘，开盘后仅10分钟，甲醇1501合约价格跌停。17日至19日，连续出现三个跌停板单边市，三个交易日价格跌幅达19.1%，且由于短时间内价格大幅下挫，部分多头中小投资者难以及时平仓，导致86个客户穿仓，穿仓金额高达1.77亿元，涉及13家期货公司。

另查明，2014年期间，被告人姜某任欣华欣公司总经理，该公司的股东及持有股权份额情况分别为：成都亚光电子股份有限公司（以下简称亚光公司）持股58.2%，成都江海龙投资有限公司持股41.8%。2014年9月9日，欣华欣公司向控股股东亚光公司报送《关于申请办理套期保值业务的请示》，申请利用期货及电子交易平台进行保证金在3000万元以内的甲醇产品套期保值业务，亚光公司按规定逐级上报该请示，截至案发，未得到最终同意开展业务的批复。

按照2014年12月16日甲醇1501合约结算价计算，姜某在2014年11月14日至12月16日期间，因交易该合约共亏损79,459,652元。

【认定】法院认为，被告人姜某集中资金优势、持仓优势，连续买卖甲醇1501合约，操纵期货交易价格，使该期货合约价格产生异常波动，不能真实反映市场供求关系，严重影响了期货市场价格发现、规避风险等功能的有效发挥，不仅损害了期货投资者的合法利益，也对期货市场正常交易秩序产生了严重影响，其行为已构成操纵期货市场罪，且情节严重。被告人姜某明知他人报案而在公司等待，抓捕时无拒捕行为，并如实供述犯罪事实，构成自首，可以从轻或减轻处罚。

【处罚】被告人姜某犯操纵期货市场罪，判处有期徒刑二年六个月，并处罚金人民币100万元。

2. 王某操纵期货市场案①

【案情】2014年7月，被告人王某被聘任为湖北银丰棉花股份有限公司（以下简称银丰公司）交易部经理，从事期货交易操盘工作，按公司指令进行棉花合约交易。被告人王某在任职期间，在郑州期货市场内的CF603、CF607和CF611三个期货合约上，通过其个人期货账户与其掌控的公司所属在郑州商品交易所的多个期货账户多次进行对敲交易。被告人王某共获利人民币225,700

① 参见湖北省武汉市江岸区人民法院（2017）鄂0102刑初629号刑事判决书。

元，造成银丰公司经济损失人民币83,050元。

2015年11月24日至2016年3月14日期间，被告人王某与银丰公司及其子公司共11个账户，相互间进行合约代码为CF603的期货交易量为2708手，同期郑州商品交易所进行相同合约代码的期货交易量为7748手，被告人王某操纵的该合约代码的期货交易量占比34.95%。2015年11月24日至同年12月22日连续20个交易日内，被告人王某与银丰公司及其子公司共11个账户，相互间进行合约代码为CF603的期货交易量为1078手，同期郑州商品交易所进行相同合约代码的期货交易量为2808手，被告人王某操纵的该合约代码的期货交易量占比38.39%。

2016年2月18日至同年3月17日连续20个交易日内，被告人王某与银丰公司及其子公司共11个账户，相互间进行合约代码为CF607的期货交易量为420手，同期郑州商品交易所进行相同合约代码的期货交易量为1624手。被告人王某操纵的该合约代码的期货交易量占比25.86%。

【认定】法院认为，被告人王某利用自己实际控制的多个期货交易账户，操纵期货市场，情节严重，其行为已构成操纵期货市场罪。被告人王某犯罪以后自动投案，如实供述自己的罪行，系自首，依法可以从轻处罚。案发后，被告人王某已赔偿公司全部经济损失并取得谅解；且在法院审理期间，被告人王某能自愿认罪、悔罪，可酌情从轻处罚。

【处罚】被告人王某犯操纵期货市场罪，判处拘役五个月，缓刑六个月，并处罚金人民币30,000元。

3. 张家港保税区伊世顿国际贸易有限公司、金某献等操纵期货市场案①

【案情】被告单位张家港保税区伊世顿国际贸易有限公司（以下简称伊世顿公司）于2012年9月成立，后通过被告人金某某（原系华鑫期货有限公司技术总监）在华鑫期货有限公司开设期货账户。② 2013年6月起至2015年7月间，伊世顿公司为逃避证券期货监管，通过被告人高某（原系伊世顿公司执行董事）、金某献介绍，以租借或者收购方式，实际控制了19名自然人和7个法人的期货账户，与伊世顿公司自有账户组成账户组，采用高频程序化交易方式从

---

① 该案入选最高人民法院2020年发布的“人民法院依法惩处证券、期货犯罪典型案例”以及最高人民法院2022年发布的“人民法院依法惩治金融犯罪典型案例”，载最高人民法院发布7件人民法院依法惩处证券、期货犯罪典型案例——中华人民共和国最高人民法院（court. gov. cn）；另见人民法院依法惩治金融犯罪典型案例——中华人民共和国最高人民法院（court. gov. cn）。

② 华鑫期货及相关责任人员因未建立、健全并严格执行业务管理规则、风险管理制度，风险管理和内部控制存在较大缺陷，被上海证监局给予行政处罚，详见上海证监局〔2019〕16、17、18号行政处罚决定书。——本书注

事股指期货合约交易。其间，伊世顿公司隐瞒实际控制伊世顿公司账户组、大量账户从事高频程序化交易等情况，规避中金所的监管措施，从而取得不正当交易优势；还伙同金某献等人，将自行研发的报单交易系统非法接入中金所交易系统，直接进行交易，从而非法取得额外交易速度优势。2015 年 6 月 1 日至 7 月 6 日间，伊世顿公司及被告人高某、梁某中（原系伊世顿公司业务拓展经理）伙同金某献，利用以逃避期货公司资金和持仓验证等非法手段获取的交易速度优势，大量交易中证 500 股指期货主力合约、沪深 300 股指期货主力合约合计 377.44 万手，从中非法获利人民币 3.893 亿余元。此外，被告人金某献还利用职务便利侵占华鑫期货有限公司资金 1348 万余元。

【认定】法院认为，被告单位伊世顿公司、被告人金某献等人违反有关规定，隐瞒实际控制伊世顿公司账户组、大量账户从事高频程序化交易等情况，规避中金所对风险控制的监管措施，将自行研发的报单交易系统非法接入中金所交易系统，利用以逃避期货公司资金和持仓验证等非法手段获取的交易速度优势，大量操纵股指期货交易，影响期货交易价格或者期货交易量，其行为符合操纵期货市场罪的构成要件。伊世顿公司的操纵行为严重破坏了股指期货市场的公平交易秩序和原则，与《刑法》规定的连续交易、自买自卖等操纵行为的本质相同，可以认定为“以其他方法操纵证券、期货市场的”情形。据此，法院认定被告单位伊世顿公司、被告人高某、梁某中、金某献的行为均构成操纵期货市场罪，且情节特别严重；金某某的行为还构成职务侵占罪，依法应当数罪并罚。鉴于伊世顿公司能认罪悔罪，依法可以酌情从轻处罚；高某、梁某中具有自首情节，能认罪悔罪，依法可以减轻处罚，并适用缓刑；金某某两罪均具有自首情节，依法分别减轻处罚。

【处罚】以操纵期货市场罪判处被告单位伊世顿公司罚金人民币三亿元，追缴违法所得人民币 38,930 万元；判处被告人高某判处有期徒刑三年，缓刑四年，并处罚金人民币 100 万元；判处被告人梁某中有期徒刑二年六个月，缓刑三年，并处罚金人民币 80 万元；对被告人金某献以操纵期货市场罪、职务侵占罪判处有期徒刑五年，并处罚金人民币 60 万元。

4. 远大石化有限公司、吴某东操纵期货市场案[①]

【案情】被告人吴某东时任被告单位远大石化有限公司董事长、法定代表

① 该案入选最高人民法院 2022 年 7 月 25 日发布的“人民法院助力全国统一大市场建设典型案例”以及最高人民法院 2022 年 9 月 22 日发布的“人民法院依法惩治金融犯罪典型案例”，载人民法院助力全国统一大市场建设典型案例——中华人民共和国最高人民法院（court. gov. cn）；另见人民法院依法惩治金融犯罪典型案例——中华人民共和国最高人民法院（court. gov. cn）。

人。被告单位远大石化有限公司经被告人吴某东召集会议决定，于2016年5月24日至8月31日间，利用其实际控制的18个账户通过以市场价大量连续买入开仓的手法，将资金优势转化为持仓优势。同时通过直接购买、代采代持、售后回购等方式大量囤积聚丙烯现货，制造聚丙烯需求旺盛氛围，以反作用影响期货市场，跨期货、现货市场操纵PP1609价格。被告单位远大石化有限公司违法所得共计人民币4.36亿余元，被告人吴某东违法所得共计人民币487万余元，涉案的其他11个账户违法所得共计人民币1亿余元。案发后，被告单位远大石化有限公司退缴违法所得。

【认定】被告单位远大石化有限公司通过囤积现货影响期货品种市场行情等手段操纵期货市场，情节特别严重，其行为已构成操纵期货市场罪；被告人吴某东系直接负责的主管人员，其行为亦构成操纵期货市场罪，均应依法惩处。被告单位远大石化有限公司能够积极配合调查，并积极退缴违法所得，可以从轻处罚。被告人吴某东能够如实供述自己的罪行，构成坦白，可以依法从轻处罚。

【处罚】以操纵期货市场罪对被告单位远大石化有限公司判处罚金人民币3亿元，对被告人吴某东判处有期徒刑五年，并处罚金500万元；依法追缴被告单位远大石化有限公司违法所得人民币4亿余元，依法追缴被告人吴某东违法所得480万余元，继续追缴涉案的其他11个账户违法所得。

权威解读①

1. 关于“以其他方法操纵证券、期货市场”的认定问题

《刑法》第一百八十二条第一款第一至三项规定了联合、连续交易操纵、约定交易操纵、自买自卖操纵（也称洗售操纵）等三种操纵证券、期货市场的方法：一是联合、连续交易操纵，即单独或者合谋，集中资金优势、持股或者持仓优势或者利用信息优势，联合或者连续买卖，操纵证券、期货市场交易价格或者证券、期货交易量的行为；二是约定交易操纵，俗称“对倒”，即与他人串通，以事先约定的时间、价格和方式相互进行证券、期货交易，影响证券、期货交易价格或者证券、期货交易量的行为；三是自买自卖操纵，俗称“对敲”，在自己实际控制的账户之间进行证券交易，或者以自己为交易对象，自买自卖期货合约，影响证券、期货交易价格或者证券、期货交易量的行为。“对倒”

---

① 参见姜永义、陈学勇、朱宏伟：《〈最高人民法院、最高人民检察院关于办理操纵证券、期货市场刑事案件适用法律若干问题的解释〉的理解与适用》，载《人民法院报》2020年3月12日，第5版。

"对敲"的违法本质是相同的，即在证券、期货交易市场中，行为人通过虚伪交易（虚买虚卖）进行"诱多"或者"诱空"，从而谋取非法利益的行为。同时，《刑法》第一百八十二条第一款第四项规定了"以其他方法操纵证券、期货市场"作为兜底条款。

实践中，由于相关规定不明确，对于"以其他方法操纵证券、期货市场"的认定存在不同认识。结合司法实践和实际案例，并参考相关法律、法规以及《中国证券监督管理委员会证券市场操纵行为认定指引（试行）》等规定，《最高人民法院、最高人民检察院关于办理操纵证券、期货市场刑事案件适用法律若干问题的解释》（以下简称《操纵司法解释》）第一条明确了"以其他方法操纵证券、期货市场"的六种情形，同时考虑证券、期货市场操纵手段不断翻新，难以列举穷尽，该条第七项仍然以"以其他方法操纵证券、期货市场"作为兜底性规定。

（1）"蛊惑交易操纵"，即利用虚假或者不确定的重大信息，诱导投资者作出投资决策，影响证券、期货交易价格或者证券、期货交易量，并进行相关交易或者谋取相关利益。其中"诱导投资者作出投资决策"，通常是指行为人故意编造虚假信息或者明知是虚假或不确定的信息而进行传播，使广大投资者信以为真做出错误的投资决策，从而影响交易价格或者交易量。"进行相关交易"是指进行与其蛊惑信息所涉证券、期货的交易，包括集合竞价阶段交易、连续竞价阶段交易、大宗交易、场外交易等。"谋取相关利益"，是相关交易之外的其他相关利益，如，影响定向增发价格，影响股权质押价格，影响大宗交易价格，打压他人基金排名，影响公司收购价格等。

（2）"抢帽子交易操纵"，也就是利用"黑嘴"荐股操纵，即通过对证券及其发行人、上市公司、期货交易标的公开作出评价、预测或者投资建议，误导投资者作出投资决策，影响证券、期货交易价格或者证券、期货交易量，并进行与其评价、预测、投资建议方向相反的证券交易或者相关期货交易。2022 年修订前的《最高人民检察院、公安部关于公安机关管辖的刑事案件立案追诉标准的规定（二）》（以下简称《立案追诉标准（二）》）规定该类操纵的主体为"证券公司、证券投资咨询机构、专业中介机构或者从业人员"。随着自媒体等现代通讯传播技术的快速发展，涉案主体既有持牌机构和分析师，也有网络工作室、网络大 V、博主等非持牌机构以及一般公民，"黑嘴"荐股的方式多种多样，如微博、股吧、视频直播、微信以及 QQ 私聊建群等，其最终目的是误导投资者作出投资决策而从中获利，表现为：有的是自己反向交易从中获利；有的是诱导散户买入，帮助“庄家出货”获取报酬等。[①]

（3）“重大事件操纵”，即通过策划、实施资产收购或者重组、投资新业务、股权转让、上市公司收购等虚假重大事项，误导投资者作出投资决策，影响证券交易价格或者证券交易量，并进行相关交易或者谋取相关利益。本项规定主要针对股市中近几年出现的通过策划、实施虚假重组、虚假投资、虚假股权转让、虚假收购等重大事件，误导投资者作出投资决策，自己交易或者谋取相关利益的操纵行为，俗称证券市场中“编故事、画大饼”的操纵行为。如，上市公司的发起人为减持限售股，而提前策划收购、重组等重大虚假事项，推高股价后减持获利。

（4）“控制信息操纵”，即通过控制发行人、上市公司信息的生成或者控制信息披露的内容、时点、节奏，误导投资者作出投资决策，影响证券交易价格或者证券交易量，并进行相关交易或者谋取相关利益。本项的“控制信息操纵”，与《刑法》第一百八十二条第一款第一项中规定的“利用信息优势操纵”的区分在于：《刑法》第一百八十二条第一款第一项中规定的“利用信息优势操纵”是指行为人利用已有的信息，基于其先知晓、知晓得完全等优势，通过交易进行操纵，其本质是交易型操纵，即“信息优势＋联合或连续买卖”。而本项“控制信息操纵”是指行为人控制信息生成和控制信息内容以及控制信息发布的时点、节奏，利用生成信息及控制信息本身，对市场投资者进行诱导，从而影响股价，本身不一定有联合或连续买卖股票，其本质是信息型操纵。

（5）“恍骗交易操纵”（也称虚假申报操纵），即不以成交为目的，频繁申报、撤单或者大额申报、撤单，误导投资者作出投资决策，影响证券、期货交易价格或者证券、期货交易量，并进行与申报相反的交易或者谋取相关利益。在证券、期货交易市场中，报撤单是正常交易行为。该类操纵与正常报撤单的区分，要根据报撤单是否频繁，或者报撤单的金额是否巨大；是否进行与申报相反的交易；是否使用多个不同账户掩盖操作等客观方面进行综合判断。

（6）“跨期、现货市场操纵”，即通过囤积现货，影响特定期货品种市场行情，并进行相关期货交易。这种操纵方法在期货市场中并不少见，甚至会发生“逼仓”现象，如小品种的期货交易中，多头持仓者预测现货不足时，凭借资金优势拉高期货价格，同时大量囤积现货，拉高现货价格，迫使空头要么高价买

① 《操纵司法解释》已删除2022年修订前的《最高人民检察院、公安部关于公安机关管辖的刑事案件立案追诉标准的规定（二）》对“抢帽子交易操纵”犯罪主体的限定；后者在2022年修订时也相应地删除该限定。——本书注

回期货合约认赔平仓出局，要么以高价买入现货进行实物交割，甚至空头因买不到现货交割受到违约罚款，从而出现“逼仓”现象，操纵者从而获取暴利。

2. 关于“情节严重”的认定标准

“情节严重”标准与刑事立案追诉标准直接相关，是长期以来影响操纵市场刑事规制的瓶颈问题。《操纵司法解释》参照《最高人民法院、最高人民检察院关于办理内幕交易、泄露内幕信息刑事案件具体应用法律若干问题的解释》（以下简称《内幕交易司法解释》）和2022年修订前的《立案追诉标准（二）》等相关规定，结合证券、期货市场当前实际发生的案件情况，并对比其他经济类案件的数额变化趋势，针对《刑法》第一百八十二条第一款规定的三种以及《操纵司法解释》规定的六种操纵证券、期货市场的情形，从交易金额、交易占比、违法所得金额等方面规定了七种“情节严重”的认定标准；同时，为更加有力、有效地惩治操纵证券、期货市场犯罪，结合此类犯罪的特点，又规定了七种“数额+情节”的“情节严重”的情形。

（1）第二条第一项、第二项规定了交易型操纵证券市场的入罪标准。《操纵司法解释》第二条第一项、第二项对2022年修订前的《立案追诉标准（二）》的入罪标准作了适当调整。一方面，在连续交易操纵的入罪标准中，将持股比例由30%调整为10%。主要考虑：过去个股盘子普遍比较小，且并非全部为流通股，30%的持股比例有一定合理性。随着股权分置改革落地，目前个股盘子普遍比较大，且大部分为全流通股，30%的持股比例在现实中很难达到。根据证监会测算，沪深两市全部3000余家上市公司第三大股东平均持股比例仅3.67%。根据证券法的规定，持股5%以上的属于大股东。考虑目前仍有部分股票没有实现全流通，同时也为行政处罚预留空间，《操纵司法解释》将持股优势的比例确定为10%。另一方面，在连续交易操纵、约定交易操纵、洗售操纵的入罪标准中，将“连续二十个交易日”调整为“连续十个交易日”，将累计成交量占比由30%调整为20%。主要是考虑到当前短线操纵较为普遍，调整标准后符合当前短线操作的一般规律，也符合证券交易所的统计口径，有利于加强入罪标准的可操作性。需要说明的是，《操纵司法解释》所称“连续十个交易日”，是指证券、期货市场开市交易的连续十个交易日，并非指行为人连续交易的十个交易日。

（2）第二条第三项规定了信息型操纵和行为型操纵证券的证券交易成交金额标准。根据实践中案件情况，结合中国经济较快增长现状，通货膨胀趋势，并考虑到各罪名之间数额上的平衡，《操纵司法解释》中规定信息型操纵行为“证券交易成交金额在一千万元以上”为“情节严重”。需要说明的是，第二条第三项只是针对《操纵司法解释》第二条第一至四项规定了证券交易成交额的入罪标准，并没有针对《刑法》第一百八十二条第一款第一、二、三项规定证券交易成交额的入罪标准，主要考虑是，从实际案例看，交易型操纵由于存在资金的反复使用，成交金额大多达到数亿元至数百亿元，甚至数千亿元，故难以规定具体入罪标准。鉴于第二条第一、二项已从相关比例方面进行了规定，故不再直接规定交易型操纵证券交易成交额标准。

（3）第二条第四、五项规定的是交易型操纵期货市场的入罪标准。考虑到不同的期货品种、同一期货品种不同时段内保证金数额差异均很大，同时考虑期货市场开仓量理论上没有上限，只有很大交易量才可能实际影响到期货市场价格，结合实际案例和统计分析，统一规定为“期货交易占用保证金数额五百万元”，同时规定了成交量或持仓量占全市场的比例。对连续十个交易日的持仓最高值、累计成交量、期货占用保证金数额等数量标准，要求同时达到，缺一不可。

（4）第二条第六项规定了虚假申报型操纵证券、期货市场的入罪标准。考虑到单纯的频繁撤回申报本身是合法的，撤回申报本身既可能是其改变主意，也可能因为其就是不以成交为目的。为防止将正常的频繁报撤单划入犯罪圈，故对频繁撤单设置较高的比例标准。同时，为避免交易不活跃证券和交易不活跃期货合约较少量即达到相关比例标准，同时规定申报交易额和保证金数额的标准。对撤回申报量占比、证券撤回申报的期货合约占用保证金数额等数量标准，要求同时达到，目的在于防止不活跃合约中少量操纵即因达到相关交易占比而被入刑。

（5）第二条第七项规定了各类型操纵市场行为适用的违法所得数额的入罪标准。违法所得数额的入罪标准确定为 100 万元，主要考虑了案件实际情况及社会经济发展水平和未来趋势。这里的违法所得数额，是指通过操纵证券、期货市场所获利益或者避免的损失。对于二次以上实施操纵证券、期货市场行为，依法应予行政处理或者刑事处理而未经处理的，相关交易数额或者违法所得数额累计计算。需要注意的是，违法所得数额标准是“情节严重”的认定标准，而不是操纵行为的认定标准，不能因为违法所得数额在 100 万元以上就认定为操纵行为。只有在认定操纵行为的基础上，因违法所得数额达到 100 万元以上的才能认定为“情节严重”。违法所得数额标准是认定“情节严重”的情形之一，与《操纵司法解释》第二条第一至六项情形是并列关系，对于具有《刑法》第一百八十二条第一款规定的三种或者《操纵司法解释》第一条规定的六种操纵证券、期货市场行为，只要符合《操纵司法解释》第二条规定的七种情形之一的，就应当认定为“情节严重”。例如，对于交易型操纵行为，在已查明行为人存在违规的控制多个账户隐蔽操作、联合操作、对倒、自买自卖等行为的情况下，虽然不符合《操纵司法解释》第二条规定的第一项、第二项的比例标准，但违法所得数额在100万元以上的，即可认定为“情节严重”。

（6）第三条规定了七种“数额+情节”的“情节严重”的认定标准。为更加有力、有效地惩治操纵证券、期货市场犯罪，结合此类犯罪的特点，《操纵司法解释》第三条又规定了七种“数额+情节”的“情节严重”的情形，即操纵证券、期货市场，违法所得数额在五十万元以上，具有规定的七种情形之一的，应当认定为“情节严重”。其中：该条第一项、第二项体现对特定人员操纵市场行为从严惩处的精神；第三项、第六项、第七项体现对特定时间、地点或场合及特定后果的操纵行为从严惩处的精神；第三项的“有关部门”包括司法机关、证券期货行政监管机关、证券期货交易所等；第六项的“市场出现重大异常波动等特定时段”侧重于市场状态的考量，即并不是指发生某一特定重大事件，而是必须发生市场反应，即“市场出现重大异常波动”时；第七项的“恶劣社会影响或其他严重后果”通常是市场反应之外的负面影响，如造成重大负面舆情、造成原本正常的公司破产、造成他人自杀等。

3. 关于“情节特别严重”的认定标准

在“情节严重”认定标准的基础上，《操纵司法解释》第四条第一款规定了六种“情节特别严重”的认定标准，第二款规定了“数额+情节”的七种情形。参照《内幕交易司法解释》有关规定，证券交易成交数额或者期货交易占用保证金数额按照“情节严重”数额标准的五倍确定“情节特别严重”的标准。对于第六项违法所得数额标准，考虑本条第二款还规定了违法所得数额减半应当认定为“情节特别严重”的七种情形，故第一款规定的违法所得数额按照“情节严重”数额标准的十倍予以确定。需要说明的是，《操纵司法解释》第二条第六项从撤单比例方面规定了“恍骗交易操纵”的“情节严重”的入罪标准，考虑到“恍骗交易操纵”仅是一个交易日的操纵，对市场的危害性有限，故《操纵司法解释》没有规定“情节特别严重”的情形。

4. 关于“自己实际控制的账户”的认定问题

在实践中，行为人操纵证券、期货市场时，为规避监管，绝大多数不用自己名下的账户，而利用他人账户实施操纵行为，且行为人在被调查时往往拒不承认对他人账户的实际控制权。由于证券交易方式的网络化、电子化程度越来越高，技术定位越来越困难，对账户究竟由谁控制越来越难认定。结合实际，《操纵司法解释》第五条规定了四种应当认定为行为人“自己实际控制的账户”

的情形：第一项，是行为人以自己名义开户并使用的实名账户；第二项，是行为人向账户转入或者从账户转出资金，并承担实际损益的他人账户；第三项，是行为人通过第一项、第二项以外的方式管理、支配或者使用的他人账户；第四项，是行为人通过投资关系、协议等方式对账户内资产行使交易决策权的他人账户。同时还规定了“自己实际控制的账户”的例外情形，即有证据证明行为人对上述第一项至第三项账户内资产没有交易决策权的除外。

在操纵案中，“对他人账户的控制”的核心是对他人账户交易行为具有决策权，即有了对他人账户交易行为的决策权，才能利用该账户对证券、期货实施操纵。由于现实中很难证明交易决策权的存在，故一般根据行为人对账户存在实际使用情形，认定行为人对该账户具有交易决策权。但在实践中也存在少数情况，虽然行为人对一个账户存在实际使用，但其对该账户的交易确实没有决策权，而是根据其他人的意志进行交易，故该司法解释第五条规定中将有证据证明行为人对该条第一项至第三项账户内资产没有交易决策权的排除在外。

需要说明的是，该条对“自己实际控制的账户”的解释，主要是为了解决司法实践中“对他人账户的控制”的认定问题。虽然“自己实际控制的账户”的规定仅出现在《刑法》第一百八十二条第一款第三项中，但实践中该条第一款全部四项规定中均存在“自己实际控制的账户”的问题，故对“自己实际控制的账户”所在条款，笼统表述为“《刑法》第一百八十二条中”，而不具体规定为“《刑法》第一百八十二条第一款第三项中”。

5. 关于犯罪数额认定和刑事处罚问题

（1）关于犯罪数额的认定问题

操纵证券、期货市场的相关交易数额或者违法所得数额是定罪量刑的依据，依法应当累计计算，但犯罪数额累计计算的前提条件是，单次操纵证券、期货市场行为必须是依法应予行政处理或者刑事处理而未经处理的。对于不构成犯罪但超过行政处罚时效期限，或者构成犯罪但超过追诉期限的，相关数额不应累计计算。据此，《操纵司法解释》第六条规定，二次以上实施操纵证券、期货市场行为，依法应予行政处理或者刑事处理而未经处理的，相关交易数额或者违法所得数额累计计算。

（2）关于从宽处罚标准

为切实贯彻宽严相济的刑事政策，在加大对操纵证券、期货市场犯罪分子打击力度的同时，有必要依法对一些具有法定或者酌定从轻处罚情节的行为人予以从轻处罚。《操纵司法解释》第七条参照相关司法解释的规定，明确了从轻处罚及“出罪”的情形。由于操纵证券、期货市场违法、犯罪案件的取证难度大，对于行为人如实供述犯罪事实，认罪悔罪，并积极配合调查，退缴违法所得的，依法可以从轻处罚，其中犯罪情节轻微的，可以依法不起诉或免予刑事处罚，目的是让一些罪行较轻、确有悔罪表现的行为人更好地回归社会，降低诉讼成本，取得好的办案效果。其中“犯罪情节轻微”，是指刚达入罪标准，操纵行为对证券期货市场的危害不大，比如一次偶尔的操纵行为，虽然达到“情节严重”的比例标准或者交易成交额标准，但没有获利甚至亏本的，等等。

为更好地衔接和落实认罪认罚从宽制度，《操纵司法解释》第七条第二款规定，对于符合刑事诉讼法规定的认罪认罚从宽适用范围和条件的，依照刑事诉讼法的规定处理。需要注意的是，该条第一款只适用于《操纵司法解释》第二条、第三条规定的在操纵证券、期货市场罪第一档法定刑幅度定罪处罚的情形，不适用于第二档法定刑的情形。另外，对于因犯罪情节轻微而依法不起诉或者免予刑事处罚的，不影响对行为人的行政处理。

（3）关于单位犯罪的定罪处罚标准

根据《刑法》第一百八十二条第二款的规定，单位可以成为操纵证券、期货市场罪的主体。为加大对操纵证券、期货市场单位犯罪的惩治力度，《操纵司法解释》第八条明确了单位操纵证券、期货市场的，适用自然人犯罪的定罪量刑标准，对于单位实施《刑法》第一百八十二条第一款行为的，依照该解释规定的定罪量刑标准，对其直接负责的主管人员和其他直接责任人员定罪处罚，并对单位判处罚金。

《刑法》第一百八十五条之一第一款　【背信运用受托财产罪】

第一百八十五条之一第一款　商业银行、证券交易所、期货交易所、证券公司、期货经纪公司、保险公司或者其他金融机构，违背受托义务，擅自运用客户资金或者其他委托、信托的财产，情节严重的，对单位判处罚金，并对其直接负责的主管人员和其他直接责任人员，处三年以下有期徒刑或者拘役，并处三万元以上三十万元以下罚金；情节特别严重的，处三年以上十年以下有期徒刑，并处五万元以上五十万元以下罚金。

相关规定

《最高人民检察院、公安部关于公安机关管辖的刑事案件立案追诉标准的规定（二）》（公通字〔2022〕12 号）

第三十五条　〔背信运用受托财产案（刑法第一百八十五条之一第一款）〕 商业银行、证券交易所、期货交易所、证券公司、期货公司、保险公司或者其他金融机构，违背受托义务，擅自运用客户资金或者其他委托、信托的财产，涉嫌下列情形之一的，应予立案追诉：

（一）擅自运用客户资金或者其他委托、信托的财产数额在三十万元以上的；

（二）虽未达到上述数额标准，但多次擅自运用客户资金或者其他委托、信托的财产，或者擅自运用多个客户资金或者其他委托、信托的财产的；

（三）其他情节严重的情形。

典型案例

兴证期货大连营业部背信运用受托财产案①

【案情】 被告单位兴证期货有限公司大连营业部（以下简称兴证期货大连营业部）系兴证期货有限公司的下属分支机构。被告人孟某伟于 2009 年 8 月至 2014 年 7 月在兴证期货大连营业部担任总经理，负责大连营业部全面工作。被告人陈某于 2013 年 8 月至 2014 年 7 月在兴证期货大连营业部担任客户经理，负责开发及维护客户。

2013 年，被告人陈某认识了被害人高某，并介绍兴证期货大连营业部有保本理财产品，收益高于银行利息。高某要求保证资金安全，并且随取随用，陈某经请示被告人孟某伟后，向高某口头承诺投资期货在保本保息基础上达到 7% 的年收益率。

2013 年 10 月 22 日，高某与兴证期货有限公司签订了《期货经纪合同》及相关附属文件，按照兴证期货大连营业部工作人员的指引开立了期货保证金账户，并于次日向账户内转款人民币 1670 万元，被告人陈某向高某索要了期货账户的交易密码。

被告人孟某伟、陈某未能为高某找到第三方投资顾问，在未通知高某也未

---

① 参见中华人民共和国最高人民法院刑事审判第一、二、三、四、五庭主办：《刑事审判参考》（总第 125 集），人民法院出版社 2020 年版，第 8－15 页。

取得其同意的情况下，二被告人商议后决定自行使用高某的期货账户交易密码进行交易。2013 年 10 月 31 日至 2014 年 1 月 20 日，孟某伟、陈某擅自运用高某期货账户进行交易，造成高某期货保证金账户亏损人民币 1043.1 万元，共计产生交易手续费 1,533,642.48 元，其中为兴证期货有限公司赚取手续费 825,353.56元，上交给期货交易所 708,288.92 元。案发后，孟某伟、陈某等人返还高某人民币共计 191 万元。

【认定】法院认为，被告单位兴证期货大连营业部违背受托义务，擅自运用客户资金，情节特别严重，其行为侵犯了国家的金融管理秩序和客户的合法权益，构成背信运用受托财产罪。被告人孟某伟作为该营业部直接负责的主管人员，被告人陈某作为该营业部其他责任人员，其行为均构成背信运用受托财产罪。

【处罚】被告单位兴证期货有限公司大连营业部犯背信运用受托财产罪，判处罚金人民币 100 万元；被告人孟某伟犯背信运用受托财产罪，判处有期徒刑三年六个月，并处罚金人民币 15 万元；被告人陈某犯背信运用受托财产罪，判处有期徒刑三年，并处罚金人民币 10 万元；责令被告单位兴证期货有限公司大连营业部退赔被害人高某经济损失人民币 852.1 万元。

权威解读[①]

在实践中，有一些单位实质上不具备接受委托资金的资质，也未按规定接受金融监管并违规从事金融业务。这些单位通过各种变相公开宣传、承诺保本保收益、向社会不特定对象集资等形式与委托人订立合同、募集资金，同时实施相关违法行为，完全违背了与委托人订立合同中规定的权利义务。这些行为，表面上是该类单位的责任人员违背受托义务，擅自运用客户资金和受托财产的行为，实质上属于非法集资类犯罪，应根据案件的具体情况，依照《刑法》第一百七十六条非法吸收公众存款罪、第一百九十二条集资诈骗罪等，依法定罪处罚。

《刑法》第二百二十五条　【非法经营罪】

第二百二十五条　违反国家规定，有下列非法经营行为之一，扰乱市场秩序，情节严重的，处五年以下有期徒刑或者拘役，并处或者单处违法所得一倍

① 参见王爱立主编：《〈中华人民共和国刑法〉释解与适用》（上），人民法院出版社 2021 年版，第 482 - 484 页。

以上五倍以下罚金；情节特别严重的，处五年以上有期徒刑，并处违法所得一倍以上五倍以下罚金或者没收财产：

（一）未经许可经营法律、行政法规规定的专营、专卖物品或者其他限制买卖的物品的；

（二）买卖进出口许可证、进出口原产地证明以及其他法律、行政法规规定的经营许可证或者批准文件的；

（三）未经国家有关主管部门批准非法经营证券、期货、保险业务的，或者非法从事资金支付结算业务的；

（四）其他严重扰乱市场秩序的非法经营行为。

相关规定

1.《最高人民法院关于准确理解和适用刑法中“国家规定”的有关问题的通知》（法发〔2011〕155号）

日前，国务院法制办就国务院办公厅文件的有关规定是否可以认定为刑法中的“国家规定”予以统一、规范。为切实做好相关刑事案件审判工作，准确把握刑法有关条文规定的“违反国家规定”的认定标准，依法惩治犯罪，统一法律适用，现就有关问题通知如下：

一、根据刑法第九十六的规定，刑法中的“国家规定”是指，全国人民代表大会及其常务委员会制定的法律和决定，国务院制定的行政法规、规定的行政措施、发布的决定和命令。其中，“国务院规定的行政措施”应当由国务院决定，通常以行政法规或者国务院制发文件的形式加以规定。以国务院办公厅名义制发的文件，符合以下条件的，亦应视为刑法中的“国家规定”：（1）有明确的法律依据或者同相关行政法规不相抵触；（2）经国务院常务会议讨论通过或者经国务院批准；（3）在国务院公报上公开发布。

二、各级人民法院在刑事审判工作中，对有关案件所涉及的“违反国家规定”的认定，要依照相关法律、行政法规及司法解释的规定准确把握。对于规定不明确的，要按照本通知的要求审慎认定。对于违反地方性法规、部门规章的行为，不得认定为“违反国家规定”。对被告人的行为是否“违反国家规定”存在争议的，应当作为法律适用问题，逐级向最高人民法院请示。

三、各级人民法院审理非法经营犯罪案件，要依法严格把握刑法第二百二十五条第（四）的适用范围。对被告人的行为是否属于刑法第二百二十五条第（四）规定的“其它严重扰乱市场秩序的非法经营行为”，有关司法解释未作明确规定的，应当作为法律适用问题，逐级向最高人民法院请示。

2.《最高人民法院研究室关于非法经营罪中“违法所得”认定问题的研究意见》

非法经营罪中的“违法所得”，应是指获利数额，即以行为人违法生产、销售商品或者提供服务所获得的全部收入（即非法经营数额），扣除其直接用于经营活动的合理支出部分后剩余的数额。

3.《最高人民检察院、公安部关于公安机关管辖的刑事案件立案追诉标准的规定（二）》（公通字〔2022〕12号）

第七十一条　〔非法经营案（刑法第二百二十五条）〕违反国家规定，进行非法经营活动，扰乱市场秩序，涉嫌下列情形之一的，应予立案追诉：

……

（二）未经国家有关主管部门批准，非法经营证券、期货、保险业务，或者非法从事资金支付结算业务，具有下列情形之一的：

1. 非法经营证券、期货、保险业务，数额在一百万元以上，或者违法所得数额在十万元以上的；

2. 非法从事资金支付结算业务，数额在五百万元以上，或者违法所得数额在十万元以上的；

3. 非法从事资金支付结算业务，数额在二百五十万元以上不满五百万元，或者违法所得数额在五万元以上不满十万元，且具有下列情形之一的：

（1）因非法从事资金支付结算业务犯罪行为受过刑事追究的；

（2）二年内因非法从事资金支付结算业务违法行为受过行政处罚的；

（3）拒不交代涉案资金去向或者拒不配合追缴工作，致使赃款无法追缴的；

（4）造成其他严重后果的。

4. 使用销售点终端机具（POS机）等方法，以虚构交易、虚开价格、现金退货等方式向信用卡持卡人直接支付现金，数额在一百万元以上的，或者造成金融机构资金二十万元以上逾期未还的，或者造成金融机构经济损失十万元以上的。

……

4.《证监会关于做好商品现货市场非法期货交易活动认定有关工作的通知》（证监办发〔2013〕111号）附件：《关于认定商品现货市场非法期货交易活动的标准和程序》

一、认定对象及内容

认定对象是各地设立的各类商品现货市场及其代理投资者进行交易活动的

会员、加盟商和代理商等。认定内容是相关认定对象的交易行为是否构成非法期货交易。根据《国务院关于清理整各类交易场所 切实防范金融风险的决定》（国发〔2011〕38 号）、《国务院办公厅关于清理整顿各类交易场所的实施意见》（国办发〔2012〕37 号）和《关于进一步明确黄金市场及黄金衍生品交易监管职责的意见》（中央编办发〔2011〕29 号）等有关规定，各证监局对非法黄金期货交易不负责认定。

二、认定标准

商品现货市场非法期货交易包括《期货交易管理条例》第七十五条规定的“非法组织期货交易活动”和“擅自从事期货业务”等情形。认定商品现货市场非法组织期货交易活动应采取目的要件和形式要件相结合的方式。就目的要件而言，主要是以标准化合约为交易对象，允许交易者以对冲平仓方式了结交易，而不以实物交收为目的或者不必交割实物。就形式要件而言，根据国发〔2011〕38 号文和国办发〔2012〕37 号文的有关规定，一般有如下特征：

（一）交易对象为标准化合约。所谓标准化合约是指除价格、交货地点、交货时间等条款外，其他条款相对固定的合约。交易者将此类合约作为文易对象，订立合约时，并非全额付款，而只缴纳商品价值的一定比率作为保证金，即可买人或者卖出：合约订立后，允许交易者不实际履行，而可通过反向操作、对冲平仓方式，了解自己的权利义务。

（二）交易方式为集中交易。所谓集中交易是指由现货市场安排众多买方、卖方集中在一起进行交易（包括但不限于人员集中、信息集中、商品集中），并未促成交易提供各种设施及便利安排。集中交易又可细分为集合竞价、连续竞价、电子撮合、匿名交易、做市商机制等交易方式。

集合竞价是指买卖双方按照自己所能接受的心理价格自行进行买卖申报，由现货市场电子交易系统对全部有效申报进行一次集中撮合的处理过程。

连续竞价是指现货市场按照“价格优先、市场优先”等原则形成成交价，如当最高买价与最低卖价相同时，该价格为成交价；当买价高于卖价时，报价在先一方的卖方价格为成交价。

电子撮合是指众多的买方和卖方同时通过电子交易系统进行撮合配对、点选成交或其他方式促成合约成立的交易方式。

匿名文易是指对于一项交易标的物，交易者完全不需要知道对手方的身份、年龄、信用状况等除价格以外的交易信息而进行的交易。由于该交易标的物可以剥离其所有者的影响而独立存在，因此极大地提高了其标准化、流动性水平，从而成为资本市场特有的交易方式，因具有不同于现货交易的一般规律，不宜为商品现货市场采用。

做市商机制是指具备一定实力和信誉的法人、其他经济组织等，不断地向买卖双方提供报价，并按照自身提供的报价付出资金或商品与之成交，从而为市场提供即时性和流动性，并通过买卖价差获取利润而形成的交易制度。由于做市商买卖商品的目的并不是获取商品的所有权，而主要是低买高卖，提供流动性，与现货交易的初衷完全不符，做市商机制不宜作为现货市场的交易制度。

商品现货市场组织的交易活动构成非法组织期货交易的，其会员、加盟商和代理商等代理投资者进行交易的活动，同时构成《期货交易管理条例》第七十五条第二款所称的“擅自从事期货业务”。

三、认定程序

（一）自行认定。各证监局应当落实辖区监管责任制，按照《关于进一步做好司法机关来访、来函接待和处理相关工作的通知》（证监办发〔2007〕109号）的有关规定，有效承接地方公安、司法、工商等部门移送的认定和协作请求。要建立健全商品现货市场非法期货交易活动认定的共作机制，形成由一名局领导牵头负责，业务部门和专业人员参与的认定工作组，不断提高认定工作的有效性和及时性。遇有信访、举报、投诉涉及需要进行认定的，各证监局应及时转送地方人民政府统一处理。

（二）协助认定。对于重大疑难案件的性质认定，各证监局自行认定确有困难的，可以向清理整顿各类交易场所部际联席会议办公室（以下简称清整联办，设于会公众公司部）提出申请，清整顿联办可以通过电话指导、发文协作或派遣专家组等方式协助认定。对于协助认定意见，由证监局选择采纳，并以自身名义对外出具认定意见。

（三）证据标准。各证监局出具的认定意见，应当以地方公安、司法、工商等部门出具的证据材料、法律文书、案件卷宗等为依据，对商品现货市场有关活动是否构成非法期货交易活动进行书面审查。遇有因事实不清、材料不全面而难以形成认定判断的，证监局应告知有关部门及时补充相关证据材料。

（四）及时报备。各证监局应将商品现货市场非法期货交易活动认定结论同时抄送清整联办和相关证监局，并于每年 12 月 20 日前将年度非法期货交易活动认定工作总结（包括但不限于非法期货交易申请认定数量、已确认数量、查处结果、典型案例及意见建议等内容）报送清整联办。清整联办会同期货一部等负责组建非法期货交易活动认定工作专家组，及时总结、发布有关非法期货交易的活动特征和典型案例，加强对商品现货市场非法期货交易活动认定的工作指导。

典型案例

1. 周某桥等非法经营案[①]

【案情】 1998年3月31日宜昌市融汇经济信息咨询有限公司（以下简称融汇公司）注册成立，其经营范围：证券投资咨询、期货投资咨询、经济信息咨询、电脑软件咨询服务。被告人周某桥、杨某军、王某、董纪某均为股东，周某桥任董事长，董亲某任总经理。周某桥、董亲某为获取高额利润商定设立交易盘房，自1998年6月起，以培训经纪人和举办股民培训班的方法，招揽客户经营香港恒生指数期货业务和国内商品期货业务。杨某军为客户部负责人，董纪某为咨询部负责人，王某为财务部负责人，六人均参与了经营香港恒生指数期货、国内商品期货的活动。董亲某、杨某军、田某军到深圳设立交易盘房，并将田某军留在深圳负责香港恒生指数期货的具体经营。周某桥以其个人名义在新鸿基期货实业公司设立一条信息道，客户均通过该信息道进行经营。1999年12月25日至2000年8月31日共收取客户人民币9,253,411.95元，收取交易手续费1,102,592元。六人还利用融汇公司在华中公司的账户，招揽客户在融汇公司开户经营国内商品期货。1999年12月25日至2000年8月31日，收取客户现金83,088元，获取手续费12,700元。

【认定】 法院认为，被告人周某桥、董亲某、杨某军、董纪某、王某、田某军在未经国家有关主管部门批准的前提下，非法经营香港恒生指数期货业务和国内商品期货业务，情节严重，其行为均已构成非法经营罪，公诉机关指控罪名成立。被告人周某桥、董亲某在本案中，起主要和决定作用，是本案的主犯；被告人杨某军、董纪某、王某、田某军是本案的从犯，应依法从轻处罚。

【处罚】 依照《中华人民共和国刑法》第二百二十五条第三项[②]等条款的规定，判决被告人周某桥、董亲某犯非法经营罪，各判处有期徒刑三年，各并处罚金5万元；被告人杨某军、董纪某、王某犯非法经营罪，各判处有期徒刑一年六个月，各并处罚金3万元；被告人田某军犯非法经营罪，判处有期徒刑一年二个月，并处罚金1万元。

---

① 参见中华人民共和国最高人民法院刑事审判第一、二、三、四、五庭主办：《刑事审判参考》（总第69集），法律出版社2009年版，第1-8页。

② 1999年《刑法修正案》出台前，《刑法》第二百二十五条第三项为“其他严重扰乱市场秩序的非法经营行为”，即兜底项。1999年《刑法修正案》第八条规定：“刑法第二百二十五条增加一项，作为第三项：‘未经国家有关主管部门批准，非法经营证券、期货或者保险业务的；’原第三项改为第四项。”——本书注

2. 钟某云非法经营案[①]

【案情】2009 年 10 月 16 日，被告人钟某云注册成立江西沣琳顿投资顾问有限公司（以下简称沣琳顿公司），法定代表人为钟某云，经营范围：信息咨询、投资顾问（期货、证券除外）、企业策划、工艺品销售。沣琳顿公司成立后以塔尔研究欧洲资本公司华泰金恒（北京）投资顾问有限公司（以下简称华泰金恒公司）江西总代理的名义从事无实物交割的黄金延期交收业务，下设沣琳顿公司吉安分公司、分宜泰利顾问有限公司为沣琳顿公司代理商。其经营模式是采用保证金制度，“T+0”交易模式，无实物交易，黄金为虚拟。客户以1∶100的杠杆比率，按照国际实时走势买涨买跌交易。一手为100 盎司，根据1∶100 的杠杆原理放大，即买一手为100 盎司，每个客户最少交1000 美元的保证金（美元与人民币的换算比例固定为1∶6.8）。客户只需交人民币 10000 元即可开户，交易最低可买0.1 手即10 盎司。其工作流程是：首先，由客户与钟某云签订贵金属投资协议，并缴纳交易保证金。然后，钟某云将保证金汇入华泰金恒公司，该公司收款后提供给客户交易账号和密码。客户在沣琳顿公司或者华泰金恒公司网站上下载塔尔金汇交易软件后，通过该软件进行集中交易。客户根据黄金价格走势进行“买涨”（即先买进后卖出）“买跌”（即先卖出后买进）操作。客户可以自己操盘或者聘请沣琳顿公司员工操盘，当保证金不足时，客户必须及时追加保证金，否则就会被强制平仓。钟某云通过收取交易手续费、过夜费及华泰金恒公司返还的佣金等方式谋利。自 2009 年 10 月至 2011 年 4 月钟某云先后招徕数十名客户入金，经营黄金业务。钟某云通过经营该黄金业务，共计收取客户保证金 119.58 万元。

另查明，华泰金恒公司于2003 年9 月24 日注册成立，经营范围：投资信息咨询（不含中介服务）、企业策划等。2010 年4 月28 日公司注销。

【认定】法院认为，被告人钟某云设立沣琳顿公司，未经主管部门许可，违反国家规定，扰乱市场秩序，非法经营黄金业务，非法经营额为 119.58 万元，情节特别严重，其行为构成非法经营罪。案发后，钟某云积极进行退赔，有一定的悔罪表现，依法可以酌情从轻处罚。

【处罚】被告人钟某云犯非法经营罪，判处有期徒刑五年六个月，并处罚金人民币 20 万元。

---

① 参见中华人民共和国最高人民法院刑事审判第一、二、三、四、五庭主办：《刑事审判参考》（总第 100 集），法律出版社 2015 年版，第 21－26 页。

3. 徐某等人非法经营案[①]

【案情】2013年4月17日，易六某（另案处理）成立南昌广江投资咨询有限公司（以下简称广江公司），被告人易明某担任法定代表人，股东为易六某、姜某文、易明某。2015年8月至9月，徐某经姜某文介绍认识易六某，通过对原油现货投资市场及广江公司的考察后，与易六某、被告人姜某文合伙成立了江西省沃伦投资咨询有限公司（以下简称沃伦公司），徐某担任法定代表人，股东为徐某、易六某、姜某文。沃伦公司成立后，被告人易明某、姜某文将广江公司管理人员、业务员陈某甲、邹某友、蔡某祥、殷某林、李某梅、宋某连带至沃伦公司开展业务。陈某乙、张某某留在广江公司继续开展业务。

天津矿产资源交易所成立于2010年11月24日，经营范围，包括矿产资源产品交易的市场经营及管理服务、相关产品交易的资金清算等，但不具有现货原油销售、仓储经营业务资质。2013年5月15日，天津纭沣伟业矿业资源经营有限公司（以下简称天津纭沣）成立，并于2015年5月1日取得天津矿产资源交易所会员资格，双方约定：天津矿产资源交易所向天津纭沣提供电子交易平台及相关报价、资讯培训、协调管理等服务，天津纭沣作为天津矿产资源交易所的综合会员，利用电子交易平台完成与投资者的交易，每年交付会费、培训费等，并按每笔交易额的万分之二向天津矿产资源交易所交纳交易管理费。

2015年10月，陈某乙注册成立南昌市纭沣矿业有限公司（以下简称南昌纭沣）。同年10月10日，易六某、被告人姜某文等人至天津纭沣，以南昌纭沣名义与天津纭沣签订居间合作协议，成为天津纭沣的A类居间代理商。双方约定南昌纭沣自行开发客户参与天津纭沣的交易品种。天津纭沣每周给南昌纭沣结算，南昌纭沣向天津纭沣交纳风险保证金，通过平台交易产生的手续费和盈利全部进入天津纭沣账户，再由天津纭沣按约定比例返还给代理商。后广江公司、沃伦公司通过南昌纭沣使用天津纭沣平台，并自称天津纭沣的居间代理商，开展原油、沥青等“现货”交易。

广江公司、沃伦公司分行政部和业务部，业务部由电话营销部和网络营销部组成。广江公司、沃伦公司在天津纭沣平台的投资交易具体由业务部负责。被告人陈某乙、张某某分别担任广江公司的业务总监和业务经理；易明某、陈某甲、殷某林、邹某友分别担任沃伦公司的行政部总监、业务部总监、电话营销部业务经理、网络营销部总监，蔡某祥、宋某连、李某梅分别担任沃伦公司

---

① 参见中华人民共和国最高人民法院刑事审判第一、二、三、四、五庭主办：《刑事审判参考》（总第113集），人民法院出版社2019年版，第16－23页。

网销一部、二部、三部的业务经理。上述各业务经理下设业务主任、业务员。具体操作由沃伦公司行政部工作人员将公司购买的电话号码客户资源提供给业务部，业务员再拨打电话，以虚拟的“白富美”女性的形象冒充第三方身份添加微信好友、QQ好友，与对方聊天获得信任后，业务主任、业务员将李某梅、宋某连、张某某等扮演的“表叔助理”推荐给客户，帮客户开户、安装操作软件，将陈某甲、陈某乙、邹某友、蔡某祥等扮演的“表叔”“专业分析师”推荐给客户，指导客户具体投资交易。天津纭沣平台交易产品有原油、沥青等。陈某甲还创建群名为“奋战到底”的QQ群，每天将天津纭沣发来的行情操作建议发到该QQ群，群组成员再发送给业务经理、业务员。陈某甲、陈某乙、邹某友、蔡某祥等人在指导客户投资操作时存在将天津纭沣提供的行情反向提供给客户的行为。

2015年10月至2016年3月，广江公司和沃伦公司的业务员、业务主任等招揽25名客户到天津纭沣平台进行“现货”交易，客户损失2,769,049.71元，广江公司、沃伦公司违法所得共计人民币4,044,839.68元。

【认定】 法院认为，被告人徐某、易明某、姜某文、陈某甲、陈某乙、蔡某祥、邹某友、张某某、宋某连、李某梅、殷某林违反国家规定，未经国家有关主管部门批准从事期货交易的代理活动，扰乱市场秩序，情节特别严重，其行为均构成非法经营罪。这11名被告人在共同犯罪中系从犯，依法应当减轻处罚。

【处罚】 以非法经营罪分别判处被告人徐某有期徒刑四年，并处罚金人民币25万元；判处被告人易明某有期徒刑四年，并处罚金人民币25万元；判处被告人姜某文有期徒刑三年，缓刑四年，并处罚金人民币25万元；判处被告人陈某甲有期徒刑三年，并处罚金人民币10万元；判处被告人邹某友有期徒刑二年十个月，并处罚金人民币15万元；判处被告人蔡某祥有期徒刑二年三个月，并处罚金人民币5万元；判处被告人李某梅有期徒刑二年二个月，并处罚金人民币16万元；判处被告人宋某连有期徒刑二年，缓刑三年，并处罚金人民币7万元；判处被告人陈某乙有期徒刑一年十个月，并处罚金人民币5万元；判处被告人殷某林有期徒刑一年六个月，并处罚金人民币4万元；判处被告人张某某有期徒刑一年六个月，缓刑二年，并处罚金人民币2万元。

4. 刘某凯、胡某柯诈骗案[①]

【案情】 被告人刘某凯系厦门丽川金融技术有限公司负责人。2018年6月，刘某凯以厦门丽川金融技术有限公司的名义设立期权场外交易平台（即丽川金融

---

① 参见浙江省宁波市江北区人民法院（2019）浙0205刑初520号刑事判决书。

平台)，又以案外人俞某的名义注册成立上海浜郎信息技术有限公司，并用该公司名义开设的银行账户与第三方支付平台账户作为该丽川金融平台的资金流转通道。

2018 年 8 月至 12 月，被告人刘某凯在既不具备任何期权经营资质和保障，也不实际对接任何券商，且平台的入金款项不流转进入期权市场的情况下，以高额返佣吸引代理商，通过拨打电话、微信聊天等方式，实施隐瞒前述事实真相并捏造丽川金融平台系正规个股场外期权交易平台，股票期权投资高收益等虚假信息的欺骗手段，取得被害人的信任，骗得被害人在丽川金融平台开户入金并交易操作。诈骗所得款项由被告人刘某凯实际占有，并由其用于代理商返佣、个人挥霍及支付员工工资等。

被告人刘某凯以上述手段骗取被害人左某等 23 人的入金投资款至少人民币 147 万余元。其中，被告人胡某柯在明知丽川金融平台前述情况的条件下，伙同刘某凯以前述同样手段，在 2018 年 11 月至 12 月共同骗取前述被害人谭某等的入金投资款至少人民币 31 万余元。

【认定】检察院指控被告人刘某凯、胡某柯犯诈骗罪。被告人刘某凯对起诉指控的犯罪事实和罪名均有异议，辩称其设立的丽川股票期权交易平台并不构成犯罪，除了与胡某柯合作涉及的几笔交易资金未进入市场，而进入自己的资金池，其他交易都是正常的市场交易行为，交易资金进入证券公司或其他平台进行对冲，如其行为构成犯罪也仅是构成擅自设立金融机构罪或非法经营罪。被告人刘某凯的辩护人提出，被告人刘某凯设立的丽川金融平台虽然没有相应资质，但其没有骗取客户购买股票期权本金的主观故意，仅赚取客户买卖期权过程中需要支付的权利金，客观上客户亏损的本金是由于期权涨跌的客观原因造成的，并非刘某凯侵吞或者操作期权造成客户损失；被告人刘某凯的客户都是通过代理商发展来的，其与代理商谈的是权利金分配比例，没有参与代理商以投资股票期权高收益等虚假信息欺骗客户的行为。

法院经审理认为，被告人刘某凯、胡某柯以非法占有为目的，采用虚构事实、隐瞒真相的手段，共同骗取公民财物，其中刘某凯数额特别巨大，胡某柯数额巨大，二被告人均已构成诈骗罪。公诉机关指控的罪名成立。经查，被告人刘某凯作为自身搭建的虚假交易平台即丽川金融平台实际控制人，发展被告人胡某柯等人作为该平台代理商，隐瞒该平台不具备期权交易业务合法资质、未实际对接通道方或券商及权利金设置比例的事实，分工协作共同让被害人误信在被告人所运营的丽川金融平台做股票期权可以盈利，进而向丽川金融平台入金做股票期权并导致亏损，而被害人亏损的钱款被被告人刘某凯、胡某柯用于返现给相关代理商作为代理商的提成、公司日常运营以及被告人本人的消费挥霍。上述行为证实被告人刘某凯、胡某柯具有非法占有他人财物的主观故意，客观上又实施了以虚构事实、隐瞒真相方法骗取他人财物的行为，符合诈骗罪的犯罪构成要件。对被告人刘某凯的行为及被告人刘某凯和胡某柯共谋的犯罪行为，应当以诈骗罪认定处理。被告人刘某凯及其辩护人关于其不构成诈骗罪或仅构成擅自设立金融机构罪、非法经营罪的辩解和辩护意见，与查明的事实不符，法院不予采纳。

【处罚】 被告人刘某凯犯诈骗罪，判处有期徒刑十一年，并处罚金人民币15万元；被告人胡某柯犯诈骗罪，判处有期徒刑四年，并处罚金人民币4万元。

《刑法》第二百二十九条 【提供虚假证明文件罪】【出具证明文件重大失实罪】

第二百二十九条 承担资产评估、验资、验证、会计、审计、法律服务、保荐、安全评价、环境影响评价、环境监测等职责的中介组织的人员故意提供虚假证明文件，情节严重的，处五年以下有期徒刑或者拘役，并处罚金；有下列情形之一的，处五年以上十年以下有期徒刑，并处罚金：

（一）提供与证券发行相关的虚假的资产评估、会计、审计、法律服务、保荐等证明文件，情节特别严重的；

（二）提供与重大资产交易相关的虚假的资产评估、会计、审计等证明文件，情节特别严重的；

（三）在涉及公共安全的重大工程、项目中提供虚假的安全评价、环境影响评价等证明文件，致使公共财产、国家和人民利益遭受特别重大损失的。

有前款行为，同时索取他人财物或者非法收受他人财物构成犯罪的，依照处罚较重的规定定罪处罚。

第一款规定的人员，严重不负责任，出具的证明文件有重大失实，造成严重后果的，处三年以下有期徒刑或者拘役，并处或者单处罚金。[①]

---

① 提供虚假证明文件罪和出具证明文件重大失实罪的主体是特殊主体，仅限于承担资产评估、验资、验证、会计、审计、法律服务、保荐、安全评价、环境影响评价、环境监测等职责的中介组织的人员。事实上，因为《刑法》第二百二十九条采取“多项列举＋等字兜底”的表述方式，此二罪的主体已经相当宽泛，基本可以涵盖在市场经济中承担中介职能的各种组织的人员。同时，按照《刑法》第二百三十一条的规定，单位也可以构成本罪。需要注意的是：此二罪的主体与《期货和衍生品法》上对同类行为的处罚主体略有差异。根据《期货和衍生品法》第一百四十条的规定，未勤勉尽责，所制作、出具的文件有虚假记载、误导性陈述或者重大遗漏的，受罚的主体是期货服务机构，即单位；自然人只会作为单位的直接负责的主管人员和其他直接责任人员而受罚。——本书注

相关规定

《最高人民检察院、公安部关于公安机关管辖的刑事案件立案追诉标准的规定（二）》（公通字〔2022〕12号）

第七十三条　〔提供虚假证明文件案（刑法第二百二十九条第一款）〕承担资产评估、验资、验证、会计、审计、法律服务、保荐、安全评价、环境影响评价、环境监测等职责的中介组织的人员故意提供虚假证明文件，涉嫌下列情形之一的，应予立案追诉：

（一）给国家、公众或者其他投资者造成直接经济损失数额在五十万元以上的；

（二）违法所得数额在十万元以上的；

（三）虚假证明文件虚构数额在一百万元以上且占实际数额百分之三十以上的；

（四）虽未达到上述数额标准，但二年内因提供虚假证明文件受过二次以上行政处罚，又提供虚假证明文件的；

（五）其他情节严重的情形。

第七十四条　〔出具证明文件重大失实案（刑法第二百二十九条第三款）〕承担资产评估、验资、验证、会计、审计、法律服务、保荐、安全评价、环境影响评价、环境监测等职责的中介组织的人员严重不负责任，出具的证明文件有重大失实，涉嫌下列情形之一的，应予立案追诉：

（一）给国家、公众或者其他投资者造成直接经济损失数额在一百万元以上的；

（二）其他造成严重后果的情形。

权威解读

1. “虚假证明文件”既包括伪造的证明文件，也包括内容虚假、有重大遗漏、误导性内容的文件。[①]

2. 出具证明文件重大失实罪的要件之一是中介组织人员“严重不负责任”。“不负责任”是与“勤勉尽责”相对而言的。例如，根据《证券法》第一百六十三条的规定，证券服务机构为证券的发行、上市、交易等证券业务活动制作、

① 参见王爱立主编：《〈中华人民共和国刑法〉释解与适用》（上），人民法院出版社2021年版，第644页。

出具审计报告及其他鉴证报告、资产评估报告、财务顾问报告、资信评级报告或者法律意见书等文件，应当勤勉尽责，对所依据的文件资料内容的真实性、准确性、完整性进行核查和验证。至于如何判断“没有勤勉尽责”乃至达到“严重不负责任”的程度，需要结合中介组织的性质和承担的具体责任来判断。以从事证券服务业务的会计师事务所和注册会计师为例，下列情形可以认定为未勤勉尽责：（1）未按规定编制审计工作底稿；（2）未充分了解被审计单位及其环境，风险识别与评估程序明显不到位，识别的重大错报风险领域明显不恰当，或者重要性水平确定明显不合理；（3）风险应对措施涉及明显不合理；（4）风险应对的必要审计程序执行明显不到位；等等。未勤勉尽责达到一定严重程度的，应当认定为“严重不负责任”。[①]

① 参见杨万明主编：《〈刑法修正案（十一）〉条文及配套〈罪名补充规定（七）〉理解与适用》，人民法院出版社2021年版，第231页。

第二篇　行政违法篇

《期货和衍生品法》第一百一十二条　【当事人承诺制度】

第一百一十二条　国务院期货监督管理机构对涉嫌期货违法的单位或者个人进行调查期间，被调查的当事人书面申请，承诺在国务院期货监督管理机构认可的期限内纠正涉嫌违法行为，赔偿有关交易者损失，消除损害或者不良影响的，国务院期货监督管理机构可以决定中止调查。被调查的当事人履行承诺的，国务院期货监督管理机构以决定终止调查；被调查的当事人未履行承诺或者有国务院规定的其他情形的，应当恢复调查。具体办法由国务院规定。

国务院期货监督管理机构中止或者终止调查的，应当按照规定公开相关信息。①

相关规定

1.《证券期货行政执法当事人承诺制度实施办法》(国务院令第749号)

第一条　为了规范证券期货领域行政执法当事人承诺制度的实施，保护投资者合法权益，维护市场秩序，提高行政执法效能，根据《中华人民共和国证券法》(以下简称《证券法》) 等法律，制定本办法。

---

① 该条文系新增规定。当事人承诺制度是成熟资本市场中较为常见的的制度，美国、英国、德国、新加坡等国家都规定了类似制度。在美国商品期货交易委员会（CFTC）执法案例中，和解案例占相当一部分比例，较为典型的是摩根大通幌骗操纵案。2020年，CFTC查处了史上最大的一起操纵市场案件，摩根大通（JP Morgan）2008年至2016年期间通过幌骗（spoofing）的交易手法，对贵金属交易和国债市场进行操纵，给市场上其他投资者造成超过3亿美元的损失，最终，本案和解结案，摩根大通最终承担总计9.2亿美元的罚没款，包括赔偿金311,737,008美元，吐出违法所得（disgorgement）172,034,790美元和民事罚款（civil penalty）436,431,811美元。参见《2020年美国期货市场监管执法实践与借鉴》，载期货日报网，https：//9hrb.com.cn/articles/286183，最后访问日期：2022年4月18日。

第二条 本办法所称行政执法当事人承诺，是指国务院证券监督管理机构对涉嫌证券期货违法的单位或者个人进行调查期间，被调查的当事人承诺纠正涉嫌违法行为、赔偿有关投资者损失、消除损害或者不良影响并经国务院证券监督管理机构认可，当事人履行承诺后国务院证券监督管理机构终止案件调查的行政执法方式。

第三条 行政执法当事人承诺制度的实施应当遵循公平、自愿、诚信原则，不得损害国家利益、社会公共利益和他人合法权益。

第四条 国务院证券监督管理机构应当确定专门的内设部门负责行政执法当事人承诺工作，并将该内设部门与负责案件调查的内设部门分别设置。

国务院证券监督管理机构应当建立健全内部监督和社会监督制度，加强对负责行政执法当事人承诺工作的内设部门以及相关人员执行法律、行政法规和遵守纪律情况的监督。

第五条 当事人自收到国务院证券监督管理机构案件调查法律文书之日至国务院证券监督管理机构作出行政处罚决定前，可以依照《证券法》等法律和本办法的规定，申请适用行政执法当事人承诺。国务院证券监督管理机构应当在送达当事人的案件调查法律文书中告知其有权依法申请适用行政执法当事人承诺。

第六条 当事人申请适用行政执法当事人承诺，应当提交申请书以及相关申请材料。申请书应当载明下列事项：

（一）当事人的基本情况；

（二）提出申请的主要事实和理由；

（三）当事人已采取或者承诺采取的纠正涉嫌违法行为、赔偿有关投资者损失、消除损害或者不良影响的措施；

（四）国务院证券监督管理机构规定的其他事项。

当事人应当对其所提交材料的真实性、准确性、完整性负责。

第七条 有下列情形之一的，国务院证券监督管理机构对适用行政执法当事人承诺的申请不予受理：

（一）当事人因证券期货犯罪被判处刑罚，自刑罚执行完毕之日起未逾3年，或者因证券期货违法行为受到行政处罚，自行政处罚执行完毕之日起未逾1年；

（二）当事人涉嫌证券期货犯罪，依法应当移送司法机关处理；

（三）当事人涉嫌证券期货违法行为情节严重、社会影响恶劣；

（四）当事人已提出适用行政执法当事人承诺的申请但未被受理，或者其申请已被受理但其作出的承诺未获得国务院证券监督管理机构认可，没有新事实、新理由，就同一案件再次提出申请；

（五）当事人因自身原因未履行或者未完全履行经国务院证券监督管理机构认可的承诺，就同一案件再次提出申请；

（六）国务院证券监督管理机构基于审慎监管原则认为不适用行政执法当事人承诺的其他情形。

第八条　国务院证券监督管理机构应当自收到当事人完整的申请材料之日起20个工作日内，作出受理或者不予受理的决定。决定受理的，发给受理通知书；决定不予受理的，应当书面通知当事人并说明理由。

第九条　国务院证券监督管理机构受理申请后，在与当事人签署承诺认可协议前，不停止对案件事实的调查。

第十条　国务院证券监督管理机构自受理申请之日起，可以根据当事人涉嫌违法行为造成的损失、损害或者不良影响等情况，就适用行政执法当事人承诺相关事项与当事人进行沟通协商。

当事人提交的材料以及在沟通协商时所作的陈述，只能用于实施行政执法当事人承诺。

第十一条　国务院证券监督管理机构与当事人进行沟通协商的期限为6个月。经国务院证券监督管理机构主要负责人或者其授权的其他负责人批准，可以延长沟通协商的期限，但延长的期限最长不超过6个月。

国务院证券监督管理机构与当事人沟通协商应当当面进行，并制作笔录。国务院证券监督管理机构与当事人进行沟通协商的工作人员不得少于2人，并应当向当事人出示执法证件。

国务院证券监督管理机构与当事人进行沟通协商的工作人员不得违反规定会见当事人及其委托的人。

第十二条　国务院证券监督管理机构相关工作人员与案件有直接利害关系或者有其他关系，可能影响公正执法的，应当回避。

当事人认为国务院证券监督管理机构相关工作人员有前款规定情形的，有权申请其回避。当事人提出回避申请，应当说明理由。国务院证券监督管理机构应当自当事人提出回避申请之日起3日内作出决定，并书面告知当事人。决定作出之前，被申请回避的人员不停止相关工作。

第十三条　国务院证券监督管理机构经与当事人沟通协商，认可当事人作出的承诺的，应当与当事人签署承诺认可协议。承诺认可协议应当载明下列事项：

（一）申请适用行政执法当事人承诺的事由；

（二）当事人涉嫌违法行为的主要事实；

（三）当事人承诺采取的纠正涉嫌违法行为、赔偿有关投资者损失、消除损害或者不良影响的具体措施；

（四）承诺金数额及交纳方式；

（五）当事人履行承诺的期限；

（六）保障当事人商业秘密、个人隐私等权利的措施；

（七）需要载明的其他事项。

本办法所称承诺金，是指当事人为适用行政执法当事人承诺而交纳的资金。

第十四条 国务院证券监督管理机构确定承诺金数额应当综合考虑下列因素：

（一）当事人因涉嫌违法行为可能获得的收益或者避免的损失；

（二）当事人涉嫌违法行为依法可能被处以罚款、没收违法所得的金额；

（三）投资者因当事人涉嫌违法行为所遭受的损失；

（四）签署承诺认可协议时案件所处的执法阶段；

（五）需要考虑的其他因素。

国务院证券监督管理机构可以就适用行政执法当事人承诺涉及的专业问题征求证券期货交易场所、证券登记结算机构、投资者保护机构等相关机构或者专家学者的意见。

第十五条 国务院证券监督管理机构与当事人签署承诺认可协议后，应当中止案件调查，向当事人出具中止调查决定书，并予以公告。

当事人完全履行承诺认可协议后，国务院证券监督管理机构应当终止案件调查，向当事人出具终止调查决定书，并予以公告。国务院证券监督管理机构出具终止调查决定书后，对当事人涉嫌实施的同一个违法行为不再重新调查。

申请适用行政执法当事人承诺的当事人为《证券法》等法律、行政法规和国务院证券监督管理机构规定的信息披露义务人的，应当依法履行信息披露义务。

第十六条 有下列情形之一的，国务院证券监督管理机构应当终止适用行政执法当事人承诺：

（一）当事人在签署承诺认可协议前撤回适用行政执法当事人承诺的申请；

（二）未能在本办法第十一条规定的期限内签署承诺认可协议；

（三）承诺认可协议签署后，当事人因自身原因未履行或者未完全履行承诺；

（四）承诺认可协议履行完毕前，发现当事人提交的材料存在虚假记载或者重大遗漏；

（五）承诺认可协议履行完毕前，当事人因涉嫌证券期货犯罪被依法立案。

发生前款规定情形的，国务院证券监督管理机构应当向当事人出具终止适用行政执法当事人承诺通知书；发生前款第一项至第四项情形的，还应当及时恢复案件调查。国务院证券监督管理机构在决定终止适用行政执法当事人承诺前，应当听取当事人的意见。

第十七条　国务院证券监督管理机构应当建立集体决策制度，讨论决定行政执法当事人承诺实施过程中的申请受理、签署承诺认可协议、中止或者终止案件调查等重大事项，并经国务院证券监督管理机构主要负责人或者其授权的其他负责人批准后执行。

第十八条　投资者因当事人涉嫌违法行为遭受损失的，可以向承诺金管理机构申请合理赔偿，也可以通过依法对当事人提起民事赔偿诉讼等其他途径获得赔偿。承诺金管理机构向投资者支付的赔偿总额不得超过涉及案件当事人实际交纳并用于赔偿的承诺金总额。投资者已通过其他途径获得赔偿的，不得就已获得赔偿的部分向承诺金管理机构申请赔偿。

承诺金管理和使用的具体办法由国务院证券监督管理机构会同国务院财政部门另行制定。

第十九条　当事人有下列情形之一的，由国务院证券监督管理机构记入证券期货市场诚信档案数据库，纳入全国信用信息共享平台，按照国家规定实施联合惩戒：

（一）因自身原因未履行或者未完全履行承诺；

（二）提交的材料存在虚假记载或者重大遗漏；

（三）违背诚信原则的其他情形。

第二十条　国务院证券监督管理机构工作人员违反规定适用行政执法当事人承诺，或者泄露履行职责中知悉的商业秘密、个人隐私的，依法给予处分；构成犯罪的，依法追究刑事责任。

第二十一条　本办法自2022年1月1日起施行。

2.《证券期货行政执法当事人承诺制度实施规定》（证监会令第194号）

第一条　为了规范开展证券期货领域行政执法当事人承诺工作，充分发挥行政执法当事人承诺制度在保护投资者合法权益，提高执法效率，维护市场秩序等方面的积极作用，根据《证券法》《证券期货行政执法当事人承诺制度实施办法》（以下简称《办法》）等法律法规，制定本规定。

第二条 中国证监会设立行政执法当事人承诺审核委员会（以下简称委员会），负责组织开展行政执法当事人承诺工作，并就受理行政执法当事人承诺申请、签署承诺认可协议、中止或者终止案件调查等重大事项进行集体决策。

委员会下设行政执法当事人承诺审核办公室（以下简称办公室），负责办理行政执法当事人承诺具体工作。

办公室与中国证监会案件调查部门（以下简称调查部门）、中国证监会案件审理部门（以下简称审理部门）相互独立。

第三条 当事人申请适用行政执法当事人承诺，存在《办法》第七条规定的不得适用情形的，不予受理。

对于未经过必要的调查的案件，当事人提交行政执法当事人承诺申请材料的，不予接收。

第四条 当事人申请适用行政执法当事人承诺的，应当以纸质和电子两种形式向中国证监会提交以下申请材料：

（一）申请书；

（二）营业执照复印件或者身份证明文件复印件；

（三）调查通知书复印件；

（四）立案告知书复印件（如有）；

（五）行政处罚事先告知书复印件（如有）；

（六）提出申请的内部决议（如当事人为单位）；

（七）委托书及受托人身份证明文件复印件（如有）；

（八）当事人或者受托人的联系方式、通讯地址；

（九）中国证监会要求提供的其他材料。

第五条 申请书应当载明以下事项：

（一）当事人的基本信息；

（二）当事人接受调查的情况；

（三）当事人涉嫌违法的主要事实；

（四）案件不存在不得适用行政执法当事人承诺情形的详细说明；

（五）当事人已采取或者承诺采取的纠正涉嫌违法行为、赔偿有关投资者损失、消除损害或者不良影响的措施；

（六）中国证监会要求载明的其他事项。

第六条 办公室在收到当事人提交的行政执法当事人承诺申请材料后，应当抄送调查部门；如果案件已进入审理阶段，还应当抄送审理部门。

办公室经审核认为申请材料完整的，应当向当事人出具申请材料接收凭证；

认为申请材料不完整的，应当告知当事人补正的内容。

办公室可以就申请材料的完整性与当事人进行沟通。

第七条　办公室在向当事人出具申请材料接收凭证后，应当就案件适用行政执法当事人承诺相关事项征求调查部门的意见；如果案件已进入审理阶段，还应当征求审理部门的意见。

调查部门、审理部门应当自收到办公室征求意见书面材料之日起 5 个工作日内反馈意见。反馈意见应当包括以下内容：

（一）调查过程或者审理过程；

（二）现阶段掌握的案件事实、证据以及相关报告；

（三）当事人可能涉嫌的违法行为以及可能给予的处理；

（四）是否发现当事人存在不得适用行政执法当事人承诺的情形；

（五）办公室请求提供的其他材料。

第八条　决定受理行政执法当事人承诺申请的，应当经委员会集体决策同意并报中国证监会主要负责人或者其授权的其他负责人批准。

决定不予受理行政执法当事人承诺申请的，应当经中国证监会主要负责人或者其授权的其他负责人批准。

办公室应当自向当事人出具申请材料接收凭证之日起 20 个工作日内向当事人出具受理通知书或者不予受理通知书。不予受理的，应当说明理由。

第九条　向当事人出具受理通知书的，办公室应当抄送调查部门、审理部门、中国证监会投资者保护部门（以下简称投资者保护部门）、承诺金管理机构；向当事人出具不予受理通知书的，办公室应当抄送调查部门、审理部门。

第十条　调查部门在收到办公室抄送的受理通知书后不中止调查。调查部门经调查发现新事实、新证据，认为案件不应继续适用行政执法当事人承诺或者对当事人承诺内容的沟通有重大影响的，应当及时告知办公室。

审理部门在收到办公室抄送的受理通知书后，应当中止审理。

承诺金管理机构在收到办公室抄送的受理通知书后，应当及时按照规定开展投资者损失测算工作，并将有关结果函告办公室、投资者保护部门。调查部门、审理部门、证券期货交易场所、证券登记结算机构、投资者保护机构等部门单位应当为投资者损失测算工作提供必要的支持。

第十一条　办公室自向当事人出具受理通知书之日起，可以就案件适用行政执法当事人承诺相关事项与当事人进行沟通协商。

当事人申请延长沟通协商期限的，应当在期限届满 15 日前向中国证监会提交书面申请。

第十二条 承诺金数额的确定应当符合《办法》第十四条规定；当事人自行赔偿投资者的，承诺金数额可以不包括已向投资者赔偿损失的金额，但是应当向中国证监会提交以下赔偿证明材料：

（一）受偿投资者的姓名、身份证明文件号码（或名称、统一社会信用代码）及联系方式、通讯地址；

（二）赔偿金额明细及凭证；

（三）受偿投资者本人签署的谅解书；

（四）中国证监会要求提交的其他材料。

第十三条 办公室经与当事人沟通协商，认可当事人作出的承诺的，应当按照规定与当事人签署承诺认可协议。

当事人为单位的，应当提交同意签署承诺认可协议的内部决议。

决定签署承诺认可协议的，应当经委员会集体决策同意并报中国证监会主要负责人或者其授权的其他负责人批准。

第十四条 在签署承诺认可协议后，中国证监会向当事人出具中止调查决定书，在中国证监会网站予以公告。

办公室应当将中止调查决定书抄送调查部门、审理部门、投资者保护部门、承诺金管理机构和相应的中国证监会派出机构。调查部门在收到抄送的中止调查决定书后，应当中止调查。

第十五条 办公室负责组织监督当事人履行承诺认可协议约定的义务。

承诺金管理机构应当做好承诺金的收取工作，并及时将承诺金的收取情况函告办公室。承诺金管理机构在收到承诺金后，应当及时制定承诺金管理使用方案，并报中国证监会备案，投资者保护部门负责具体备案工作。

当事人所在地的中国证监会派出机构应当对当事人履行承诺认可协议的情况进行核查验收，并及时将核查验收结果函告办公室。办公室可以根据情况派员参与核查验收工作。

第十六条 当事人完全履行承诺认可协议后，中国证监会向当事人出具终止调查决定书，在中国证监会网站予以公告。

办公室应当将终止调查决定书抄送调查部门、审理部门、投资者保护部门、承诺金管理机构和相应的中国证监会派出机构。调查部门、审理部门在收到抄送的终止调查决定书后，应当终止调查、审理，并且对当事人涉嫌实施的同一违法行为不再重新调查、审理。

第十七条 在向当事人出具终止调查决定书前，发现案件存在《办法》第十六条规定的应当终止适用行政执法当事人承诺情形的，经中国证监会主要负责人或者其授权的其他负责人批准，办公室应当向当事人出具终止适用行政执法当事人承诺通知书。在决定终止适用行政执法当事人承诺前，办公室应当听取当事人的意见。

第十八条　办公室应当将终止适用行政执法当事人承诺通知书抄送调查部门、审理部门、投资者保护部门、承诺金管理机构和相应的中国证监会派出机构。已中止调查、审理的案件，调查部门、审理部门应当及时按照规定恢复调查、审理。

第十九条　当事人因自身原因未完全履行承诺或者提交的材料存在虚假记载或者重大遗漏，导致行政执法当事人承诺终止的，已交纳的承诺金不予返还，但在中国证监会恢复对该案件的调查、审理并作出行政处罚时可以抵扣行政罚没款。

第二十条　当事人为《证券法》等法律、行政法规和中国证监会规定的信息披露义务人的，应当及时按照中国证监会、证券交易场所等的规定履行信息披露义务。

第二十一条　中国证监会工作人员在办理行政执法当事人承诺工作中存在下列情形之一的，根据情节轻重，依法给予处分；构成犯罪的，依法追究刑事责任：

（一）违反规定适用行政执法当事人承诺；

（二）违反规定泄露国家秘密、工作秘密或者履行职责中知悉的商业秘密、个人隐私；

（三）违反规定会见当事人及其委托的人；

（四）滥用职权、玩忽职守或者利用职务便利牟取不正当利益。

第二十二条　中国证监会派出机构查处的案件适用行政执法当事人承诺的，由办公室统一办理。

中国证监会可以开展派出机构自行办理行政执法当事人承诺工作的试点，具体办法另行规定。

第二十三条　本规定自公布之日起施行。在本规定施行前启动调查且尚未作出行政处罚的案件，当事人可以依照本规定申请适用行政执法当事人承诺。2015 年 2 月 17 日中国证监会公布的《行政和解试点实施办法》（证监会令第 114 号）同时废止。

3. 中国证券监督管理委员会、财政部《证券期货行政执法当事人承诺金管理办法》（中国证监会、财政部公告〔2022〕1 号）

第一条　为了规范证券期货行政执法当事人承诺金（以下简称承诺金）的

管理和使用，保护投资者合法权益，根据《证券法》《证券期货行政执法当事人承诺制度实施办法》的规定，制定本办法。

第二条 当事人因其涉嫌违法行为对投资者造成损失，受损失的投资者申请使用该当事人根据承诺认可协议所交纳承诺金赔偿损失的，适用本办法。

第三条 中国证券投资者保护基金有限责任公司（以下简称投保基金公司）履行承诺金的管理职责。

第四条 中国证监会、财政部依照法律、行政法规及本办法的规定，对投保基金公司管理承诺金实施监督管理。

第五条 承诺金的管理应当遵循专户管理的原则，专门用于赔偿投资者因当事人行为所受的损失。

第六条 投保基金公司不得混同不同案件的承诺金，不得使用特定案件中当事人交纳的承诺金对因其他案件受到损失的投资者作出赔偿。

当事人涉嫌违法行为未造成投资者损失，或者造成的投资者损失无法认定，或者承诺金在规定期限内赔偿投资者后仍有剩余的，投保基金公司应按照非税收入管理办法及非税收入国库集中收缴制度相关规定，及时将承诺金上缴国库。

第七条 中国证监会与当事人达成承诺认可协议的，应当书面告知投保基金公司。当事人按照承诺认可协议约定交纳承诺金的，应当向投保基金公司为其开立的专门账户支付相应款项。

第八条 投保基金公司收到承诺金后，应当尽快制定承诺金管理使用方案，并报中国证监会备案。

第九条 投保基金公司使用承诺金赔偿投资者损失的，应当在承诺金管理使用方案中载明以下内容：

（一）有资格获得承诺金赔偿的投资者范围；

（二）向适格投资者发出赔偿通知的程序；

（三）投资者申请承诺金赔偿及其资格审查的程序；

（四）承诺金的具体分配方案；

（五）向投资者支付赔偿款的程序；

（六）执行承诺金管理使用方案涉及的各项支出；

（七）中国证监会规定或要求的其他事项。

投保基金公司可以就承诺金管理使用方案内容以适当形式征求投资者的意见。

第十条 投保基金公司使用承诺金赔偿投资者的，赔偿数额原则上以投资者受到的损失为限，赔偿总额不得超过涉及案件当事人实际交纳并用于赔偿的承诺金。

对于当事人已经按照《证券期货行政执法当事人承诺制度实施规定》规定自行赔偿投资者的部分，投保基金公司不再使用承诺金予以赔偿。

第十一条　投保基金公司在制定承诺金管理使用方案、分配赔偿金时，需要证券期货交易场所、证券登记结算机构支持和配合的，证券期货交易场所、证券登记结算机构应当予以支持和配合。

第十二条　投保基金公司使用承诺金赔偿投资者损失的，应当在其网站上公告承诺金管理使用方案。

因执行承诺金管理使用方案而产生的有关费用，从承诺金中列支。

第十三条　投保基金公司应当按照安全、稳健的原则履行对承诺金的管理职责，保证承诺金的安全。

承诺金的管理方式应当限于银行存款。

第十四条　投保基金公司使用承诺金赔偿投资者损失的，应当在承诺金管理使用方案执行完毕后30日内，在其网站上公告方案的执行情况和执行费用支出情况。

第十五条　投保基金公司应当在承诺金管理使用方案执行完毕后90日内，就方案的执行情况编制专门报告，报送中国证监会和财政部。

第十六条　投保基金公司应当制定承诺金管理、使用的财务管理和会计核算办法，报中国证监会和财政部备案。

第十七条　投保基金公司应当妥善保管承诺金赔偿的收划款凭证、投资者申请材料及相关原始凭证。

第十八条　投保基金公司每年应当向中国证监会和财政部专题报告承诺金管理、使用的具体情况。

第十九条　对挪用、侵占或者骗取承诺金的违法行为，依法追究法律责任。

第二十条　投保基金公司应当制定承诺金管理、使用的具体操作规程。

第二十一条　本办法由中国证监会会同财政部负责解释。

第二十二条　本办法自公布之日起施行，《行政和解金管理暂行办法》（证监会公告〔2015〕4号）同时废止。

权威解读

为完善资本市场基础制度建设提供法治保障——司法部、中国证监会负责人就《证券期货行政执法当事人承诺制度实施办法》有关问题答记者问[①]

问：什么是证券期货行政执法当事人承诺制度？《办法》出台的背景是什么？

答：证券期货行政执法当事人承诺制度是指国务院证券监督管理机构对涉嫌证券期货违法的单位或者个人进行调查期间，被调查的当事人承诺纠正涉嫌违法行为、赔偿有关投资者损失、消除损害或者不良影响并经国务院证券监督管理机构认可，当事人履行承诺后国务院证券监督管理机构终止案件调查的行政执法方式。

党中央、国务院高度重视资本市场基础制度建设。经国务院批准，2015 年中国证监会开始在证券期货领域开展行政和解试点，并印发了《行政和解试点实施办法》。此后，中国证监会采用行政和解方式处理了一些疑难复杂案件，对及时赔偿投资者损失、提高行政执法效能、尽快恢复市场秩序发挥了积极作用，市场总体认可。2019 年修订的《证券法》第一百七十一条对证券领域行政执法当事人承诺制度作了原则规定，并要求国务院制定具体办法。2021 年中共中央办公厅、国务院办公厅印发的《关于依法从严打击证券违法活动的意见》明确要求加快制定证券期货行政执法当事人承诺制度实施办法。

《证券期货行政执法当事人承诺制度实施办法》（以下简称《办法》）贯彻落实党中央、国务院决策部署和《证券法》要求，在总结试点经验基础上，以行政法规形式对行政执法当事人承诺制度作了规定。《办法》通过明确基本流程、严格限定适用范围、健全监督制约机制来规范行政执法当事人承诺制度的实施，确保制度公开公平公正实施，切实保护投资者合法权益、提高执法效能、防范道德风险。

问：建立证券期货行政执法当事人承诺制度有何意义？

答：证券期货行政执法当事人承诺制度在提高执法效率、及时赔偿投资者损失、尽快恢复市场秩序等方面具有重要意义。一是有效提高执法效能，化解资本市场执法面临的“查处难”与市场要求“查处快”之间的矛盾。二是及时赔偿投资者损失，增强其获得感和满意度。通常情况下，证券期货行政处罚案

① 《为完善资本市场基础制度建设提供法治保障——司法部、中国证监会负责人就〈证券期货行政执法当事人承诺制度实施办法〉有关问题答记者问》，载中华人民共和国中央人民政府，www. gov. cn/zhengce/content_ 5654792. htm，最后访问日期：2022 年 4 月 18 日。

件的罚没款直接上缴国库，而受到损失的投资者通过民事诉讼求偿可能面临举证难、成本高、时间长等问题。适用行政执法当事人承诺，当事人交纳的承诺金可用于赔偿投资者损失，投资者获得及时有效救济的新途径，更加有利于保护投资者尤其是中小投资者的合法权益。三是切实提高违法成本，增强监管实效。行政执法当事人承诺具有涉嫌违法当事人履行意愿强、履行速度快等优势，且国务院证券监督管理机构认可的承诺金数额通常高于罚没款数额，使涉嫌违法当事人付出较高的经济代价。四是行政执法当事人承诺制度能够尽快实现案结事了、定纷止争，从而妥善化解社会矛盾，及时恢复市场秩序，稳定预期。

问：证券期货行政执法当事人承诺的适用条件是什么？

答：首先，《办法》明确规定行政执法当事人承诺制度的实施应当遵循公平、自愿、诚信原则，不得损害国家利益、社会公共利益和他人合法权益。其次，《办法》明确当事人可以申请适用行政执法当事人承诺的时间环节，为当事人自收到国务院证券监督管理机构案件调查法律文书后至国务院证券监督管理机构作出行政处罚决定之前。国务院证券监督管理机构应当在送达当事人的案件调查法律文书中告知其有权依法申请适用行政执法当事人承诺。最后，《办法》明确了不适用行政执法当事人承诺的情形，包括：当事人因证券期货犯罪被判处刑罚或者被行政处罚未逾一定年限；涉嫌证券期货犯罪依法应当移送司法机关处理；涉嫌证券期货违法行为情节严重、社会影响恶劣；没有新事实、新理由就同一案件再次提出申请，或者因自身原因未履行或者未完全履行承诺，就同一案件再次提出申请，以及国务院证券监督管理机构基于审慎监管原则认为不适用行政执法当事人承诺的其他情形。下一步，中国证监会将根据《证券法》和《办法》有关规定，进一步细化适用行政执法当事人承诺的情形。

问：适用证券期货行政执法当事人承诺的基本流程是什么？

答：一是申请及受理。当事人自收到国务院证券监督管理机构案件调查法律文书后至国务院证券监督管理机构作出行政处罚决定前，可以申请适用行政执法当事人承诺。对于不存在《办法》规定或者国务院证券监督管理机构规定的负面情形的当事人，国务院证券监督管理机构应当自收到当事人完整申请材料之日起20个工作日内，作出是否受理的决定。二是沟通协商。国务院证券监督管理机构可以在规定期限内根据当事人涉嫌违法行为造成的损失、损害或者不良影响等，就适用行政执法当事人承诺相关事项与当事人进行沟通协商。三是签署协议。国务院证券监督管理机构经与当事人沟通协商，认可其所作承诺的，应当与当事人签署承诺认可协议，并载明相关事项。四是中止调查。承诺认可协议签署后，国务院证券监督管理机构向当事人出具中止调查决定书并予以公告。五是履行协议。当事人应当严格履行承诺认可协议。当事人因自身原因未履行或者未完全履行承诺的，国务院证券监督管理机构应当终止适用行政执法当事人承诺。六是终止调查。当事人完全履行承诺认可协议后，国务院证券监督管理机构向当事人出具终止调查决定书并予以公告。对当事人涉嫌实施的同一个违法行为不再重新调查。

问：为什么说证券期货行政执法当事人承诺制度在最大限度保护投资者合法权益的同时，也保护了当事人自身合法权益？

答：一方面，行政执法当事人承诺制度能够及时赔偿投资者损失，且不影响其行使民事诉讼权利，充分尊重投资者对救济渠道的选择权。《办法》规定，投资者因当事人涉嫌违法行为遭受损失的，可以向承诺金管理机构申请赔偿，也可以通过依法对当事人提起民事赔偿诉讼等其他途径获得赔偿；投资者已通过其他途径获得赔偿的，不得就已获得赔偿的部分向承诺金管理机构申请赔偿。与民事诉讼需要投资者依法在胜诉后才能获得赔偿不同，适用当事人承诺案件的投资者可以按照《办法》规定向承诺金管理机构提出赔偿申请，经承诺金管理机构审核，符合条件的投资者可快速获得赔偿。

另一方面，《办法》通过严格规定国务院证券监督管理机构实施行政执法当事人承诺的行为规范，保障当事人权益。一是明确国务院证券监督管理机构应当在案件调查法律文书中告知当事人有权申请适用行政执法当事人承诺。二是提高行政执法效率，压缩国务院证券监督管理机构办理相关工作时限，规定其在20个工作日内作出是否受理行政执法当事人承诺决定，与当事人进行沟通协商的期限为6个月，经批准延长的期限最长不得超过6个月。三是对于不予受理的案件，要求国务院证券监督管理机构书面通知当事人并说明理由；要求国务院证券监督管理机构在决定终止适用行政执法当事人承诺前听取当事人的意见。四是加强对国务院证券监督管理机构的内部制约、外部制衡和社会监督，细化回避等程序规定，明确相关工作人员的保密义务。五是规定当事人在沟通协商时所作的陈述只能用于实施行政执法当事人承诺，以解除当事人后顾之忧。

问：为什么说证券期货行政执法当事人承诺制度是贯彻落实资本市场违法活动“零容忍”要求的具体举措，而非当事人“花钱买平安”？

答：国务院明确资本市场建设坚持“建制度、不干预、零容忍”的方针。《办法》贯彻落实上述精神，作了如下规定：一是当事人承诺具有严格适用条件，国务院证券监督管理机构经审查并集体决策后才能决定案件能否适用该制度。二是承诺金兼具惩戒和赔偿功能，承诺金数额的确定应当综合考虑当事人因涉嫌违法行为可能获得的收益或者避免的损失、当事人涉嫌违法行为依法可能被处以罚款和没收违法所得的金额，以及投资者因当事人涉嫌违法行为所遭受的损失等诸多因素，通常情况下数额要高于行政处罚的罚没款数额。三是除要求当事人交纳承诺金外，国务院证券监督管理机构还可以要求当事人采取自我核查整改、完善内部控制制度、增加合规检查频次、主动调整相关业务等措施，以纠正涉嫌违法行为、赔偿投资者损失、消除损害或者不良影响。因此，适用行政执法当事人承诺，是坚持“零容忍”要求的具体体现，不意味着当事人可以“花钱买平安”。

问：如何确保公平公正适用证券期货行政执法当事人承诺，《办法》建立了哪些监督制约机制？

答：为确保公平公正适用行政执法当事人承诺，防范道德风险、利益冲突和执法不公，《办法》作了如下规定：一是建立内部制约机制。国务院证券监督管理机构应当加强内部制衡与监督，由专门的内设部门负责实施行政执法当事人承诺具体工作，与案件调查部门（包括案件稽查、处罚部门）相互独立、相互制约，并建立健全内部监督制度；建立集体决策制度，讨论决定行政执法当事人承诺制度实施过程中的重大事项，经相关负责人批准后执行；国务院证券监督管理机构相关工作人员不得违反规定会见当事人及其委托的人，并对可能影响公正执法的情形明确提出了回避要求。二是加强外部制衡和社会监督。国务院证券监督管理机构在与当事人签署承诺认可协议后中止案件调查，以及在当事人履行承诺认可协议后终止案件调查，均应进行公告；当事人为法定信息披露义务人的，应当依法披露信息。三是限制适用范围，防止制度滥用。《办法》对当事人不适用行政执法当事人承诺的情形作了列举规定，并授权证监会基于审慎监管原则补充其他情形。对于证监会工作人员违反规定适用行政执法当事人承诺，或者侵犯当事人商业秘密、个人隐私的行为，还规定了相应的法律责任。

问：为什么说证券期货行政执法当事人承诺制度既总结已有经验，又满足实践需要？

答：与2015年证监会制定的《行政和解试点实施办法》相比，《办法》在总结试点经验基础上，进一步完善了相关制度：一是扩展了申请时间。考虑到试点时关于正式立案之后才可申请的规定过于严格，导致实践中大量案件无法进入承诺程序，《办法》删去了该项规定，有利于推动行政执法当事人承诺的合理适用。二是调整了适用范围和条件。《办法》删去了试点时关于行政执法当事人承诺仅适用于“涉嫌实施虚假陈述、内幕交易、操纵市场或者欺诈客户等违反证券期货法律、行政法规和相关监管规定的行为”，以及国务院证券监督管理机构派出机构查处的案件不适用承诺程序等规定；同时，《办法》以负面清单形式明确了不予受理的情形，以防止制度滥用。三是优化了启动程序。为保障当事人知情权，《办法》删去了试点时关于国务院证券监督管理机构不得主动或者变相主动提出和解建议的规定，要求国务院证券监督管理机构在案件调查法律文书中告知当事人有权申请适用行政执法当事人承诺。四是完善承诺金数额的确定因素。考虑到承诺金数额的确定是投资者获得合理赔偿的一项重要保障，《办法》新增“签署承诺认可协议时案件所处的执法阶段”作为考虑因素，鼓励尽早结案。五是明确集体决策制度。试点期间，证监会已经设立了行政和解委员会，由证监会相关负责人担任主任委员，对重大事项进行集体决策。《办法》将试点实践经验上升为行政法规，进一步加强监督制约，防范道德风险。

问：为贯彻落实《办法》，下一步有哪些工作安排？

答：下一步，证监会将加快推进《证券期货行政执法当事人承诺制度实施规定》等相关配套制度的制定工作，会同财政部将2015年2月发布的《行政和解金管理暂行办法》修改为《证券期货行政执法当事人承诺金管理办法》，进一步细化具体操作实施要求，更好落实《证券法》要求和确保《办法》落地实施。

证监会将严格落实“零容忍”要求，加大对资本市场违法行为执法力度，严厉打击各类违法违规行为，持续净化资本市场环境。同时，贯彻落实《办法》规定，及时回应解决证券期货行政执法当事人承诺制度执行中出现的新情况、新问题，依法保护投资者合法权益，维护公开、公平、公正的资本市场秩序，促进资本市场平稳健康发展。

典型案例

1. 中国证监会与高盛亚洲等行政和解案（中国证券监督管理委员会公告〔2019〕11号）

根据《行政和解试点实施办法》（证监会令第114号），中国证券监督管理委员会（以下简称中国证监会）与高盛（亚洲）有限责任公司（以下简称高盛亚洲）、北京高华证券有限责任公司（以下简称高华证券）以及高盛亚洲和高华证券的相关工作人员等9名行政和解申请人（以下简称申请人）于2019年4月23日就下列事项的处理达成行政和解协议：

2013年10月8日至2015年7月3日，高盛亚洲自营交易员通过在高华证券开立的高盛经纪业务账户进行交易，同时向高华证券自营交易员提供业务指导。双方于2015年5月至7月期间的4个交易日的部分交易时段，从事了其他相关股票及股指期货合约交易。中国证监会于2016年7月对申请人的上述行为进行立案调查。

根据行政和解协议：

一、申请人已交纳行政和解金共计人民币150,000,000元。

二、申请人已采取必要措施加强公司的内控管理，并在完成后向中国证监会提交书面整改报告。

三、根据《行政和解试点实施办法》第二十九条规定，中国证监会终止对申请人有关行为的调查、审理程序。

2. 中国证监会与上海司度等行政和解案（中国证券监督管理委员会公告〔2020〕1号）

2015年1月1日至2015年7月31日，司度（上海）贸易有限公司（以下简称上海司度）委托资产管理机构设立多个资产管理计划，并控制、使用资产管理计划开立的账户进行了交易，其行为涉嫌违反账户管理使用的有关规定。富安达基金管理有限公司（以下简称富安达基金）、中信期货有限公司（以下简称中信期货）、北京千石创富资本管理有限公司（以下简称千石资本）、国信期货有限责任公司（以下简称国信期货）为满足上海司度交易需求，为其设立资产管理计划，供委托人控制、使用，其行为涉嫌违反资产管理业务的有关规定。上述五家机构及其相关工作人员（以下简称申请人）就其涉嫌违法行为向中国证监会申请行政和解。

根据《行政和解试点实施办法》（证监会令第114号），中国证监会与上述申请人于2019年12月31日达成行政和解。根据行政和解协议：

一、上海司度及其相关工作人员已交纳行政和解金人民币6.7亿元，富安达基金及其相关工作人员已交纳行政和解金人民币180万元，中信期货及其相关工作人员已交纳行政和解金人民币1000万元，千石资本及其相关工作人员已交纳行政和解金人民币235万元，国信期货及其相关工作人员已交纳行政和解金人民币100万元。

二、申请人已采取必要措施加强公司的内控管理，并在完成后向中国证监会提交书面整改报告。

三、根据《行政和解试点实施办法》第二十九条规定，中国证监会终止对申请人有关行为的调查、审理程序。

《期货和衍生品法》第一百二十五条 【操纵市场】

第一百二十五条　违反本法第十二条的规定，操纵期货市场或者衍生品市

场的，责令改正，没收违法所得，并处以违法所得一倍以上十倍以下的罚款；没有违法所得或者违法所得不足一百万元的，处以一百万元以上一千万元以下的罚款。单位操纵市场的，还应当对直接负责的主管人员和其他直接责任人员给予警告，并处以五十万元以上五百万元以下的罚款。

操纵市场行为给交易者造成损失的，应当依法承担赔偿责任。

相关规定

1.《期货和衍生品法》

第十二条 任何单位和个人不得操纵期货市场或者衍生品市场。

禁止以下列手段操纵期货市场，影响或者意图影响期货交易价格或者期货交易量：

（一）单独或者合谋，集中资金优势、持仓优势或者利用信息优势联合或者连续买卖合约；

（二）与他人串通，以事先约定的时间、价格和方式相互进行期货交易；

（三）在自己实际控制的账户之间进行期货交易；

（四）利用虚假或者不确定的重大信息，诱导交易者进行期货交易；

（五）不以成交为目的，频繁或者大量申报并撤销申报；

（六）对相关期货交易或者合约标的物的交易作出公开评价、预测或者投资建议，并进行反向操作或者相关操作；

（七）为影响期货市场行情囤积现货；

（八）在交割月或者临近交割月，利用不正当手段规避持仓限额，形成持仓优势；

（九）利用在相关市场的活动操纵期货市场；

（十）操纵期货市场的其他手段。

2.《期货交易管理条例》[①]

第三条 从事期货交易活动，应当遵循公开、公平、公正和诚实信用的原

---

① 2007年《期货交易管理条例》出台后，先后于2012年、2013年、2016年、2017年作了四次修订。本书除特殊标注外，《期货交易管理条例》指的是2017年修订后的文本。在【相关规定】部分列出已被《期货和衍生品法》所取代的《期货交易管理条例》相关条文，目的有二：一是便于读者与《期货和衍生品法》的条文进行对照，二是主管部门的规范性文件经常引用到《期货交易管理条例》的相关条文，目前的行政处罚案例也均是依照《期货交易管理条例》作出，此处列明条文，便于读者阅读查找。——本书注

则。禁止欺诈、内幕交易和操纵期货交易价格等违法行为。

第三十九条　任何单位或者个人不得编造、传播有关期货交易的虚假信息，不得恶意串通、联手买卖或者以其他方式操纵期货交易价格。

第四十六条　国务院期货监督管理机构对期货市场实施监督管理，依法履行下列职责：

（一）制定有关期货市场监督管理的规章、规则，并依法行使审批权；

（二）对品种的上市、交易、结算、交割等期货交易及其相关活动，进行监督管理；

（三）对期货交易所、期货公司及其他期货经营机构、非期货公司结算会员、期货保证金安全存管监控机构、期货保证金存管银行、交割仓库等市场相关参与者的期货业务活动，进行监督管理；

（四）制定期货从业人员的资格标准和管理办法，并监督实施；

（五）监督检查期货交易的信息公开情况；

（六）对期货业协会的活动进行指导和监督；

（七）对违反期货市场监督管理法律、行政法规的行为进行查处；

（八）开展与期货市场监督管理有关的国际交流、合作活动；

（九）法律、行政法规规定的其他职责。

第七十条　任何单位或者个人有下列行为之一，操纵期货交易价格的，责令改正，没收违法所得，并处违法所得1倍以上5倍以下的罚款；没有违法所得或者违法所得不满20万元的，处20万元以上100万元以下的罚款：

（一）单独或者合谋，集中资金优势、持仓优势或者利用信息优势联合或者连续买卖合约，操纵期货交易价格的；

（二）蓄意串通，按事先约定的时间、价格和方式相互进行期货交易，影响期货交易价格或者期货交易量的；

（三）以自己为交易对象，自买自卖，影响期货交易价格或者期货交易量的；

（四）为影响期货市场行情囤积现货的；

（五）国务院期货监督管理机构规定的其他操纵期货交易价格的行为。

单位有前款所列行为之一的，对直接负责的主管人员和其他直接责任人员给予警告，并处1万元以上10万元以下的罚款。

3. 中国证监会《关于期货交易管理条例第七十条第五项“其他操纵期货交易价格行为”的规定》（证监会令第160号）

第一条　为防范和打击操纵期货交易价格违法行为，依据《期货交易管理条例》第四十六条和第七十条，制定本规定。

第二条 不以成交为目的，频繁申报、撤单或者大额申报、撤单，影响期货交易价格或者期货交易量，并进行与申报方向相反的交易或者谋取相关利益的，构成操纵。

第三条 编造、传播虚假信息或者误导性信息，影响期货交易价格或者期货交易量，并进行相关交易或者谋取相关利益的，构成操纵。

第四条 对合约或合约标的物作出公开评价、预测或者投资建议，影响期货交易价格或者期货交易量，并进行与其评价、预测或者投资建议方向相反的期货交易的，构成操纵。

第五条 在临近交割月或者交割月，利用不正当手段规避持仓限制，形成持仓优势，影响期货交易价格的，构成操纵。

第六条 任何单位或者个人不得以其他方式操纵期货交易价格。

第七条 任何单位或者个人有本规定行为的，依照《期货交易管理条例》第七十条的规定处理。

第八条 本规定自公布之日起施行。

典型案例

1. 阮某、嘉和投资、钟某操纵“白糖1801”期货合约案（中国证监会〔2021〕117号行政处罚决定书）

【案情】 一、阮某、广西嘉和投资有限公司（以下简称嘉和投资）实际控制账户组交易白糖1801期货合约

（一）阮某、嘉和投资合谋控制39个账户

阮某、嘉和投资合谋控制南某玲、黄某琴、刘某荣、蒙某金、南宁市迪佳食品经营部、南宁市郡城广食品经营部等39个期货账户交易白糖1801期货合约。

（二）嘉和投资单独控制8个账户

嘉和投资单独控制嘉和投资等8个期货账户参与操纵白糖1801期货合约。

（三）阮某单独控制25个账户

阮某单独控制利惠富2个账户、广西天人泰投资有限公司2个账户等合计25个期货账户参与操纵白糖1801期货合约。

二、阮某、嘉和投资操纵白糖1801期货合约具体情况

2017年10月9日至2018年1月12日，涉案账户组集中资金优势、持仓优势连续买卖白糖1801期货合约，对倒交易白糖1801期货合约，操纵期货交易价

格。具体情况如下：

（一）涉案账户组通过连续交易违规建立持仓优势

2017年10月9日至2018年1月12日，涉案账户组连续交易白糖1801合约，买仓量最高升至167,089手（11月21日），买仓占比最高升至65.15%（12月15日），期间买仓占比超过40%的有38个交易日，占期间总交易日数的55.07%，持仓优势明显。

2017年10月9日至11月7日，涉案账户组在白糖1801合约买方向持续增仓，买仓占比不断提升。11月7日，涉案账户组持有该合约买仓141,636手（其中投机仓122,004手），投机仓超过郑州商品交易所（以下简称交易所）持仓限额（25,000手）约3.9倍，买仓占比升至40.16%，形成持仓优势。

2017年11月8日至12月29日，涉案账户组连续交易白糖1801合约，有15个交易日买入开仓成交占合约买入开仓成交的比例超过15%，买仓占比基本维持在40%以上。其中，11月8日至12月11日，涉案账户组买仓量持续超过14万手，日均买仓占比为49.64%。11月21日，涉案账户组买仓量达到最大，为167,089手（其中投机仓147,192手），投机仓超过持仓限额（25,000手）约4.9倍，买仓占比为48.19%。12月15日，涉案账户组买仓占比达到最大，为65.15%，当日买仓量为81,589手（其中投机仓71,589手），投机仓超过持仓限额（5000手）约13.3倍，持仓优势明显。

此后，白糖1801合约进入交割月，涉案账户组陆续减仓。2018年1月12日，涉案账户组全部平仓。

（二）涉案账户组通过对倒交易维持持仓优势

涉案账户组在连续交易扩大持仓优势的同时，为了维持持仓优势，还存在频繁自买自卖进行倒仓、分仓的行为。2017年10月9日至12月29日，涉案账户组共有38个交易日存在账户间的倒仓行为，占期间总交易日数的63.33%，累计倒仓成交47,805手（单边，下同）。其中，12月26日，账户组倒仓成交3580手，占当日收盘账户组买仓量达9.89%；12月29日，账户组倒仓成交2862手，占当日收盘账户组买仓量达14.63%。2017年12月以后，交易所强制认定了涉案账户组内部分客户的实控关系。涉案主体为继续维持持仓优势，在将被认定账户的持仓予以平仓的同时，仍使用其他未被认定的实控账户继续违规增仓。

（三）涉案账户组集中资金优势，通过连续买卖、对倒交易建立并保持持仓优势，操纵期货交易价格

按照《郑州商品交易所期货交易风险控制管理办法》（2017年8月）规定

的“交割月前一个月第16个日历日”（本案即2017年12月16日）开始，非期货公司会员及客户最大单边持仓手数从25,000手降低到5000手。经查明，涉案账户组持仓占比从2017年10月9日至12月15日逐步提高，并对交易合约价格产生重大影响。从2017年12月16日至2018年1月15日（合约最后交易日），受交易所交易规则的影响，以及交易所对涉案账户组采取日常监管措施的情况下，白糖期货1801合约价格逐步下跌，但涉案账户组仍然高比例违规持仓，其持仓量大幅高于交易所单边持仓最大限额。

2017年10月之后，涉案账户组在白糖1801合约买方向持续增仓。其中，11月9日至11月28日，涉案账户组买仓量持续超过16万手。与此相比，历史上白糖期货单合约最大交割量为3.5万手（白糖1701合约），近五年（2013年至2018年初1801合约摘牌）白糖仓单及有效预报合计最大量为9.2万张（2017年4月）。而操纵期间，交易所白糖仓单及有效预报合计最大量仅为58,386张（2018年1月5日）；2018年1月15日（合约最后交易日）白糖仓单及有效预报合计仅为58,206张，实际注册白糖仓单52,594张。而涉案账户组买仓量最大时已达167,089手，其中投机仓147,192手，是实际可交割仓单的约2.8倍。

在2017年10月9日至2018年1月12日的操纵期间，涉案账户组买持仓量远超过白糖期货可供交割量，而涉案账户组维持其持仓优势直至交割月，合约空头因无法准备足量货物进行交割，因此大量空头客户提前平仓，致使白糖1801期货合约价格异常波动。

（四）涉案账户组相关交易影响白糖1801合约价格及运行情况

涉案账户组利用资金优势、持仓优势连续交易白糖1801合约，影响了合约价格变化趋势，操纵了合约交易价格。2017年10月9日至12月11日，涉案账户组在白糖1801合约持仓占比不断上升。受此影响，白糖1801合约结算价由6063元/吨上涨至6529元/吨，上涨466元/吨，涨幅7.69%。同期，白糖现货价格上涨1.86%，期现涨幅偏差达5.83%；可比远月白糖1805合约和1809合约分别上涨4.74%和4.47%，涨幅偏差分别达2.95%和3.22%。2018年1月，白糖1801合约进入交割月，2018年1月15日，白糖1801合约结算价为6058元/吨，较2017年12月11日下跌7.21%，与10月9日价格基本持平。

（五）涉案账户组盈亏情况

操纵期间，阮某与嘉和投资39个合谋控制账户亏损186,541,068元，嘉和投资单独控制8个账户盈利136,009,361元，阮某单独控制25个账户盈利166,862,508元。涉案账户组操纵白糖1801期货合约合计盈利116,330,801元。

【认定】阮某、嘉和投资的上述行为违反了《期货交易管理条例》第三条及第三十九条的规定，构成第七十条第一款第一项所述“单独或者合谋，集中资金优势、持仓优势或者利用信息优势联合或者连续买卖合约，操纵期货交易价格”的行为。

钟某作为嘉和投资时任法定代表人及董事长，对嘉和投资操纵行为起组织、决策作用，是嘉和投资涉案违法行为直接负责的主管人员。

当事人提出如下申辩意见：

嘉和投资提出：第一，广西嘉和不存在与阮某合谋操纵白糖1801合约的行为及主观故意。广西嘉和与阮某的合作不是一种双方共担风险、共负盈亏的方式，而是资本市场流行的融资模式，广西嘉和提供39个账户是为追讨被侵权巨额货款和化解违约风险被迫提供的席位和融资。第二，涉案72个账户不存在实际控制关联关系。39个账户应认定为阮某实际控制，8个账户组由深嘉投陈某控制，25个账户与嘉和投资无关。39个账户交易决策均由阮某作出，嘉和投资仅提供席位及融资；8个账户由陈某团队独立决策、独立交易并独立承担交易风险；嘉和投资对阮某名下的25个账户毫不知情，其账户来源、资金来源、交易决策及交易行为均与嘉和投资无关。第三，涉案72个账户交易行为未对白糖1801期货合约价格及运行情况产生重大不利影响，不构成操纵期货市场。涉案期间白糖期现货间存在价差关系，白糖1801期货合约价格在涉案期间从严重背离现货价格到逐步靠近现货价格，其合约期间涨幅高于现货是符合市场规律的。第四，违法所得计算有误。8个账户存在长期、独立参与白糖交易的事实，本案违法所得计算未将8个账户在涉案期间前建仓并在涉案期间平仓的数据去除，导致认定的违法所得畸高。据此，申请免予处罚。

当事人钟某同意嘉和投资上述申辩意见，并提出：第一，其不存在控制任何账户的行为，仅作为嘉和投资董事长，系嘉和投资为利惠富提供融资事项的决策者；第二，39个账户由阮某控制，交易决策均由阮某作出，其对39个账户并无交易决策权；第三，其对阮某试图操纵期货市场不知情，不存在与阮某合谋操纵的意图。据此，申请免予处罚。

经复核，中国证监会认为：

第一，阮某、嘉和投资存在共同合谋操纵白糖1801期货合约的主观故意。根据阮某与嘉和投资签订的《合作投资协议》，阮某负责投资决策、提供部分账户和资金，嘉和投资提供账户和大部分资金，组织员工实施操盘行为，双方共担风险，并按照协议约定的比例承担亏损、分享收益，具有合谋操纵的共同故意。因此，阮某和嘉和投资主观上存在互相配合、彼此作用，并利用账户组集中资金优势买卖白糖1801期货合约的共同故意。

第二，阮某、嘉和投资存在共同操纵白糖1801期货合约的客观行为，涉案72个账户应当整体认定。8个账户由嘉和投资实际控制，39个账户由嘉和投资与阮某共同控制，25个账户由阮某单独控制，上述72个账户在嘉和投资与阮某合谋操纵的故意之下交易白糖期货1801合约，应当整体认定。一是8个账户由嘉和投资实际控制，而非深嘉投或陈某控制。二是8个账户与39个账户的主要资金来源存在一致性。上述8个账户的资金与阮某、嘉和投资共同控制的39个账户的资金主要来源相同。三是阮某实际控制25个账户。阮某及相关账户名义持有人均认同阮某是上述账户实际控制人，25个账户均由阮某下达交易指令。25个期货账户的资金主要来源于阮某及其控制的公司。阮某、嘉和投资客观上存在利用上述72个账户组集中资金优势、持仓优势连续买卖白糖1801期货合约的行为，构成共同操纵，依法应当对涉案72个账户整体认定。

第三，涉案72个账户交易行为构成操纵期货市场价格的行为。2017年10月9日至12月11日，涉案账户组连续交易白糖1801合约，形成明显持仓优势，涉案违法行为导致白糖1801合约价格异常波动明显。

第四，违法所得计算准确。如前所述，阮某及嘉和投资在双方合谋交易白糖期货合约的共同故意之下，实际控制72个账户交易白糖1801期货合约。根据72个账户在涉案期间的交易情况整体计算违法所得并无不当，相关计算准确无误。

第五，当事人钟某依法应当对嘉和投资违法行为承担主管责任。钟某知悉并组织决策了嘉和投资与阮某、利惠富合作事项，作为嘉和投资法定代表人、董事长，是嘉和投资涉案违法行为直接负责的主管人员。

综上，对当事人的陈述申辩意见不予采纳。

【处罚】依据《期货交易管理条例》第三十九条及第七十条第一款、第二款的规定，中国证监会决定：一、没收阮某、广西嘉和投资有限公司违法所得116,330,801元，其中阮某承担73,591,974元，广西嘉和投资有限公司承担42,738,827元；并对阮某处以147,183,948元的罚款，对广西嘉和投资有限公司处以42,738,827元的罚款；二、对钟某给予警告，并处以5万元的罚款。

2. 黄某、蒋某、徐某操纵“纤维板1910”期货合约案（中国证监会〔2021〕100号行政处罚决定书）

【案情】一、黄某、蒋某、徐某控制使用期货账户情况

江苏奔牛港务集团有限公司（以下简称奔牛库）期货专员黄某和蒋某控制使用常州雷硕贸易有限公司（以下简称常州雷硕）期货账户，徐某控制使用常州市常信装饰有限公司（以下简称常信装饰）、徐某和汤某红期货账户。

二、黄某、蒋某、徐某控制使用4个期货账户共同操纵纤维板1910合约价格情况

（一）操纵行为

1. 信息优势

涉案期间，大连商品交易所（以下简称大商所）纤维板指定交割仓库共有5家，奔牛库是历史上交割量最大的交割仓库，纤维板交割量常年占5家仓库总交割量90%以上。黄某时任奔牛库期货专员，负责大商所电子仓单系统期货交割业务。黄某在2019年9月25日左右提前获悉奔牛库纤维板1910合约可交割仓单的关键信息，多次打听天津全程物流配送有限公司（以下简称全程库）纤维板交割预报数量，较普通投资者具有信息优势。

2. 持仓优势

2019年8月13日大商所公布纤维板1910合约注册标准仓单为48手，之后无新增注册仓单。2019年10月9日，纤维板1910合约共有104手多头头寸，其中常州雷硕和常信装饰期货账户合计持有102手，显著大于48手可交割仓单数量。当事人具有持仓优势。

（二）共同操纵

黄某与蒋某、徐某共同交流纤维板1910合约的仓单信息，沟通决策，商讨具体交易细节，联合交易纤维板1910合约。实控账户组具体交易情况与黄某聊天记录内容基本一致，交易行为具有一致性。

（三）操纵结果

2019年9月26日至10月21日，实控账户组的买持仓在纤维板1910合约的持仓占比从53.91%升至100%，合约结算价从62.5元/手上涨至111.85元/手，涨幅为78.96%。2019年10月14日，纤维板1910合约与纤维板1911合约结算价偏离度为40.01%，与现货价格最高偏离为45.26%。

涉案期间实控账户组操纵纤维板1910期货合约合计盈利2,312,281.87元。其中，常州雷硕期货账户盈利1,516,934元，常信装饰、徐某、汤某红期货账户合计盈利795,347.87元。

【认定】黄某、蒋某、徐某的上述行为违反了《期货交易管理条例》第三十九条的规定，构成《期货交易管理条例》第七十条第一款规定的市场操纵行为。在操纵过程中，黄某与蒋某、徐某分工协作，相互配合，属于共同实施主体。

当事人提出如下申辩意见：

第一，当事人并非依据信息优势参与纤维板1910合约交易。一是当事人主要基于价值投资原则参与交易。二是本案没有关键信息，交易所在注册当天公

布仓单信息。三是黄某是交割库期货专员，但不属于不得从事期货交易人员，这说明黄某的身份不会形成关键信息优势。四是常理而言利用关键信息操纵价格会最大程度买入仓位，但当事人保持了谨慎和克制。

第二，持仓优势是市场演化的自然结果，并非当事人刻意为之。一是2019年9月26日之前没有新增注册仓单，不代表最后交易日之前不会有新增注册仓单。二是在2019年9月底的时候，无论是交易所还是空方都不认为会来不及注册新仓单。

第三，当事人不构成共同操纵。一是相互熟悉的投资者交流投资信息和经验，是资本市场司空见惯的情况。二是当事人之间的交流主要是针对盘面价格、市场走势等。三是共享的交割库现货信息不具备完整价值，不是关键信息。四是账户之间不存在相互控制、明确分工、约定分成等情况。

第四，所谓"操纵结果"未超出纤维板期货市场的正常波动范围。一是涉案期货合约价格波动在历史幅度之内。二是当事人持仓进入交割月是打算实际交割，由于没有其他多头，导致当事人持仓占比为100%，这不是人为操纵的结果。

综上，当事人请求免予行政处罚。

经复核，中国证监会认为：

第一，当事人具有信息优势。涉案期间，大商所纤维板指定交割仓库共有5家，奔牛库是历史上交割量最大的交割仓库，纤维板交割量常年占5家仓库总交割量90%以上。黄某时任奔牛库期货专员，在2019年9月25日左右提前获悉奔牛库纤维板1910合约可交割仓单的关键信息，较普通投资者具有信息优势。

第二，当事人具有持仓优势。2019年8月13日大商所公布纤维板1910合约注册标准仓单48手，之后再无新增注册仓单。2019年10月9日，纤维板1910合约共有104手多头头寸，其中当事人合计持有102手，显著大于48手可交割仓单数量。

第三，当事人构成共同操纵。一是黄某自认与蒋某、徐某一起商量决定交易，蒋某自认与黄某、徐某探讨交易逻辑细节。二是黄某与檀某兵聊天记录显示，"逼到个150再拿20%的违约金"（2019年10月8日），"104的单边，102个在我手上，我不平哪来成交……把结算价做上去，还能拿20%违约金，结算价做到110附近"（2019年10月9日）。三是相关账户交易时间接近或趋同，账户有资金关联。

第四，影响期货交易价格。2019年9月26日至10月21日，实控账户组的买持仓在纤维板1910合约的持仓占比从53.91%升至100%，合约结算价从62.5元/手上涨至111.85元/手，涨幅为78.96%。2019年10月14日，纤维板1910

合约与纤维板 1911 合约结算价偏离度为 40.01%，与现货价格最高偏离为 45.26%。

综上，对当事人的意见不予采纳。

【处罚】依据《期货交易管理条例》第三十九条、第七十条第一款的规定，中国证监会决定：没收黄某、蒋某、徐某违法所得 2,312,281.87 元，其中，没收黄某、蒋某违法所得 1,516,934 元，没收徐某违法所得 795,347.87 元；对黄某、蒋某、徐某处以 4,624,563.74 元罚款，其中，对黄某、蒋某分别处以 1,516,934元罚款，对徐某处以 1,590,695.74 元罚款。

3. 秦某操纵纯碱等期货合约案（中国证监会湖北监管局〔2022〕4 号处罚决定书）

【案情】一、控制使用账户情况

"秦某"账户于 2019 年 3 月 12 日在东吴期货有限公司开立，账户的实际控制人为秦某本人。

二、利用本人账户通过虚假申报的方式操纵期货交易价格

秦某使用"秦某"账户，不以成交为目的，于 2020 年 12 月 4 日、7 日、9 日、10 日、11 日、18 日、21 日，2021 年 1 月 15 日、20 日、21 日、22 日、27 日、28 日、29 日，2021 年 2 月 1 日、5 日上述 16 个交易日内，先后在纯碱、动力煤等 6 个品种、9 个合约上存在 62 次大额报撤单并反向成交行为，影响期货交易价格及期货交易量。

秦某的上述操纵行为获利 553,693.30 元。

【认定】秦某的上述行为违反了《关于〈期货交易管理条例〉第七十条第五项"其他操纵期货交易价格行为"的规定》（证监会令第 160 号）第二条的规定，构成《期货交易管理条例》（2017 年修订）第七十条第一款第五项"国务院期货监督管理机构规定的其他操纵期货交易价格的行为"。

【处罚】依据《期货交易管理条例》（2017 年修订）第七十条第一款的规定，湖北证监局决定：没收秦某违法所得 553,693.30 元，并处以 553,693.30 元的罚款。

4. 廖某焱操纵"普麦 1601"期货合约案（中国证监会〔2017〕58 号行政处罚决定书）

【案情】一、涉案账户情况

2015 年 11 月 25 日至 12 月 23 日（以下简称操纵期间），廖某焱实际控制并利用廖某山等 9 个自然人名下期货账户（以下简称涉案账户组）交易"普麦 1601"期货合约。其中，"廖某山""廖某焱""李某凡"期货账户的资金来源

为廖某山，“李某生”“李某”“黄某顺”“吴某华”“罗某鹏”“颜某”期货账户资金来源为名义账户人本人。

二、廖某焱操纵“普麦 1601”合约的情况

（一）廖某焱利用持仓优势，通过连续买卖影响“普麦 1601”合约价格

2015 年 11 月 9 日至 11 月 24 日，涉案账户组持有“普麦 1601”合约 17 手，买持仓量占单边市场总持仓量的比例为 68%，持仓优势明显。11 月 25 日至 12 月 23 日，通过连续买入，涉案账户组持仓量逐日放大到 317 手，买持仓量占单边市场总持仓量比例不断提高，最低为 73.08%，最高达到 99.68%，其中买持仓量占比超过 90% 的有 13 个交易日。

11 月 25 日至 12 月 23 日的 21 个交易日里，全市场有 20 个交易日成交“普麦 1601”合约，涉案账户组在其中的 19 个交易日成交了“普麦 1601”合约，涉案账户组买成交量占单边市场总成交量的比例最小为 76.54%，最大为 100%，其中买成交量占比为 100% 的有 13 个交易日。其中，12 月 10 日至 14 日的三个交易日，全市场合计买成交量 20 手，廖某焱操作涉案账户组合计买成交 19 手，占该合约买成交量的 95%，最终将“普麦 1601”合约结算价从 2477 元/吨拉抬至 2598 元/吨，拉升 4.88%。此期间内，中等普通小麦现货价格平稳，始终维持在 2400 元/吨；12 月 22 日，全市场买成交量 225 手，廖某焱操作涉案账户组合计买成交量 218 手，较上一交易日 8 手增幅 2625%，占该合约当天买成交量的 96.89%，收市后涉案账户组合计持多仓 310 手，占该合约单边持仓量的 99.68%。涉案账户组利用持仓优势的连续买卖，致使“普麦 1601”合约从开盘价 2615 元/吨大幅拉抬至收盘价 2719 元/吨，上涨 3.98%（涨跌停板 4%）。当日，普麦现货价格（中等普通小麦郑州出库价）平稳，较上一交易日无变化，仍维持在 2400 元/吨。

（二）廖某焱在涉案账户组之间自买自卖，影响期货合约交易价格和交易量

2015 年 11 月 25 日至 12 月 23 日，涉案账户组之间共有 9 个交易日存在自买自卖的行为，共成功对倒 222 手“普麦 1601”合约（双边），对倒成交量占当日整个市场成交量的最小值为 10.67%，最高值达到 72.84%，占期间合约总成交量的比例为 25.64%。

其中，12 月 23 日，为制造其预期的价格，确保当日日终的结算价格不偏离其目标，廖某焱在涉案账户组之间对倒“普麦 1601”合约 118 手（双边），占整个市场成交量的 72.84%，其中集合竞价阶段，涉案账户组之间同时申报同价但反向的交易委托，对敲出了当天的开盘价格 2690 元/吨。虽然当天该合约出现第 1 个下跌单边市，跌幅 4.02%，收盘价 2582 元/吨，但由于涉案账户组的

大量对倒，根据郑州商品交易所结算价计算规则（当日结算价为该合约当日成交价格按照成交量的加权平均价），当天“普麦1601”合约的结算价（2659元/吨）较12月22日结算价（2687元/吨）仅下跌1%，涉案账户组在“普麦1601”合约几乎跌停之下只需追加少量的保证金就可以避免被强制平仓。

操纵期间内，“普麦1601”合约结算价从2361元/吨上涨至2659元/吨，涨幅12.62%；同期，普麦现货价格仅上涨2.5%，与“普麦1601”合约类似的“强麦1601”合约仅上涨4.98%。“普麦1601”合约走势明显背离普麦现货价及“强麦1601”合约价格走势。截至2015年12月31日结算，涉案账户组累计亏损约478万元。

【认定】廖某焱的上述行为违反了《期货交易管理条例》（2013年修订）第三条①及第四十条②关于禁止操纵期货交易价格的规定，构成《期货交易管理条例》（2013年修订）第七十一条第一款第一项、第三项③所述操纵期货交易价格的行为。

当事人提出如下申辩意见：

其一，其操作期货并帮人操作没有任何违法。其二，账户组最高持仓只有317手，持仓比例高是正常，没有任何持仓优势，因而不存在操纵价格。其三，其购买“普麦1601”合约的原因是普麦价格相对强麦价格严重偏低，故主客观上不存在将空方拉爆的目的和行为。其四，账户组之间的对倒数量较少，且是空方逼迫下的被动操作，对敲目的是为了恢复正常价格，没有给价格造成不良影响。

经复核，中国证监会认为：

其一，当事人实际控制并使用“廖某山”“廖某焱”等9个账户交易“普麦1601”合约时，没有按照郑州商品交易所关于实际控制关系账户的管理规定，主动申报账户组的实际控制关系，存在刻意规避监管的故意。其二，调查期间，当事人明确表示早期主动拉抬的目的是逼使价格向其有利的方向变化，即拉高收盘价，在收市后造成空方浮亏；后期大量对倒的目的是为了规避损失，避免

---

① 《期货交易管理条例》（2013年修订）第三条规定：“从事期货交易活动，应当遵循公开、公平、公正和诚实信用的原则。禁止欺诈、内幕交易和操纵期货交易价格等违法行为。”

② 《期货交易管理条例》（2013年修订）第四十条规定：“任何单位或者个人不得编造、传播有关期货交易的虚假信息，不得恶意串通、联手买卖或者以其他方式操纵期货交易价格。”

③ 《期货交易管理条例》（2013年修订）第七十一条第一款规定：“任何单位或者个人有下列行为之一，操纵期货交易价格的，责令改正，没收违法所得，并处违法所得1倍以上5倍以下的罚款；没有违法所得或者违法所得不满20万元的，处20万元以上100万元以下的罚款：（一）单独或者合谋，集中资金优势、持仓优势或者利用信息优势联合或者连续买卖合约，操纵期货交易价格的；……（三）以自己为交易对象，自买自卖，影响期货交易价格或者期货交易量的；……”

因无力追加保证金被交易所强平。其三，持仓优势是一个相对概念，不同品种的不同合约的持仓量不直接具有可比性。操纵期间，当事人账户组交易该合约买成交量占单边市场总成交量始终在76.54%以上，特别是12月10日至14日占比高达95%，12月22日占比高达99.68%，并将上述合约价格分别拉升了4.88%和3.98%，影响了交易价格。其四，账户组对倒成交量占当日整个市场成交量最低值为10.67%，最高值达72.84%，对倒期间，“普麦1601”合约涨幅高达12.62%，而普麦现货价格仅上涨2.5%，“强麦1601”合约仅上涨4.98%。因此，当事人申辩理由不能成立。

【处罚】依据《期货交易管理条例》（2013年修订）第七十一条第一款的规定，中国证监会决定：对廖某焱处以60万元罚款。

5. 陶某、傅某南操纵“胶合板1502”合约案[①]（中国证监会〔2016〕5号行政处罚决定书、〔2016〕1号市场禁入决定书）

【案情】2014年12月19日至2014年12月31日期间，时任上海筑欣实业有限公司（以下简称筑欣实业）董事长、上海筑金投资有限公司（以下简称上海筑金）投资总监陶某和时任广东欧浦钢铁物流股份有限公司（以下简称欧浦钢网）钢铁中心金融部部长傅某南两人实际控制和利用“筑欣实业”等14个期货账户，通过集中资金优势、持仓优势连续交易以及以自己为交易对象，在自己实际控制的账户之间相互交易等方式，操纵大连商品交易所“胶合板1502”合约价格，最终获利1,140,444元。

陶某和傅某南利用资金优势，通过连续买入、在所控制和利用的账户之间相互交易以及尾盘拉抬来影响不活跃期货合约价格，在一定程度上造成了相关期货合约与现货及邻近期货合约价格的偏离，影响了胶合板期货价格发现功能的正常发挥。陶某和傅某南的操纵行为使得“胶合板1502”合约收盘后价格从12月18日的114.15元/张上升到12月31日的129.4元/张，上涨幅度为13.35%，同期“胶合板1503”合约价格仅上涨6.05%，与胶合板现货价格的偏离度达7.3%。

【认定】陶某和傅某南实际控制和利用“筑欣实业”等14个期货账户，连续交易和相互交易“胶合板1502”合约的行为，违反了《期货交易管理条例》

---

① 本案当事人陶某随后分别提出复议及行政诉讼，复议与行政诉讼均维持原处罚及市场禁入决定，详见中国证监会〔2016〕22号复议决定书、（2016）京01行初494号行政判决书、（2017）京行终2040号行政裁定书。——本书注

（2013年修订）第三条①、第四十条②的规定，构成《期货交易管理条例》（2013年修订）第七十一条第一款第一项和第三项③所述操纵期货交易价格的行为。

陶某实际控制“筑欣实业”“蔡某列”等期货账户，傅某南与陶某共同实际控制“欧浦钢网”“佛山指日”等期货账户，通过连续交易、相互交易、尾市拉抬等方式，影响“胶合板1502”合约交易价格和交易量。傅某南虽然不能实际控制“筑欣实业”“蔡某列”等单位和个人的期货账户，但傅某南将“欧浦钢网”与“佛山指日”期货账户委托给陶某操作，并直接实施了部分操作。傅某南与陶某共同控制使用的“欧浦钢网”与“佛山指日”期货账户相互之间以及与其他账户之间进行了大量的交易，金额巨大，构成该操纵行为交易量的主要部分。涉案期间，“欧浦钢网”“佛山指日”期货账户成交量51,648手，占14个账户组交易量的86.84%，占整个“胶合板1502”合约市场成交量的60.53%；成交金额3,307,704,850元，占14个账户组成交金额的87.03%，占整个“胶合板1502”合约市场成交金额的60.67%；两个账户相互交易19,536手，占14个账户相互交易量的83.64%。在整个操纵行为中，“欧浦钢网”与“佛山指日”期货账户的交易成为认定操纵的行为特征和交易数据的关键，对操纵行为的构成起到重要作用。且“欧浦钢网”期货账户通过上述操纵行为获利巨大，达14,187,730元。因此，傅某南与陶某对操纵行为应当承担同等法律责任。

当事人提出如下申辩意见：

陶某提出：第一，证监会对其进行5年的市场禁入处罚未考虑其配合查处、主动消除或者减轻违法行为危害后果的事实。陶某辩称，涉案期间在“胶合板1502”进入合理价格区间后，特别是在大连商品交易所警示后，其第一时间告诫傅某南，并让其减仓，未产生超仓风险。第二，在与傅某南的共同操纵行为过程中，责任的区分上应将其归属于次要责任人员。陶某辩称，在整个操纵过程中所起的作用是受傅某南指示或者帮助傅某南实施操纵行为。第三，我国期货法律法规不健全，关于期货市场禁入没有明确的法律依据。

---

① 《期货交易管理条例》（2013年修订）第三条规定：“从事期货交易活动，应当遵循公开、公平、公正和诚实信用的原则。禁止欺诈、内幕交易和操纵期货交易价格等违法行为。”

② 《期货交易管理条例》（2013年修订）第四十条规定：“任何单位或者个人不得编造、传播有关期货交易的虚假信息，不得恶意串通、联手买卖或者以其他方式操纵期货交易价格。”

③ 《期货交易管理条例》（2013年修订）第七十一条第一款规定：“任何单位或者个人有下列行为之一，操纵期货交易价格的，责令改正，没收违法所得，并处违法所得1倍以上5倍以下的罚款；没有违法所得或者违法所得不满20万元的，处20万元以上100万元以下的罚款：（一）单独或者合谋，集中资金优势、持仓优势或者利用信息优势联合或者连续买卖合约，操纵期货交易价格的；……（三）以自己为交易对象，自买自卖，影响期货交易价格或者期货交易量的；……”

第四，证监会对其作出的市场禁入相较于同期公布的证券市场操纵案件，处罚过重，有失公正、公允。

经复核，中国证监会认为：

1. 陶某作为上海筑金的投资总监，是本案投资决策和组织交易的关键人物，在本案中起重要作用，与傅某南共同承担本案的主要责任。对于陶某所称受他人指使和胁迫，在本案中负次要责任，应当从轻、减轻处罚的请求，证监会不予采纳。2. 关于期货市场禁止进入措施，在2007年制定的《期货交易管理条例》中已有明确规定，并非陶某所提出2015年6月才明确规定参照证券市场禁入规定。3. 陶某以几起证监会处罚的证券市场操纵案件中，没有对违法行为人采取市场禁入为由，提出其不应当受到市场禁入的申辩理由，与本案没有直接关系，且证券市场操纵与期货市场操纵案件在认定和处罚依据方面都存在差异，不能直接类比。相关申辩事由，证监会不予采纳。4. 根据大连商品交易所补充提供的证明材料，结合陶某所提出的申辩理由，考虑到相关当事人能够配合大连商品交易所的自律监管和证监会调查工作，积极按照交易所要求减仓纠正其违规交易行为，且其操纵行为持续时间较短，未出现因合约价格波动所导致的“穿仓”、因亏损导致的强制平仓和利用仓单不足进行逼仓、交割违约等严重后果，证监会予以采纳。

【处罚】中国证监会决定：一、依据《期货交易管理条例》第七十一条第一款，没收陶某和傅某南违法所得1,140,444元，并处以2倍罚款；陶某承担罚款1,140,444元，傅某南承担罚款1,140,444元。二、依据《期货交易管理条例》（2013年修订）第七十八条①以及《证券市场禁入规定》第五条、第十二条②的规定，对陶某实施3年期货市场禁止进入，对傅某南实施5年期货市场禁

① 《期货交易管理条例》（2013年修订）第五条：“任何单位或者个人违反本条例规定，情节严重的，由国务院期货监督管理机构宣布该个人、该单位或者该单位的直接责任人员为期货市场禁止进入者。”

② 《证券市场禁入规定》（2006年发布）第七十八条规定：“违反法律、行政法规或者中国证监会有关规定，情节严重的，可以对有关责任人员采取3至5年的证券市场禁入措施；行为恶劣、严重扰乱证券市场秩序、严重损害投资者利益或者在重大违法活动中起主要作用等情节较为严重的，可以对有关责任人员采取5至10年的证券市场禁入措施；有下列情形之一的，可以对有关责任人员采取终身的证券市场禁入措施：（一）严重违反法律、行政法规或者中国证监会有关规定，构成犯罪的；（二）违反法律、行政法规或者中国证监会有关规定，行为特别恶劣，严重扰乱证券市场秩序并造成严重社会影响，或者致使投资者利益遭受特别严重损害的；（三）组织、策划、领导或者实施重大违反法律、行政法规或者中国证监会有关规定的活动的；（四）其他违反法律、行政法规或者中国证监会有关规定，情节特别严重的。”第十二条规定：“中国证监会依法宣布个人或者单位的直接责任人员为期货市场禁止进入者的，可以参照本规定执行。”

止进入。

6. 姜某操纵“甲醇1501”合约案①（中国证监会〔2015〕31号行政处罚决定书、〔2015〕8号市场禁入决定书）

【案情】在2014年11月14日至12月16日，原成都欣华欣化工材料有限公司（以下简称欣华欣）总经理姜某存在实际控制“欣华欣”等42个期货账户，集中资金优势、持仓优势，连续买卖“甲醇1501”合约和为影响期货市场行情囤积现货，操纵期货交易价格的行为。

一是集中资金优势、持仓优势连续买卖“甲醇1501”期货合约。2014年11月14日至12月16日，为使甲醇现货市场价格符合预期，并确保多头套期保值持仓顺利进入交割月份，姜某集中资金41,544万元，利用其先后控制的42个期货账户连续交易“甲醇1501”合约，持续强化其持仓优势，买持仓占市场总买持仓比（以下简称买仓占比）从30.75%升至最高的76.04%，最高持仓多达27,517手，形成明显持仓优势，影响“甲醇1501”合约价格变化趋势，构成操纵期货交易价格的行为。

二是为影响期货行情囤积现货。姜某为影响期货价格，实施了囤积甲醇现货的行为。姜某实际控制的欣华欣作为国内最大的甲醇贸易商，对甲醇现货价格有直接影响力。姜某利用欣华欣在现货市场的优势地位囤积现货，造成市场甲醇现货需求旺盛的假象，降低市场对“甲醇1501”合约可供交割量的预期，以期影响期货市场价格，最终实现盈利目的。欣华欣提供的甲醇现货库存变化情况显示，2014年10月至11月，欣华欣甲醇账面库存余额从17万吨增加至42万吨，增长247%，库存增长量明显高于同期。进入12月，因欣华欣短缺资金卖出部分甲醇库存，仍持有近30万吨库存。无论与往年同期相比，或是与以前月份相比，甲醇库存量均明显大幅增长，显示欣华欣在2014年11月期间积极做多甲醇期货的同时，通过囤积现货反作用于期货价格。

按照2014年12月16日“甲醇1501”合约结算价计算，姜某在2014年11月14日至12月16日因交易该合约共亏损79,459,652元。

2014年12月16日结算后，欣华欣等主要“甲醇1501”合约多头持仓客户无力追加期货保证金，16日晚夜盘开市后，期货公司按照规定对其实施强行平仓，合约价格大幅下跌，并引发市场恐慌性抛盘，开盘后仅10分钟，该合约价格达到跌停板，17日至19日，“甲醇1501”合约出现连续3个跌停板单边市，

---

① 对姜某的刑事处罚，见本书“《刑法》第一百八十二条 【操纵证券、期货市场罪】”部分的“姜某操纵期货市场案”。——本书注

3个交易日合约价格跌幅高达19.1%。22日闭市，期货交易所依照规则执行强制减仓，共减仓25，500手（双边），涉及客户506个，其中买方强制减仓客户数量167个，卖方强制减仓客户364个。12月19日，“甲醇1501”合约价格大幅下跌，导致86个客户穿仓，穿仓金额高达1.77亿元。截至2015年7月22日结算，“甲醇1501”合约未结清欠款的穿仓客户共34个，穿仓金额共1.47亿元，涉及13家期货公司。

【认定】姜某的上述行为违反了《期货交易管理条例》（2013年修订）第三条、第四十条①的规定，构成《期货交易管理条例》（2013年修订）第七十一条第一款第一项、第四项②所述操纵期货交易价格行为。

姜某集中资金优势、持仓优势连续买卖“甲醇1501”合约，操纵期货交易价格，以及为影响“甲醇1501”合约价格囤积甲醇现货的违法事实清楚，证据确实、充分。姜某操纵“甲醇1501”合约的行为使相关期货合约价格产生非正常波动，形成的期货价格信息严重失真，不能真实反映市场供求关系，严重影响了期货市场价格发现、规避风险等功能的有效发挥，不仅损害了期货投资者的合法利益，还对当前期货市场的正常交易秩序产生了严重的负面影响，危害后果严重，依法应予严惩。

【处罚】中国证监会决定：一、依据《期货交易管理条例》（2013年修订）第七十一条第一款的规定，对姜某处以100万元罚款。二、依据《期货交易管理条例》（2013年修订）第七十八条③以及《证券市场禁入规定》第五条、第

---

① 《期货交易管理条例》（2013年修订）第三条规定：“从事期货交易活动，应当遵循公开、公平、公正和诚实信用的原则。禁止欺诈、内幕交易和操纵期货交易价格等违法行为。”第四十条规定：“任何单位或者个人不得编造、传播有关期货交易的虚假信息，不得恶意串通、联手买卖或者以其他方式操纵期货交易价格。”

② 《期货交易管理条例》（2013年修订）第七十一条规定：“任何单位或者个人有下列行为之一，操纵期货交易价格的，责令改正，没收违法所得，并处违法所得1倍以上5倍以下的罚款；没有违法所得或者违法所得不满20万元的，处20万元以上100万元以下的罚款：（一）单独或者合谋，集中资金优势、持仓优势或者利用信息优势联合或者连续买卖合约，操纵期货交易价格的；……（四）为影响期货市场行情囤积现货的；……”

③ 《期货交易管理条例》（2013年修订）第七十八条规定：“任何单位或者个人违反本条例规定，情节严重的，由国务院期货监督管理机构宣布该个人、该单位或者该单位的直接责任人员为期货市场禁止进入者。”

十二条①的规定，对姜某实施终身期货市场禁止进入。

权威解读 ②

一、关于虚假申报操纵

不以成交为目的，频繁申报、撤单或者大额申报、撤单，影响期货交易价格或

者期货交易量，并进行与申报方向相反的交易或者谋取相关利益的，构成操纵。

1. 行为意图，即行为人在申报时并不以成交为目的。可结合申报、撤单情况及其他行为特征综合判断。在满足前述各行为特征的情况下，行为人存在少量成交或者部分成交的，不影响对“不以成交为目的”的认定。

2. 行为表现，即行为人不以成交为目的地频繁申报、撤单或者大额申报、撤单，制造虚假的市场深度表象，或者意图制造人为的价格涨跌方向，并进行与原申报方向相反的交易或者谋取相关利益。对于是否“频繁”，可结合行为人撤单次数及其占同期市场总撤单次数比例、各次撤单的时间间隔等综合判断。对于是否“大额”，可结合行为人涉案期间单笔撤单量、撤单总量、撤单总量占申报总量比例、撤单量占同时段市场总撤单量比例，特定时段撤单量占申报量比例等综合判断。

3. 行为影响，即行为影响期货交易价格或者期货交易量。以价格为例，操纵行为对期货交易价格的影响主要表现为价格朝有利于行为人的方向变动，或者将价格维持在特定水平，尤其是封住停板直至收盘。

二、关于蛊惑操纵

编造、传播虚假信息或者误导性信息，影响期货交易价格或者期货交易量，

---

① 《证券市场禁入规定》(2006 年发布) 第五条：“违反法律、行政法规或者中国证监会有关规定，情节严重的，可以对有关责任人员采取 3 至 5 年的证券市场禁入措施；行为恶劣、严重扰乱证券市场秩序、严重损害投资者利益或者在重大违法活动中起主要作用等情节较为严重的，可以对有关责任人员采取 5 至 10 年的证券市场禁入措施；有下列情形之一的，可以对有关责任人员采取终身的证券市场禁入措施：(一) 严重违反法律、行政法规或者中国证监会有关规定，构成犯罪的；(二) 违反法律、行政法规或者中国证监会有关规定，行为特别恶劣，严重扰乱证券市场秩序并造成严重社会影响，或者致使投资者利益遭受特别严重损害的；(三) 组织、策划、领导或者实施重大违反法律、行政法规或者中国证监会有关规定的活动的；(四) 其他违反法律、行政法规或者中国证监会有关规定，情节特别严重的。”第十二条规定：“中国证监会依法宣布个人或者单位的直接责任人员为期货市场禁止进入者的，可以参照本规定执行。”

② 参见中国证监会：《关于〈期货交易管理条例〉第七十条第五项“其他操纵期货交易价格的行为”的规定起草说明》，载 http：//www. csrc. gov. cn/csrc/c101902/c1039207/content. shtml，最后访问日期：2022 年 5 月 1 日。

并进行相关交易或者谋取相关利益的，构成操纵。

1. 行为表现，一是行为人编造并传播或者虽未编造但传播了虚假信息或者误导性信息，二是行为人进行相关交易或者谋取相关利益。

2. 行为影响，即行为影响期货交易价格或者期货交易量。

三、关于抢帽子操纵

对合约或者合约标的物作出公开评价、预测或者投资建议，影响期货交易价格或者期货交易量，并进行与其评价、预测或者投资建议方向相反的期货交易的，构成操纵。

1. 行为表现，即行为人对合约或者合约标的物作出公开评价、预测或者投资建议，并进行与其评价、预测或者投资建议方向相反的期货交易。

2. 行为影响，即行为人的评价、预测或者投资建议影响期货交易价格或者期货交易量。

四、关于挤仓操纵

在临近交割月或者交割月，利用不正当手段规避持仓限制，形成持仓优势，影响期货交易价格的，构成操纵。

1. 行为表现，即行为人采取分仓或者其他不正当手段规避限仓规定，获取了相对于其他交易者的持仓优势。

2. 行为影响，即行为人的持仓优势影响期货交易价格，可结合期货与现货价格偏离度、近月合约与远月合约价格偏离度、涉案合约与关联合约价格偏离度等因素分析其影响。

《期货和衍生品法》第一百二十六条　【内幕交易】

第一百二十六条　违反本法第十三条的规定从事内幕交易的，责令改正，没收违法所得，并处以违法所得一倍以上十倍以下的罚款；没有违法所得或者违法所得不足五十万元的，处以五十万元以上五百万元以下的罚款。单位从事内幕交易的，还应当对直接负责的主管人员和其他直接责任人员给予警告，并处以二十万元以上二百万元以下的罚款。

国务院期货监督管理机构、国务院授权的部门、期货交易场所、期货结算机构的工作人员从事内幕交易的，从重处罚。

内幕交易行为给交易者造成损失的，应当依法承担赔偿责任。

相关规定

1.《期货和衍生品法》

第六条　期货交易和衍生品交易活动，应当遵守法律、行政法规和国家有关规定，遵循公开、公平、公正的原则，禁止欺诈、操纵市场和内幕交易的行为。

第十三条　期货交易和衍生品交易的内幕信息的知情人和非法获取内幕信息的人，在内幕信息公开前不得从事相关期货交易或者衍生品交易，明示、暗示他人从事与内幕信息有关的期货交易或者衍生品交易，或者泄露内幕信息。

第十四条　本法所称内幕信息，是指可能对期货交易或者衍生品交易的交易价格产生重大影响的尚未公开的信息。

期货交易的内幕信息包括：

（一）国务院期货监督管理机构以及其他相关部门正在制定或者尚未发布的对期货交易价格可能产生重大影响的政策、信息或者数据；

（二）期货交易场所、期货结算机构作出的可能对期货交易价格产生重大影响的决定；

（三）期货交易场所会员、交易者的资金和交易动向；

（四）相关市场中的重大异常交易信息；

（五）国务院期货监督管理机构规定的对期货交易价格有重大影响的其他信息。

第十五条　本法所称内幕信息的知情人，是指由于经营地位、管理地位、监督地位或者职务便利等，能够接触或者获得内幕信息的单位和个人。

期货交易的内幕信息的知情人包括：

（一）期货经营机构、期货交易场所、期货结算机构、期货服务机构的有关人员；

（二）国务院期货监督管理机构和其他有关部门的工作人员；

（三）国务院期货监督管理机构规定的可以获取内幕信息的其他单位和个人。

2.《期货交易管理条例》

第三条　从事期货交易活动，应当遵循公开、公平、公正和诚实信用的原则。禁止欺诈、内幕交易和操纵期货交易价格等违法行为。

第六十九条　期货交易内幕信息的知情人或者非法获取期货交易内幕信息的人，在对期货交易价格有重大影响的信息尚未公开前，利用内幕信息从事期货交易，或者向他人泄露内幕信息，使他人利用内幕信息进行期货交易的，没收违法所得，并处违法所得1倍以上5倍以下的罚款；没有违法所得或者违法所得不满10万元的，处10万元以上50万元以下的罚款。单位从事内幕交易的，还应当对直接负责的主管人员和其他直接责任人员给予警告，并处3万元以上30万元以下的罚款。

国务院期货监督管理机构、期货交易所和期货保证金安全存管监控机构的工作人员进行内幕交易的，从重处罚。

第八十一条 本条例下列用语的含义：

……

（十一）内幕信息，是指可能对期货交易价格产生重大影响的尚未公开的信息，包括：国务院期货监督管理机构以及其他相关部门制定的对期货交易价格可能发生重大影响的政策，期货交易所作出的可能对期货交易价格发生重大影响的决定，期货交易所会员、客户的资金和交易动向以及国务院期货监督管理机构认定的对期货交易价格有显著影响的其他重要信息。

（十二）内幕信息的知情人员，是指由于其管理地位、监督地位或者职业地位，或者作为雇员、专业顾问履行职务，能够接触或者获得内幕信息的人员，包括：期货交易所的管理人员以及其他由于任职可获取内幕信息的从业人员，国务院期货监督管理机构和其他有关部门的工作人员以及国务院期货监督管理机构规定的其他人员。

3.《最高人民法院关于审理证券行政处罚案件证据若干问题的座谈会纪要》（法〔2011〕225号）

五、关于内幕交易行为的认定问题

会议认为，监管机构提供的证据能够证明以下情形之一，且被处罚人不能作出合理说明或者提供证据排除其存在利用内幕信息从事相关证券交易活动的，人民法院可以确认被诉处罚决定认定的内幕交易行为成立：

（一）证券法第七十四条规定的证券交易内幕信息知情人，进行了与该内幕信息有关的证券交易活动；

（二）证券法第七十四条规定的内幕信息知情人的配偶、父母、子女以及其他有密切关系的人，其证券交易活动与该内幕信息基本吻合；

（三）因履行工作职责知悉上述内幕信息并进行了与该信息有关的证券交易活动；

（四）非法获取内幕信息，并进行了与该内幕信息有关的证券交易活动；

（五）内幕信息公开前与内幕信息知情人或知晓该内幕信息的人联络、接触，其证券交易活动与内幕信息高度吻合。

典型案例

光大证券等内幕交易案[①]（中国证监会〔2013〕59号行政处罚决定书、〔2013〕20号市场禁入决定书）

【案情】 当事人：1. 徐某明，时任光大证券法定代表人、总裁；2. 杨某忠，时任光大证券助理总裁，分管策略投资部；3. 沈某光，时任光大证券计划财务部总经理兼办公室主任；4. 杨某波，时任光大证券策略投资部总经理。

2013年8月16日11时05分，光大证券在进行交易型开放式指数基金（以下简称ETF）申赎套利交易时，因程序错误，其所使用的策略交易系统以234亿元的巨量资金申购180ETF成份股，实际成交72.7亿元。经测算，180ETF与沪深300指数在2013年1月4日至8月21日期间的相关系数达99.82%，即巨量申购和成交180ETF成份股对沪深300指数，180ETF、50ETF和股指期货合约价格均产生重大影响。同时，巨量申购和成交可能对投资者判断产生重大影响，从而对沪深300指数，180ETF、50ETF和股指期货合约价格产生重大影响。根据《证券法》第七十五条第二款第八项[②]和《期货交易管理条例》（2013年修订）第八十二条第十一项[③]的规定，“光大证券在进行ETF套利交易时，因程序错误，其所使用的策略交易系统以234亿元的巨量资金申购180ETF成份股，实际成交72.7亿元”为内幕信息。光大证券是《证券法》第二百零二条[④]和《期

---

① 作为被行政处罚对象，杨某波不服上述行政处罚决定，向北京市第一中级人民法院起诉中国证监会，请求该院撤销上述处罚决定中对其作出的处罚。北京市第一中级人民法院于2014年12月作出（2014）一中行初字第2438号行政判决，驳回杨某波的诉讼请求。杨某波不服上诉至北京市高级人民法院，北京市高级人民法院于2015年5月判决驳回上诉，维持原判。——本书注

② 2005年《证券法》第七十五条第二款规定：“下列信息皆属内幕信息：……（八）国务院证券监督管理机构认定的对证券交易价格有显著影响的其他重要信息。”

③ 《期货交易管理条例》（2013年修订）第八十二条规定：“本条例下列用语的含义：……（十二）内幕信息的知情人员，是指由于其管理地位、监督地位或者职业地位，或者作为雇员、专业顾问履行职务，能够接触或者获得内幕信息的人员，包括：期货交易所的管理人员以及其他由于任职可获取内幕信息的从业人员，国务院期货监督管理机构和其他有关部门的工作人员以及国务院期货监督管理机构规定的其他人员。”

④ 2005年《证券法》第二百零二条规定：“证券交易内幕信息的知情人或者非法获取内幕信息的人，在涉及证券的发行、交易或者其他对证券的价格有重大影响的信息公开前，买卖该证券，或者泄露该信息，或者建议他人买卖该证券的，责令依法处理非法持有的证券，没收违法所得，并处以违法所得一倍以上五倍以下的罚款；没有违法所得或者违法所得不足三万元的，处以三万元以上六十万元以下的罚款。单位从事内幕交易的，还应当对直接负责的主管人员和其他直接责任人员给予警告，并处以三万元以上三十万元以下的罚款。证券监督管理机构工作人员进行内幕交易的，从重处罚。”

货交易管理条例》(2013 年修订) 第七十条[①]所规定的内幕信息知情人。

上述内幕信息自 2013 年 8 月 16 日 11 时 05 分交易时产生，至当日 14 时 22 分光大证券发布公告时公开。

同日不晚于 11 时 40 分，徐某明召集杨某忠、沈某光和杨某波开会，达成通过做空股指期货、卖出 ETF 对冲风险的意见，并让杨某波负责实施。因此，光大证券知悉内幕信息的时间不晚于 2013 年 8 月 16 日 11 时 40 分。

光大证券 2013 年 8 月 16 日下午将所持股票转换为 180ETF 和 50ETF 并卖出的行为和 2013 年 8 月 16 日下午卖出股指期货空头合约 IF1309、IF1312 共计 6240 张的行为构成内幕交易。

2013 年 8 月 16 日 13 时，光大证券称因重大事项停牌。当日 14 时 22 分，光大证券发布公告，称“公司策略投资部自营业务在使用其独立套利系统时出现问题。”但在当日 13 时开市后，光大证券即通过卖空股指期货、卖出 ETF 对冲风险，至 14 时 22 分，卖出股指期货空头合约 IF1309、IF1312 共计 6240 张，合约价值 43.8 亿元，获利 74,143,471.45 元；卖出 180ETF 共计 2.63 亿份，价值 1.35 亿元，卖出 50ETF 共计 6.89 亿份，价值 12.8 亿元，合计规避损失 13,070,806.63 元。

【认定】中国证监会认定，光大证券在内幕信息公开前将所持股票转换为 ETF 卖出和卖出股指期货空头合约的交易，构成 2005 年《证券法》第二百零二条和《期货交易管理条例》第七十条所述内幕交易行为。徐某明为直接负责的主管人员，杨某忠、沈某光、杨某波为其他直接责任人员。

当事人提出如下申辩意见：

光大证券提出：其一，2013 年 8 月 16 日全天所做对冲交易，是按照光大证券《策略投资部业务管理制度》的规定和策略投资的原理，按照既定计划进行的必然性和常识性操作，具有合规性和正当性，符合业内操作惯例。

其二，本案系我国资本市场上首次发生的新型案件，事件发生时，作为一个正常理性的市场交易主体，无法判断错单信息属于内幕信息，更无从判断下午的行为可能构成内幕交易行为。证监会认定相关交易构成内幕交易法律依据

---

① 《期货交易管理条例》(2013 年修订) 第七十条规定：“期货交易内幕信息的知情人或者非法获取期货交易内幕信息的人，在对期货交易价格有重大影响的信息尚未公开前，利用内幕信息从事期货交易，或者向他人泄露内幕信息，使他人利用内幕信息进行期货交易的，没收违法所得，并处违法所得 1 倍以上 5 倍以下的罚款；没有违法所得或者违法所得不满 10 万元的，处 10 万元以上 50 万元以下的罚款。单位从事内幕交易的，还应当对直接负责的主管人员和其他直接责任人员给予警告，并处 3 万元以上 30 万元以下的罚款。国务院期货监督管理机构、期货交易所和期货保证金安全存管监控机构的工作人员进行内幕交易的，从重处罚。”

不足。

其三，证监会对于违法所得的认定没有法律依据，而且存在计算错误。

其四，即使证监会认定其构成内幕交易，也应该从轻减轻处罚，不应处以5倍罚款。

除上述申辩理由外，徐某明、杨某忠、沈某光、杨某波还提出，没有内幕交易的主观故意，杨某忠、沈某光、杨某波还分别提出了各自的申辩意见。杨某忠提出，2013年8月16日中午的会议，只是一个碰头会，不是班子成员会，也不是投资决策委员会正式决策会议，对于对冲方案，其本人不是提出者、决策者和实施者。沈某光提出，作为办公室主任，只是向总裁徐某明汇报情况，没有参与讨论相关问题，没有参与决策，只是根据指示做好资金调拨及拆借，其不是光大证券高级管理人员，不应被列为其他直接负责的主管人员。杨某波提出，其并非高级管理人员，没有参与会议决策，不应对其处以重罚。

经复核，中国证监会认为：

本案是我国资本市场上首次发生的新型案件，虽然《证券法》和《期货交易管理条例》列举的内幕信息主要是与发行人自身相关的信息或与政策相关的信息，但同时规定证监会有权就具体信息是否属于内幕信息进行认定。内幕信息有两个基本特征，包括信息重大和未公开性。本案中，光大证券因程序错误以234亿元的巨量资金申购180ETF成份股，实际成交72.7亿元，可能影响投资者判断，对沪深300指数，180ETF、50ETF和股指期货合约价格均可能产生重大影响，同时这一信息在一段时间内处于未公布状态，符合内幕信息特征。据此依法认定其为内幕信息。光大证券自身就是信息产生的主体，对内幕信息知情。

按照光大证券《策略投资部业务管理制度》的规定和策略投资的原理，光大证券可以进行正常的对冲交易，但是光大证券决策层了解相关事件的重大性之后，在没有向社会公开之前进行的交易，并非针对可能遇到的风险进行一般对冲交易的既定安排，而是利用内幕信息进行的交易。此时公司具有进行内幕交易的主观故意，符合《证券法》中“利用”要件，应当认定为内幕交易。光大证券内幕交易行为性质恶劣，影响重大，对市场造成了严重影响，应当依法予以处罚。

本案的违法所得认定综合考虑了交易金额，税费，内幕信息的影响时间等因素，具有合理性。

本案4名责任人员召开公司层面的决策会议决定先交易后披露，理应承担相应的责任。

【处罚】 一、根据2005年《证券法》第二百零二条和《期货交易管理条例》（2013年修订）第七十条的规定，中国证监会决定：（1）没收光大证券ETF内幕交易违法所得13,070,806.63元，并处以违法所得5倍的罚款；没收光大证券股指期货内幕交易违法所得74,143,471.45元，并处以违法所得5倍的罚款。上述两项罚没款共计523,285,668.48元。（2）对光大证券ETF内幕交易直接负责的主管人员徐某明给予警告，并处以30万元罚款；对光大证券股指期货内幕交易直接负责的主管人员徐某明给予警告，并处以30万元罚款。上述两项罚款合计60万元。（3）对光大证券ETF内幕交易的其他直接责任人员杨某忠给予警告，并处以30万元罚款；对光大证券股指期货内幕交易的其他直接责任人员杨某忠给予警告，并处以30万元罚款。上述两项罚款合计60万元。（4）对光大证券ETF内幕交易的其他直接责任人员沈某光给予警告，并处以30万元罚款；对光大证券股指期货内幕交易的其他直接责任人员沈某光给予警告，并处以30万元罚款。上述两项罚款合计60万元。（5）对光大证券ETF内幕交易的其他直接责任人员杨某波给予警告，并处以30万元罚款；对光大证券股指期货内幕交易的其他直接责任人员杨某波给予警告，并处以30万元罚款。上述两项罚款合计60万元。

二、根据2005年《证券法》第二百三十三条、《期货交易管理条例》（2013年修订）第七十八条①、《证券市场禁入规定》第五条②之规定，中国证监会决定：（1）认定徐某明、杨某忠、沈某光、杨某波为终身证券市场禁入者，自证监会宣布决定之日起，终身不得从事证券业务或者担任上市公司董事、监事、高级管理人员职务。（2）宣布徐某明、杨某忠、沈某光、杨某波为期货市场禁止进入者。

---

① 《期货交易管理条例》（2013年修订）第七十八条："任何单位或者个人违反本条例规定，情节严重的，由国务院期货监督管理机构宣布该个人、该单位或者该单位的直接责任人员为期货市场禁止进入者。"

② 《证券市场禁入规定》（2006年发布）第五条："违反法律、行政法规或者中国证监会有关规定，情节严重的，可以对有关责任人员采取3至5年的证券市场禁入措施；行为恶劣、严重扰乱证券市场秩序、严重损害投资者利益或者在重大违法活动中起主要作用等情节较为严重的，可以对有关责任人员采取5至10年的证券市场禁入措施；有下列情形之一的，可以对有关责任人员采取终身的证券市场禁入措施：（一）严重违反法律、行政法规或者中国证监会有关规定，构成犯罪的；（二）违反法律、行政法规或者中国证监会有关规定，行为特别恶劣，严重扰乱证券市场秩序并造成严重社会影响，或者致使投资者利益遭受特别严重损害的；（三）组织、策划、领导或者实施重大违反法律、行政法规或者中国证监会有关规定的活动的；（四）其他违反法律、行政法规或者中国证监会有关规定，情节特别严重的。"

权威解读 [①]

2013 年 8 月 16 日 11 时 05 分，光大证券在进行 ETF 申赎套利交易时，因程序错误，其所使用的策略交易系统以 234 亿元巨量申购 180ETF 成份股，实际成交达 72.7 亿元，引起沪深 300、上证综指等大盘指数和多只权重股短时间大幅波动。这一事件是我国资本市场建立以来首次发生的一起因交易软件缺陷引发的极端个别事件，对证券期货市场造成的负面影响很大。

一、光大证券内控缺失、管理混乱，自营业务套利系统存在的技术设计缺陷导致异常交易发生

经查，光大证券策略投资部自营业务使用的策略交易系统，包括订单生成系统和订单执行系统两个部分，均存在严重的程序设计错误。其中，订单生成系统中 ETF 套利模块的"重下"功能（用于未成交股票的重新申报），在设计时错误地将"买入个股函数"写成"买入 ETF 一篮子股票函数"。订单执行系统错误地将市价委托订单的股票买入价格默认为"0"，系统对市价委托订单是否超出账户授信额度不能进行正确校验。

由于光大证券的策略投资部长期没有纳入公司的风控体系，技术系统和交易控制缺乏有效管理。订单生成系统中 ETF 套利模块的设计由策略投资部交易员提出需求，程序员一人开发和测试。策略交易系统于 2013 年 6 月至 7 月开发完成，7 月 29 日实盘运行，至 8 月 16 日发生异常时实际运行不足 15 个交易日。由于"重下"功能从未实盘启用，严重的程序错误未被发现。

二、对违法行为的认定

光大证券异常交易事件虽然是因证券经营机构交易系统设计缺陷导致的，但是，这一事件暴露了光大证券在内部控制、风险管理、合规经营等方面存在很大问题。事件发生后，光大证券及其事件相关人员在考虑对冲风险、调剂头寸，降低可能产生的结算风险时，采取了错误的处理方案，构成内幕交易、信息误导、违反证券公司内控管理规定等多项违法违规行为。

光大证券异常交易事件不仅对光大证券自身的经营和财务有重要影响，而且直接影响了证券市场的正常秩序和造成了股票价格的大幅波动，影响了投资者对权重股票、ETF 和股指期货的投资决策，属于《证券法》第七十五条、《期货交易管理条例》第八十二条规定的证券、期货市场内幕信息。14 时 22 分公告前，光大证券知悉市场异动的真正原因，公众投资者并不知情。在此情况下，

---

① 参见中国证监会：《光大证券异常交易事件的调查处理情况》，载 http：//www.csrc.gov.cn/csrc/c100028/c1002255/content.shtml，最后访问日期：2022 年 5 月 4 日。

光大证券本应戒绝交易，待内幕信息公开以后再合理避险。然而，光大证券在内幕信息依法披露前即着手反向交易，明显违反了公平交易的原则，构成《证券法》第二百零二条和《期货交易管理条例》第七十条所述的内幕交易行为。

事发当时，光大证券董事会秘书梅某对市场大幅波动的原因并不知情。但是，梅某身为上市公司履行信息披露义务的直接负责人员，又是证券公司的从业人员，在相关信息尚未披露、市场猜测众多的情况下，在尚未立即协调公司内外依法履行信息披露义务的情况下，未做任何核实即以个人猜测对外发表言论，并被媒体纷纷转载。梅某的轻率言论加剧了市场波动，对投资者造成了严重误导，违反了《证券法》第七十八条第二款关于禁止证券公司从业人员在证券交易活动中作出信息误导的规定。

三、关于行政处罚问题

中国证监会依法追究光大证券内幕交易的行政法律责任，反映了中国证监会严惩违法违规，禁止不当交易，维护市场公正的一贯决心和态度。同时，中国证监会也注意到，光大证券在事件突发的背景下实施的内幕交易行为，主观上具有对冲风险、调剂头寸，降低可能产生的交易结算风险的因素，光大证券案件不同于一般的内幕交易案件，在我国证券期货市场没有先例，涉及跨市场交易，属新型案件，因此，中国证监会在深入调查的基础上，组织有关部门和专家对相关问题进行了认真论证咨询后认为，认定追究光大证券内幕交易的行政法律责任是适当的。

事件发生后，市场质疑光大证券涉嫌操纵市场。经过深入调查取证、充分咨询论证后，中国证监会认为，光大证券的巨额交易虽然在客观上引起了市场大幅波动，但是，事件的起因是系统技术缺陷，调查没有发现公司及相关人员组织、策划、促使这一事件发生的证据。根据《证券法》、《期货交易管理条例》和中国证监会执法实践，因突发事故导致相关证券、期货价格和交易量异常波动的，不构成操纵市场。

《期货和衍生品法》第一百二十七条　【编造、传播虚假信息或者误导性信息】【虚假陈述或者信息误导】【传播媒介及其工作人员违法从事期货交易、衍生品交易】

第一百二十七条　违反本法第十六条第一款、第三款的规定，编造、传播虚假信息或者误导性信息，扰乱期货市场、衍生品市场的，没收违法所得，并处以违法所得一倍以上十倍以下的罚款；没有违法所得或者违法所得不足二十万元的，处以二十万元以上二百万元以下的罚款。对直接负责的主管人员和其他直接责任人员给予警告，并处以十万元以上一百万元以下的罚款。

违反本法第十六条第二款的规定，在期货交易、衍生品交易活动中作出虚假陈述或者信息误导的，责令改正，处以二十万元以上二百万元以下的罚款；属于国家工作人员的，还应当依法给予处分。

传播媒介及其从事期货市场、衍生品市场信息报道的工作人员违反本法第十六条第三款的规定，从事与其工作职责发生利益冲突的期货交易、衍生品交易的，没收违法所得，并处以违法所得一倍以下的罚款，没有违法所得或者违法所得不足十万元的，处以十万元以下的罚款。

编造、传播有关期货交易、衍生品交易的虚假信息，或者在期货交易、衍生品交易中作出信息误导，给交易者造成损失的，应当依法承担赔偿责任。

相关规定

1.《期货和衍生品法》

第十六条　禁止任何单位和个人编造、传播虚假信息或者误导性信息，扰乱期货市场和衍生品市场。

禁止期货经营机构、期货交易场所、期货结算机构、期货服务机构及其从业人员，组织开展衍生品交易的场所及其从业人员，期货和衍生品行业协会、国务院期货监督管理机构、国务院授权的部门及其工作人员，在期货交易和衍生品交易及相关活动中作出虚假陈述或者信息误导。

各种传播媒介传播期货市场和衍生品市场信息应当真实、客观，禁止误导。传播媒介及其从事期货市场和衍生品市场信息报道的工作人员不得从事与其工作职责发生利益冲突的期货交易和衍生品交易及相关活动。

2.《期货交易管理条例》

第六十七条　期货公司有下列欺诈客户行为之一的，责令改正，给予警告，没收违法所得，并处违法所得 1 倍以上 5 倍以下的罚款；没有违法所得或者违法所得不满 10 万元的，并处 10 万元以上 50 万元以下的罚款；情节严重的，责令停业整顿或者吊销期货业务许可证：

（一）向客户作获利保证或者不按照规定向客户出示风险说明书的；

（二）在经纪业务中与客户约定分享利益、共担风险的；

（三）不按照规定接受客户委托或者不按照客户委托内容擅自进行期货交

易的；

（四）隐瞒重要事项或者使用其他不正当手段，诱骗客户发出交易指令的；

（五）向客户提供虚假成交回报的；

（六）未将客户交易指令下达到期货交易所的；

（七）挪用客户保证金的；

（八）不按照规定在期货保证金存管银行开立保证金账户，或者违规划转客户保证金的；

（九）国务院期货监督管理机构规定的其他欺诈客户的行为。

期货公司有前款所列行为之一的，对直接负责的主管人员和其他直接责任人员给予警告，并处1万元以上10万元以下的罚款；情节严重的，暂停或者撤销期货从业人员资格。

任何单位或者个人编造并且传播有关期货交易的虚假信息，扰乱期货交易市场的，依照本条第一款、第二款的规定处罚。

3. 中国证监会《关于加强证券期货信息传播管理的若干规定》（2022年修正，证监会令第202号）

第一条 为了加强对证券期货信息传播的管理，规范证券期货信息传播行为，保护投资者和社会公众的利益，维护社会秩序，制定本规定。

第二条 下列传播媒体依照本规定可以刊发和传播证券期货信息：

（一）经新闻出版署批准公开发行的证券期货专业报刊；

（二）经新闻出版署批准公开发行的综合类、经济类报刊；

（三）各类通讯社；

（四）经广播电影电视部批准设立的广播电台、电视台、有线台；

（五）经邮电部门批准设立的电话信息服务台、寻呼台；

（六）依法登记注册的计算机信息服务公司；

（七）中国证券监督管理委员会（以下简称中国证监会）会同有关部门认定的其他传播媒体。

第三条 本规定所称证券期货信息是指与证券期货市场相关，可能会对市场产生影响的信息，包括：

（一）国家颁布的法律、法规及政策性信息；

（二）证券期货主管部门发布的规章、规范性文件，发言人谈话，以及其他政策性信息；

（三）交易所、上市公司等按照法定程序发布的信息；

（四）有关证券期货市场的研究、报道等信息；

（五）分析并预测证券、期货市场及个股、期货品种或合约的行情走势，提供具体投资建议的分析文章、评论、报告等信息；

（六）中国证监会会同有关部门认定的其他信息。

第四条　传播证券期货信息，必须遵守国家法律、法规、规章，坚持客观、准确、完整和公正的原则。禁止任何单位和个人制造和传播证券期货市场虚假信息。

第五条　任何单位和个人未经新闻出版署批准，不得印刷、出版、销售载有证券期货信息的各类出版物；未经邮电部门批准不得开办以传播证券期货信息为内容的电话信息服务台和寻呼台；未经广播电视行政部门批准，不得开办以证券期货信息为内容的广播电视服务；未经工商行政管理部门核准不得从事证券期货计算机信息服务。内部报刊所载的证券期货信息只能限于内部使用，不得向社会公众提供。

省内发行报刊刊载证券期货信息的，应严格限定在本省范围内发行。

第六条　证券期货专业报刊不得向任何机构和个人出租版面，不得与个人合办栏目。与机构合办栏目，稿件的终审权在报刊社，报刊社不得准许合作方工作人员以本报刊社记者的身份从事采访活动。

第七条　证券期货专业报刊、经济类报刊刊发本规定第三条所述第（五）项信息时，必须对撰稿人是否符合证券投资咨询、期货交易咨询业务相关从业要求进行审查，撰稿人不能提供证明文件时，其稿件不得刊发。

证券期货专业报刊、经济类报刊刊发第三条所述第（五）项信息时，必须署明作者的真实单位和真实姓名。

第八条　综合类报刊开设证券期货专刊、专版或刊发第三条所述第（五）项信息，需经新闻出版署审批。

第九条　电台、电视台不得向任何机构和个人出租节目时间开办证券期货节目；不得与个人合办证券期货节目；聘请个人做证券期货节目主持人播发第三条所述第（五）项信息时，必须对被聘人员是否符合证券投资咨询、期货交易咨询业务相关从业要求进行审查，被聘人员不能提供证明文件时，电台、电视台不能聘其主持该类节目。与机构合办证券期货节目，节目的终审权在电台、电视台。电台、电视台不得准许合作方的工作人员以本电台、电视台记者身份从事采访活动。

第十条　电台、电视台播发第三条所述第（五）项信息时，必须对撰稿人是否符合证券投资咨询、期货交易咨询业务相关从业要求进行审查。撰稿人不能提供证明文件时，其稿件不得播发。电台、电视台播发第三条所述第（五）项信息时，必须说明作者的真实单位和真实姓名。

第十一条 寻呼台不得发布第三条所述第（四）、（五）项信息。

第十二条 电话信息服务台、计算机信息服务公司聘请人员主持或传播第三条所述第（五）项信息时，被聘者或撰稿人必须是符合证券投资咨询、期货交易咨询业务相关从业要求的咨询人员。

在其产品（软件）中刊载第三条所述第（五）项咨询报告时，报告撰稿人必须署名真实姓名，并且是符合证券投资咨询、期货交易咨询业务相关从业要求的咨询人员。

第十三条 传播媒体有违反本规定的行为，由有关主管部门会同证券期货监督管理部门，根据各自的职能，视情节轻重，依法分别给予警告、罚款、责令暂停其传播第三条所述第（五）项信息，直至吊销其营业执照或刊号，并对直接责任人员和有关领导人员依法给予处罚；构成犯罪的，由司法机关依法追究刑事责任。

第十四条 各省、自治区、直辖市有关主管部门可以依据本规定制定具体实施办法。

第十五条 本规定由中国证监会会同有关部门负责解释。

第十六条 本规定自1998年4月1日起执行。

4. 新闻出版总署、证监会《关于加强报刊传播证券期货信息管理工作的若干规定》（新出联〔2010〕17号）

第一条 为进一步加强对证券期货信息传播的管理，规范报刊证券期货信息传播行为，保护投资者和社会公众合法权益，营造有利于维护资本市场稳定健康发展的良好舆论氛围，依据《中华人民共和国证券法》、《出版管理条例》等有关法律、法规，制定本规定。

第二条 本规定所称证券期货信息是指与证券期货市场相关，可能会对市场产生影响的信息，包括：

（一）有关证券期货市场运行和监管的法律、法规、规章、规范性文件及其草案；

（二）证券期货交易所、证券期货行业协会、上市公司、证券期货经营机构等按照法定程序发布的信息；

（三）证券期货市场走势分析及对具体证券、期货品种或合约发表评论意见、分析文章等信息；

（四）证券期货信息类产品广告宣传信息；

（五）证券投资基金评价信息；

（六）证券期货监管部门会同有关部门认定的其他信息。

第三条　传播证券期货信息，必须遵守国家法律、法规、规章，坚持正确的舆论导向，遵循真实、客观、禁止误导的原则。报刊从事证券期货信息传播的报道宗旨及报道内容必须做到：

（一）牢固树立政治意识、大局意识、责任意识，自觉维护资本市场正常秩序，促进资本市场稳定健康发展；

（二）正确宣传有关证券、期货市场的方针、政策、法规、规章；

（三）客观、准确、完整和公正地传播有关证券、期货市场的信息；

（四）重视引导投资者理性投资；

（五）禁止编造和传播证券期货市场虚假不实信息，扰乱证券期货市场秩序。

第四条　从事证券期货新闻采访的记者，须持有新闻出版总署统一核发的新闻记者证，在新闻采访中应主动向采访对象出示，充分听取各方意见，努力确保新闻事实全面准确无误。

第五条　严格报刊新闻采编管理，确保信息来源合法真实。

（一）涉及证券期货市场改革监管重要政策的报道，须严格以证券期货监管部门正式发布的信息为依据。

（二）审慎报道可能影响投资者预期和市场稳定运行的新闻题材。涉及证券期货行业重要政策及其他可能影响市场稳定的重要信息，须事先向证券期货监管部门核实；涉及上市公司等市场主体的重要新闻信息应向所涉对象事先核实。

（三）记者报道证券期货市场新闻事件应尽量进行全面采访，并对信息源多渠道核实，信息来源应相互印证、真实可靠。严禁依据道听途说制造或编造新闻，不得凭借猜测想象炮制或歪曲新闻事实，避免误导性陈述。

（四）建立健全证券期货新闻转载审核管理制度，报刊转载证券期货新闻信息必须事先核实，确保新闻事实真实准确后方可转载；不得转载未经核实的新闻报道、社会自由来稿和互联网信息；不得摘转内部资料或非法出版物上的内容；不得随意转载境外媒体信息。

第六条　报刊刊发内容涉及具体证券、期货品种或者合约的评论意见或行情走势分析的，报刊出版单位应当对相关撰稿机构及人员是否具备证券期货投资咨询业务资格进行核实，并注明相关撰稿人员的证券期货投资咨询执业资格证书编码及所属机构全称。

第七条　报刊出版单位应当加强对提供证券期货信息的软件、终端等证券期货信息类产品广告的审查管理。报刊刊载涉及提供证券期货投资建议或者类似功能服务的软件、终端等证券期货信息类产品的广告，报刊出版单位应当核实广告发布人是否具备证券期货投资咨询业务资格，刊载广告应注明广告发布人名称和证券期货投资咨询业务资格证书编码。防止有关产品广告以夸大虚假营销误导投资者，防止不法机构利用有关产品广告招揽客户、从事非法证券活动。

第八条 报刊出版单位引用或发布基金评价结果的，应当引用具备中国证券业协会会员资格的基金评价机构提供的基金评价结果。

第九条 报刊出版单位及主管主办单位须加强对报刊所属新闻网站的运营管理，建立证券期货互联网新闻信息内容管理责任制度，规范互联网资本市场新闻信息服务工作。

第十条 证券期货类报刊和开设证券期货专刊、专版的报刊要建立健全从事证券期货新闻采编人员的岗位规范，配备专业财经采编力量。总编辑、主编及主要采编人员应具有5年以上新闻专业工作经历，熟悉证券期货业务。从事证券期货领域报道的记者原则上需具备2年以上财经领域报道经验或证券期货从业经历。见习记者、实习记者及试用人员不得单独从事证券期货新闻采访报道。

第十一条 证券期货类报刊和开设证券期货专刊、专版的报刊出版单位，要强化证券期货业务知识和法律法规培训，从事证券期货新闻报道的采编人员，需参加由省级以上新闻出版行政部门、证券期货监管部门组织的证券期货业务知识培训。

第十二条 证券期货监管部门应坚持政务公开，主动加强对资本市场重要政策的发布力度，加强与新闻媒体的沟通联系，及时回应市场热点问题。

第十三条 证券期货监管部门应督促上市公司、证券期货经营机构等市场主体完善信息披露制度，健全重要新闻信息发布机制，主动接受舆论监督，为新闻记者采访提供便利。

第十四条 新闻出版行政部门与同级证券期货监管部门应共同建立沟通联系机制、重大新闻舆情动态通报机制和重大事件应急处置机制，加强监管协作，组织引导报刊及时客观准确报道资本市场新闻信息，及时妥善处置非法不良信息。

第十五条 新闻出版行政部门应会同同级证券期货监管部门加强对证券期货类报刊审读工作的组织和指导，将报刊涉及证券期货的新闻报道纳入审读重点，在人员、经费、场地上予以重点保证，严格执行重大情况报告制度。

证券期货监管部门应当建立针对证券期货信息类产品广告的日常监测机制，定期向同级新闻出版行政部门通报情况，及时协调有关部门对报刊出版单位刊发虚假违法广告予以处理。

第十六条 证券期货信息传播监督管理实行主管主办单位负责制度和属地

监管原则。各级新闻出版行政部门应加强对涉及证券期货新闻报道报刊的出版质量评估工作，各级证券期货监管部门要积极配合新闻出版行政部门完善证券期货领域新闻采编人员不良记录数据库。

第十七条 各级新闻出版行政部门应采取切实措施坚决制止各类报刊违规出版证券期货专刊、副刊、增刊，坚决取缔各类非法证券期货信息出版活动。严格禁止任何形式的有偿新闻，严禁报刊出版单位采用“公开曝光”、“编发内参”或“评奖排名”等方式谋取不正当利益。

第十八条 报刊出版单位违规刊发证券期货信息，报刊从业人员编造、传播虚假不实信息，扰乱证券期货市场的，或者利用传播证券期货市场信息进行内幕交易和操纵市场的，由证券期货监管部门、新闻出版行政部门视其情节轻重，按照《证券法》、《出版管理条例》等法律法规规定对有关单位和人员予以处罚。构成犯罪的，由司法机关依法追究刑事责任。

第十九条 本规定自2011年2月1日起执行。

典型案例

1. 李某编造并传播期货交易虚假信息、非法从事期货投资咨询业务案（中国证监会〔2020〕78号行政处罚决定书）

【案情】 一、编造并传播期货交易虚假信息

（一）2016年8月10日编造并传播虚假信息

2016年8月10日，李某通过“李三笑0008”新浪微博发布《三十名中国投资市场散户实名上证监会举报书》，举报某公司操纵玻璃期货1609合约价格。

经查，某公司及其关联账户在前述玻璃期货合约持仓符合交易所限仓规定，无异常交易情况，不存在因操纵前述玻璃期货合约被刑事追诉的情况。李某称举报是为了减少本人期货交易亏损，没有提供任何有价值的信息。该条微博被转发1200余次，引发评论跟帖470余次。以“玻璃操纵 东方财富网”为关键词在百度搜索，共出现2130个相关结果，主要是《玻璃期货疑被操纵 投资者实名举报》等文章刊登在东方财富网、网易新闻等网络平台。李某公开发布举报书后，玻璃期货1609合约价格改变上涨趋势，连续4个交易日下跌，累计跌幅达5.07%。

（二）2017年8月6日编造并传播虚假信息

2017年8月6日，李某通过“李三笑0008”新浪微博发布《一百名中国投资市场散户实名上证监会刘主席并方副主席举报书》，举报某某公司与某某某公

司涉嫌利用资金优势操纵铁矿石、焦炭、焦煤、动力煤及螺纹钢等黑色系期货品种交易价格，并通过囤积钢坯和控制钢坯报价等行为在近月期货合约恶意逼仓。

经查，被举报对象及其关联账户在黑色系品种上不存在合并持仓超限情况，也不存在其他异常交易行为。该条微博被转发约1100次，引发评论跟帖近1000次。以“螺纹暴涨 李某公开举报黑色系”为关键词在百度搜索，共出现相关结果约456个。以“一百名投资者向证监会举报李三笑0008新浪微博”为关键词在百度搜索，共出现相关结果约805个。8月7日，黑色系主力合约开盘后急速下挫，随后宽幅震荡，铁矿石期货1801合约振幅为7%、焦炭期货1801合约振幅为6%、焦煤期货1801合约振幅为6%，明显超出日常波动幅度。

（三）2017年9月28日编造并传播虚假信息

2017年9月28日，李某通过“李三笑0008”新浪微博发布“今天凌晨3点，一个上海老期货人做橡胶爆仓跳楼身亡！”信息，并配上一张10个交易日亏损1亿元的账户记录表。

经查，跳楼身亡人为付某，账户记录表所记载信息与付某交易记录完全不符。该微博被转发300余次，引发评论200余次。2017年9月29日，搜狐网刊载的相关文章截图援引李某微博相关信息，并有24万次阅读量。该虚假信息导致期货市场恐慌情绪加重，给期货市场造成负面影响，扰乱期货交易市场。

二、非法从事期货投资咨询业务

2016年8月至2018年5月，李某通过“李三笑0008”新浪微博账号称本人投资期货非常成功，投资者如想获得更多期货投资信息和精彩评论需建立进一步联系。投资者被李某微博公开的相关投资信息吸引注意后，与李某建立联络，加入李某建立或管理的QQ群。与潜在客户建立联络后，李某要求客户去指定期货公司开立居间期货账户，并进行实盘交易，否则将被移出QQ群。李某在QQ群内为客户提供期货信息、分析、预测和建议服务。李某并未直接向QQ群客户直接收取咨询服务费，而是向期货公司收取介绍QQ群客户开户和交易的居间服务费，该费用最终来自QQ群客户的期货交易手续费、资金利息等。截至2018年5月，李某名下共有202个居间客户。

经查，2016年8月至2018年5月，李某未取得期货投资咨询从业资格及业务资质。

【认定】李某编造并传播虚假信息的行为违反了《期货交易管理条例》第三十九条的规定，构成《期货交易管理条例》第六十七条第三款所述“编造并且传播有关期货交易的虚假信息，扰乱期货交易市场”的行为；其非法从事期货投资咨询业务的行为违反了《证券、期货投资咨询管理暂行办法》（以下简称

《暂行办法》）第三条[①]的规定，构成《暂行办法》第三十二条[②]所述“未经中国证监会许可，擅自从事本办法第二条规定的证券、期货投资咨询业务”的行为。对于上述违法事实及行为定性，李某在公告期限内未领取《行政处罚事先告知书》，未提出陈述、申辩意见，也未要求听证。

【处罚】依据《期货交易管理条例》第六十七条第三款、《暂行办法》第三十二条的规定，中国证监会决定：一、对李某给予警告，并处以40万元的罚款；二、责令李某停止非法从事期货投资咨询业务。

2. 郑某光编造并传播期货交易虚假信息案（中国证监会海南监管局〔2019〕3号行政处罚决定书）

【案情】2018年8月24日11时12分、11时24分、11时25分，郑某光使用微信先后在4个微信群发布了如下信息：“我公司为了帮助扶贫果农，为了不让空头恶意打压苹果价格，特调动两亿资金，用于收购80苹果优等果，十月初开收，价格定在五块五起收。以冷库价为准。有意向的收购商或者代理商，请联系本人”。经查明，上述信息为虚假信息。2018年8月27日（周一）19时22分，郑某光在“＊＊动态群”发布澄清信息。

郑某光编造的虚假信息在上述微信群发布后，被微信群成员知晓。上述微信群共有1457个成员，且微信群的成员和话题多与苹果现货和期货交易相关。该虚假信息经微信群、新浪微博转发被更广泛的公众知晓。

本案虚假信息内容与苹果期货尤其是苹果期货主力1810合约有关，对苹果期货合约价格产生影响，扰乱了期货市场正常秩序。经分析，2018年8月24日至27日期间现货市场、期货市场未存在影响苹果期货合约交易价格的其他重要信息。2018年8月23日（周四），苹果1810合约收盘跌停，收盘价10,905元/吨。8月24日（周五），苹果1810合约上午价格继续下跌，最低时价格为10,678元/吨；自郑某光发布虚假信息后，价格止跌企稳，收盘价为10,941元/吨，较前一交易日收盘价上涨0.33%。8月27日（周一），苹果1810合约价格大幅上涨，收盘价为11,442元/吨，较前一交易日收盘价上涨4.58%；当日晚7时左右，郑某光发布澄清信息。8月28日（周二）之后，苹果1810合约价格连

---

① 《证券、期货投资咨询管理暂行办法》第三条规定：“从事证券、期货投资咨询业务，必须依照本办法的规定，取得中国证监会的业务许可。未经中国证监会许可，任何机构和个人均不得从事本办法第二条所列各种形式证券、期货投资咨询业务。证券经营机构、期货经纪机构及其工作人员从事超出本机构范围的证券、期货投资咨询业务，应当遵守本办法的规定。”

② 《证券、期货投资咨询管理暂行办法》第三十二条规定：“未经中国证监会许可，擅自从事本办法第二条规定的证券、期货投资咨询业务的，由地方证管办（证监会）责令停止，并处没收违法所得和违法所得等值以下的罚款。”

续下跌。

郑某光实际控制“郑某光”“＊＊合作社”的期货账户，由其本人交易决策和下单操作。2018年8月24日至27日，“郑某光”及“＊＊合作社”期货账户在苹果1810合约上均无平仓交易，郑某光编造传播虚假信息行为没有产生违法所得。

【认定】郑某光的上述行为，违反《期货交易管理条例》第三十九条的规定，构成了《期货交易管理条例》第六十七条第三款所述的行为。

【处罚】依据《期货交易管理条例》第六十七条第一款的规定，根据当事人违法行为的事实、性质，情节与社会危害程度，中国证监会海南监管局决定：给予郑某光警告，并处以10万元罚款。

3. 曾某雄编造并传播期货交易虚假信息案（中国证监会大连监管局〔2018〕1号行政处罚决定书）[①]

【案情】一、编造并传播虚假信息

2016年6月14日，曾某雄编写《转交给大商所领导的一封信——中国蛋品流通协会联名上书》（以下简称“联名信”），于2016年6月15日上午7点10分在中国蛋鸡信息网论坛上用“蛋品流通协会”账号发布，并发布到微信群中。“联名信”中表述“甚至有的套保养殖场，被逼迫到借高利贷，即将家破人亡的境界”，曾某雄承认该表述并无事实依据，属于虚假信息。“联名信”中提出市场中存在做多资金恶意炒作致使期货合约价格与现货价格背离的观点，并表述“我们协会虽然做了大量工作，但已经实在是力不从心，必须请求交易所出手”“希望监管机关能够好好查一查这些投机资金……其中是否有涉嫌对价格的恶意操纵而达到非法获利的违法行为”，署名“中国蛋品流通协会”。上述表述使投资者产生全国性鸡蛋行业协会实名举报，交易所等监管部门会调查JD1609合约做多资金的认识。经核实，“中国蛋品流通协会”未经民政部门登记注册，无章程无财产，属于非法社会团体组织。上述关于该协会的表述属于虚假信息。“联名信”经农产品期货网、新浪财经转载，并在微信传播。截至调查日，中国蛋鸡信息网该帖查看量2125次，回复15次，后该帖被删除。

联名信发布当日，即2016年6月15日，JD1609合约成交28.98万手，成交量为近5个月新高。收盘结束合约价格下跌152点，跌幅3.87%，盘中最大

---

① 曾某雄不服该处罚决定，向中国证监会申请复议后又提出行政诉讼，最终二审法院维持了原处罚及复议决定。参见中国证监会〔2018〕75号行政复议决定书、北京市西城区人民法院（2018）0102行初687号行政判决书、北京市第二中级人民法院（2019）京02行终514号行政判决书。——本书注

下跌160点，跌幅4.1%。6月15日收盘后大连商品交易所发布“鸡蛋期货价格体现季节性特点，新制度实施在即”的文章，虚假信息的影响逐渐消失。

二、借助编造并传播虚假信息交易期货获利

在编造并传播虚假信息前，曾某雄使用其个人期货交易账户分两次卖开1手、2手JD1609合约空单，6月15日虚假信息发布后，于当日买入3手JD1609合约平仓，获利1260元，扣除交易手续费36.18元，违法所得1223.82元。

【认定】 曾某雄的上述行为，违反《期货交易管理条例》第三十九条①的规定，构成《期货交易管理条例》第六十七条第三款②所述的行为。

当事人提出如下申辩意见：

第一，文章内容是由客观事实和“道听途说”来的未经证实的信息组成的；文章的定稿是由“中国蛋品流通协会”会长和主编同意并决策的，且编造传播虚假信息与文章的发布主体的合法性无关。所以，不构成编造虚假信息的事实。第二，涉案文章没有达到传播的效果。第三，当事人没有扰乱期货市场的主观动机，也未达到扰乱期货市场的危害后果。第四，当事人2016年6月15日的获利不属于违法所得。

经复核，大连证监局认为：

第一，曾某雄作为“联名信”的编造、传播者，负有审核信息内容真实性的义务；作为“联名信”一部分的“中国蛋品流通协会”属于事实上的虚假信息，本身就具有强烈的误导性和欺骗性。第二，“中国蛋品流通协会”并无章程，当事人也未能提供证据证明“联名信”的定稿经过“协会”会长和主编的同意与决策。第三，“联名信”经曾某雄在中国蛋鸡信息网、微信发布以后，又经农产品期货网、新浪财经转载。考虑到自媒体时代网络信息传播的快速性、发散性特点，以及“联名信”客观上造成的JD1609合约交易量与价格的异动，足以认定产生了传播效果。第四，是否具有扰乱期货市场的动机不影响其编造并传播虚假信息这一客观行为的认定。第五，“联名信”造成了JD1609合约6月15日当天的交易量和价格的异动，且“扰乱期货交易市场”不仅限于相关期货交易量和价格的异动，还包括误导投资者、扰乱市场经营秩序等情形。第六，编造、传播有关期货交易的虚假信息是《期货交易管理条例》规定的禁止性行为，曾某雄利用“联名信”对JD1609合约造成的影响操作获利，该获利即是违

---

① 《期货交易管理条例》第三十九条规定：“任何单位或者个人不得编造、传播有关期货交易的虚假信息，不得恶意串通、联手买卖或者以其他方式操纵期货交易价格。”

② 《期货交易管理条例》第六十七条第三款规定：“任何单位或者个人编造并且传播有关期货交易的虚假信息，扰乱期货交易市场的，依照本条第一款、第二款的规定处罚。”

法所得。综上，当事人的陈述、申辩不能成立。

曾某雄的上述行为，违反《期货交易管理条例》第三十九条的规定，构成《期货交易管理条例》第六十七条第三款所述的行为。

【处罚】依据《期货交易管理条例》第六十七条第三款的规定，大连证监局决定：给予曾某雄警告，没收违法所得1223.82元，并处罚款40万元。

4. 上海有色金属交易中心、陆某宏编造并传播期货交易虚假信息案（中国证监会〔2017〕13号行政处罚决定书）

【案情】一、2015年11月25日编造和传播虚假信息的行为

2015年11月25日，上海有色金属交易中心有限公司（以下简称有色中心）网站发布《国内主要镍生产商计划本周五举行专题会议》的报道，报道称"金川集团股份有限公司（以下简称金川集团）向国务院和证监会分别打了报告，状告恶意做空镍的势力，说在镍上亏损上百亿。"信息发布后，和讯网、腾讯网、新浪网等网站予以转载，广泛传播。经核实，金川集团未向国务院、证监会状告恶意做空镍的势力；金川集团会计报表显示，2015年前11月亏损24.86亿元，其中在镍期货合约上亏损2.88亿元，并未在镍上亏损上百亿元。上述有色中心网站发布和传播的信息为虚假信息。2015年11月27日，《期货日报》《证券时报》称上述信息不属实，有色中心网站发布《金川集团状告做空系谣言、有色金属收储料启动》，上述信息的影响逐渐消失。2015年12月4日，有色中心将上述信息从网站上删除。

经查明，上述信息为有色中心总经理助理陆某宏安排发布。2015年11月24日，陆某宏在微信群中看到成都那珀商贸有限公司销售员王某亮发布"据传金川给国务院和证监会分别打了报告，状告恶意做空镍的势力，说在镍上亏损上百亿，最近可能召开有关铜和镍的会议"，陆某宏随即向其朋友金川集团铜冶炼厂厂长汤某才核实。在得到"不知道、没听说"的答复，"觉得这个消息很可能是谣言"的情况下，未进一步核实，将"据传……"改为"据消息称……"后发布。

2015年11月25日有色中心网站发布的《国内主要镍生产商计划本周五举行专题会议》报道，传播范围广泛，以"上海有色金属交易中心状告恶意做空镍的势力"作为关键词在百度搜索，共找到约229,000个结果。在搜索结果范围内，将时间仅限定为2015年11月25日至11月26日，百度显示搜索结果页数为34页，至少340条记录；将时间仅限定为2015年11月25日至11月27日，百度显示搜索结果页数为76页，至少760条记录。2015年11月26日，华尔街见闻、和讯网、腾讯网、新浪网等主流媒体或有重要影响力的财经网站均转载了该信息，且明确表示信息来源于有色中心。

二、2015 年 11 月 26 日编造和传播虚假信息的行为

2015 年 11 月 26 日，有色中心网站发布了《打击市场恶意做空，维护市场秩序》的报道。报道称“据可靠消息称现在有色金属价格异常超跌，我们向国家有关部门建议打击联合恶意做空，加大收储力度……我们在密集向国家部门建议四部委联动，一举端掉以 LME（伦敦金属交易所）为首的恶意做空有色金属的地下窝点。”发布人为有色中心信息研发部。经核实，该信息以“我们”的语气表达相关内容，标明发布人为有色中心信息研发部，没有标明是转发，极易让人误解为有色中心在提出相关建议，但实际上信息中的“我们”指的是中国有色金属工业协会（以下简称有色协会）。而“我们在密集向国家部门建议四部委联动一举端掉以 LME 为首的恶意做空有色金属的地下窝点”的表述，属于虚假信息。12 月 4 日，有色中心将此信息从网站和电脑上删除。12 月 31 日在“好搜”搜索引擎上仍然可见此信息的网页快照。

经查明，上述信息为陆某宏安排发布。2015 年 11 月 26 日，陆某宏在微信群中看到新湖期货有限公司研究员姜某泰于当日先后发布了包含上述信息内容的两条信息，在将信息编辑后发给了网站编辑员刘某洁，由刘某洁发布在了有色中心网站上。陆某宏信息来源于姜某泰，2015 年 11 月 26 日 11:42 和 11:49 姜某泰在微信群中发布了两条信息，前一条为“据可靠消息称……我们在密集向国家部门建议”，是姜某泰转发自微信群中徐某清于当日 11:35 和 11:38 发布的信息。徐某清为有色协会政策研究室工作人员，参与了 2015 年 11 月 25 日有色协会向国务院所作有色行业企业调研情况汇报材料的起草，其信息内容主要摘自汇报材料，内容属实。后一条为“建议四部委联动……”，是姜某泰转发的网络微博“佛陀的正见”于当日 11:42 发布的信息，信息内容为网民个人建议，不存在真伪问题。但有色中心将上述两条信息拼接在一起予以发布，从而出现了“……我们在密集向国家部门建议四部委联动……”的表述，将网民个人的建议性表述转化为有色中心向国家部门提出建议的事实性表述，改变了信息原意，构成了虚假信息。

2015 年 11 月 25 日，沪镍 1601 价格在连续交易时段（11 月 24 日晚间）高开高走，至 11 月 25 日 0 时涨幅已达到 4.50%，之后维持涨幅在 4.20% 以上，于 13:35 分涨停。当日涨幅 5.99%。11 月 26 日的连续交易时段（11 月 25 日晚间）沪镍 1601 延续前一日的涨势，并进一步扩大涨幅，连续交易收盘时涨幅达到 3.40%。早盘开盘后继续上涨，10:37 的涨幅已达 6%，此后在 10:50 至 11:00的时段内稍有回落至 5%，并在下午开盘后不久（13:36 分）一度上涨至 8.50%。当日涨幅 5.73%。11 月 27 日《期货日报》等媒体对虚假信息辟谣后，

沪镍 1601 价格在开盘短暂上涨后，迅速震荡下跌，由上涨 2.40% 转为收盘时的下跌 0.80%，而当天其他主要有色金属继续上涨，其中沪铜 1601 涨幅 1.03%，沪铝 1601 涨幅 3.63%。

【认定】有色中心上述行为违反了《期货交易管理条例》（2013 年修订）第四十条①的规定，构成《期货交易管理条例》（2013 年修订）第六十八条第三款②所述的行为。时任有色中心总经理助理陆某宏，分管信息部工作，负责网站信息平台的信息采集研究、发布，是直接负责的主管人员。

当事人提出如下申辩意见：

第一，有色中心业务范围仅限现货交易，不从事期货交易或与其相关的活动，也不为期货交易及其主体提供任何形式的服务，且发布涉案信息的行为并不指向期货交易，不属于《期货交易管理条例》的适用范畴。第二，原始信息并非其授意产生，且没有从事相关期货交易谋取利益，没有编造和传播虚假信息的主观故意，只是在其网站转发他人信息。其中，2015 年 11 月 25 日，将"据传"表述为"据消息称"无实质性差别，没有增加信息的确信度；11 月 26 日，将两条合一条是基于合理误认，将信息表述为"我们在密集向国家部门建议"，是疏忽大意，非故意编造信息。第三，有色中心发布信息时市场存在大量影响期货市场的信息，其发布的信息并没有影响期货交易价格。第四，有色中心于 11 月 27 日主动发布信息辟谣，并于 12 月 4 日删除了涉案信息，主动消除影响。

经复核，中国证监会认为：

第一，由于期货与现货相互影响，根据《期货交易管理条例》第二条③、第四十条、第六十八条的规定，有色中心编造、传播期货交易品种相关信息的行为应当按照该条例的要求进行规范。第二，考虑到陆某宏的从业经验、专业水平、对相关信息真伪及其影响的认知能力和注意义务，2015 年 11 月 25 日，其在得到金川集团汤某才"不知道、没听说"的答复后，未进一步核实，仍将微信群里的信息发布到有色中心网站，构成编造并传播虚假信息。第三，2015 年 11 月 26 日，陆某宏将两则转来的消息拼接在一起直接发布，未标明转发，并以"我们"的陈述方式，将网民个人建议性表述转化为有色中心向国家部门

---

① 《期货交易管理条例》（2013 年修订）第四十条规定："任何单位或者个人不得编造、传播有关期货交易的虚假信息，不得恶意串通、联手买卖或者以其他方式操纵期货交易价格。"

② 《期货交易管理条例》（2013 年修订）第六十八条第三款规定："任何单位或者个人编造并且传播有关期货交易的虚假信息，扰乱期货交易市场的，依照本条第一款、第二款的规定处罚。"

③ 《期货交易管理条例》（2013 年修订）第二条规定："任何单位和个人从事期货交易及其相关活动，应当遵守本条例。"

提出建议的事实性表述，改变了信息原意，构成编造并传播虚假信息。第四，扰乱期货交易市场是编造、传播虚假信息行为的构成要件，但对“扰乱期货交易市场”应作广义理解，不仅限于相关期货量价异动，还应包括误导投资者、扰乱市场经营秩序以及其他破坏正常市场和交易的情形，考虑到有色中心及其网站在行业内的影响力及巨大的转发量，加上信息本身具有的关注度，足以认定有色中心的行为扰乱期货交易市场。第五，有色中心在获悉相关信息虚假后的辟谣、删除信息等消除影响的情节在量罚时已予以考虑。综上，当事人的陈述、申辩不能成立。

【处罚】 依据《期货交易管理条例》(2013 年修订) 第六十八条第三款的规定，中国证监会决定：一、对有色中心给予警告，并处以 40 万元罚款；二、对直接负责的主管人员陆某宏给予警告，并处以 8 万元罚款。

权威解读

1. 编造、传播虚假信息案件呈现以下特点和趋势：一是违法主体大众化。互联网的迅速发展和博客、微博、微信等新媒体的繁荣，打破了传统意义上因职业身份获得影响力的主体身份限制，市场各类参与者都可能成为有影响力的信息发布、传播者。二是编造手法多样化。除了传统的无中生有，还出现了“移花接木”“断章取义”“添油加醋”等多种“变造”手法。有的违法分子先安排他人发布虚假消息，再出面“澄清”，有的将网络传闻改编为确定性表述，有的在原有信息中加入主观臆测，误导他人。三是传播渠道网络化。虚假信息同步通过报纸、杂志等传统媒体和 QQ 群、股吧、微博、微信等即时通讯工具、网络社交平台多向传播，信息传播容量、扩散速度与影响力呈几何级数提升。四是危害程度扩大化。虚假信息不仅涉及上市公司经营、市场资金走向，还涉及监管部门执法动向与宏观经济政策，对市场秩序影响重大。以“3 月 1 日起创业板全面停止审核”案为例，该谣言从个人微信转至每经网网站及某券商分析师新浪微博后，广为扩散，次一交易日上证指数下跌 6.41%。五是行为目的复杂化。查处案件表明，行为人有的为宣泄不满或扩大自身影响力，有的企图通过信息欺诈牟利，还有的将造谣传谣作为信息操纵、上市公司“伪市值管理”的手段，动机多样，不乏多种违法行为交织混杂的复杂情形，危害叠加。在当前全媒体语境下，执法工作面临更多挑战，信息初始来源难以追溯，传播路径不易复原，稽查执法权限与手段凸显不足，法律规范层面仍待进一步完善。[①]

2. 相关案件显示，从虚假信息的类型看，随着监管执法力度加大，恶意编造监管动向甚至监管政策的明显增多，相关案件比重达到75%，甚至出现为牟取私利编造监管机构将调查“做空势力”的谎言。从涉及的市场领域看，虚假信息的编造传播已经不限于证券市场，开始向期货市场蔓延。有关人员以上海有色金属交易中心有限公司、“中国蛋品流通协会”等所谓期货行业组织的名义编造传播虚假信息，严重影响“沪镍1601合约”“JD1609合约”等期货合约价格。从违法主体上看，个别媒体、自媒体工作人员为吸引眼球屡次作案，最近两年此类人员涉案数量占到此类案件总量的71%，应当引起各类媒体及其从业人员的充分警醒。从虚假信息传播路径看，由前几年的“广场式”公开散布为主，转变为“茶坊式”社交网络集聚、传播后转公开为主。有的人将微信群或朋友圈内的不实信息变造拼接、恶意删减、修改信源、篡改标题后公开散布，造成严重后果，还有财经网站过度依赖自动抓取软件，在信息审核方面严重失职。[②]

3. 虚假信息主要可以分为三类：一是正式文告中的虚假信息，此类不实信息隐蔽深、危害大；二是传播媒介、咨询机构及其从业人员在期货或衍生品评论方面的虚假信息，虚假的评论信息很容易误导交易者，危害不容忽视；三是一些机构和人员为操纵期货市场或者衍生品市场而蓄意散布的谣言。误导性信息，不但容易影响市场信心，也会对交易者的财富和利益产生影响，而且一旦形成一定范围的影响力，也容易引发市场的大幅波动，对国家宏观经济和金融资本市场的风险控制造成不良影响。所谓“扰乱期货市场、衍生品市场”，通常是指虚假信息引起了期货交易和衍生品交易价格重大波动，或在交易者中引起了心理恐慌，大量卖出或者买进某个期货合约或者衍生品工具，给交易者造成重大经济损失，或者造成恶劣社会影响等。至于如何认定编造、传播虚假信息或者误导性信息，扰乱期货市场和衍生品市场的行为，主要看行为人主观上是否有故意，即有无编造、传播虚假信息或者误导性信息扰乱期货市场、衍生品市场的目的，客观上是否实施了编造、传播扰乱期货市场、衍生品市场的虚假信息或者误导性信息的行为，至于行为人是否从中牟利，并不影响这一行为的成立。[③]

---

① 参见中国证监会：《证监会积极应对新媒体时代执法挑战　坚决打击编造传播证券期货虚假信息行为》，载 http：//www. csrc. gov. cn/csrc/c100200/c1000402/content. shtml，最后访问日期：2022 年 2 月 10 日。

② 参见中国证监会：《证监会通报查处编造传播证券期货虚假信息案件情况》，载 http：//www. csrc. gov. cn/csrc/c100200/c1000380/content. shtml，最后访问日期：2022 年 2 月 10 日。

③ 参见王瑞贺、方星海主编：《〈中华人民共和国期货和衍生品法〉释义》，法律出版社 2022 年版，第 234 页。

《期货和衍生品法》第一百二十八条　【非法出借、借用期货账户】

第一百二十八条　违反本法第十八条第二款的规定，出借自己的期货账户或者借用他人的期货账户从事期货交易的，责令改正，给予警告，可以处五十万元以下的罚款。

相关规定

《期货和衍生品法》

第十八条　期货交易实行账户实名制。交易者进行期货交易的，应当持有证明本人身份的合法证件，以本人名义申请开立账户。

任何单位和个人不得违反规定，出借自己的期货账户或者借用他人的期货账户从事期货交易。

权威解读

需要注意的是，本条作了一个特殊限定，即“违反规定”出借自己的期货账户或者借用他人的期货账户从事期货交易，在原则禁止的同时，增加了“违反规定”的限定，交由国务院或者有关主管部门对如何区分合法和违法情形作进一步的细化规定。本条的财产罚使用了“可以处”的表述，是否处以50万元以下的罚款，应根据违法情节轻重、社会危害程度等作出具体判断。[①]

《期货和衍生品法》第一百二十九条　【违法采取程序化交易】

第一百二十九条　违反本法第二十一条的规定，采取程序化交易影响期货交易场所系统安全或者正常交易秩序的，责令改正，并处以五十万元以上五百万元以下的罚款。对直接负责的主管人员和其他直接责任人员给予警告，并处

① 参见王瑞贺、方星海主编：《〈中华人民共和国期货和衍生品法〉释义》，法律出版社2022年版，第236页。

以十万元以上一百万元以下的罚款。[①]

相关规定

《期货和衍生品法》

第二十一条 通过计算机程序自动生成或者下达交易指令进行程序化交易的，应当符合国务院期货监督管理机构的规定，并向期货交易场所报告，不得影响期货交易场所系统安全或者正常交易秩序。

权威解读

随着信息技术的飞速发展以及计算机技术在期货交易中的运用，期货的交易方式发生了重大变化，通过计算机程序自动生成或者下达交易指令进行程序化交易，已经成为非常普遍的现象。所谓程序化交易，目前在学术界和产业界并没有一个统一权威的定义，通常意义下的程序化交易是指通过既定程序或者特定软件，自动生成或执行交易指令的交易行为。一般是应用计算机和现代化网络系统，按照预先设置好的交易模型和规则，模型条件被触发的时候，由计算机瞬间完成组合交易指令，实现自动交易。目前境内外市场监管重点是程序化交易中的高频交易。高频交易具有频繁申报等特征，其在增加流动性的同时，在一定程度上产生助涨助跌的作用，特别是在期货市场大幅波动期间，对市场的影响更为明显，如果被人不当利用，依据编码交易规则（“算法”）发出交易指令，抢占先机，在各交易场所之间套利，故意影响期货交易场所的系统安全或者正常交易秩序，那么这种行为，不但对交易所的管理和正常运行造成严重威胁，也会侵害其他合法交易者的利益，法律对此应当有所规制。[②]

---

① 该条文系新增规定，中国证监会及其派出机构此前尚无处罚案例。境外则有相关处罚案例，例如，“瑞信证券违法程序化交易案”：瑞士信贷证券作为股票期权做市商，其使用的电子交易系统存在缺陷，违反了中国香港证监会的相关监管规定。因其交易系统故障，在 2019 年 2 月 28 日上午 9 时 39 分至 9 时 47 分期间向市场发送了 16,935 项错误报价，导致以偏离当时市价的价格执行了 8042 项股票期权买卖。事发后，瑞信证券积极与中国香港证监会配合，并迅速采取补救行动。最终，中国香港证监会对瑞信证券给予公开谴责，并处以 210 万港元罚款。参见中国香港证监会：《纪律行动声明（瑞信证券）》，载 https：//sc. sfc. hk/TuniS/apps. sfc. hk/edistributionWeb/gateway/TC/news – and – announcements/news/enforcement – news/openAppendix？ refNo = 20PR109&appendix = 0，最后访问日期：2022 年 3 月 5 日。

② 参见王瑞贺、方星海主编：《〈中华人民共和国期货和衍生品法〉释义》，法律出版社 2022 年版，第 237 页。

《期货和衍生品法》第一百三十条　【未报告有关重大事项】

第一百三十条　违反本法第二十七条规定，未报告有关重大事项的，责令改正，给予警告，可以处一百万元以下的罚款。

相关规定

《期货和衍生品法》

第二十七条　期货交易场所会员和交易者应当按照国务院期货监督管理机构的规定，报告有关交易、持仓、保证金等重大事项。

《期货和衍生品法》第一百三十一条　【从业人员违法参与期货交易】

第一百三十一条　法律、行政法规和国务院期货监督管理机构规定禁止参与期货交易的人员，违反本法第五十三条的规定，直接或者以化名、借他人名义参与期货交易的，责令改正，给予警告，没收违法所得，并处以五万元以上五十万元以下的罚款；属于国家工作人员的，还应当依法给予处分。

相关规定

1.《期货和衍生品法》

第五十三条　期货交易场所、期货结算机构、期货经营机构的从业人员，国务院期货监督管理机构、期货业协会的工作人员，以及法律、行政法规和国务院期货监督管理机构规定禁止参与期货交易的其他人员，不得进行期货交易。

2.《期货交易管理条例》

第二十五条　下列单位和个人不得从事期货交易，期货公司不得接受其委托为其进行期货交易：

（一）国家机关和事业单位；

（二）国务院期货监督管理机构、期货交易所、期货保证金安全存管监控机构和期货业协会的工作人员；

（三）证券、期货市场禁止进入者；

（四）未能提供开户证明材料的单位和个人；

（五）国务院期货监督管理机构规定不得从事期货交易的其他单位和个人。

第七十八条 国务院期货监督管理机构、期货交易所、期货保证金安全存管监控机构和期货保证金存管银行等相关单位的工作人员，泄露知悉的国家秘密或者会员、客户商业秘密，或者徇私舞弊、玩忽职守、滥用职权、收受贿赂的，依法给予行政处分或者纪律处分。

3.《期货交易所管理办法》（2021年修正，证监会令第179号）

第九十九条 期货交易所工作人员应当自觉遵守有关法律、行政法规、规章和政策，恪尽职守，勤勉尽责，诚实信用，具有良好的职业操守。

期货交易所工作人员不得从事期货交易，不得泄漏内幕消息或者利用内幕消息获得非法利益，不得从期货交易所会员和客户处谋取利益。

期货交易所工作人员履行职务，遇有与本人或者其亲属有利害关系的情形时，应当回避。

第一百一十一条 期货交易所工作人员违反本办法第九十九条规定的，根据《期货交易管理条例》第七十八条处罚。

《期货和衍生品法》第一百三十二条 【非法设立期货公司、未经核准从事相关期货业务】

第一百三十二条 非法设立期货公司，或者未经核准从事相关期货业务的，予以取缔，没收违法所得，并处以违法所得一倍以上十倍以下的罚款；没有违法所得或者违法所得不足一百万元的，处以一百万元以上一千万元以下的罚款。对直接负责的主管人员和其他直接责任人员给予警告，并处以二十万元以上二百万元以下的罚款。

相关规定

1.《期货和衍生品法》

第六十条 设立期货公司，应当具备下列条件，并经国务院期货监督管理机构核准：

（一）有符合法律、行政法规规定的公司章程；

（二）主要股东及实际控制人具有良好的财务状况和诚信记录，净资产不低于国务院期货监督管理机构规定的标准，最近三年无重大违法违规记录；

（三）注册资本不低于人民币一亿元，且应当为实缴货币资本；

（四）从事期货业务的人员符合本法规定的条件，董事、监事和高级管理人员具备相应的任职条件；

（五）有良好的公司治理结构、健全的风险管理制度和完善的内部控制制度；

（六）有合格的经营场所、业务设施和信息技术系统；

（七）法律、行政法规和国务院期货监督管理机构规定的其他条件。

国务院期货监督管理机构根据审慎监管原则和各项业务的风险程度，可以提高注册资本最低限额。

国务院期货监督管理机构应当自受理期货公司设立申请之日起六个月内依照法定条件、法定程序和审慎监管原则进行审查，作出核准或者不予核准的决定，并通知申请人；不予核准的，应当说明理由。

第六十三条　期货公司经国务院期货监督管理机构核准可以从事下列期货业务：

（一）期货经纪；

（二）期货交易咨询；

（三）期货做市交易；

（四）其他期货业务。

期货公司从事资产管理业务的，应当符合《中华人民共和国证券投资基金法》等法律、行政法规的规定。

未经国务院期货监督管理机构核准，任何单位和个人不得设立或者变相设立期货公司，经营或者变相经营期货经纪业务、期货交易咨询业务，也不得以经营为目的使用“期货”、“期权”或者其他可能产生混淆或者误导的名称。

2.《期货交易管理条例》

第十六条　申请设立期货公司，应当符合《中华人民共和国公司法》的规定，并具备下列条件：

（一）注册资本最低限额为人民币 3000 万元；

（二）董事、监事、高级管理人员具备任职条件，从业人员具有期货从业资格；

（三）有符合法律、行政法规规定的公司章程；

（四）主要股东以及实际控制人具有持续盈利能力，信誉良好，最近 3 年无重大违法违规记录；

（五）有合格的经营场所和业务设施；

（六）有健全的风险管理和内部控制制度；

（七）国务院期货监督管理机构规定的其他条件。

国务院期货监督管理机构根据审慎监管原则和各项业务的风险程度，可以提高注册资本最低限额。注册资本应当是实缴资本。股东应当以货币或者期货公司经营必需的非货币财产出资，货币出资比例不得低于85%。

国务院期货监督管理机构应当在受理期货公司设立申请之日起6个月内，根据审慎监管原则进行审查，作出批准或者不批准的决定。

未经国务院期货监督管理机构批准，任何单位和个人不得委托或者接受他人委托持有或者管理期货公司的股权。

第十七条 期货公司业务实行许可制度，由国务院期货监督管理机构按照其商品期货、金融期货业务种类颁发许可证。期货公司除申请经营境内期货经纪业务外，还可以申请经营境外期货经纪、期货投资咨询以及国务院期货监督管理机构规定的其他期货业务。

期货公司不得从事与期货业务无关的活动，法律、行政法规或者国务院期货监督管理机构另有规定的除外。

期货公司不得从事或者变相从事期货自营业务。

期货公司不得为其股东、实际控制人或者其他关联人提供融资，不得对外担保。

第十九条 期货公司办理下列事项，应当经国务院期货监督管理机构批准：

（一）合并、分立、停业、解散或者破产；

（二）变更业务范围；

（三）变更注册资本且调整股权结构；

（四）新增持有5%以上股权的股东或者控股股东发生变化；

（五）国务院期货监督管理机构规定的其他事项。

前款第三项、第五项所列事项，国务院期货监督管理机构应当自受理申请之日起20日内作出批准或者不批准的决定；前款所列其他事项，国务院期货监督管理机构应当自受理申请之日起2个月内作出批准或者不批准的决定。

3.《行政许可法》

第八十一条 公民、法人或者其他组织未经行政许可，擅自从事依法应当取得行政许可的活动的，行政机关应当依法采取措施予以制止，并依法给予行政处罚；构成犯罪的，依法追究刑事责任。

4.《期货公司监督管理办法》（2019年修正，证监会令第155号）

第六条 申请设立期货公司，除应当符合《期货交易管理条例》第十六条规定的条件外，还应当具备下列条件：

（一）具有期货从业人员资格的人员不少于15人；

（二）具备任职资格的高级管理人员不少于3人。

第十三条 按照本办法设立的期货公司，可以依法从事商品期货经纪业务；从事金融期货经纪、境外期货经纪、期货投资咨询的，应当取得相应业务资格。从事资产管理业务的，应当依法登记备案。

期货公司经批准可以从事中国证监会规定的其他业务。

第十四条 期货公司申请金融期货经纪业务资格，应当具备下列条件：

（一）申请日前2个月风险监管指标持续符合规定标准；

（二）具有健全的公司治理、风险管理制度和内部控制制度，并有效执行；

（三）符合中国证监会期货保证金安全存管监控的规定；

（四）业务设施和技术系统符合相关技术规范且运行状况良好；

（五）高级管理人员近2年内未受到刑事处罚，未因违法违规经营受到行政处罚，无不良信用记录，且不存在因涉嫌违法违规经营正在被有权机关调查的情形；

（六）不存在被中国证监会及其派出机构采取《期货交易管理条例》第五十六条第二款、第五十七条规定的监管措施的情形；

（七）不存在因涉嫌违法违规正在被有权机关立案调查的情形；

（八）近2年内未因违法违规行为受过刑事处罚或者行政处罚。但期货公司控股股东或者实际控制人变更，高级管理人员变更比例超过50%，对出现上述情形负有责任的高级管理人员和业务负责人已不在公司任职，且已整改完成并经期货公司住所地中国证监会派出机构验收合格的，可不受此限制；

（九）控股股东净资产或者个人金融资产不低于人民币3000万元；

（十）中国证监会根据审慎监管原则规定的其他条件。

第十六条 期货公司申请境外期货经纪、期货投资咨询以及经批准的其他业务的条件，由中国证监会另行规定。

5.《证券、期货投资咨询管理暂行办法》（证委发〔1997〕96号）

第二条 在中华人民共和国境内从事证券、期货投资咨询业务，必须遵守本办法。

本办法所称证券、期货投资咨询，是指从事证券、期货投资咨询业务的机构及其投资咨询人员以下列形式为证券、期货投资人或者客户提供证券、期货投资分析和预测或者建议等直接或者间接有偿咨询服务的活动：

（一）接受投资人或者客户委托，提供证券、期货投资咨询服务；

（二）举办有关证券、期货投资咨询的讲座、报告会、分析会等；

（三）在报刊上发表证券、期货投资咨询的文章、评论、报告，以及通过电台、电视台等公众传播媒体提供证券、期货投资咨询服务；

（四）通过电话、传真、电脑网络等电信设备系统，提供证券、期货投资咨询服务；

（五）中国证券监督管理委员会（以下简称中国证监会）认定的其他形式。

第三条 从事证券、期货投资咨询业务，必须依照本办法的规定，取得中国证监会的业务许可。未经中国证监会许可，任何机构和个人均不得从事本办法第二条所列各种形式证券、期货投资咨询业务。

证券经营机构、期货经纪机构及其工作人员从事超出本机构范围的证券、期货投资咨询业务，应当遵守本办法的规定。

第十二条 从事证券、期货投资咨询业务的人员，必须取得证券、期货投资咨询从业资格并加入一家有从业资格的证券、期货投资咨询机构后，方可从事证券、期货投资咨询业务。

任何人未取得证券、期货投资咨询从业资格的，或者取得证券、期货投资咨询从业资格，但是未在证券、期货投资咨询机构工作的，不得从事证券、期货投资咨询业务。

6.《期货公司期货交易咨询业务办法》（2022年修正，证监会令第202号）

第三条 期货公司从事期货交易咨询业务，应当经中国证监会批准取得期货交易咨询业务资格；期货公司从事期货交易咨询业务的人员应当符合相关从业条件。

未取得规定资格的期货公司、不符合相关从业条件的人员不得从事期货交易咨询业务活动。

典型案例

李某编造并传播期货交易虚假信息、非法从事期货投资咨询业务案（中国证监会〔2020〕78号行政处罚决定书）（略，见“《期货和衍生品法》第一百二十七条 【编造、传播虚假信息或者误导性信息】【虚假陈述或者信息误导】【传播媒介及其工作人员违法从事期货交易、衍生品交易】部分”）

《期货和衍生品法》第一百三十三条 【骗取设立许可、变更核准或者业务许可】

第一百三十三条 提交虚假申请文件或者采取其他欺诈手段骗取期货公司设立许可、重大事项变更核准或者期货经营机构期货业务许可的，撤销相关许

可[1]，没收违法所得，并处以违法所得一倍以上十倍以下的罚款；没有违法所得或者违法所得不足二十万元的，处以二十万元以上二百万元以下的罚款。对直接负责的主管人员和其他直接责任人员给予警告，并处以二十万元以上二百万元以下的罚款。

相关规定

1.《期货交易管理条例》

第六十八条 期货公司及其他期货经营机构、非期货公司结算会员、期货保证金存管银行提供虚假申请文件或者采取其他欺诈手段隐瞒重要事实骗取期货业务许可的，撤销其期货业务许可，没收违法所得。

2.《行政许可法》

第七十八条 行政许可申请人隐瞒有关情况或者提供虚假材料申请行政许可的，行政机关不予受理或者不予行政许可，并给予警告；行政许可申请属于直接关系公共安全、人身健康、生命财产安全事项的，申请人在一年内不得再次申请该行政许可。

第七十九条 被许可人以欺骗、贿赂等不正当手段取得行政许可的，行政机关应当依法给予行政处罚；取得的行政许可属于直接关系公共安全、人身健康、生命财产安全事项的，申请人在三年内不得再次申请该行政许可；构成犯罪的，依法追究刑事责任。

第八十条 被许可人有下列行为之一的，行政机关应当依法给予行政处罚；构成犯罪的，依法追究刑事责任：

（一）涂改、倒卖、出租、出借行政许可证件，或者以其他形式非法转让行政许可的；

（二）超越行政许可范围进行活动的；

（三）向负责监督检查的行政机关隐瞒有关情况、提供虚假材料或者拒绝提供反映其活动情况的真实材料的；

（四）法律、法规、规章规定的其他违法行为。

---

① 关于本条规定的撤销相关许可，根据最高人民法院（2019）最高法行申4439号行政裁定书和全国人大常委会法工委《关于公司法第一百九十八条“撤销公司登记”法律性质问题的答复意见》（法工委复〔2017〕2号），对于被许可人以欺骗等不正当手段取得的行政许可的作出的撤销决定，属于对违法行为的纠正，不属于行政处罚。——本书注

第八十一条 公民、法人或者其他组织未经行政许可，擅自从事依法应当取得行政许可的活动的，行政机关应当依法采取措施予以制止，并依法给予行政处罚；构成犯罪的，依法追究刑事责任。

《期货和衍生品法》第一百三十四条 【期货经营机构违法经营】

第一百三十四条 期货经营机构违反本法第四十条、第六十二条、第六十五条、第六十八条、第七十一条、第七十二条的，责令改正，给予警告，没收违法所得，并处以违法所得一倍以上十倍以下的罚款；没有违法所得或者违法所得不足二十万元的，处以二十万元以上二百万元以下的罚款；情节严重的，责令停业整顿或者吊销期货业务许可证。对直接负责的主管人员和其他直接责任人员给予警告，并处以五万元以上五十万元以下的罚款。

期货经营机构有前款所列违法情形，给交易者造成损失的，应当依法承担赔偿责任。

期货经营机构的主要股东、实际控制人或者其他关联人违反本法第七十一条规定的，依照本条第一款的规定处罚。

相关规定

1.《期货和衍生品法》

第四十条 期货结算机构、结算参与人收取的保证金、权利金等，应当与其自有资金分开，按照国务院期货监督管理机构的规定，在期货保证金存管机构专户存放，分别管理，禁止违规挪用。

第六十二条 期货公司办理下列事项，应当经国务院期货监督管理机构核准：

（一）合并、分立、停业、解散或者申请破产；

（二）变更主要股东或者公司的实际控制人；

（三）变更注册资本且调整股权结构；

（四）变更业务范围；

（五）国务院期货监督管理机构规定的其他重大事项。

前款第三项、第五项所列事项，国务院期货监督管理机构应当自受理申请之日起二十日内作出核准或者不予核准的决定；前款所列其他事项，国务院期货监督管理机构应当自受理申请之日起六十日内作出核准或者不予核准的决定。

第六十五条　期货经营机构应当依法经营，勤勉尽责，诚实守信。期货经营机构应当建立健全内部控制制度，采取有效隔离措施，防范经营机构与客户之间、不同客户之间的利益冲突。

期货经营机构应当将其期货经纪业务、期货做市交易业务、资产管理业务和其他相关业务分开办理，不得混合操作。

期货经营机构应当依法建立并执行反洗钱制度。

第六十八条　期货经营机构不得违反规定为其股东、实际控制人或者股东、实际控制人的关联人提供融资或者担保，不得违反规定对外担保。

第七十一条　期货经营机构应当按照规定向国务院期货监督管理机构报送业务、财务等经营管理信息和资料。国务院期货监督管理机构有权要求期货经营机构及其主要股东、实际控制人、其他关联人在指定的期限内提供有关信息、资料。

期货经营机构及其主要股东、实际控制人或者其他关联人向国务院期货监督管理机构报送或者提供的信息、资料，应当真实、准确、完整。

第七十二条　期货经营机构涉及重大诉讼、仲裁，股权被冻结或者用于担保，以及发生其他重大事件时，应当自该事件发生之日起五日内向国务院期货监督管理机构提交书面报告。

期货经营机构的控股股东或者实际控制人应当配合期货经营机构履行前款规定的义务。

2.《期货交易管理条例》

第六十七条　期货公司有下列欺诈客户行为之一的，责令改正，给予警告，没收违法所得，并处违法所得 1 倍以上 5 倍以下的罚款；没有违法所得或者违法所得不满 10 万元的，并处 10 万元以上 50 万元以下的罚款；情节严重的，责令停业整顿或者吊销期货业务许可证：

（一）向客户作获利保证或者不按照规定向客户出示风险说明书的；

（二）在经纪业务中与客户约定分享利益、共担风险的；

（三）不按照规定接受客户委托或者不按照客户委托内容擅自进行期货交易的；

（四）隐瞒重要事项或者使用其他不正当手段，诱骗客户发出交易指令的；

（五）向客户提供虚假成交回报的；

（六）未将客户交易指令下达到期货交易所的；

（七）挪用客户保证金的；

（八）不按照规定在期货保证金存管银行开立保证金账户，或者违规划转客户保证金的；

（九）国务院期货监督管理机构规定的其他欺诈客户的行为。

期货公司有前款所列行为之一的，对直接负责的主管人员和其他直接责任人员给予警告，并处1万元以上10万元以下的罚款；情节严重的，暂停或者撤销期货从业人员资格。

任何单位或者个人编造并且传播有关期货交易的虚假信息，扰乱期货交易市场的，依照本条第一款、第二款的规定处罚。

典型案例

1. 新纪元期货、褚某如等违法违规案（中国证监会江苏监管局〔2021〕4号、7号行政处罚决定书）

【案情】 一、新纪元期货违法向关联方提供借款

（一）上海邦投投资管理有限公司为新纪元期货的关联方

2015年8月至今，沣沅弘（北京）控股集团有限公司（以下简称沣沅弘集团）持有新纪元期货股份的比例持续在50%以上，为新纪元期货控股股东。沣沅弘集团总经理助理安某某代沣沅弘集团持有上海邦投投资管理有限公司（以下简称上海邦投）90%的股份，沣沅弘集团实际控制上海邦投。

新纪元期货和上海邦投同受沣沅弘集团控制，根据《企业会计准则第36号——关联方披露》第二章关联方第三条“两方或两方以上同受一方控制、共同控制或重大影响的，构成关联方”的规定，新纪元期货和上海邦投构成关联方。

（二）新纪元期货向上海邦投提供借款的事实

2018年9月27日、11月26日，新纪元期货使用自有资金分别向上海邦投提供借款1100万元、5600万元，两次借款利息共计32.28万元。

在知悉上海邦投由沣沅弘集团实际控制的情况下，沣沅弘集团实际控制人褚某如通过微信群安排5600万元借款的相关事项；新纪元期货董事兼副总经理黄某在两次借款的董事会决议上签字同意，并在相关借款合同用印及付款流程中签批；新纪元期货首席风险官张某芬、财务负责人杜某、资产管理部总经理相恒宁在相关借款合同用印或付款流程中签批。

二、新纪元期货违法对外提供担保

（一）新纪元期货向购买资产管理计划（以下简称资管计划）的投资者提供《业务合作函》

1. 向资管计划间接持有人提供《业务合作函》。2017 年 2 月，新纪元期货设立“新纪元定增宝 10 号”“新纪元定增宝 11 号”（以下简称定增保 10 号、11 号）资管计划，新疆峰石盛茂股权投资管理有限公司将其认购的定增保 10 号、11 号的收益权设立财产信托“大业信托·聚鑫 11 号”和“大业信托·聚鑫 12 号”（以下简称聚鑫 11 号、12 号）。中安百联（北京）资产管理有限公司（以下简称中安百联）是聚鑫 11 号、12 号的优先份额持有人，持有本金金额为 15,896.6万元。2017 年 9 月 15 日，新纪元期货向中安百联提供《业务合作函》保证本金和收益。

2. 向资管计划直接持有人提供《业务合作函》。2017 年 10 月－2018 年 5 月间，新纪元期货分别向购买其设立的“新纪元开元 56 号”“新纪元全权 2 号”资管计划的证通股份有限公司（以下简称证通股份），购买“新纪元全权 1 号”资管计划的潘某某，购买“新纪元纪元母基金 7 号”等 7 只资管计划的章某某，购买“新纪元全权 9 号”资管计划的张某提供《业务合作函》。上述投资者购买资管计划总金额为 27,400 万元，新纪元期货通过提供《业务合作函》保证本金和收益。

（二）新纪元期货在资管计划逾期不能兑付后，向投资者及代销机构提供《承诺函》

北京恒天明泽基金销售有限公司（以下简称恒天明泽）是新纪元期货设立的“新纪元智享 1 号、2 号、3 号”和“智汇 1 号、2 号”资管计划的代销机构，恒天中岩资产管理有限公司（以下简称恒天中岩）是新纪元期货设立的“新纪元智尊 1 号”资管计划的投资者。2018 年 10 月下旬，上述资管计划陆续不能兑付。2018 年 10 月 29 日，新纪元期货分别向恒天明泽、恒天中岩提供《承诺函》，对恒天明泽代销金额 67,320 万元及恒天中岩购买金额 10,000 万元保证本金和收益。

（三）新纪元期货向沣沅弘集团作为劣后方参与信托计划的优先级投资者提供《业务合作函》

2017 年 12 月 29 日，华宝信托有限责任公司（以下简称华宝信托）设立“华宝—宝洛丰盈集合资金信托计划”（以下简称宝洛计划），总规模 25.11 亿元，其中优先级份额由华宝信托募集，劣后级份额由沣沅弘集团子公司北京鑫聚宝商务服务有限公司认购。

2018年1－8月期间，新纪元期货分别向持有宝洛计划优先级份额的北京皓阳信息咨询有限公司、东北证券股份有限公司、证通股份、山金金控资本管理有限公司、山金期货有限公司、新东方油墨有限公司、东吴创新资本管理有限责任公司提供《业务合作函》，承诺在沣沅弘集团不能按照本金加上12%左右年化收益履行回购义务的情况下，由新纪元期货承担相应的赔偿责任。上述《业务合作函》涉及的优先级份额本金共计105,000万元。

上述《业务合作函》《承诺函》实质构成新纪元期货对外提供担保，相恒宁、张某芬、黄某和总经理刘某在《业务合作函》审批表上签批，相恒宁、张某芬和董事长戴某斌通过微信对《承诺函》进行了审核。

【认定】江苏证监局认为，新纪元期货为关联方提供借款及对外提供担保的行为，违反了《期货交易管理条例》第十七条第四款的规定，构成《期货交易管理条例》第六十六条第一款第六项所述违法情形。在向关联方提供借款事项上，褚某如指使相关人员实施借款事项，黄某参与决策并在合同用印和付款流程中签批，为直接负责的主管人员；相恒宁、张某芬、杜某在合同用印或付款流程中签批，为其他直接责任人员。在对外提供担保事项上，戴某斌、刘某、黄某、张某芬参与审核且为公司董事或高级管理人员，为直接负责的主管人员；相恒宁作为资管部门负责人参与审核，为其他直接责任人员。

新纪元期申辩称：一、公司不是对外担保事项的违法主体，对外担保系公司主要负责人根据大股东指示实施，未经公司股东大会、董事会决议批准，损害了公司和其他股东的利益，江苏证监局已对相关责任人进行了处罚。二、公司当前经营困难，风险监管指标面临较大压力，请求按照“没收违法所得，并处违法所得1倍罚款”予以处罚。

江苏证监局认为：一、新纪元期货公司治理与内部控制存在重大缺陷，未能坚持独立经营、规范运行，导致对外担保违法行为的发生。新纪元期货对外提供担保，无论出于何种原因，均属于《期货交易管理条例》第十七条第四款明令禁止的期货公司违法行为，是否受大股东指使，是否经股东大会、董事会决议批准，公司与其他股东是否遭受损失以及对相关责任人员的处罚均不影响公司违法行为的成立。二、根据新纪元期货违法行为的事实、性质、情节与社会危害程度，对其处以没收违法所得，并处违法所得2倍罚款的量罚适当，新纪元期货未提出可以从轻、减轻处罚的法定理由。综上，对新纪元期货的申辩意见不予采纳。

张某芬申辩称，其在借款合同用印审批流程中签批系被动实施的行为，对创新业务了解不够，对《业务合作函》的性质认识不清，存在过失，但不存在主观故意，请求保留期货从业人员资格。

江苏证监局认为：张某芬作为新纪元期货的首席风险官，未能坚持应有的职责操守和专业素养，依法有效履职，促进期货公司依法稳健经营，且参与了公司违法事项，属于《期货交易管理条例》第六十六条第二款规定的“情节严重的，暂停或者撤销期货从业人员资格”的情形，撤销其期货从业人员资格的量罚适当。张某芬未能提出可以从轻、减轻处罚的法定理由，对其申辩意见不予采纳。

【处罚】依据《期货交易管理条例》第六十六条第二款的规定，江苏证监局决定：一、对新纪元期货给予警告，没收违法所得32.28万元，并处以64.56万元罚款；二、对褚某如给予警告，并处以5万元罚款；三、对戴某斌给予警告，并处以5万元罚款；四、对刘某、黄某、张某芬给予警告，并分别处以5万元罚款，撤销期货从业人员资格；五、对杜某、相恒宁给予警告，并分别处以3万元罚款。

2. 中州期货违法违规案（中国证监会山东监管局〔2019〕1号行政处罚决定书）

【案情】一、2015年9月9日，隆昌集团将其持有的中州期货26%股权用于质押担保，中州期货、隆昌集团未按规定向国务院期货监督管理机构提交书面报告。

二、2016年3月14日至2017年2月27日，隆昌集团持有的中州期货26%股权先后被有关司法机关冻结。上述事项，中州期货、隆昌集团未按规定向国务院期货监督管理机构提交书面报告。

三、2016年3月9日至2017年3月9日，中州期货涉及重大诉讼事项，中州期货未按照规定向国务院期货监督管理机构提交书面报告。

四、2016年3月16日至2017年4月1日，中州期货保证金账户及自有资金账户先后被有关司法机关冻结，中州期货未按规定向国务院期货监督管理机构提交书面报告。

五、2017年4月20日，中州期货自有资金账户资金被司法机关扣划，中州期货未按规定向国务院期货监督管理机构提交书面报告。

【认定】山东证监局认为，对上述事实一行为，中州期货、隆昌集团违反了2013年修订的《期货交易管理条例》第六十一条“期货公司涉及重大诉讼、仲裁，或者股权被冻结或者用于担保，以及发生其他重大事件时，期货公司及其相关股东、实际控制人应当自该事件发生之日起5日内向国务院期货监督管理机构提交书面报告”之规定。中州期货的行为构成该条例第六十七条第一款第八项“不按照规定向国务院期货监督管理机构履行报告义务或者报送有关文件、资料的”情形，隆昌集团的行为构成该条例第六十七条第四款关于期货公司的股东、实际控制人或者其他关联人“拒不按照规定履行报告义务、提供有关信息和资料，或者报送、提供的信息和资料有虚假记载、误导性陈述或者重大遗漏”的情形。

上述事实二行为，中州期货、隆昌集团违反了2016年修订的《期货交易管理条例》第六十条。中州期货的构成该条例第六十六条第一款第八项所述情形，隆昌集团的行为构成该条例第六十六条第四款所述情形。

上述事实三、四行为，中州期货违反了2016年修订的《期货交易管理条例》第六十条，构成该条例第六十六条第一款第八项所述情形。

上述事实五行为，中州期货违反了2017年修订的《期货交易管理条例》第六十条，构成该条例第六十六条第一款第八项所述情形。

对上述行为直接负责的主管人员为王某江，其他直接责任人员为唐某。

唐某申辩称，处罚告知事项其既没有决策权，也没有参与执行。根据《中州期货作业规范》，公司重大事项报告责任由公司综合部或合规部提出，由首席风险官审核后，综合部向监管部门报告。上述业务不属其分管或主办事项，其也没有配合责任，且自2012年被公司外派，仅是挂名财务副总。因此，不应承担责任。

山东证监局认为，在案证据证明唐某知悉以中州期货名义对外提供担保而引发的相关重大诉讼事项，其对中州期货保证金账户及自有资金账户被冻结扣划事项知情，并知悉隆昌集团质押中州期货股权事项。唐某提出的2012年以来因工作外派仅是挂名财务副总的说法不构成免责理由，且未提供证据支持。唐某作为中州期货副总经理、财务负责人，未能履行忠实勤勉义务，违反了《公司法》第一百四十七条及《期货公司董事、监事和高级管理人员任职资格管理办法》第三十九条对公司高级管理人员的诚信义务规定。鉴此，对唐某的陈述申辩意见不予采纳。

【处罚】依据《期货交易管理条例》（2017年修订）第六十六条第一款、第二款、第四款的规定，山东证监局决定：一、责令中州期货改正，给予警告，并处罚款10万元；二、责令隆昌集团改正，给予警告，并处罚款10万元；三、对王某江给予警告，并处罚款5万元，撤销王某江期货从业人员资格；四、对唐某给予警告，并处罚款3万元。

3. 三五九期货违法违规案（中国证监会〔2011〕6号行政处罚决定书）

【案情】一、违规向公司控股股东提供自有资金

因历史上存在为控股股东提供资金等原因，截至2007年4月15日，重庆三

五九期货经纪有限公司（以下简称三五九期货）向公司控股股东重庆成长实业有限公司（以下简称成长实业）提供自有资金余额1410万元。2007年11月26日，成长实业以现金归还三五九期货10万元。但此后，三五九期货分别于2007年11月29日、30日再次向成长实业提供自有资金160万元、40万元。上述资金划转由时任三五九期货董事长袁某农、时任三五九期货实际主管财务人员钱某炳审批同意。截至2009年6月30日，三五九期货向成长实业提供资金余额为1600万元。2009年7月，在被重庆监管局发现违规提供资金后，三五九期货收回了成长实业占用的全部资金。

二、向监管部门报送虚假资料

（一）报送虚假银行对账单、利息清单

2007年4月30日，三五九期货向重庆监管局报送了《重庆港九期货经纪有限公司整改报告》（港九期字〔2006〕019号），《整改报告》附件记载，截至2007年4月30日，三五九期货在中信银行重庆沙坪坝支行账户中的存款余额为14,100,289.17元。经向中信银行重庆沙坪坝支行核查，截至2007年4月30日，三五九期货在该支行的账户存款余额为289.17元。

2009年3月，根据重庆监管局的日常监管要求，三五九期货向重庆监管局报送了其在中信银行重庆分行营业部银行账户2009年3月底账户余额表和活期存款利息清单。该报送材料显示：截至2009年3月31日，三五九期货该银行账户的存款余额为6,659,631.38元；该银行账户2009年3月21日收取存款利息5,988.39元。经向中信银行重庆分行核查，截至2009年3月31日，该银行账户存款余额为66,164.15元，该银行账户2009年3月21日收取的存款利息为441.55元。

（二）报送虚假财务报告

三五九期货向重庆监管局报送的2007年中期财务报告显示：截至2007年6月30日，三五九期货的货币资金为23,408,432.12元（其中保证金存款9,116,042.55元），其他应收款为2,002,044.15元。经查，在上述财务报告中，三五九期货多记银行存款1410万元，少记其他应收款1410万元。

三五九期货向重庆监管局报送的2007年度财务报告显示：截至2007年12月31日，三五九期货的其他应收款为3,615,537.96元，其他应付款为881,924.80元。经查，在上述财务报告中，三五九期货少记其他应收款3900万元，少记其他应付款3900万元。

（三）报送虚假风险监管报表

2008年年初，三五九期货向重庆监管局报送了截至2007年12月31日的风险监管指标汇总表和净资本计算表。该报送材料显示：截至2007年12月31日，三五九期货净资本为18,123,506.58元，净资本与权益总额的比例为25.75%，净资本与净资产的比例为68.21%，流动资产与流动负债的比例为1017.22%，负债（扣除客户权益）为1,953,922.54元。经查，三五九期货报送的上述报表内容存在虚假，经重新审计，截至2007年12月31日，三五九期货实际的净资本为-7,366,879.92元，净资本与权益总额的比例为-10.47%，净资本与净资产的比例为-27.75%，流动资产与流动负债的比例为143.86%，负债（扣除客户权益）为40,815,921.37元。

2009年年初，三五九期货向重庆监管局报送了截至2008年12月31日的风险监管指标汇总表和净资本计算表。该报送材料显示，截至2008年12月31日，三五九期货净资本为18,030,714.25元，净资本与权益总额的比例为52.20%，净资本与净资产的比例为73.15%，流动资产与流动负债的比例为505.02%，负债（扣除客户权益）为3,487,021.29元。经查，三五九期货报送的上述报表内容存在虚假，经重新审计，截至2008年12月31日，三五九期货实际的净资本为-18,481,620.85元，净资本与权益总额的比例为-53.50%，净资本与净资产的比例为-75.08%，流动资产与流动负债的比例为135.21%，负债（扣除客户权益）为40,006,892.59元。

【认定】三五九期货向控股股东成长实业提供资金的行为，违反了2007年《期货交易管理条例》第十七条第四款关于“期货公司不得为其股东、实际控制人或者其他关联人提供融资，不得对外担保”的规定，构成了2007年《期货交易管理条例》第七十条第一款第（六）项所述“为其股东、实际控制人或者其他关联人提供融资，或者对外担保”的行为。对于三五九期货的上述违法行为，直接负责的主管人员为三五九期货时任董事长袁某农，其他直接责任人员为实际履行财务审批职责的钱某炳。

三五九期货向监管部门报送虚假资料的行为，违反了《期货公司管理办法》第八十三条“有关机构和个人报送、提供或者披露的资料、信息应当真实、准确、完整，不得有虚假记载、误导性陈述或者重大遗漏”的规定，构成了2007年《期货交易管理条例》第七十条第一款第（十六）项所述的“违反国务院期货监督管理机构规定的其他行为”。对于三五九期货的上述违法行为，直接负责的主管人员为三五九期货时任董事长袁某农。

在案件调查过程中，三五九期货及袁某农等能够积极配合调查工作，及时提供相关证据资料。

【处罚】 依据2007年《期货交易管理条例》第七十条①、《中华人民共和国行政处罚法》第二十七条的规定，证监会决定：一、责令三五九期货改正违法行为，给予警告，并处以15万元罚款；二、对袁某农给予警告，并处以5万元罚款；三、对钱某炳给予警告，并处以1万元罚款。

4. 寰宇期货违法违规案（中国证监会〔2008〕11号行政处罚决定书）

【案情】 一、允许客户在保证金不足的情况下进行期货交易

2004年1月6日至2004年5月11日期间，寰宇期货经纪有限公司（以下简称寰宇期货或公司，2006年5月起更名为中晟期货经纪有限公司）在周某女、夏某安等共计12个客户出现保证金不足且呈持续状态的情况下，允许其中11个客户继续进行期货交易，其交易合约总量为6213手。同年3月至10月期间，寰宇期货陆续对上述客户强行平仓并发生客户穿仓损失，截至2004年10月31日，穿仓损失达4560.04万元。寰宇期货在上述交易及相应合约平仓中共非法获取手续费153,176.80元，其中开仓手续费收入73,818.02元。

二、未按规定履行报告义务

（一）虚报穿仓损失。寰宇期货在2004年4月末发生客户穿仓损失的余额为4353.30万元，同年5、6、7月各月末客户穿仓损失的余额均为4373.92万元，同年8、9月末客户穿仓损失的余额均为4673.92万元。但该公司于2004年4月至9月报送监管部门的《期货经纪机构主要交易指标表》中列示的穿仓损失量均为0。

（二）未及时对巨额穿仓损失进行会计核算，导致2004年5月至9月报表不实。2004年4月，寰宇期货在周某女、夏某安等客户出现巨额穿仓损失并未追加保证金情况下，未能及时采取相关措施和未进行相应的会计核算。同时在报送监管部门的财务报表中也未对客户巨额穿仓情况及由此形成的债权债务进行报告。2004年5月，又增加穿仓客户徐某云户。直至2004年10月，监管部门在现场检查中发现其问题后，寰宇期货才对4560.04万元穿仓损失进行了会计处理，在报送监管部门的财务报表中进行了列报。

---

① 2007年《期货交易管理条例》第七十条规定："期货公司有下列行为之一的，责令改正，给予警告，没收违法所得，并处违法所得1倍以上3倍以下的罚款；没有违法所得或者违法所得不满10万元的，并处10万元以上30万元以下的罚款；情节严重的，责令停业整顿或者吊销期货业务许可证：……期货公司之外的其他期货经营机构有本条第一款第（八）项、第（十二）项、第（十三）项、第（十五）项、第（十六）项所列行为的，依照本条第一款、第二款的规定处罚。"期货公司的股东、实际控制人或者其他关联人未经批准擅自委托他人或者接受他人委托持有或者管理期货公司股权的，拒不配合国务院期货监督管理机构的检查，拒不按照规定履行报告义务、提供有关信息和资料，或者报送、提供的信息和资料有虚假记载、误导性陈述或者重大遗漏的，依照本条第一款、第二款的规定处罚。"

【认定】寰宇期货的上述行为违反了《期货交易管理暂行条例》第四十一条①、《期货经纪公司管理办法》(证监会令第7号，以下简称《办法》)第四十四条、第四十五条②的有关规定。

【处罚】根据《期货条例交易管理暂行条例》第五十九条、《办法》第六十条的有关规定，结合寰宇期货违法行为及相关当事人的违法事实、性质、情节与社会危害程度，证监会决定：一、给予寰宇期货警告；二、对寰宇期货时任公司总经理施某东处以4万元的罚款。

5. 大业期货违法违规案（中国证监会〔2008〕48号行政处罚决定书）

【案情】一、违规对外提供担保

2006年2月20日，成都大业期货经纪有限公司（现已更名为华西期货有限责任公司，以下简称大业期货）与华夏银行成都玉林支行签订《质押合同》。《质押合同》约定，大业期货为其关联公司四川省光彩投资有限责任公司（以下简称光彩投资）在该支行的720万元贷款提供质押担保，担保期限为2006年2月20日至2007年2月20日，质物为大业期货在该支行存放的800万元单位定期存款单。时任大业期货董事长、法定代表人罗某杭在《质押合同》及附件《单位定期存单质押清单》上签字并加盖大业期货公章。同日，华夏银行成都玉林支行向光彩投资提供贷款720万元。

2006年4月29日，成都市龙泉驿区农村信用合作社联合社府青路分社（以下简称农信社成都府青分社）、大业期货之关联公司成都大华置业有限公司（以下简称大华置业）、大业期货分别作为贷款人、借款人和出质人，共同签订了《质押担保借款合同》。《质押担保借款合同》约定，大业期货为大华置业在农信社成都府青分社的540万元贷款提供质押担保，担保期限为2006年4月29日至2007年4月27日，质物为大业期货在农信社成都府青分社的600万元定期存款存单。大业期货法定代表人罗某杭在《质押担保借款合同》上签字并加盖大业期货公章。同日，农信社成都府青分社向大华置业提供贷款540万元。

---

① 《期货交易管理暂行条例》第四十一条规定："期货交易所会员的保证金不足时，该会员必须追加保证金。会员未在期货交易所统一规定的时间内追加保证金的，期货交易所应当将该会员的期货合约强行平仓，强行平仓的有关费用和发生的损失由该会员承担。"期货经纪公司在客户保证金不足而客户又未能在期货经纪公司统一规定的时间内及时追加时，应当将该客户的期货合约强行平仓，强行平仓的有关费用和发生的损失由该客户承担。"

② 《期货经纪公司管理办法》第四十四条规定："期货经纪公司应当按照中国证监会的规定建立、健全财务安全评估和管理体系，并按照中国证监会的要求报送有关资料。"期货经纪公司的财务会计工作和结算工作必须分设部门进行。"《期货经纪公司管理办法》第四十五条规定："期货经纪公司向中国证监会及其派出机构提交的申请材料或者备案材料，必须真实、准确、完整。"

截至2008年4月7日，大业期货已将前述两笔质押担保资金全额收回，没有违法所得。

二、未按照规定履行报告义务

中国证监会于2004年7月向各期货公司下发了《关于报送〈期货经纪公司监管报表〉的通知》（证监期货字〔2004〕53号），要求各期货公司于2004年9月开始进行月报报送工作，期货经纪公司监管报表内容包括：《经调整净资本计算表》《资产调整值计算表》《客户分离资产报表》《客户权益变动表》《经营业务报表》《客户管理报表》。2006年11月，中国证监会发布了《期货公司监管报表编制说明》，其中《经调整净资本计算表编制说明》的第六项要求，期货公司"需要在净资本计算表的附注中，充分披露公司期末或有事项的性质（如未决诉讼、未决仲裁、对外担保等）、涉及金额、形成原因和进展情况、可能发生的损失和预计损失的会计处理情况。"

2007年1月3日、2007年2月1日，在存在前述为关联公司光彩投资、大华置业贷款提供1,400万元质押担保的情况下，大业期货在其编制的前后两份《经调整净资本计算表》中，均未对上述对外担保情况予以披露，大业期货通过期货公司监管信息系统FMRSS，分别将该两份《经调整净资本计算表》连同其他报表报送中国证监会四川监管局。直至2007年3月8日，大业期货方在其编制并报送的《经调整净资本计算表》中记录了其600万元自有资金所有权受限的事实（为关联公司光彩投资贷款提供的800万元质押担保已到期解除）。

【认定】大业期货违规对外提供担保的行为，违反了《期货经纪公司管理办法》（证监会令第7号）第四十七条"期货经纪公司不得对外提供担保或者成为承担无限责任的投资人"的规定，构成了《期货交易管理暂行条例》第五十九条①第一款第（十五）项所述"违反中国证监会规定的其他行为"；大业期货未

---

① 《期货交易管理暂行条例》第五十九条："期货经纪公司有下列行为之一的，责令改正，给予警告，没收违法所得，并处违法所得1倍以上3倍以下的罚款；没有违法所得或者违法所得不满10万元的，处10万元以上30万元以下的罚款；情节严重的，责令停业整顿或者吊销期货经纪业务许可证：（一）接受不符合规定条件的单位或者个人委托的；（二）接受公司、企业或者其他经济组织以个人名义委托进行期货交易的；（三）将受托业务进行转委托，或者接受转委托业务的；（四）允许客户在保证金不足的情况下进行期货交易的；（五）从事期货自营业务或者违反本条例规定的其他业务的；（六）不按照规定向中国证监会报送有关文件、资料的；（七）不按照规定提取、管理和使用风险准备金的；（八）伪造、涂改或者不按照规定保存期货交易、结算、交割资料的；（九）任用不具备资格的期货从业人员的；（十）未经批准设立营业部的；（十一）未经批准办理变更事项的；（十二）伪造、变造、出租、出借、买卖期货经纪业务许可证和经营许可证的；（十三）违反规定进行混码交易的；（十四）拒绝或者妨碍中国证监会监督检查的；（十五）有违反中国证监会规定的其他行为的。"期货经纪公司有前款所列行为之一的，对直接负责的主管人员和其他直接责任人员给予纪律处分，并处1万元以上5万元以下的罚款。"

按规定向监管机构履行报告义务的行为，构成了《期货交易管理暂行条例》第五十九条第一款第（六）项所述“不按照规定向中国证监会报送有关文件、资料”的行为。

【处罚】根据当事人违法行为的事实、性质、情节与社会危害程度，依据《期货交易管理暂行条例》第五十九条的规定，中国证监会决定：一、对大业期货给予警告，并处以10万元罚款；二、对罗某杭处以5万元罚款。

《期货和衍生品法》第一百三十五条 【期货经营机构违反交易者适当性管理规定、接受交易者全权委托、损害交易者利益】

第一百三十五条 期货经营机构违反本法第五十条交易者适当性管理规定，或者违反本法第六十六条规定从事经纪业务接受交易者全权委托，或者有第七十八条损害交易者利益行为的，责令改正，给予警告，没收违法所得，并处以违法所得一倍以上十倍以下的罚款；没有违法所得或者违法所得不足五十万元的，处以五十万元以上五百万元以下的罚款；情节严重的，吊销相关业务许可。对直接负责的主管人员和其他直接责任人员给予警告，并处以二十万元以上二百万元以下的罚款。

期货经营机构有本法第七十八条规定的行为，给交易者造成损失的，应当依法承担赔偿责任。

相关规定

1.《期货和衍生品法》

第五十条 期货经营机构向交易者提供服务时，应当按照规定充分了解交易者的基本情况、财产状况、金融资产状况、交易知识和经验、专业能力等相关信息；如实说明服务的重要内容，充分揭示交易风险；提供与交易者上述状况相匹配的服务。

交易者在参与期货交易和接受服务时，应当按照期货经营机构明示的要求提供前款所列真实信息。拒绝提供或者未按照要求提供信息的，期货经营机构应当告知其后果，并按照规定拒绝提供服务。

期货经营机构违反第一款规定导致交易者损失的，应当承担相应的赔偿责任。

第六十六条　期货经营机构接受交易者委托为其进行期货交易，应当签订书面委托合同，以自己的名义为交易者进行期货交易，交易结果由交易者经纪承担。

期货经营机构从事业务，不得接受交易者的全权委托。

第七十八条　禁止期货经营机构从事下列损害交易者利益的行为：

（一）向交易者作出保证其资产本金不受损失或者取得最低收益承诺；

（二）与交易者约定分享利益、共担风险；

（三）违背交易者委托进行期货交易；

（四）隐瞒重要事项或者使用其他不正当手段，诱骗交易者交易；

（五）以虚假或者不确定的重大信息为依据向交易者提供交易建议；

（六）向交易者提供虚假成交回报；

（七）未将交易者交易指令下达到期货交易场所；

（八）挪用交易者保证金；

（九）未依照规定在期货保证金存管机构开立保证金账户，或者违规划转交易者保证金；

（十）利用为交易者提供服务的便利，获取不正当利益或者转嫁风险；

（十一）其他损害交易者权益的行为。

2.《期货交易管理条例》

第六十七条　期货公司有下列欺诈客户行为之一的，责令改正，给予警告，没收违法所得，并处违法所得 1 倍以上 5 倍以下的罚款；没有违法所得或者违法所得不满 10 万元的，并处 10 万元以上 50 万元以下的罚款；情节严重的，责令停业整顿或者吊销期货业务许可证：

（一）向客户作获利保证或者不按照规定向客户出示风险说明书的；

（二）在经纪业务中与客户约定分享利益、共担风险的；

（三）不按照规定接受客户委托或者不按照客户委托内容擅自进行期货交易的；

（四）隐瞒重要事项或者使用其他不正当手段，诱骗客户发出交易指令的；

（五）向客户提供虚假成交回报的；

（六）未将客户交易指令下达到期货交易所的；

（七）挪用客户保证金的；

（八）不按照规定在期货保证金存管银行开立保证金账户，或者违规划转客户保证金的；

（九）国务院期货监督管理机构规定的其他欺诈客户的行为。

期货公司有前款所列行为之一的，对直接负责的主管人员和其他直接责任人员给予警告，并处1万元以上10万元以下的罚款；情节严重的，暂停或者撤销期货从业人员资格。

任何单位或者个人编造并且传播有关期货交易的虚假信息，扰乱期货交易市场的，依照本条第一款、第二款的规定处罚。

3.《证券期货投资者适当性管理办法》(2022年修正，证监会令第202号)

第一条 为了规范证券期货投资者适当性管理，维护投资者合法权益，根据《中华人民共和国证券法》（以下简称《证券法》）、《中华人民共和国证券投资基金法》（以下简称《证券投资基金法》）、《中华人民共和国期货和衍生品法》（以下简称《期货和衍生品法》）、《证券公司监督管理条例》《期货交易管理条例》及其他相关法律、行政法规，制定本办法。

第二条 向投资者销售公开或者非公开发行的证券、公开或者非公开募集的证券投资基金和股权投资基金（包括创业投资基金，以下简称基金）、公开或者非公开转让的期货及其他衍生产品，或者为投资者提供相关业务服务的，适用本办法。本办法所称投资者，包括《证券法》规定的投资者，《证券投资基金法》规定的投资人、基金份额持有人，以及《期货和衍生品法》规定的交易者等。

第三条 向投资者销售证券期货产品或者提供证券期货服务的机构（以下简称经营机构）应当遵守法律、行政法规、本办法及其他有关规定，在销售产品或者提供服务的过程中，勤勉尽责，审慎履职，全面了解投资者情况，深入调查分析产品或者服务信息，科学有效评估，充分揭示风险，基于投资者的不同风险承受能力以及产品或者服务的不同风险等级等因素，提出明确的适当性匹配意见，将适当的产品或者服务销售或者提供给适合的投资者，并对违法违规行为承担法律责任。

第四条 投资者应当在了解产品或者服务情况，听取经营机构适当性意见的基础上，根据自身能力审慎决策，独立承担投资风险。

经营机构的适当性匹配意见不表明其对产品或者服务的风险和收益做出实质性判断或者保证。

第五条 中国证券监督管理委员会（以下简称中国证监会）及其派出机构依照法律、行政法规、本办法及其他相关规定，对经营机构履行适当性义务进行监督管理。

证券期货交易场所、登记结算机构及中国证券业协会、中国期货业协会、中国证券投资基金业协会（以下统称行业协会）等自律组织对经营机构履行适当性义务进行自律管理。

第六条　经营机构向投资者销售产品或者提供服务时，应当了解投资者的下列信息：

（一）自然人的姓名、住址、职业、年龄、联系方式，法人或者其他组织的名称、注册地址、办公地址、性质、资质及经营范围等基本信息；

（二）收入来源和数额、资产、债务等财务状况；

（三）投资相关的学习、工作经历及投资经验；

（四）投资期限、品种、期望收益等投资目标；

（五）风险偏好及可承受的损失；

（六）诚信记录；

（七）实际控制投资者的自然人和交易的实际受益人；

（八）法律法规、自律规则规定的投资者准入要求相关信息；

（九）其他必要信息。

第七条　投资者分为普通投资者与专业投资者。

普通投资者在信息告知、风险警示、适当性匹配等方面享有特别保护。

第八条　符合下列条件之一的是专业投资者：

（一）经有关金融监管部门批准设立的金融机构，包括证券公司、期货公司、基金管理公司及其子公司、商业银行、保险公司、信托公司、财务公司等；经行业协会备案或者登记的证券公司子公司、期货公司子公司、私募基金管理人。

（二）上述机构面向投资者发行的理财产品，包括但不限于证券公司资产管理产品、基金管理公司及其子公司产品、期货公司资产管理产品、银行理财产品、保险产品、信托产品、经行业协会备案的私募基金。

（三）社会保障基金、企业年金等养老基金，慈善基金等社会公益基金，合格境外机构投资者（QFII）、人民币合格境外机构投资者（RQFII）。

（四）同时符合下列条件的法人或者其他组织：

1. 最近 1 年末净资产不低于 2000 万元；

2. 最近 1 年末金融资产不低于 1000 万元；

3. 具有 2 年以上证券、基金、期货、黄金、外汇等投资经历。

（五）同时符合下列条件的自然人：

1. 金融资产不低于 500 万元，或者最近 3 年个人年均收入不低于 50 万元；

2. 具有 2 年以上证券、基金、期货、黄金、外汇等投资经历，或者具有 2 年以上金融产品设计、投资、风险管理及相关工作经历，或者属于本条第（一）

项规定的专业投资者的高级管理人员、获得职业资格认证的从事金融相关业务的注册会计师和律师。

前款所称金融资产，是指银行存款、股票、债券、基金份额、资产管理计划、银行理财产品、信托计划、保险产品、期货及其他衍生产品等。

第九条 经营机构可以根据专业投资者的业务资格、投资实力、投资经历等因素，对专业投资者进行细化分类和管理。

第十条 专业投资者之外的投资者为普通投资者。

经营机构应当按照有效维护投资者合法权益的要求，综合考虑收入来源、资产状况、债务、投资知识和经验、风险偏好、诚信状况等因素，确定普通投资者的风险承受能力，对其进行细化分类和管理。

第十一条 普通投资者和专业投资者在一定条件下可以互相转化。

符合本办法第八条第（四）、（五）项规定的专业投资者，可以书面告知经营机构选择成为普通投资者，经营机构应当对其履行相应的适当性义务。

符合下列条件之一的普通投资者可以申请转化成为专业投资者，但经营机构有权自主决定是否同意其转化：

（一）最近1年末净资产不低于1000万元，最近1年末金融资产不低于500万元，且具有1年以上证券、基金、期货、黄金、外汇等投资经历的除专业投资者外的法人或其他组织；

（二）金融资产不低于300万元或者最近3年个人年均收入不低于30万元，且具有1年以上证券、基金、期货、黄金、外汇等投资经历或者1年以上金融产品设计、投资、风险管理及相关工作经历的自然人投资者。

第十二条 普通投资者申请成为专业投资者应当以书面形式向经营机构提出申请并确认自主承担可能产生的风险和后果，提供相关证明材料。

经营机构应当通过追加了解信息、投资知识测试或者模拟交易等方式对投资者进行谨慎评估，确认其符合前条要求，说明对不同类别投资者履行适当性义务的差别，警示可能承担的投资风险，告知申请的审查结果及其理由。

第十三条 经营机构应当告知投资者，其根据本办法第六条规定所提供的信息发生重要变化、可能影响分类的，应及时告知经营机构。经营机构应当建立投资者评估数据库并及时更新，充分使用已了解信息和已有评估结果，避免重复采集，提高评估效率。

第十四条 中国证监会、自律组织在针对特定市场、产品或者服务制定规则时，可以考虑风险性、复杂性以及投资者的认知难度等因素，从资产规模、收入水平、风险识别能力和风险承担能力、投资认购最低金额等方面，规定投资者准入要求。投资者准入要求包含资产指标的，应当规定投资者在购买产品或者接受服务前一定时期内符合该指标。

现有市场、产品或者服务规定投资者准入要求的，应当符合前款规定。

第十五条 经营机构应当了解所销售产品或者所提供服务的信息，根据风险特征和程度，对销售的产品或者提供的服务划分风险等级。

第十六条 划分产品或者服务风险等级时应当综合考虑以下因素：

（一）流动性；

（二）到期时限；

（三）杠杆情况；

（四）结构复杂性；

（五）投资单位产品或者相关服务的最低金额；

（六）投资方向和投资范围；（七）募集方式；

（八）发行人等相关主体的信用状况；

（九）同类产品或者服务过往业绩；

（十）其他因素。

涉及投资组合的产品或者服务，应当按照产品或者服务整体风险等级进行评估。

第十七条 产品或者服务存在下列因素的，应当审慎评估其风险等级：

（一）存在本金损失的可能性，因杠杆交易等因素容易导致本金大部分或者全部损失的产品或者服务；

（二）产品或者服务的流动变现能力，因无公开交易市场、参与投资者少等因素导致难以在短期内以合理价格顺利变现的产品或者服务；

（三）产品或者服务的可理解性，因结构复杂、不易估值等因素导致普通人难以理解其条款和特征的产品或者服务；

（四）产品或者服务的募集方式，涉及面广、影响力大的公募产品或者相关服务；

（五）产品或者服务的跨境因素，存在市场差异、适用境外法律等情形的跨境发行或者交易的产品或者服务；

（六）自律组织认定的高风险产品或者服务；

（七）其他有可能构成投资风险的因素。

第十八条 经营机构应当根据产品或者服务的不同风险等级，对其适合销售产品或者提供服务的投资者类型作出判断，根据投资者的不同分类，对其适合购买的产品或者接受的服务作出判断。

第十九条 经营机构告知投资者不适合购买相关产品或者接受相关服务后，投资者主动要求购买风险等级高于其风险承受能力的产品或者接受相关服务的，经营机构在确认其不属于风险承受能力最低类别的投资者后，应当就产品或者服务风险高于其承受能力进行特别的书面风险警示，投资者仍坚持购买的，可以向其销售相关产品或者提供相关服务。

第二十条 经营机构向普通投资者销售高风险产品或者提供相关服务，应当履行特别的注意义务，包括制定专门的工作程序，追加了解相关信息，告知特别的风险点，给予普通投资者更多的考虑时间，或者增加回访频次等。

第二十一条 经营机构应当根据投资者和产品或者服务的信息变化情况，主动调整投资者分类、产品或者服务分级以及适当性匹配意见，并告知投资者上述情况。

第二十二条 禁止经营机构进行下列销售产品或者提供服务的活动：

（一）向不符合准入要求的投资者销售产品或者提供服务；

（二）向投资者就不确定事项提供确定性的判断，或者告知投资者有可能使其误认为具有确定性的意见；

（三）向普通投资者主动推介风险等级高于其风险承受能力的产品或者服务；

（四）向普通投资者主动推介不符合其投资目标的产品或者服务；

（五）向风险承受能力最低类别的投资者销售或者提供风险等级高于其风险承受能力的产品或者服务；

（六）其他违背适当性要求，损害投资者合法权益的行为。

第二十三条 经营机构向普通投资者销售产品或者提供服务前，应当告知下列信息：

（一）可能直接导致本金亏损的事项；

（二）可能直接导致超过原始本金损失的事项；

（三）因经营机构的业务或者财产状况变化，可能导致本金或者原始本金亏损的事项；

（四）因经营机构的业务或者财产状况变化，影响客户判断的重要事由；

（五）限制销售对象权利行使期限或者可解除合同期限等全部限制内容；

（六）本办法第二十九条规定的适当性匹配意见。

第二十四条 经营机构对投资者进行告知、警示，内容应当真实、准确、完整，不存在虚假记载、误导性陈述或者重大遗漏，语言应当通俗易懂；告知、警示应当采用书面形式送达投资者，并由其确认已充分理解和接受。

第二十五条 经营机构通过营业网点向普通投资者进行本办法第十二条、

第二十条、第二十一条和第二十三条规定的告知、警示，应当全过程录音或者录像；通过互联网等非现场方式进行的，经营机构应当完善配套留痕安排，由普通投资者通过符合法律、行政法规要求的电子方式进行确认。

第二十六条 经营机构委托其他机构销售本机构发行的产品或者提供服务，应当审慎选择受托方，确认受托方具备代销相关产品或者提供服务的资格和落实相应适当性义务要求的能力，应当制定并告知代销方所委托产品或者提供服务的适当性管理标准和要求，代销方应当严格执行，但法律、行政法规、中国证监会其他规章另有规定的除外。

第二十七条 经营机构代销其他机构发行的产品或者提供相关服务，应当在合同中约定要求委托方提供的信息，包括本办法第十六条、第十七条规定的产品或者服务分级考虑因素等，自行对该信息进行调查核实，并履行投资者评估、适当性匹配等适当性义务。委托方不提供规定的信息、提供信息不完整的，经营机构应当拒绝代销产品或者提供服务。第二十八条对在委托销售中违反适当性义务的行为，委托销售机构和受托销售机构应当依法承担相应法律责任，并在委托销售合同中予以明确。

第二十九条 经营机构应当制定适当性内部管理制度，明确投资者分类、产品或者服务分级、适当性匹配的具体依据、方法、流程等，严格按照内部管理制度进行分类、分级，定期汇总分类、分级结果，并对每名投资者提出匹配意见。经营机构应当制定并严格落实与适当性内部管理有关的限制不匹配销售行为、客户回访检查、评估与销售隔离等风控制度，以及培训考核、执业规范、监督问责等制度机制，不得采取鼓励不适当销售的考核激励措施，确保从业人员切实履行适当性义务。

第三十条 经营机构应当每半年开展一次适当性自查，形成自查报告。发现违反本办法规定的问题，应当及时处理并主动报告住所地中国证监会派出机构。

第三十一条 鼓励经营机构将投资者分类政策、产品或者服务分级政策、自查报告在公司网站或者符合中国证监会规定条件的媒体进行披露。

第三十二条 经营机构应当按照相关规定妥善保存其履行适当性义务的相关信息资料，防止泄露或者被不当利用，接受中国证监会及其派出机构和自律组织的检查。对匹配方案、告知警示资料、录音录像资料、自查报告等的保存期限不得少于20年。

第三十三条 投资者购买产品或者接受服务，按规定需要提供信息的，所提供的信息应当真实、准确、完整。投资者根据本办法第六条规定所提供的信息发生重要变化、可能影响其分类的，应当及时告知经营机构。

投资者不按照规定提供相关信息，提供信息不真实、不准确、不完整的，应当依法承担相应法律责任，经营机构应当告知其后果，并拒绝向其销售产品或者提供服务。

第三十四条 经营机构应当妥善处理适当性相关的纠纷，与投资者协商解决争议，采取必要措施支持和配合投资者提出的调解。经营机构履行适当性义务存在过错并造成投资者损失的，应当依法承担相应法律责任。

经营机构与普通投资者发生纠纷的，经营机构应当提供相关资料，证明其已向投资者履行相应义务。

第三十五条 中国证监会及其派出机构在监管中应当审核或者关注产品或者服务的适当性安排，对适当性制度落实情况进行检查，督促经营机构严格落实适当性义务，强化适当性管理。

第三十六条 证券期货交易场所应当制定完善本市场相关产品或者服务的适当性管理自律规则。行业协会应当制定完善会员落实适当性管理要求的自律规则，制定并定期更新本行业的产品或者服务风险等级名录以及本办法第十九条、第二十二条规定的风险承受能力最低的投资者类别，供经营机构参考。经营机构评估相关产品或者服务的风险等级不得低于名录规定的风险等级。

证券期货交易场所、行业协会应当督促、引导会员履行适当性义务，对备案产品或者相关服务应当重点关注高风险产品或者服务的适当性安排。

第三十七条 经营机构违反本办法规定的，中国证监会及其派出机构可以对经营机构及其直接负责的主管人员和其他直接责任人员，采取责令改正、监谈话、出具警示函等监督管理措施。

第三十八条 证券公司、期货公司违反本办法规定，存在较大风险或者风险隐患的，中国证监会及其派出机构可以按照《证券法》第一百四十条、《期货和衍生品法》第七十三条、《证券公司监督管理条例》第七十条、《期货交易管理条例》第五十五条的规定，采取监督管理措施。

第三十九条 违反本办法第六条、第十八条、第十九条、第二十条、第二十一条、第二十二条第（三）项至第（六）项、第二十三条、第二十四条、第三十三条规定的，按照《证券法》第一百九十八条、《证券投资基金法》第一百三十七条、《期货和衍生品法》第一百三十五条、《证券公司监督管理条例》第八十四条、《期货交易管理条例》第六十七条予以处理。

第四十条 违反本办法第二十二条第（一）项至第（二）项、第二十六条、第二十七条规定的，按照《证券投资基金法》第一百三十五条、《期货和衍生品法》第一百三十五条、《证券公司监督管理条例》第八十三条、《期货交易管理条例》第六十六条予以处理。

第四十一条　经营机构有下列情形之一的，给予警告，并处以3万元以下罚款；对直接负责的主管人员和其他直接责任人，给予警告，并处以3万元以下罚款：

（一）违反本办法第十条，未按规定对普通投资者进行细化分类和管理的；

（二）违反本办法第十一条、第十二条，未按规定进行投资者类别转化的；

（三）违反本办法第十三条，未建立或者更新投资者评估数据库的；

（四）违反本办法第十五条，未按规定了解所销售产品或者所提供服务信息或者履行分级义务的；

（五）违反本办法第十六条、第十七条，未按规定划分产品或者服务风险等级的；

（六）违反本办法第二十五条，未按规定录音录像或者采取配套留痕安排的；

（七）违反本办法第二十九条，未按规定制定或者落实适当性内部管理制度和相关制度机制的；

（八）违反本办法第三十条，未按规定开展适当性自查的；

（九）违反本办法第三十二条，未按规定妥善保存相关信息资料的；

（十）违反本办法第六条、第十八条至第二十四条、第二十六条、第二十七条、第三十三条规定，未构成《证券法》第一百九十八条，《证券投资基金法》第一百三十五条、第一百三十七条，《期货和衍生品法》第一百三十五条，《证券公司监督管理条例》第八十三条、第八十四条，《期货交易管理条例》第六十六条、第六十七条规定情形的。

第四十二条　经营机构从业人员违反相关法律法规和本办法规定，情节严重的，中国证监会可以依法采取市场禁入的措施。

第四十三条　本办法自2017年7月1日起施行。

典型案例

1. 嘉陵期货损害客户利益案[①]（中国证监会〔2008〕39号行政处罚决定书）

【案情】一、截至2004年9月17日，四川嘉陵期货经纪有限责任公司（以

---

① 嘉陵期货公司主要负责人刘某因挪用资金罪和虚假出资、抽逃出资罪，被成都市锦江区人民法院判处有期徒刑十二年，并处罚金人民币46万元。参见《四川证监局打造辖区资本市场诚信文化》，载http：//www. p5w. net/today/201112/t3986714. htm。——本书注

下简称嘉陵期货）挪用客户保证金 6149.90 万元用于期货自营交易和支付公司经营费用、借款给他人、提取现金及其他用途；

二、开展管理帐户的操作，与客户约定收益分成，承诺保底收益；

三、违规进行自营交易；

四、伪造、涂改交易结算数据，在保证金封闭运行的基准日向监管部门报送虚假的资料和财务报告。

【认定】 嘉陵期货的上述行为，违反了《期货交易管理暂行条例》第二十五条、第二十九条、第三十六条①的规定，构成《期货交易管理暂行条例》第五十九条第五、第六、第八项和第六十条第一、第六项②所述的行为。上述行为已造成严重的社会危害，嘉陵期货已不再具备继续经营的条件。

【处罚】 根据《期货交易管理暂行条例》第五十九条和第六十条的规定，证监会决定：吊销嘉陵期货的期货经纪业务许可证。

2. 三隆期货损害客户利益案（中国证监会〔2009〕14 号行政处罚决定书、〔2009〕10 号市场禁入决定书）

【案情】 一、挪用客户保证金

2003 年 10 月至 2006 年 7 月，三隆期货经纪有限公司（以下简称三隆期货）每月均调整客户权益，先后共调整了 668 个客户出入金。截至 2006 年 7 月底，尚有 295 个客户的账面保证金金额与实际资金不一致。根据三隆期货提供的相关数据，客户保证金缺口由 2003 年 10 月底的 20,850,717.10 元增加至 2006

---

① 《期货交易管理暂行条例》第二十五条规定："期货经纪公司除接受客户委托，从事期货交易所上市期货合约的买卖、结算、交割及相关服务业务外，不得从事其他业务。"第二十九条规定："期货经纪公司接受客户委托为其进行期货交易，应当事先向客户出示风险说明书，经客户签字确认后，与客户签订书面合同。期货经纪公司不得向客户作获利保证或者与客户约定分享利益或者共担风险，不得接受公司、企业或者其他经济组织以个人的名义委托进行期货交易，不得将受托业务进行转委托或者接受转委托业务。"第三十六条规定："期货交易应当严格执行保证金制度。期货交易所向会员、期货经纪公司向客户收取的保证金，不得低于中国证监会规定的标准，并应当与自有资金分开，专户存放。期货交易所向会员收取的保证金，属于会员所有；期货交易所除用于会员的交易结算外，严禁挪作他用。期货经纪公司向客户收取的保证金，属于客户所有；期货经纪公司除按照中国证监会的规定为客户向期货交易所交存保证金、进行交易结算外，严禁挪作他用。期货经纪公司应当为每一个客户单独开立专门帐户、设置交易编码，不得混码交易。"

② 《期货交易管理暂行条例》第六十条规定："期货经纪公司有下列欺诈客户行为之一的，责令改正，给予警告，没收违法所得，并处违法所得 1 倍以上 5 倍以下的罚款；没有违法所得或者违法所得不满 10 万元的，处 10 万元以上 50 万元以下的罚款；情节严重的，责令停业整顿或者吊销期货经纪业务许可证：（一）不按照规定向客户出示风险说明书，向客户作获利保证或者与客户约定分享利益、共担风险的；……（六）挪用客户保证金的；……期货经纪公司有前款所列行为之一的，对直接负责的主管人员和其他直接责任人员给予纪律处分，并处 1 万元以上 10 万元以下的罚款；构成犯罪的，依法追究刑事责任。"

年9月30日的48,499,590.87元。其中，山东三隆实业集团有限公司（以下简称三隆集团）占用资金19,859,309.76元。2003年11月至2006年9月，三隆期货先后通过报备的工商银行26407户、01729户、06394户、农业银行2313户和交通银行1466户等5个保证金账户，以直接或间接划款的方式，挪用客户保证金供三隆集团周转使用，累计发生额达276,700,367.26元。

2006年12月31日，三隆期货通过北方渔市股权融资取得的资金和自有资金将保证金缺口全部弥补，并在2007年1月26日至2月12日期间将全部客户转移至鲁证期货经纪有限公司。

二、从事期货自营业务

2004年至2005年，三隆期货利用公司控制的两个期货账户进行铜、大豆、豆粕等品种的期货交易，构成期货自营行为，自营亏损9,985,500.00元，产生手续费111,420.00元，共亏损10,096,920.00元。

【认定】三隆期货挪用客户保证金的行为，违反了《期货交易管理暂行条例》第三十六条的规定，构成了《期货交易管理暂行条例》第六十条“挪用客户保证金”的行为；三隆期货从事期货自营的行为违反了《期货交易管理暂行条例》第二十五条“期货经纪公司不得从事或者变相从事期货自营业务”的规定，构成了《期货交易管理暂行条例》第五十九条“从事期货自营业务或者违反本条例规定的其他业务”的行为。

邹某平既是三隆期货、三隆集团的实际控制人，又是这两个公司的董事长，是对三隆期货该两项违法行为直接负责的主管人员；邹某英作为三隆期货副总经理，连续多次在有关资金调拨令上签字，直接操作了公司的挪用客户保证金行为，知悉并参与了三隆期货违法从事的期货自营业务，是三隆期货该两项违法行为的其他直接责任人员；鲁某作为三隆期货总经理，负责操作了三隆期货违法从事的期货自营业务，是该项违法行为的其他直接责任人员。

三隆期货及上述有关责任人，对期货监管法规的禁止性规定熟视无睹，在较长时间内，通过多个账户、多次以直接或间接划款的方式挪用客户保证金，涉案金额比较巨大，同时还违法从事期货自营业务，情节比较严重。

同时，三隆期货及有关责任人员在案发后能主动交代保证金存在缺口的情况，在监管部门要求下最终采取措施弥补了保证金缺口且已将全部客户转移至鲁证期货经纪有限公司，以及在稽查过程中能够比较好地与监管部门配合，违规自营业务亏损等情况。

【处罚】一、依据《期货交易管理暂行条例》第六十条、第五十九条规定，证监会决定：1. 对邹某平处以10万元的罚款；2. 对邹某英处以5万元的罚款；

3. 对鲁某处以2万元的罚款。鉴于三隆期货已被证监会依法吊销期货经纪业务许可证，对其不再处罚。二、对邹某平，邹某英分别采取3年的期货市场禁入措施。

3. 齐鲁期货违法违规案（中国证监会〔2009〕6号行政处罚决定书、〔2009〕4号市场禁入决定书）

【案情】2006年1月9日，齐鲁期货客户王某枝从其在上海浦东发展银行郑州东明支行开立的账户内，将300万元资金汇入齐鲁期货在工商银行郑州市未来支行的保证金账户，齐鲁期货将该300万元资金存入王某枝的账户。同日，在王某枝不知情的情况下，齐鲁期货将王某枝汇入的300万元从其账户中划出，存入齐鲁期货另一客户的账户内供他人使用。

【认定】齐鲁期货挪用客户王某枝账户中资金的行为，违反了《期货交易管理暂行条例》第三十六条的规定，构成了《期货交易管理暂行条例》第六十条第一款第（六）项所述“挪用客户保证金”的行为，且情节严重。对齐鲁期货挪用客户保证金的行为，时任齐鲁期货代总经理毕某善、董事长兼总经理石某军是直接负责的主管人员，时任齐鲁期货财务部经理沈某是其他直接责任人员。

当事人石某军提出如下申辩意见：

其一，在挪用客户保证金行为发生时，其个人因身体健康原因在家休养，对该事件不知情；其二，事件发生后积极配合中国证监会有关部门的处理善后工作；其三，其个人已于2007年正式退休，收入有限，无力缴纳罚款。

经复核，中国证监会认为：

根据中国证监会的任职资格批复（证监期货字〔2002〕67号），石某军系齐鲁期货董事长兼总经理。齐鲁期货的《公司章程》规定，公司设经理，其职权包括主持公司的生产经营管理工作等。因此，石某军负有保证使公司的生产经营做到依法、合规的职责，并对由此引发的违法违规行为负责。石某军于2004年1月授权不具有期货公司高管任职资格的毕某善代行总经理职务，由毕某善全面主持公司日常经营管理工作。石某军的授权行为已违反期货公司高管人员管理的规定，因此其违规授权毕某善行使总经理职务的行为，在法律上并不能免除其作为齐鲁期货总经理所应承担的法定职责。同时，该案中挪用客户保证金是齐鲁期货的行为，并非毕某善等人的个人行为，石某军作为齐鲁期货时任董事长兼总经理，理应对公司的违法行为负责。此外，对于石某军在案发后配合证监会相关部门善后工作等情节，证监会已依据《中华人民共和国行政处罚法》第二十七条的规定予以了充分考虑，在量罚幅度上已区别于主要责任人毕某善，属从轻处罚。石某军提出免予处罚的请求没有法律依据。

【处罚】一、依据《期货交易管理暂行条例》第六十条的规定，中国证监会决定：1. 对毕某善处以5万元罚款；2. 对石某军处以2万元罚款；3. 对沈某处以1万元罚款；4. 鉴于齐鲁期货已于2007年11月29日被证监会注销《期货经纪业务许可证》，证监会不再对齐鲁期货予以行政处罚。二、依据《期货交易管理暂行条例》第六十七条①的规定，中国证监会决定：认定毕某善为期货市场禁止进入者，期限2年。

权威解读

在实践中，期货经营机构向交易者作出保证其资产本金不受损失或者取得最低收益承诺，有不同的表现方式：既包括以期货经营机构名义作出的承诺，也包括期货经营机构员工个人在执行业务职责时作出的承诺；既包括书面承诺，也包括口头承诺。期货经营机构与交易者约定分享利益、共担风险的，实际上也属于诱骗交易者进行期货交易，容易使交易者忽视期货市场高风险而轻易入市，用交易者个人资金为期货经营机构牟利，对交易者不公平。违背交易者委托进行期货交易，包括不执行交易者交易指令、不完全执行交易者交易指令和超越客户指令交易委托范围进行期货交易等行为。有的期货经营机构为了尽量多地赚取客户手续费，或者实现自己炒单、操纵期货市场价格以及其他牟利目的，向客户提供最新市场信息即有关期货交易咨询时，向客户隐瞒重要事项或者使用其他不正当手段，诱骗交易者交易，致使交易者损失惨重。需要注意的是，要基于对违法行为客观表现的考察，准确认定违法行为的性质。②

《期货和衍生品法》第一百三十六条　【非法组织期货、衍生品交易】

第一百三十六条　违反本法第十一条、第八十条、第九十二条规定，非法设立期货交易场所、期货结算机构，或者以其他形式组织期货交易的，没收违法所得，并处以违法所得一倍以上十倍以下的罚款；没有违法所得或者违法所得不足一百万元的，处以一百万元以上一千万元以下的罚款。对直接负责的主管人员和其他直接责任人员给予警告，并处以二十万元以上二百万元以下的罚

---

① 《期货交易管理暂行条例》第六十七条规定："任何单位或者个人违反本条例规定，情节严重的，由中国证监会宣布该个人、该单位或者该单位的直接责任人员为期货市场禁止进入者。"

② 参见王瑞贺、方星海主编：《〈中华人民共和国期货和衍生品法〉释义》，法律出版社2022年版，第247－248页。

款。非法设立期货交易场所的，由县级以上人民政府予以取缔。

违反本法第三十条规定，未经批准组织开展衍生品交易的，或者金融机构违反本法第三十一条规定，未经批准、核准开展衍生品交易的，依照前款规定处罚。

相关规定

1.《期货和衍生品法》

第十一条 期货交易应当在依法设立的期货交易所或者国务院期货监督管理机构依法批准组织开展期货交易的其他期货交易场所（以下统称期货交易场所），采用公开的集中交易方式或者国务院期货监督管理机构批准的其他方式进行。

禁止在期货交易场所之外进行期货交易。

衍生品交易，可以采用协议交易或者国务院规定的其他交易方式进行。

第八十条 设立、变更和解散期货交易所，应当由国务院期货监督管理机构批准。

设立期货交易所应当制定章程。期货交易所章程的制定和修改，应当经国务院期货监督管理机构批准。

第九十二条 独立的期货结算机构的设立、变更和解散，应当经国务院期货监督管理机构批准。

设立独立的期货结算机构，应当具备下列条件：

（一）具备良好的财务状况，注册资本最低限额符合国务院期货监督管理机构的规定；

（二）有具备任职专业知识和业务工作经验的高级管理人员；

（三）具备完善的治理结构、内部控制制度和风险控制制度；

（四）具备符合要求的营业场所、信息技术系统以及与期货交易的结算有关的其他设施；

（五）国务院期货监督管理机构规定的其他条件。

承担期货结算机构职责的期货交易场所，应当具备本条第二款规定的条件。

国务院期货监督管理机构应当根据审慎监管原则进行审查，在六个月内作出批准或者不予批准的决定。

2.《期货交易管理条例》

第七十四条 非法设立期货交易场所或者以其他形式组织期货交易活动的，

由所在地县级以上地方人民政府予以取缔，没收违法所得，并处违法所得 1 倍以上 5 倍以下的罚款；没有违法所得或者违法所得不满 20 万元的，处 20 万元以上 100 万元以下的罚款。对单位直接负责的主管人员和其他直接责任人员给予警告，并处 1 万元以上 10 万元以下的罚款。

非法设立期货公司及其他期货经营机构，或者擅自从事期货业务的，予以取缔，没收违法所得，并处违法所得 1 倍以上 5 倍以下的罚款；没有违法所得或者违法所得不满 20 万元的，处 20 万元以上 100 万元以下的罚款。对单位直接负责的主管人员和其他直接责任人员给予警告，并处 1 万元以上 10 万元以下的罚款。

3.《行政许可法》

第八十一条　公民、法人或者其他组织未经行政许可，擅自从事依法应当取得行政许可的活动的，行政机关应当依法采取措施予以制止，并依法给予行政处罚；构成犯罪的，依法追究刑事责任。

《期货和衍生品法》第一百三十七条　【期货交易场所、期货结算机构违法】

第一百三十七条　期货交易场所、期货结算机构违反本法第十七条、第四十条、第八十五条第二款规定的，责令改正，给予警告，没收违法所得，并处以违法所得一倍以上十倍以下的罚款；没有违法所得或者违法所得不足二十万元的，处以二十万元以上二百万元以下的罚款；情节严重的，责令停业整顿。对直接负责的主管人员和其他直接责任人员处以五万元以上五十万元以下的罚款。

相关规定

1.《期货和衍生品法》

第十七条　期货合约品种和标准化期权合约品种的上市应当符合国务院期货监督管理机构的规定，由期货交易场所依法报经国务院期货监督管理机构注册。

期货合约品种和标准化期权合约品种的中止上市、恢复上市、终止上市应当符合国务院期货监督管理机构的规定，由期货交易场所决定并向国务院期货监督管理机构备案。

期货合约品种和标准化期权合约品种应当具有经济价值，合约不易被操纵，符合社会公共利益。

第四十条 期货结算机构、结算参与人收取的保证金、权利金等，应当与其自有资金分开，按照国务院期货监督管理机构的规定，在期货保证金存管机构专户存放，分别管理，禁止违规挪用。

第八十五条 期货交易场所应当依照本法和国务院期货监督管理机构的规定，加强对交易活动的风险控制和对会员以及交易场所工作人员的监督管理，依法履行下列职责：

（一）提供交易的场所、设施和服务；

（二）设计期货合约、标准化期权合约品种，安排期货合约、标准化期权合约品种上市；

（三）对期货交易进行实时监控和风险监测；

（四）依照章程和业务规则对会员、交易者、期货服务机构等进行自律管理；

（五）开展交易者教育和市场培育工作；

（六）国务院期货监督管理机构规定的其他职责。

期货交易场所不得直接或者间接参与期货交易。未经国务院批准，期货交易场所不得从事信托投资、股票投资、非自用不动产投资等与其职责无关的业务。

2.《期货交易管理条例》

第六十五条 期货交易所有下列行为之一的，责令改正，给予警告，没收违法所得，并处违法所得1倍以上5倍以下的罚款；没有违法所得或者违法所得不满10万元的，并处10万元以上50万元以下的罚款；情节严重的，责令停业整顿：

（一）未经批准，擅自办理本条例第十三条所列事项的；

（二）允许会员在保证金不足的情况下进行期货交易的；

（三）直接或者间接参与期货交易，或者违反规定从事与其职责无关的业务的；

（四）违反规定收取保证金，或者挪用保证金的；

（五）伪造、涂改或者不按照规定保存期货交易、结算、交割资料的；

（六）未建立或者未执行当日无负债结算、涨跌停板、持仓限额和大户持仓报告制度的；

（七）拒绝或者妨碍国务院期货监督管理机构监督检查的；

（八）违反国务院期货监督管理机构规定的其他行为。

有前款所列行为之一的，对直接负责的主管人员和其他直接责任人员给予纪律处分，处 1 万元以上 10 万元以下的罚款。

非期货公司结算会员有本条第一款第二项、第四项至第八项所列行为之一的，依照本条第一款、第二款的规定处罚、处分。

期货保证金安全存管监控机构有本条第一款第三项、第七项、第八项所列行为的，依照本条第一款、第二款的规定处罚、处分。

《期货和衍生品法》第一百三十八条 【违法发布价格预测信息】

第一百三十八条 期货交易场所、期货结算机构违反本法第八十八条第三款规定发布价格预测信息的，责令改正，给予警告，并处以二十万元以上二百万元以下的罚款。对直接负责的主管人员和其他直接责任人员处以五万元以上五十万元以下的罚款。

相关规定

《期货和衍生品法》

第八十八条 期货交易场所应当实时公布期货交易即时行情，并按交易日制作期货市场行情表，予以公布。

期货交易行情的权益由期货交易场所享有。未经期货交易场所许可，任何单位和个人不得发布期货交易行情。

期货交易场所不得发布价格预测信息。

期货交易场所应当依照国务院期货监督管理机构的规定，履行信息报告义务。

权威解读

价格发现是期货市场的重要功能之一，期货市场能够预期未来现货价格的变动，发现未来的现货价格，期货价格可以作为未来某一时期现货价格变动趋势的“晴雨表”。期货交易场所是集中交易的场所，自由报价、公开竞争，形成的期货价格具有较高的权威性。作为组织期货交易的第三方中立机构，期货交易场所每日根据规定形成、发布价格信息，包括在交易场所交易活动中产生的所有上市品种的交易行情、各种交易数据统计资料、交易场所发布的各种公告和通知等。如果发布价格预测信息，将动摇期货价格的公信力，干扰期货市场的正常运行，影响期货市场发现价格和配置资源功能的发挥。①

《期货和衍生品法》第一百三十九条　【期货服务机构违法不提供相关资料】

第一百三十九条　期货服务机构违反本法第九十八条的规定，从事期货服务业务未按照要求提供相关资料的，责令改正，可以处二十万元以下的罚款。

相关规定

1.《期货和衍生品法》

第九十八条　会计师事务所、律师事务所、资产评估机构、期货保证金存管机构、交割库、信息技术服务机构等期货服务机构，应当勤勉尽责、恪尽职守，按照相关业务规则为期货交易及相关活动提供服务，并按照国务院期货监督管理机构的要求提供相关资料。

2.《期货交易管理条例》

第六十一条　会计师事务所、律师事务所、资产评估机构等中介服务机构向期货交易所和期货公司等市场相关参与者提供相关服务时，应当遵守期货法律、行政法规以及国家有关规定，并按照国务院期货监督管理机构的要求提供相关资料。

《期货和衍生品法》第一百四十条　【期货服务机构未勤勉尽责】

第一百四十条　会计师事务所、律师事务所、资产评估机构等期货服务机构违反本法第九十九条的规定，未勤勉尽责，所制作、出具的文件有虚假记载、误导性陈述或者重大遗漏的，责令改正，没收业务收入，并处以业务收入一倍以上十倍以下的罚款；没有业务收入或者业务收入不足五十万元的，处以五十万元以上五百万元以下的罚款。对直接负责的主管人员和其他直接责任人员给予警告，并处以二十万元以上二百万元以下的罚款。

---

① 参见王瑞贺、方星海主编：《〈中华人民共和国期货和衍生品法〉释义》，法律出版社 2022 年版，第 252 页。

期货服务机构有前款所列违法行为，给他人造成损失的，依法承担赔偿责任。

相关规定

1. 《期货和衍生品法》

第九十八条　会计师事务所、律师事务所、资产评估机构、期货保证金存管机构、交割库、信息技术服务机构等期货服务机构，应当勤勉尽责、恪尽职守，按照相关业务规则为期货交易及相关活动提供服务，并按照国务院期货监督管理机构的要求提供相关资料。

第九十九条　会计师事务所、律师事务所、资产评估机构等期货服务机构接受期货经营机构、期货交易场所、期货结算机构的委托出具审计报告、法律意见书等文件，应当对所依据的文件资料内容的真实性、准确性、完整性进行核查和验证。

2. 《期货交易管理条例》

第七十六条　会计师事务所、律师事务所、资产评估机构等中介服务机构未勤勉尽责，所出具的文件有虚假记载、误导性陈述或者重大遗漏的，责令改正，没收业务收入，暂停或者撤销相关业务许可，并处业务收入1倍以上5倍以下的罚款。对直接负责的主管人员和其他直接责任人员给予警告，并处3万元以上10万元以下的罚款。

3. 《中国注册会计师审计准则第1101号——注册会计师的总体目标和审计工作的基本要求》（财会〔2019〕5号）①

第二十条　注册会计师应当按照审计准则的规定，对财务报表整体是否不存在由于舞弊或错误导致的重大错报获取合理保证，以作为发表审计意见的基础。

---

①　会计师事务所未勤勉尽责案件中经常涉及到的审计准则还包括：《中国注册会计师审计准则第1131号——审计工作底稿》《中国注册会计师审计准则第1141号——财务报表审计中与舞弊相关的责任》《中国注册会计师审计准则第1153号——前任注册会计师和后任注册会计师的沟通》《中国注册会计师审计准则第1211号——通过了解被审计单位及其环境识别和评估重大错报风险》《中国注册会计师审计准则第1231号——针对评估的重大错报风险采取的应对措施》《中国注册会计师审计准则第1301号——审计证据》《中国注册会计师审计准则第1311号——对存货、诉讼和索赔、分部信息等特定项目获取审计证据的具体考虑》《中国注册会计师审计准则第1313号——分析程序》《中国注册会计师审计准则第1323号——关联方》《中国注册会计师审计准则第1332号——期后事项》等，不再一一列举条文。——本书注

合理保证是一种高水平保证。当注册会计师获取充分、适当的审计证据将审计风险降至可接受的低水平时，就获取了合理保证。

由于审计存在固有限制，注册会计师据以得出结论和形成审计意见的大多数审计证据是说服性而非结论性的，因此，审计只能提供合理保证，不能提供绝对保证。

第二十二条 审计准则旨在规范和指导注册会计师对财务报表整体是否不存在重大错报获取合理保证，要求注册会计师在整个审计过程中运用职业判断和保持职业怀疑。

需要运用职业判断并保持职业怀疑的重要审计环节主要包括：

（一）通过了解被审计单位及其环境，识别和评估由于舞弊或错误导致的重大错报风险；

（二）通过对评估的风险设计和实施恰当的应对措施，针对是否存在重大错报获取充分、适当的审计证据；

（三）根据从获取的审计证据中得出的结论，对财务报表形成审计意见。

第二十七条 注册会计师应当遵守与财务报表审计相关的职业道德要求，包括遵守有关独立性的要求。

第二十八条 在计划和实施审计工作时，注册会计师应当保持职业怀疑，认识到可能存在导致财务报表发生重大错报的情形。

4.《资产评估基本准则》（财资〔2017〕43号）[①]

第四条 资产评估机构及其资产评估专业人员开展资产评估业务应当遵守法律、行政法规的规定，坚持独立、客观、公正的原则。

第五条 资产评估机构及其资产评估专业人员应当诚实守信，勤勉尽责，谨慎从业，遵守职业道德规范，自觉维护职业形象，不得从事损害职业形象的活动。

第六条 资产评估机构及其资产评估专业人员开展资产评估业务，应当独立进行分析和估算并形成专业意见，拒绝委托人或者其他相关当事人的干预，不得直接以预先设定的价值作为评估结论。

第七条 资产评估专业人员应当具备相应的资产评估专业知识和实践经验，能够胜任所执行的资产评估业务，保持和提高专业能力。

---

① 资产评估机构未勤勉尽责案件中经常涉及到的执业准则还包括：《资产评估执业准则——资产评估程序》《资产评估执业准则——资产评估方法》《资产评估执业准则——工作底稿》《资产评估执业准则——企业价值》《资产评估执业准则——评估报告》《资产评估执业准则——资产评估方法》等，不再一一列举条文。——本书注

第十条 资产评估机构执行某项特定业务缺乏特定的专业知识和经验时，应当采取弥补措施，包括利用专家工作等。

权威解读

1. 关于律师事务所的勤勉尽责认定标准。律师事务所是否应当为其出具的法律意见书中的虚假记载承担相应的法律责任，可以从两个层面予以审查：第一，相关虚假记载涉及的内容是否属于律师事务所在尽职调查过程中应予查验的事项；第二，律师事务所能否提供证据证明其针对相关事项进行了审慎查验。

对于会计师事务所出具的审计报告，律师事务所及律师出具相应法律意见可以将其作为依据，对审计报告中涉及财务会计专业性、完整性、一致性等问题履行普通人的注意义务，但对审计报告中涉及法律风险的问题仍需秉持职业怀疑精神，本着独立、勤勉的态度履行相应的核验义务，并留存相应的证据，以证明自己履行了与关注问题性质相匹配的注意义务。这就是说，如果审计报告出现虚假记载，律师事务所出具的法律意见援引审计报告的意见而出现错误，并不代表律师事务所一定会承担法律责任，只要律师事务所有证据证明自己在援引审计报告的意见时尽到了相应的注意义务，即使法律意见存有虚假内容，仍无需承担法律责任；如果审计报告存在虚假记载，法律意见直接援引审计报告的意见和结论，且律师事务所不能提供充分而有效的证据证明自己在出具法律意见时履行了相应的注意义务，则律师事务所不能因审计报告具有法律效力而免除法律责任。问题的关键，不在于审计报告的法定证明效力大小，而在于本案争议的应收账款虚假记载问题，是否属于法律专业人士需要特别关注的事项范围以及律师事务所是否有证据证明自己履行了相应的注意义务。①

2. 关于会计师事务所的勤勉尽责认定标准。《中国注册会计师审计准则第1101号——注册会计师的总体目标和审计工作的基本要求》第二十条、第二十二条规定，注册会计师应当按照审计准则的规定，对财务报表整体是否不存在由于舞弊或错误导致的重大错报获取合理保证，以作为发表审计意见的基础。合理保证是一种高水平保证。当注册会计师获取充分、适当的审计证据将审计风险降至可接受的低水平时，就获取了合理保证。由于审计存在固有限制，注册会计师据以得出结论和形成审计意见的大多数审计证据是说服性而非结论性的。因此，审计只能提供合理保证，不能提供绝对保证。审计准则旨在规范和

---

① 参见北京市高级人民法院（2018）京行终4657号行政判决书（东易律师事务所未勤勉尽责案）。

指导注册会计师对财务报表整体是否不存在重大错报获取合理保证，要求注册会计师在整个审计过程中运用职业判断和保持职业怀疑。根据上述规定，在认定注册会计师是否勤勉尽责的问题上，应对其过程性特征而非单纯的审计结论给予充分关注，应当考虑注册会计师是否遵循审计准则，是否获取合理保证，是否在整个审计过程中始终运用职业判断和保持职业怀疑，在识别评估重大错报风险，设计实施应对措施，获取评价审计证据，形成审计意见等重要审计环节体现出注册会计师的高度专业性和应有的职业水准，从而减少发表不恰当审计意见的可能性，降低审计风险。客观上，评价注册会计师是否勤勉尽责不妨以同样的专业人士在办理类似专业工作中所应秉持的勤勉和注意程度作为参照标准，考察被评价对象是否有进一步作为的空间和余地，而非被评价对象主观的认知与能力。作为判断勤勉尽责的外化标准则是，有充分证据证明注册会计师已经按照审计准则的要求，保持职业怀疑，运用职业判断，获取合理保证。①

《期货和衍生品法》第一百四十一条 【交割库违法】

第一百四十一条　交割库有本法第一百条所列行为之一的，责令改正，给予警告，没收违法所得，并处以违法所得一倍以上十倍以下的罚款；没有违法所得或者违法所得不足十万元的，处以十万元以上一百万元以下的罚款；情节严重的，责令期货交易场所暂停或者取消其交割库资格。对直接负责的主管人员和其他直接责任人员给予警告，并处以五万元以上五十万元以下的罚款。

相关规定

1.《期货和衍生品法》

第一百条　交割库包括交割仓库和交割厂库等。交割库为期货交易的交割提供相关服务，应当符合期货交易场所规定的条件。期货交易场所应当与交割库签订协议，明确双方的权利和义务。

交割库不得有下列行为：

（一）出具虚假仓单；

① 参见北京市高级人民法院（2020）京行终618号行政判决书（瑞华会计师事务所未勤勉尽责案）。

（二）违反期货交易场所的业务规则，限制交割商品的出库、入库；

（三）泄露与期货交易有关的商业秘密；

（四）违反国家有关规定参与期货交易；

（五）违反国务院期货监督管理机构规定的其他行为。

2.《期货交易管理条例》

第三十五条 期货交易的交割，由期货交易所统一组织进行。

交割仓库由期货交易所指定。期货交易所不得限制实物交割总量，并应当与交割仓库签订协议，明确双方的权利和义务。交割仓库不得有下列行为：

（一）出具虚假仓单；

（二）违反期货交易所业务规则，限制交割商品的入库、出库；

（三）泄露与期货交易有关的商业秘密；

（四）违反国家有关规定参与期货交易；

（五）国务院期货监督管理机构规定的其他行为。

第七十一条 交割仓库有本条例第三十五条第二款所列行为之一的，责令改正，给予警告，没收违法所得，并处违法所得1倍以上5倍以下的罚款；没有违法所得或者违法所得不满10万元的，并处10万元以上50万元以下的罚款；情节严重的，责令期货交易所暂停或者取消其交割仓库资格。对直接负责的主管人员和其他直接责任人员给予警告，并处1万元以上10万元以下的罚款。

《期货和衍生品法》第一百四十二条 【信息技术服务机构未按规定报备案】【信息技术服务机构的服务不合规定和标准】

第一百四十二条 信息技术服务机构违反本法第一百零一条规定未报备案的，责令改正，可以处二十万元以下的罚款。

信息技术服务机构违反本法第一百零一条规定，提供的服务不符合国家及期货行业信息安全相关的技术管理规定和标准的，责令改正，没收业务收入，并处以业务收入一倍以上十倍以下的罚款；没有业务收入或者业务收入不足五十万元的，处以五十万元以上五百万元以下的罚款。对直接负责的主管人员和其他直接责任人员给予警告，并处以二十万元以上二百万元以下的罚款。

相关规定 ①

《期货和衍生品法》

第一百零一条 为期货交易及相关活动提供信息技术系统服务的机构，应当符合国家及期货行业信息安全相关的技术管理规定和标准，并向国务院期货监督管理机构备案。

国务院期货监督管理机构可以依法要求信息技术服务机构提供前款规定的信息技术系统的相关材料。

《期货和衍生品法》第一百四十三条 【未按照规定提取、管理和使用风险准备金】

第一百四十三条 违反本法第一百一十六条的规定，期货经营机构、期货交易场所、期货结算机构和非期货经营机构结算参与人未按照规定提取、管理和使用风险准备金的，责令改正，给予警告。对直接负责的主管人员和其他直接责任人员给予警告，并处以十万元以上一百万元以下的罚款。

相关规定

1.《期货和衍生品法》

第一百一十六条 为防范交易及结算的风险，期货经营机构、期货交易场所、期货结算机构和非期货经营机构结算参与人应当从业务收入中按照国务院期货监督管理机构、国务院财政部门的规定提取、管理和使用风险准备金。

2.《期货交易管理条例》

第三十一条 期货交易所、期货公司、非期货公司结算会员应当按照国务院期货监督管理机构、财政部门的规定提取、管理和使用风险准备金，不得挪用。

第六十四条 期货交易所、非期货公司结算会员有下列行为之一的，责令改正，给予警告，没收违法所得：

① 与该条相关的《证券期货业网络安全管理办法（征求意见稿）》目前尚在公开征求意见。参见中国证监会：《证监会就〈证券期货业网络安全管理办法（征求意见稿）〉公开征求意见》，载 http：//www. csrc. gov. cn/csrc/c100028/c2381498/content. shtml，最后访问日期：2022 年 5 月 1 日。

（一）违反规定接纳会员的；

（二）违反规定收取手续费的；

（三）违反规定使用、分配收益的；

（四）不按照规定公布即时行情的，或者发布价格预测信息的；

（五）不按照规定向国务院期货监督管理机构履行报告义务的；

（六）不按照规定向国务院期货监督管理机构报送有关文件、资料的；

（七）不按照规定建立、健全结算担保金制度的；

（八）不按照规定提取、管理和使用风险准备金的；

（九）违反国务院期货监督管理机构有关保证金安全存管监控规定的；

（十）限制会员实物交割总量的；

（十一）任用不具备资格的期货从业人员的；

（十二）违反国务院期货监督管理机构规定的其他行为。

有前款所列行为之一的，对直接负责的主管人员和其他直接责任人员给予纪律处分，处1万元以上10万元以下的罚款。

有本条第一款第二项所列行为的，应当责令退还多收取的手续费。

期货保证金安全存管监控机构有本条第一款第五项、第六项、第九项、第十一项、第十二项所列行为的，依照本条第一款、第二款的规定处罚、处分。期货保证金存管银行有本条第一款第九项、第十二项所列行为的，依照本条第一款、第二款的规定处罚、处分。

第六十六条　期货公司有下列行为之一的，责令改正，给予警告，没收违法所得，并处违法所得1倍以上3倍以下的罚款；没有违法所得或者违法所得不满10万元的，并处10万元以上30万元以下的罚款；情节严重的，责令停业整顿或者吊销期货业务许可证：

（一）接受不符合规定条件的单位或者个人委托的；

（二）允许客户在保证金不足的情况下进行期货交易的；

（三）未经批准，擅自办理本条例第十九条所列事项的；

（四）违反规定从事与期货业务无关的活动的；

（五）从事或者变相从事期货自营业务的；

（六）为其股东、实际控制人或者其他关联人提供融资，或者对外担保的；

（七）违反国务院期货监督管理机构有关保证金安全存管监控规定的；

（八）不按照规定向国务院期货监督管理机构履行报告义务或者报送有关文件、资料的；

（九）交易软件、结算软件不符合期货公司审慎经营和风险管理以及国务院期货监督管理机构有关保证金安全存管监控规定的要求的；

（十）不按照规定提取、管理和使用风险准备金的；

（十一）伪造、涂改或者不按照规定保存期货交易、结算、交割资料的；

（十二）任用不具备资格的期货从业人员的；

（十三）伪造、变造、出租、出借、买卖期货业务许可证或者经营许可证的；

（十四）进行混码交易的；

（十五）拒绝或者妨碍国务院期货监督管理机构监督检查的；

（十六）违反国务院期货监督管理机构规定的其他行为。

期货公司有前款所列行为之一的，对直接负责的主管人员和其他直接责任人员给予警告，并处 1 万元以上 5 万元以下的罚款；情节严重的，暂停或者撤销期货从业人员资格。

期货公司之外的其他期货经营机构有本条第一款第八项、第十二项、第十三项、第十五项、第十六项所列行为的，依照本条第一款、第二款的规定处罚。

期货公司的股东、实际控制人或者其他关联人未经批准擅自委托他人或者接受他人委托持有或者管理期货公司股权的，拒不配合国务院期货监督管理机构的检查，拒不按照规定履行报告义务、提供有关信息和资料，或者报送、提供的信息和资料有虚假记载、误导性陈述或者重大遗漏的，依照本条第一款、第二款的规定处罚。

3.《期货交易所管理办法》（2021 年修正，证监会令第 179 号）

第七十七条　期货交易所应当按照手续费收入的 20% 的比例提取风险准备金，风险准备金应当单独核算，专户存储。

中国证监会可以根据期货交易所业务规模、发展计划以及潜在的风险决定风险准备金的规模。

4.《期货公司监督管理办法》（2019 年修正，证监会令第 155 号）

第八十八条　除依据《期货交易管理条例》第二十八条划转外，任何单位或者个人不得以任何形式占用、挪用客户保证金。

客户在期货交易中违约造成保证金不足的，期货公司应当以风险准备金和自有资金垫付，不得占用其他客户保证金。期货公司应当按照规定提取、管理和使用风险准备金，不得挪作他用。

《期货和衍生品法》第一百四十四条　【未按照规定保存有关资料和信息，泄露、隐匿、伪造、篡改或者毁损有关文件资料】

第一百四十四条　违反本法第一百一十七条的规定，期货经营机构、期货交易场所、期货结算机构、期货服务机构和非期货经营机构结算参与人等未按照规定妥善保存与业务经营相关的资料和信息的，责令改正，给予警告，并处以十万元以上一百万元以下的罚款；泄露、隐匿、伪造、篡改或者毁损有关文件资料的，责令改正，给予警告，并处以二十万元以上二百万元以下的罚款；情节严重的，处以五十万元以上五百万元以下的罚款，并暂停、吊销相关业务许可或者禁止从事相关业务。对直接负责的主管人员和其他直接责任人员给予警告，并处以十万元以上一百万元以下的罚款。

相关规定

1.《期货和衍生品法》

第一百一十七条　期货经营机构、期货交易场所、期货结算机构、期货服务机构和非期货经营机构结算参与人等应当按照规定妥善保存与业务经营相关的资料和信息，任何人不得泄露、隐匿、伪造、篡改或者毁损。期货经营机构、期货交易场所、期货结算机构和非期货经营机构结算参与人的信息和资料的保存期限不得少于二十年；期货服务机构的信息和资料的保存期限不得少于十年。

2.《期货交易所管理办法》（2021年修正，证监会令第179号）

第九十一条　期货交易所对期货交易、结算、交割资料的保存期限应当不少于20年。

3.《期货公司监督管理办法》（2019年修正，证监会令 第155号）

第六十条　期货公司应当建立数据备份制度，对交易、结算、财务等数据进行备份管理。

期货公司应当妥善保存客户开户资料、委托记录、交易记录和与内部管理、业务经营有关的各项资料，任何人不得隐匿、伪造、篡改或者毁损，除依法接受调查和检查外，应当为客户保密，不得非法提供给他人。客户资料保存期限自账户销户之日起不得少于20年。

典型案例 ①

万汇期货违法违规案（中国证监会〔2009〕23号行政处罚决定书、〔2009〕13号市场禁入决定书）

【案情】 一、挪用客户保证金

自1999年以来，时任万汇期货经纪有限公司（以下简称万汇期货）董事长兼总经理严某、副总经理卞某夫妻二人一直操纵机构账户“嘉富新”和自然人账户“陈某玲”。“嘉富新”以202（曾使用过203、208、210、218）等账户、“陈某玲”以204账户进行期货交易。这两个账户的出入金划拨一直由卞某经办，卞某以“bian”的交易员代码操作202、204账户的期货交易。卞某曾多次命令网络运营部经理李某为202、204、208账户设置（虚增）信用额度（期限为1个月左右），由李某电话通知结算部职员麦某复核，没有任何书面手续。截至2005年1月24日，严某、卞某操纵“嘉富新”账户、“陈某玲”账户，累计挪用客户保证金29,545,659.6元，违法所得为4,097,594.1元。

二、与客户约定分享利益，从事或者变相从事其他业务和期货自营业务

2003年2月6日，万汇期货与李某、卞某、时任万汇期货副总经理冯某签订协议：万汇期货以李某等3人的名义注册投资公司，李某等3人不出资、不承担该公司的债权债务，不参与该公司的经营活动，同时也不享受该公司的利益。其后，卞某要求李某挂名海南金汇兴业投资有限责任公司（以下简称金汇兴业）的法定代表人，李某即将身份证等资料交予卞某办理公司登记的有关手续。万汇期货最初为满足客户进行海南橡胶中心批发市场交易的需要，成立了金汇兴业，后又发展了代客理财业务。2003年12月5日，为了降低电脑等设备的购货成本，以同行价购进设备，金汇兴业又成立了电脑经营部。该营业部的管理费用由万汇期货支付，日常以2000元的备用金周转。金汇兴业的营业执照、所有印鉴由冯某和财务部保管。

---

① 境外也有相关案例，例如“花旗银行未按规定保存有关文件和资料案”：2017年12月，美国商品期货交易委员会对花旗银行及其旗下三家子公司开展调查，并要求其提供某一特定日期的音频记录。花旗银行以相关人员暂停工作为由请求延迟提交，美国商品期货交易委员会准许其要求。后美国商品期货交易委员会再次要求花旗银行提供相关记录，却被告知因音频保存系统故障，导致包括调查组要求提供录音在内的超过277万个音频文件均被删除。事实上，花旗银行及其附属机构都适用该音频保存系统，早在2014年就有员工向公司提示相关风险，但花旗银行并未采取任何整改措施，没有尽到保存有关文件和资料的义务。最终，花旗银行与美国商品期货交易委员会达成和解，并支付450万美元民事罚款。参见 CFTC. CFTC Orders Three Citibank Affiliates to Pay $4.5 Million for Supervision Failures That Led to Deletion of Subpoenaed Audio Recordings，载 https://www.CFTC.gov/PressRoom/PressReleases/8257-20，最后访问日期：2022年7月20日。

2003 年 6 月 30 日，金汇兴业在万汇期货申请开户并填写法人客户开户登记表，随后分别用 409、198、300 等 3 个账户开展期货业务，违法所得为 67,074.4 元。

三、不按照规定保存期货交易资料

万汇期货在 2004 年发现由严某、卞某操纵的“嘉富新”“陈某玲”等账户没有书面的开户资料后，没有及时要求其履行必要的补办手续，健全客户资料；万汇期货和金汇兴业之间账务往来的凭证不齐全；万汇期货在开展期货经纪业务中对电脑交易数据系统的维护与管理存在重大漏洞，导致公司 2001 年 3 月 16 日之前的期货交易数据系统损坏，硬盘备份数据无法恢复，没有保证期货交易资料的完整安全。

【认定】万汇期货挪用客户保证金 29,545,659.6 元的行为，违反了《期货交易管理暂行条例》第三十六条①的规定，构成了《期货交易管理暂行条例》第六十条第一款第（六）项所述“挪用客户保证金”的行为。

万汇期货与客户约定分享利益，从事或者变相从事其他业务和期货自营业务的行为，违反了《期货交易管理暂行条例》第二十五条和第二十九条的规定，构成《期货交易管理暂行条例》第五十九条第一款第（五）项所述“从事期货自营业务或者违反本条例规定的其他业务”的行为和第六十条第一款第（一）项所述“不按照规定向客户出示风险说明书，向客户作获利保证或者与客户约定分享利益、共担风险”的行为。

万汇期货不按照规定保存期货交易资料的行为，违反了《期货交易管理暂行条例》第四十五条的规定，构成了《期货交易管理暂行条例》第五十九条第一款第（八）项所述“不按照规定保存期货交易、结算、交割资料”的行为。

对万汇期货的上述违法行为，时任万汇期货董事长兼总经理严某、副总经理卞某是直接负责的主管人员（二人因涉嫌犯罪已另案处理）；时任万汇期货副总经理冯某、网络运营部经理李某、结算部职员麦某，分别参与或协助了相应违法行为，是其他直接责任人员。

当事人冯某提出如下申辩意见：

其一，万汇期货实际由严某、卞某夫妻二人掌控，她个人曾多次反对和劝

---

① 《期货交易管理暂行条例》第三十六条规定：“期货交易应当严格执行保证金制度。期货交易所向会员、期货经纪公司向客户收取的保证金，不得低于中国证监会规定的标准，并应当与自有资金分开，专户存放。期货交易所向会员收取的保证金，属于会员所有；期货交易所除用于会员的交易结算外，严禁挪作他用。期货经纪公司向客户收取的保证金，属于客户所有；期货经纪公司除按照中国证监会的规定为客户向期货交易所交存保证金、进行交易结算外，严禁挪作他用。期货经纪公司应当为每一个客户单独开立专门帐户、设置交易编码，不得混码交易。”

阻万汇期货的违法行为。在卞某操纵的“嘉富新”“陈某玲”等账户客户权益出现负数后，她已尽力阻止出金，因心存侥幸，故未及时向监管部门报告；其二，万汇期货成立金汇兴业的初衷是满足客户需求，金汇兴业由卞某具体管理，她并不参与金汇兴业的经营管理活动，她对金汇兴业的代客理财、与客户约定分享利益和期货自营等行为，事先不知情；其三，除严某、卞某操纵的“嘉富新”“陈某玲”等账户外，万汇期货对其他客户账户均能按照规定管理。对严某、卞某操纵“嘉富新”“陈某玲”等账户的行为，她个人确无能力阻止，也无权力管理。因此请求从轻处罚。

经复核，中国证监会认为：

就涉案违法事实，当事人冯某未能提供新的证据。冯某作为万汇期货主管财务部、结算部和综合部的副总经理，在明知万汇期货存在诸多问题的情况下，并未采取有效措施予以防范和制止，客观上导致了万汇期货有关违法行为发生或继续。冯某提出她处于从属地位等情节，证监会在审理时已依据1996年《行政处罚法》第二十七条①的规定予以了充分考虑。

【处罚】 一、依据《期货交易管理暂行条例》第五十九条和第六十条的规定，证监会决定：1. 吊销万汇期货的期货经纪业务许可证；2. 对冯某处以5万元罚款；3. 对李某处以4万元罚款；4. 对麦某处以1万元罚款。二、对严某、卞某二人采取期货市场终身禁入措施。

《期货和衍生品法》第一百四十五条　【违法从事境外期货交易】

第一百四十五条　境外期货交易场所和期货经营机构违反本法第一百一十八条和第一百二十条的规定，未向国务院期货监督管理机构申请注册的，责令改正，没收违法所得，并处以违法所得一倍以上十倍以下的罚款；没有违法所得或者违法所得不足五十万元的，处以五十万元以上五百万元以下的罚款。对直接负责的主管人员和其他直接责任人员给予警告，并处以十万元以上一百万元以下的罚款。

---

① 1996年《行政处罚法》第二十七条规定：“当事人有下列情形之一的，应当依法从轻或者减轻行政处罚：（一）主动消除或者减轻违法行为危害后果的；（二）受他人胁迫有违法行为的；（三）配合行政机关查处违法行为有立功表现的；（四）其他依法从轻或者减轻行政处罚的。违法行为轻微并及时纠正，没有造成危害后果的，不予行政处罚。”

相关规定

《期货和衍生品法》

第一百一十八条　境外期货交易场所向境内单位或者个人提供直接接入该交易场所交易系统进行交易服务的，应当向国务院期货监督管理机构申请注册，接受国务院期货监督管理机构的监督管理，国务院期货监督管理机构另有规定的除外。

第一百二十条　境内单位或者个人从事境外期货交易，应当委托具有境外期货经纪业务资格的境内期货经营机构进行，国务院另有规定的除外。

境内期货经营机构转委托境外期货经营机构从事境外期货交易的，该境外期货经营机构应当向国务院期货监督管理机构申请注册，接受国务院期货监督管理机构的监督管理，国务院期货监督管理机构另有规定的除外。

《期货和衍生品法》第一百四十六条　【委托无业务资格机构进行境外期货交易】

第一百四十六条　境内单位或者个人违反本法第一百二十条第一款规定的，责令改正，给予警告，没收违法所得，并处以十万元以上一百万元以下的罚款；情节严重的，暂停其境外期货交易。对直接负责的主管人员和其他直接责任人员给予警告，并处以五万元以上五十万元以下的罚款。

相关规定

1.《期货和衍生品法》

第一百二十条　境内单位或者个人从事境外期货交易，应当委托具有境外期货经纪业务资格的境内期货经营机构进行，国务院另有规定的除外。

境内期货经营机构转委托境外期货经营机构从事境外期货交易的，该境外期货经营机构应当向国务院期货监督管理机构申请注册，接受国务院期货监督管理机构的监督管理，国务院期货监督管理机构另有规定的除外。

2.《期货交易管理条例》

第十七条　期货公司业务实行许可制度，由国务院期货监督管理机构按照其商品期货、金融期货业务种类颁发许可证。期货公司除申请经营境内期货经纪业务外，还可以申请经营境外期货经纪、期货投资咨询以及国务院期货监督管理机构规定的其他期货业务。

期货公司不得从事与期货业务无关的活动，法律、行政法规或者国务院期货监督管理机构另有规定的除外。

第七十三条 境内单位或者个人违反规定从事境外期货交易的，责令改正，给予警告，没收违法所得，并处违法所得1倍以上5倍以下的罚款；没有违法所得或者违法所得不满20万元的，并处20万元以上100万元以下的罚款；情节严重的，暂停其境外期货交易。对单位直接负责的主管人员和其他直接责任人员给予警告，并处1万元以上10万元以下的罚款。

《期货和衍生品法》第一百四十七条 【境外期货交易场所及其工作人员违法从事经营活动】

第一百四十七条 境外期货交易场所在境内设立的代表机构及其工作人员违反本法第一百二十一条的规定，从事或者变相从事任何经营活动的，责令改正，给予警告，没收违法所得，并处以违法所得一倍以上十倍以下的罚款；没有违法所得或者违法所得不足五十万元的，处以五十万元以上五百万元以下的罚款。对直接负责的主管人员和其他直接责任人员给予警告，并处以十万元以上一百万元以下的罚款。

相关规定

1.《期货和衍生品法》

第一百二十一条 境外期货交易场所在境内设立代表机构的，应当向国务院期货监督管理机构备案。

境外期货交易场所代表机构及其工作人员，不得从事或者变相从事任何经营活动。

2.《境外证券期货交易所驻华代表机构管理办法》（证监会令第157号）

第九条 代表处及其工作人员不得与法人或者自然人签订可能给代表处或者其境外交易所带来收入的协议或者合同，不得从事或者变相从事任何营利性活动，不得向境内单位或者个人提供交易直接接入服务，不得通过境外交易所会员等机构以任何形式向境内单位或者个人提供交易服务以及其他法律、法规规定的禁止性活动。

《期货和衍生品法》第一百四十八条 【违法从事期货市场营销、推介及招揽活动】

第一百四十八条 违反本法第一百二十二条的规定在境内从事市场营销、推介及招揽活动的，责令改正，给予警告，没收违法所得，并处以违法所得一倍以上十倍以下的罚款；没有违法所得或者违法所得不足五十万元的，处以五十万元以上五百万元以下的罚款。对直接负责的主管人员和其他直接责任人员给予警告，并处以十万元以上一百万元以下的罚款。

相关规定

1.《期货和衍生品法》

第一百二十二条 境外机构在境内从事期货市场营销、推介及招揽活动，应当经国务院期货监督管理机构批准，适用本法的相关规定。

境内机构为境外机构在境内从事期货市场营销、推介及招揽活动，应当经国务院期货监督管理机构批准。

任何单位或者个人不得从事违反前两款规定的期货市场营销、推介及招揽活动。

2.《境外证券期货交易所驻华代表机构管理办法》(证监会令第157号)

第十条 代表处及其工作人员只可面向机构或者企业进行市场介绍。

市场介绍指代表处及其工作人员对机构或者企业举办的培训、会议、座谈等非营利性活动。代表处举办面向机构或者企业的市场介绍，应当在活动结束后5个工作日内将有关情况报送代表处所在地中国证监会派出机构。

代表处及其工作人员进行市场介绍时，不得涉及具体产品；不得介绍开户、交易方式、交易费用等具有交易导向的内容；不得提出或者接受买卖任何证券、期货合约和其他金融产品的要约。

《期货和衍生品法》第一百四十九条 【拒绝、阻碍监督检查、调查】

第一百四十九条 拒绝、阻碍国务院期货监督管理机构或者国务院授权的部门及其工作人员依法行使监督检查、调查职权的，责令改正，处以十万元以上一百万元以下的罚款，并由公安机关依法给予治安管理处罚。

相关规定

1.《期货和衍生品法》

第一百零七条 国务院期货监督管理机构依法履行职责，进行监督检查或者调查，其监督检查、调查的人员不得少于二人，并应当出示执法证件和检查、调查、查询等相关执法文书。监督检查、调查的人员少于二人或者未出示执法证件和有关执法文书的，被检查、调查的单位或者个人有权拒绝。

第一百零九条 国务院期货监督管理机构依法履行职责，被检查、调查的单位和个人应当配合，如实作出说明或者提供有关文件和资料，不得拒绝、阻碍和隐瞒。

国务院期货监督管理机构与其他相关部门，应当建立信息共享等监督管理协调配合机制。

国务院期货监督管理机构依法履行职责，进行监督检查或者调查时，有关部门应当予以配合。

2.《期货交易管理条例》

第六十五条 期货交易所有下列行为之一的，责令改正，给予警告，没收违法所得，并处违法所得 1 倍以上 5 倍以下的罚款；没有违法所得或者违法所得不满 10 万元的，并处 10 万元以上 50 万元以下的罚款；情节严重的，责令停业整顿：

……

（七）拒绝或者妨碍国务院期货监督管理机构监督检查的；

……

有前款所列行为之一的，对直接负责的主管人员和其他直接责任人员给予纪律处分，处 1 万元以上 10 万元以下的罚款。

非期货公司结算会员有本条第一款第二项、第四项至第八项所列行为之一的，依照本条第一款、第二款的规定处罚、处分。

期货保证金安全存管监控机构有本条第一款第三项、第七项、第八项所列行为的，依照本条第一款、第二款的规定处罚、处分。

第六十六条 期货公司有下列行为之一的，责令改正，给予警告，没收违法所得，并处违法所得 1 倍以上 3 倍以下的罚款；没有违法所得或者违法所得不满 10 万元的，并处 10 万元以上 30 万元以下的罚款；情节严重的，责令停业整顿或者吊销期货业务许可证：

……

（十五）拒绝或者妨碍国务院期货监督管理机构监督检查的；

……

期货公司有前款所列行为之一的，对直接负责的主管人员和其他直接责任人员给予警告，并处1万元以上5万元以下的罚款；情节严重的，暂停或者撤销期货从业人员资格。

期货公司之外的其他期货经营机构有本条第一款第八项、第十二项、第十三项、第十五项、第十六项所列行为的，依照本条第一款、第二款的规定处罚。

期货公司的股东、实际控制人或者其他关联人未经批准擅自委托他人或者接受他人委托持有或者管理期货公司股权的，拒不配合国务院期货监督管理机构的检查，拒不按照规定履行报告义务、提供有关信息和资料，或者报送、提供的信息和资料有虚假记载、误导性陈述或者重大遗漏的，依照本条第一款、第二款的规定处罚。

3.《证券期货违法行为行政处罚办法》（证监会令第186号）

第九条 中国证监会及其派出机构进行调查时，执法人员不得少于二人，并应当出示执法证和调查通知书等执法文书。执法人员少于二人或者未出示执法证和调查通知书等执法文书的，被调查的单位和个人有权拒绝。

执法人员应当在询问笔录或现场笔录等材料中对出示情况进行记录。

第十条 被调查的单位和个人应当配合调查，如实回答询问，按要求提供有关文件和资料，不得拒绝、阻碍和隐瞒。

《期货和衍生品法》第一百五十条 【市场禁入】[①]

第一百五十条 违反法律、行政法规或者国务院期货监督管理机构的有关规定，情节严重的，国务院期货监督管理机构可以对有关责任人员采取期货市场禁入的措施。

前款所称期货市场禁入，是指在一定期限内直至终身不得进行期货交易、

---

① 市场禁入措施作为从英美地区引入的制度，其性质问题在理论上存在争议，新《行政处罚法》施行前，主流观点认为市场禁入措施属于特殊监管措施而非行政处罚。但根据《行政处罚法》（2021年修订）第二条规定："行政处罚是指行政机关依法对违反行政管理秩序的公民、法人或者其他组织，以减损权益或者增加义务的方式予以惩戒的行为"，《行政处罚法》第九条也将"限制从业"明确规定为行政处罚的种类之一。综上，本书初步认为，新《行政处罚法》施行后，市场禁入措施应当属于行政处罚。——本书注

从事期货业务，不得担任期货经营机构、期货交易场所、期货结算机构的董事、监事、高级管理人员或者负责人的制度。

相关规定

1.《期货交易管理条例》

第二十五条 下列单位和个人不得从事期货交易，期货公司不得接受其委托为其进行期货交易：

（一）国家机关和事业单位；

（二）国务院期货监督管理机构、期货交易所、期货保证金安全存管监控机构和期货业协会的工作人员；

（三）证券、期货市场禁止进入者；

（四）未能提供开户证明材料的单位和个人；

（五）国务院期货监督管理机构规定不得从事期货交易的其他单位和个人。

第七十七条 任何单位或者个人违反本条例规定，情节严重的，由国务院期货监督管理机构宣布该个人、该单位或者该单位的直接责任人员为期货市场禁止进入者。

2.《证券市场禁入规定》（证监会令第185号）①

第一条 为了维护证券市场秩序，保护投资者合法权益和社会公众利益，促进证券市场健康稳定发展，根据《中华人民共和国证券法》《中华人民共和国证券投资基金法》《中华人民共和国行政处罚法》等法律、行政法规，制定本规定。

第二条 中国证券监督管理委员会（以下简称中国证监会）及其派出机构（以下统称执法单位）对违反法律、行政法规或者中国证监会有关规定的有关责任人员采取证券市场禁入措施，以事实为依据，遵循公开、公平、公正的原则。

第三条 下列人员违反法律、行政法规或者中国证监会有关规定，情节严重的，执法单位可以根据情节严重的程度，采取证券市场禁入措施：

（一）证券发行人的董事、监事、高级管理人员，其他信息披露义务人或者其他信息披露义务人的董事、监事、高级管理人员，证券发行人、其他信息披

---

① 该规定虽主要规制证券市场，但其第十五条明确规定："执法单位依法宣布个人或者单位的直接责任人员为期货市场禁止进入者的，可以参照本规定执行。"因此该规定对于期货市场也有重要意义。——本书注

露义务人持股百分之五以上的股东、实际控制人，证券发行人、其他信息披露义务人持股百分之五以上的股东、实际控制人的董事、监事、高级管理人员，或者执法单位认定的其他对欺诈发行或信息披露违法行为直接负责的主管人员或其他直接责任人员；

（二）证券公司及其依法设立的子公司的董事、监事、高级管理人员及工作人员，证券公司的股东、实际控制人或者股东、实际控制人的董事、监事、高级管理人员；

（三）证券服务机构、债券受托管理人的董事、监事、高级管理人员、合伙人、负责人及工作人员，证券服务机构、债券受托管理人的股东、实际控制人或者股东、实际控制人的董事、监事、高级管理人员；

（四）公开募集证券投资基金（以下简称基金）管理公司及其依法设立的子公司、其他公募基金管理人、基金托管人及其设立的基金托管部门、基金服务机构的董事、监事、高级管理人员及工作人员，基金管理公司、其他公募基金管理人和基金服务机构的股东、实际控制人或者股东、实际控制人的董事、监事、高级管理人员；

（五）私募投资基金管理人、私募投资基金托管人、私募投资基金销售机构及其他私募服务机构的董事、监事、高级管理人员、工作人员，私募投资基金管理人的股东、实际控制人、合伙人、负责人；

（六）直接或者间接在证券交易所、国务院批准的其他全国性证券交易场所（以下统称证券交易场所）进行投资的自然人或者机构投资者的交易决策人；

（七）编造、传播虚假信息或者误导性信息的有关责任人员；

（八）执法单位及相关自律组织的工作人员；

（九）执法单位认定的其他违反法律、行政法规或者中国证监会有关规定的有关责任人员。

第四条 执法单位可以采取的市场禁入种类包括：

（一）不得从事证券业务、证券服务业务，不得担任证券发行人的董事、监事、高级管理人员；

（二）不得在证券交易场所交易证券。

执法单位可以根据有关责任人员的身份职责、违法行为类型、违法行为的社会危害性和违法情节严重的程度，单独或者合并适用前款规定的不同种类市场禁入措施。

第五条 被采取本规定第四条第一款第一项证券市场禁入措施的人员，在禁入期间内，除不得继续在原机构从事证券业务、证券服务业务或者担任原证券发行人的董事、监事、高级管理人员职务外，也不得在其他任何机构中从事证券业务、证券服务业务或者担任其他证券发行人的董事、监事、高级管理人员职务。

被采取本规定第四条第一款第一项证券市场禁入措施的人员，应当在收到证券市场禁入决定后立即停止从事证券业务、证券服务业务或者停止履行证券发行人董事、监事、高级管理人员职务，并由其所在机构按规定的程序解除其被禁止担任的职务。

第六条 被采取本规定第四条第一款第二项证券市场禁入措施的人员，在禁入期间内，不得直接或者以化名、借他人名义在证券交易场所交易上市或者挂牌的所有证券。但在禁入期间存在以下情形的除外：

（一）有关责任人员被依据《中华人民共和国证券法》和中国证监会有关规定责令回购或者买回证券；

（二）有关责任人员被责令依法处理非法持有的证券；

（三）有关责任人员持有的证券被依法强制扣划、卖出或转让；

（四）根据相关法律、行政法规、中国证监会规定或者依法制定的证券交易场所相关业务规则，为防范和化解信用类业务风险需要继续交易证券；

（五）为履行在被禁入前已经报送或者已经公开披露的材料中约定的义务需要继续交易证券；

（六）卖出被禁入前已经持有的证券；

（七）法律、行政法规、中国证监会或者依法制定的证券交易场所业务规则规定，或者中国证监会认定的其他情形。

被采取本规定第四条第一款第二项证券市场禁入措施的人员，应当在收到证券市场禁入决定后立即停止证券交易活动。

证券交易场所应当做好相配套的限制证券账户交易权限工作，证券登记结算机构和证券公司应当予以配合。

第七条 违反法律、行政法规或者中国证监会有关规定，情节严重的，可以对有关责任人员采取 3 年以上 5 年以下本规定第四条第一款第一项规定的证券市场禁入措施；行为恶劣、严重扰乱证券市场秩序、严重损害投资者利益或者在重大违法活动中起主要作用等情节较为严重的，可以对有关责任人员采取 6 年以上 10 年以下本规定第四条第一款第一项规定的证券市场禁入措施；有下列情形之一的，可以对有关责任人员终身采取本规定第四条第一款第一项规定的证券市场禁入措施：

（一）严重违反法律、行政法规或者中国证监会有关规定，被人民法院生效司法裁判认定构成犯罪的；

（二）从业人员等负有法定职责的人员，故意不履行法律、行政法规或者中国证监会规定的义务，并造成特别恶劣社会影响，或者致使投资者利益受到特别严重损害，或者导致其他特别严重后果的；

（三）在报送或者公开披露的材料中，隐瞒、编造或者篡改重要事实、重要财务数据或者其他重要信息，或者组织、指使从事前述行为或者隐瞒相关事项导致发生上述情形，严重扰乱证券市场秩序，或者造成特别恶劣社会影响，或者致使投资者利益受到特别严重损害的；

（四）违反法律、行政法规或者中国证监会有关规定，从事欺诈发行、内幕交易、操纵证券市场等违法行为，严重扰乱证券市场秩序并造成特别恶劣社会影响，或者获取违法所得等不当利益数额特别巨大，或者致使投资者利益受到特别严重损害的；

（五）违反法律、行政法规或者中国证监会有关规定，情节严重，应当采取证券市场禁入措施，且存在故意出具虚假重要证据，隐瞒、毁损重要证据等阻碍、抗拒执法单位及其工作人员依法行使监督检查、调查职权行为的；

（六）因违反法律、行政法规或者中国证监会有关规定，5 年内曾经被执法单位给予行政处罚 2 次以上，或者 5 年内曾经被采取本规定第四条第一款第一项规定的证券市场禁入措施的；

（七）组织、策划、领导或者实施重大违反法律、行政法规或者中国证监会有关规定的活动的；

（八）其他违反法律、行政法规或者中国证监会有关规定，情节特别严重的。

违反法律、行政法规或者中国证监会有关规定，影响证券交易秩序或者交易公平，情节严重的，可以对有关责任人员采取本规定第四条第一款第二项规定的证券市场禁入措施，禁止交易的持续时间不超过 5 年。[①]

第八条 违反法律、行政法规或者中国证监会有关规定，情节严重的，可以单独对有关责任人员采取证券市场禁入措施，或者一并依法进行行政处罚；涉嫌犯罪的，依法移送有关部门，并可同时采取证券市场禁入措施。

---

① 本书初步认为，期货市场“交易类禁入”的期限不受本条规定限制，主要理由是：(1) 根据《期货交易管理条例》第二十五条、第七十七条规定，期货公司不得接受期货市场禁止进入者委托，即期货市场禁入措施本身就包含“交易类禁入”“身份类禁入”属于新增内容，且历史上已有终身禁入案例；(2)《期货和衍生品法》规定期货市场禁入措施的最长可为终身，应以其规定为准；(3)《证券市场禁入规定》规定期货市场“可以参照使用”，而非完全照搬。——本书注

第九条 有下列情形之一的，应当对有关责任人员从轻、减轻采取证券市场禁入措施：

（一）主动消除或者减轻违法行为危害后果的；

（二）配合查处违法行为有立功表现的；

（三）受他人胁迫或者诱骗实施违法行为的；

（四）在执法单位依法作出行政处罚决定或者证券市场禁入决定前主动交代违法行为的；

（五）其他依法应当从轻、减轻采取证券市场禁入措施的。

违法情节轻微并及时纠正，没有造成危害后果的，免予采取证券市场禁入措施。初次违法并且危害后果轻微并及时纠正的，可以免予采取证券市场禁入措施。

第十条 共同违反法律、行政法规或者中国证监会有关规定，需要采取证券市场禁入措施的，对负次要责任的人员，可以比照应负主要责任的人员，适当从轻、减轻或者免予采取证券市场禁入措施。

第十一条 执法单位采取证券市场禁入措施前，应当告知当事人采取证券市场禁入措施的事实、理由及依据，并告知当事人有陈述、申辩和要求举行听证的权利。具体程序按照《中国证券监督管理委员会行政处罚听证规则》等规定执行。

第十二条 被采取证券市场禁入措施的人员因同一违法行为同时被人民法院生效司法裁判认定构成犯罪或者进行行政处罚的，如果对其所作人民法院生效刑事司法裁判或行政处罚决定被依法撤销或者变更，并因此影响证券市场禁入措施的事实基础或者合法性、适当性的，依法撤销或者变更证券市场禁入措施。

第十三条 被执法单位采取证券市场禁入措施的人员，执法单位将通过中国证监会或者相关派出机构网站，或者指定媒体向社会公布，并记入证券市场诚信档案。

第十四条 有关责任人员违反执法单位依法作出的证券市场禁入决定或者所在机构及相关工作人员不配合履行证券市场禁入决定的，执法单位可依据相关法律法规进行处罚，相关法律法规没有规定的，给予警告并处国务院规定限额以下的罚款；涉嫌犯罪的，依法移送有关部门追究刑事责任。

第十五条 执法单位依法宣布个人或者单位的直接责任人员为期货市场禁止进入者的，可以参照本规定执行。

第十六条 本规定下列用语具有如下含义：

（一）证券发行人：包括上市公司、非上市公众公司、公司债券发行人和法律、行政法规以及中国证监会规定的其他证券发行人；

（二）信用类业务：包括融资融券、股票质押、债券质押式回购以及其他由法律、行政法规、中国证监会或者证券交易场所业务规则规定的，由投资者提供担保品进行资金或证券融通的交易活动；

（三）从业人员：包括本规定第三条第二项、第三项、第四项、第五项和第八项规定的人员，或者执法单位认定的其他人员；

（四）立即：本规定第五条第二款所称“立即”是指证券市场禁入决定送达之日的次一工作日，本规定第六条第二款所称“立即”是指证券市场禁入决定送达之日的次一交易日，法律、行政法规或者中国证监会另有规定的除外；

（五）本规定所称以上、以下、不超过，均包括本数。

第十七条　本规定自2021年7月19日起施行。2006年7月10日中国证监会发布施行的《证券市场禁入规定》（2006年3月7日中国证券监督管理委员会第173次主席办公会议审议通过，根据2015年5月18日中国证券监督管理委员会《关于修改〈证券市场禁入规定〉的决定》修订，以下简称原规定）同时废止。

对于本规定实施前发生的应予证券市场禁入的违法行为，依照原规定办理，但适用本规定对有关责任人员有利的，适用本规定。

对发生于本规定实施以前，继续或者连续到本规定实施以后的行为，依照本规定办理。

权威解读

1. 期货市场禁入制度的目的和作用。期货市场具有高风险、高收益和专业性强的特点。我国高度重视防范化解金融风险，维护期货市场秩序和国家经济安全。期货市场禁入制度的目的，在于加强对期货市场的监督管理，增强市场诚信，维护期货市场秩序，保护广大交易者合法权益；同时，结合期货市场的专业性较强、职业化程度较高的特点，有针对性地通过对这些专业人员从事职业活动的限制措施，对其进行有效的警示和惩戒，从而促进市场活动的规范化，实现国家对期货市场的监管目的。这种制度及相关做法，在一些发达市场国家和地区，如美国和我国香港特别行政区等，已经得到比较普遍的确立与运用，并发挥了比较好的效果。在“高杠杆、高收益、高风险”的期货市场中，公平的规则是基础，有效的执法是保障。与遏制期货违法行为的其他行政手段相比，期货市场禁入具有相当的严厉性。对于期货市场的严重违法行为，如果只是单纯的罚款。以几万元乃至几十万元的罚款，与巨额的非法获利相比不值一提，对阻却期货违法行为作用甚微。为落实党中央、国务院关于对资本市场违法违规行为"零容忍"的要求，作为市场的监管者，对那些违反规则、不守信义、严重破坏期货市场秩序的主体，依法向其亮出"红牌"，将其驱逐出场，禁止其在一定期限内直至终身不得再入场，更能保障期货市场正常运转。①

2. 期货市场禁入制度的发展沿革。期货市场禁入制度，在我国最早可以追溯到1996年2月发布的《国务院批转国务院证券委员会、中国证券监督管理委员会关于进一步加强期货市场监管工作请示的通知》（以下简称1996年2月通知）和1996年3月发布的《中国证券监督管理委员会关于各期货交易所建立"市场禁止进入制度"的通知》（以下简称1996年3月通知）。1996年2月通知中明确规定，各期货交易所要结合各自的具体情况建立"市场禁止进入制度"。对于操纵市场或者进行期货欺诈造成严重后果的机构和个人，一经查实，要宣布其为"市场禁入者"，并报证监会，由证监会通报各交易所；除平仓指令外，各期货交易所和期货经纪机构要立即停止接受其新的交易指令；对触犯刑律的，移交司法机关追究刑事责任。对受到证监会通报的"市场禁入者"，各期货交易所和期货经纪机构3年内不得为其办理期货交易开户手续。1996年3月通知中明确规定3种行为，一经查实，期货交易所要宣布其为"市场禁入者"。1999年《期货交易管理暂行条例》第67条规定，任何单位或者个人违反该条例规定，情节严重的，由证监会宣布该个人、该单位或者该单位的直接责任人员为期货市场禁止进入者。2006年《证券市场禁入规定》第12条规定，证监会依法宣布个人或者单位的直接责任人员为期货市场禁止进入者的，可以参照该规定执行。这意味着自此证券期货市场禁入制度开始适用统一规则。本法将实践中行之有效的期货市场禁入制度上升为法律，国务院期货监督管理机构可以对严重违法的有关责任人员采取期货市场禁入的措施，将有利于进一步打击期货违法行为，维护广大交易者的合法利益。②

---

① 参见王瑞贺、方星海主编：《〈中华人民共和国期货和衍生品法〉释义》，法律出版社2022年版，第265－266页。

② 参见王瑞贺、方星海主编：《〈中华人民共和国期货和衍生品法〉释义》，法律出版社2022年版，第266－267页。

第三篇　民事侵权篇

《期货和衍生品法》第五十条　【期货经营机构违反交易者适当性管理规定的赔偿责任】

第五十条　期货经营机构向交易者提供服务时，应当按照规定充分了解交易者的基本情况、财产状况、金融资产状况、交易知识和经验、专业能力等相关信息；如实说明服务的重要内容，充分揭示交易风险；提供与交易者上述状况相匹配的服务。

交易者在参与期货交易和接受服务时，应当按照期货经营机构明示的要求提供前款所列真实信息。拒绝提供或者未按照要求提供信息的，期货经营机构应当告知其后果，并按照规定拒绝提供服务。

期货经营机构违反第一款规定导致交易者损失的，应当承担相应的赔偿责任。

相关规定

1.《最高人民法院关于审理期货纠纷案件若干问题的规定》（法释〔2003〕10号，2020年修正）

一、一般规定

……

第三条　人民法院审理期货侵权纠纷和无效的期货交易合同纠纷案件，应当根据各方当事人是否有过错，以及过错的性质、大小，过错和损失之间的因果关系，确定过错方承担的民事责任。

二、管辖

第四条　人民法院应当依据民事诉讼法第二十三条、第二十八条和第三十四条的规定确定期货纠纷案件的管辖。

第五条　在期货公司的分公司、营业部等分支机构进行期货交易的，该分支机构住所地为合同履行地。

因实物交割发生纠纷的，期货交易所住所地为合同履行地。

第六条 侵权与违约竞合的期货纠纷案件，依当事人选择的诉由确定管辖。当事人既以违约又以侵权起诉的，以当事人起诉状中在先的诉讼请求确定管辖。

第七条 期货纠纷案件由中级人民法院管辖。

高级人民法院根据需要可以确定部分基层人民法院受理期货纠纷案件。

三、承担责任的主体

第八条 期货公司的从业人员在本公司经营范围内从事期货交易行为产生的民事责任，由其所在的期货公司承担。[①]

第九条 期货公司授权非本公司人员以本公司的名义从事期货交易行为的，期货公司应当承担由此产生的民事责任；非期货公司人员以期货公司名义从事期货交易行为，具备民法典第一百七十二条所规定的表见代理条件的，期货公司应当承担由此产生的民事责任。

第十条 公民、法人受期货公司或者客户的委托，作为居间人为其提供订约的机会或者订立期货经纪合同的中介服务的，期货公司或者客户应当按照约定向居间人支付报酬。居间人应当独立承担基于居间经纪关系所产生的民事责任。

第十一条 不以真实身份从事期货交易的单位或者个人，交易行为符合期货交易所交易规则的，交易结果由其自行承担。

第十二条 期货公司设立的取得营业执照和经营许可证的分公司、营业部等分支机构超出经营范围开展经营活动所产生的民事责任，该分支机构不能承担的，由期货公司承担。

客户有过错的，应当承担相应的民事责任。

……

五、交易行为责任

第十六条 期货公司在与客户订立期货经纪合同时，未提示客户注意《期货交易风险说明书》内容，并由客户签字或者盖章，对于客户在交易中的损失，应当依据民法典第五百条第三项的规定承担相应的赔偿责任。但是，根据以往交易结果记载，证明客户已有交易经历的，应当免除期货公司的责任。

……

① 《期货和衍生品法》第六十九条第三款规定："期货经营机构从事期货业务的人员在从事期货业务活动中，执行所属的期货经营机构的指令或者利用职务违反期货交易规则的，由所属的期货经营机构承担全部责任。"——本书注

2.《期货公司监督管理办法》（证监会令第155号）

第五十七条 期货公司应当按照规定实行投资者适当性管理制度，建立执业规范和内部问责机制，了解客户的经济实力、专业知识、投资经历和风险偏好等情况，审慎评估客户的风险承受能力，提供与评估结果相适应的产品或者服务。

期货公司应当向客户全面客观介绍相关法律法规、业务规则、产品或者服务的特征，充分揭示风险，并按照合同的约定，如实向客户提供相关的资料、信息，不得欺诈或者误导客户。期货公司应充分了解和评估客户风险承受能力，加强对客户的管理。

期货公司应当承担各项产品和服务的投资者教育义务，保障必要费用和人员配备，将投资者教育纳入各业务环节。

3.《证券期货投资者适当性管理办法》（2022年修正，证监会令第202号）

第二十八条 对在委托销售中违反适当性义务的行为，委托销售机构和受托销售机构应当依法承担相应法律责任，并在委托销售合同中予以明确。

第三十三条 投资者购买产品或者接受服务，按规定需要提供信息的，所提供的信息应当真实、准确、完整。投资者根据本办法第六条规定所提供的信息发生重要变化、可能影响其分类的，应当及时告知经营机构。

投资者不按照规定提供相关信息，提供信息不真实、不准确、不完整的，应当依法承担相应法律责任，经营机构应当告知其后果，并拒绝向其销售产品或者提供服务。

第三十四条 经营机构应当妥善处理适当性相关的纠纷，与投资者协商解决争议，采取必要措施支持和配合投资者提出的调解。经营机构履行适当性义务存在过错并造成投资者损失的，应当依法承担相应法律责任。

经营机构与普通投资者发生纠纷的，经营机构应当提供相关资料，证明其已向投资者履行相应义务。

权威解读

《关于审理期货纠纷案件若干问题的规定》第16条规定“期货公司在与客户订立期货经纪合同时，未提示客户注意《期货交易风险说明书》内容，并由客户签字或者盖章，对于客户在交易中的损失，应当依据合同法第条第三项的规定承担相应的赔偿责任。但是，根据以往交易结果记载，证明客户已有交易经历的，应当免除期货公司的责任”。这是因为，从事期货交易的投资者并非都是初次进入市场者，有相当一部分客户是曾经在期货市场中从事过交易或是曾为从业人员的，换句话说，其对期货市场的情况是有所了解的，有的甚至还很内行。不应因为一纸风险揭示书没有拿到，就判定交易所、期货公司承担责任。这样规定，也可以避免客户钻法规、规章的漏洞。[①]

典型案例

周某茹、浙商证券股份有限公司、浙商期货有限公司等侵权责任纠纷案（浙江省杭州市中级人民法院（2019）浙01民初2905号民事判决书、浙江省高级人民法院（2020）浙民终725号民事判决书）

【案情】1. 周某茹与李某路相识多年，李某路在2015年期间担任浙商证券公司专职党委副书记兼纪委书记、监事长，有一般证券业务执业资格。2015年4月13日，周某茹在李某路的陪同下，来到浙商证券公司总部，接受了金融期货相关知识培训和测试，填写了开户申请表，并经浙商证券公司IB开户工作人员进行相关事项告知后在《期货交易风险说明书》《客户须知》《期货经纪合同》上签名确认，同时还签署了《密码告知确认函》和《集中式银期转账协议书》等。4月14日，浙商期货公司工作人员就开户事宜对周某茹进行电话回访，周某茹对开户手续是其本人办理、已有开户专员向其讲解合同内容并揭示期货交易风险等事项进行了确认。同日，周某茹向其证券账户、期货账户共同绑定的银行账户汇入了3000万元。4月15日，浙商期货公司向周某茹发送手机短信，通知其申请的商品期货账户已开通，可交易商品期货。4月17日，浙商期货公司向周某茹发送手机短信，通知其申请的金融期货账户已开通，可交易金融期货。

2. 4月15日，李某路更改了周某茹期货账户的交易密码，周某茹对此知情并予以认可；5月19日，李某路再次更改周某茹期货账户的交易密码；6月30日，李某路在周某茹的要求下，将周某茹期货账户的交易密码重新更改。李某路自2005年开始为周某茹证券账户进行操作，银证转账和银期转账的密码相同。

3. 自2015年4月15日至6月30日期间，李某路在周某茹的期货账户内频繁操作交易。周某茹期货账户在5月19日的期末权益为22,156,768.99元，6月29日的期末权益为450,381.59元。因账户存在巨额亏损，周某茹和李某路进行交涉，周某茹起草了《关于挽回损失计划》一份，李某路在该文稿上进行修

---

① 参见吴庆宝：《解读最高人民法院〈关于审理期货纠纷案件若干问题的规定〉》，载《法律适用》2003年第8期。

改，手写了“操作失误”“愿意承担部分损失”等文字。

4. 周某茹曾以侵权责任纠纷为案由，以浙商证券公司、浙商期货公司、李某路为被告，向绍兴市越城区人民法院提起诉讼，该院于2016年3月22日作出（2015）绍越民初字第4263号民事裁定书，准予周某茹撤回起诉。

5. 周某茹还分别于2016年、2018年向中国证券监督管理委员会浙江监管局（以下简称浙江证监局）反映浙商证券公司、李某路涉嫌违法法规等问题。该局于2016年7月12日答复：“一、经核查，现有证据（包括你提供的证据）无法证实李某路曾向你口头或书面表示‘浙商证券实力强，有专业人员直接操盘。只要你到浙商证券开立期货账户，不仅不会有风险，而且可以获得高回报，如果亏损就全部由公司承担，如果期货盈利，你与公司五五分账。’二、经核查你的开户资料等材料，未发现浙商证券在你期货开户环节存在违规现象。三、……在现有证据下，无法证实浙商证券和浙商期货在期货开户资料寄送环节存在你所述的情形。四、经核查你证券期货账户交易资料、密码修改记录、银证转账流水、银期转账流水、银行流水和手机银行开通情况等，现有证据（包括你提供的证据）无法证明浙商证券存在未经任何委托和授权，直接动用你账户3000万元资金进行证券和期货交易的情形。”该局2018年11月1日给周某茹回复函中，第三条内容为“针对浙商证券内部控制不完善、经营管理存在风险的问题，我局已于2016年依法对浙商证券公司采取了责令改正的行政监管措施。”另，浙江证监局于2016年2月29日向浙商证券公司出具《关于对浙商证券公司采取责令改正措施的决定》，内容有：“近期，经我局核查及你公司自查，发现你公司存在以下问题：一、……；二、你公司原监事长李某路私下接受客户委托理财引发诉讼纠纷。上述行为反映出你公司内部控制不完善，经营管理存在风险。”

【认定】一审法院认定：

1. 周某茹自认从2005年起委托李某路操作其证券账户进行交易且有赢利，后周某茹在李某路的全程陪同下开立期货账户，并在开户后同意李某路更改交易密码，亦将银期转账密码设置成与银证转账密码一致，周某茹在2015年4月17日至5月19日期间登录其期货账户达30余次，上述事实表明周某茹对李某路操作其期货账户进行交易是明知且认可的。故周某茹诉称其未委托他人进行任何证券买卖行为与查明事实不符。

2. 因李某路未经周某茹同意在5月19日再次修改交易密码，客观上阻碍了周某茹即时了解和控制其期货账户的交易情况，且李某路修改密码后擅自进行交易的行为造成了周某茹期货账户的巨额亏损，侵害了周某茹的财产权益，依法应承担相应的民事责任。鉴于周某茹在李某路擅自修改密码后未即时加以制止，其在防控自己账户风险中也存在一定的过错，周某茹应自行承担部分后果。经查实，周某茹期货账户在2015年5月19日期初权益为20,138,425.63元，当日入金7,850,000元，在2015年6月29日期末权益为450,381.59元，亏损金额27,538,044.04元，一审法院酌情确定李某路承担该损失70%的赔偿责任，即19,276,630.83元。周某茹要求李某路赔偿该损失自2015年7月3日起贷款利息的诉请，一审法院予以支持。

3. 李某路时任浙商证券公司专职党委副书记兼纪委书记、监事长，并不负责证券或期货业务，也无进行证券或期货业务营销的职权，法律法规和监管规定不禁止其从事期货交易，浙商证券公司、浙商期货公司并无权对李某路操作期货账户进行监管；浙江证监局在2016年给周某茹的回复函中，明确告知“经核查，未发现浙商证券公司在周某茹期货开户环节存在违规现象”。虽浙江证监局曾就包括“李某路私下接受客户委托理财引发诉讼纠纷”等问题而对浙商证券公司采取责令改正措施，该事实仅表明监管部门要求浙商证券公司加强其内部管理，并不能因此认定浙商证券公司、浙商期货公司系与李某路共同实施了侵权行为，故周某茹要求浙商证券公司、浙商期货公司对其财产损失承担共同赔偿责任，缺乏事实和法律依据。

综上，一审法院依照《中华人民共和国侵权责任法》第六条第一款、第十五条、第二十六条规定，判决李某路赔偿周某茹损失19,276,630.83元及利息（自2015年7月3日起至2019年8月19日止按中国人民银行同期贷款利率计算，自2019年8月20日起至款项清偿之日止按全国银行间同业拆借中心公布的贷款市场报价利率计算）。

周某茹、李某路不服一审判决，提出上诉。二审期间过程中当事人均未提供新均未提交新证据。二审法院对原审判决认定的事实予以确认，二审法院认为本案争议焦点为：李某路、浙商证券公司、浙商期货公司是否应该赔偿周某茹的案涉损失：

1. 周某茹主要以浙商证券公司和浙商期货公司在本案期货开户环节存在违法违规行为，以及李某路的行为属于职务行为等理由要求李某路、浙商证券公司、浙商期货公司共同承担赔偿责任。首先，关于浙商证券公司和浙商期货公司在本案开户环节是否存在周某茹主张的违反《关于建立金融期货投资者适当性制度的规定》《金融期货投资者适当性制度操作指引》等相关规定的行为。根据在案证据，周某茹与李某路于2015年4月13日到浙商证券公司总部申请开立周某茹期货交易账户，经浙商证券公司开户工作人员培训和测试后，周某茹本人在金融期货相关知识培训确认书、开户申请表、期货交易风险说明书、客户须知、期货经纪合同、密码告知确认函等相关资料上签名确认。周某茹在开户申请表上向浙商证券公司和浙商期货公司确认该申请表登记内容全部属实，并保证所提供资料的真实性，自愿承担交易结果。周某茹亦向开户工作人员表明，“好了，老股民了，这个应该不是问题。”2015 年 4 月 14 日浙商期货公司的开户回访录音显示，周某茹对其金融期货开户过程、开户测试、适当性评估及系本人交易等事实再次予以确认。周某茹在 2015 年 4 月 15 日已完成《金融期货投资者适当性制度实施办法》规定的商品期货交易次数并入账 500 万元，浙商期货公司据此在落款日期为 2015 年 4 月 16 日的投资者适当性综合评估表中为周某茹评分 80 分，并无不当。另，浙江证监局对周某茹的复函中也表明未发现浙商证券公司在其期货开户环节存在违规现象。故周某茹主张浙商证券公司和浙商期货公司在本案期货开户环节存在违法违规行为并无事实依据和法律依据，二审院对其该项上诉理由不予支持。其次，关于李某路的行为是否属于职务行为。本案中，李某路作为浙商证券专职党委副书记兼纪委书记、监事长，私下为周某茹进行期货交易，不属证券公司从业人员的职责范围，也超出浙商证券公司的经营范围。且并无证据显示李某路的前述行为得到了浙商证券公司的授权。故周某茹主张李某路的行为属于职务行为的上诉理由亦不能成立。综上，周某茹要求浙商证券公司与浙商期货公司向其承担赔偿责任的上诉主张不能成立，二审不予支持。

2. 李某路主要以其经过周某茹同意进行期货交易，不存在违约行为及侵权事实等为由认为其无需承担赔偿责任。《中华人民共和国合同法》第四百零六条规定：“有偿的委托合同，因受托人的过错给委托人造成损失的，委托人可以要求赔偿损失。无偿的委托合同，因受托人的故意或重大过失给委托人造成损失的，委托人可以要求赔偿损失。”李某路对接受周某茹委托操作期货交易账户的事实并无异议，其作为浙商证券公司工作人员，在明知期货交易具有杠杆性风险，可能产生巨大亏损，损失数额甚至会超过初始保证金直至追加保证金的情况下，仍于 2015 年 4 月 15 日至 2015 年 6 月 30 日期间使用周某茹期货账户进行大量频繁的期货交易，并在 2015 年 5 月 19 日修改账户交易密码，未及时向周某茹告知交易情况，最后造成周某茹账户发生巨额损失的后果。可以认定李某路在从事案涉委托事务中存在重大过失，周某茹有权要求李某路赔偿损失。鉴于周某茹作为完全民事行为能力人在期货开户时自行签署期货交易风险说明书，其对期货交易风险也应当有充分的注意义务，其在李某路修改密码后未及时联系了解账户交易情况，原审法院认定周某茹对交易损失的发生也存在过错，应自行承担部分责任，亦无不当。据此，原审法院将周某茹账户在 2015 年 5 月 19

日的期初权益及当日入金数额与2015年6月29日期末权益的差额，作为周某茹的损失数额并酌情判令李某路对该损失承担70%的赔偿责任，并支持周某茹要求赔偿利息损失的主张，有相应的事实依据和法律依据。李某路上诉认为其不存在违约行为和侵权事实的主张不能成立，二审法院不予支持。

综上所述，二审法院判决驳回二人上诉，维持原判。

《期货和衍生品法》第五十一条　【期货经营机构的举证责任倒置】

第五十一条　根据财产状况、金融资产状况、交易知识和经验、专业能力等因素，交易者可以分为普通交易者和专业交易者。专业交易者的标准由国务院期货监督管理机构规定。

普通交易者与期货经营机构发生纠纷的，期货经营机构应当证明其行为符合法律、行政法规以及国务院期货监督管理机构的规定，不存在误导、欺诈等情形。期货经营机构不能证明的，应当承担相应的赔偿责任。

相关规定

《证券期货投资者适当性管理办法》（2022年修正，证监会令第202号）

第三十四条　经营机构应当妥善处理适当性相关的纠纷，与投资者协商解决争议，采取必要措施支持和配合投资者提出的调解。经营机构履行适当性义务存在过错并造成投资者损失的，应当依法承担相应法律责任。

经营机构与普通投资者发生纠纷的，经营机构应当提供相关资料，证明其已向投资者履行相应义务。

《期货和衍生品法》第五十七条　【代表人诉讼制度】

第五十七条　交易者提起操纵市场、内幕交易等期货民事赔偿诉讼时，诉讼标的是同一种类，且当事人一方人数众多的，可以依法推选代表人进行诉讼。

《期货和衍生品法》第六十九条　【期货业务人员职务行为的责任承担】

第六十九条　期货经营机构从事期货业务的人员应当正直诚实、品行良好，具备从事期货业务所需的专业能力。

期货经营机构从事期货业务的人员不得私下接受客户委托从事期货交易。

期货经营机构从事期货业务的人员在从事期货业务活动中，执行所属的期货经营机构的指令或者利用职务违反期货交易规则的，由所属的期货经营机构承担全部责任。

《期货和衍生品法》第九十条　【期货交易场所重大过错的赔偿责任】

第九十条　期货交易场所对其依照本法第八十七条、第八十九条规定采取措施造成的损失，不承担民事赔偿责任，但存在重大过错的除外。

相关规定

1.《期货和衍生品法》

第八十七条　期货交易场所应当加强对期货交易的风险监测，出现异常情况的，期货交易场所可以依照业务规则，单独或者会同期货结算机构采取下列紧急措施，并立即报告国务院期货监督管理机构：

（一）调整保证金；

（二）调整涨跌停板幅度；

（三）调整会员、交易者的交易限额或持仓限额标准；

（四）限制开仓；

（五）强行平仓；

（六）暂时停止交易；

（七）其他紧急措施。

异常情况消失后，期货交易场所应当及时取消紧急措施。

第八十九条　因突发性事件影响期货交易正常进行时，为维护期货交易正常秩序和市场公平，期货交易场所可以按照本法和业务规则规定采取必要的处置措施，并应当及时向国务院期货监督管理机构报告。

因前款规定的突发性事件导致期货交易结果出现重大异常，按交易结果进行结算、交割将对期货交易正常秩序和市场公平造成重大影响的，期货交易场所可以按照业务规则采取取消交易等措施，并应当及时向国务院期货监督管理机构报告并公告。

2.《最高人民法院关于审理期货纠纷案件若干问题的规定》（法释〔2003〕10号，2020年修正）

第五十一条 期货交易所依据有关规定对期货市场出现的异常情况采取合理的紧急措施造成客户损失的，期货交易所不承担赔偿责任。

期货公司执行期货交易所的合理的紧急措施造成客户损失的，期货公司不承担赔偿责任。

3.《最高人民法院关于审理期货纠纷案件若干问题的规定（二）》（法释〔2011〕1号，2020年修正）

第一条 以期货交易所为被告或者第三人的因期货交易所履行职责引起的商事案件，由期货交易所所在地的中级人民法院管辖。

第二条 期货交易所履行职责引起的商事案件是指：

（一）期货交易所会员及其相关人员、保证金存管银行及其相关人员、客户、其他期货市场参与者，以期货交易所违反法律法规以及国务院期货监督管理机构的规定，履行监督管理职责不当，造成其损害为由提起的商事诉讼案件；

（二）期货交易所会员及其相关人员、保证金存管银行及其相关人员、客户、其他期货市场参与者，以期货交易所违反其章程、交易规则、实施细则的规定以及业务协议的约定，履行监督管理职责不当，造成其损害为由提起的商事诉讼案件；

（三）期货交易所因履行职责引起的其他商事诉讼案件。

4.《期货交易所管理办法》（2021年修正，证监会令第179号）

第八十四条 有根据认为会员或者客户违反期货交易所交易规则及其实施细则并且对市场正在产生或者即将产生重大影响，为防止违规行为后果进一步扩大，期货交易所可以对会员或者客户采取下列临时处置措施：

（一）限制入金；

（二）限制出金；

（三）限制开仓；

（四）提高保证金标准；

（五）限期平仓；

（六）强行平仓。

期货交易所按交易规则及其实施细则规定的程序采取前款第（四）项、第

（五）项或者第（六）项措施的，应当在采取措施后及时报告中国证监会。

期货交易所对会员或者客户采取临时处置措施，应当按照期货交易所交易规则及其实施细则规定的方式通知会员或者客户，并列明采取临时处置措施的根据。

第八十五条　期货价格出现同方向连续涨跌停板的，期货交易所可以采用调整涨跌停板幅度、提高交易保证金标准及按一定原则减仓等措施化解风险。

第八十六条　期货交易所实行风险警示制度。期货交易所认为必要的，可以分别或同时采取要求会员和客户报告情况、谈话提醒、发布风险提示函等措施，以警示和化解风险。

第八十七条　在期货交易过程中出现以下情形之一的，期货交易所可以宣布进入异常情况，采取紧急措施化解风险：

（一）地震、水灾、火灾等不可抗力或者计算机系统故障等不可归责于期货交易所的原因导致交易无法正常进行；

（二）会员出现结算、交割危机，对市场正在产生或者即将产生重大影响；

（三）出现本办法第八十五条规定的情形经采取相应措施后仍未化解风险；

（四）期货交易所交易规则及其实施细则中规定的其他情形。

期货交易所宣布进入异常情况并决定采取紧急措施前应当报告中国证监会。

第八十八条　期货交易所宣布进入异常情况并决定暂停交易的，暂停交易的期限不得超过3个交易日，但经中国证监会批准延长的除外。

典型案例

齐某显、大连商品交易所期货强行平仓纠纷案（大连市中级人民法院（2018）辽02民初1626号民事判决书、辽宁省高级人民法院（2019）辽民终457号民事判决书）

【案情】1. 2014年9月11日，齐某显（乙方）在招商期货公司（甲方）开户，双方签订了《期货经纪合同》，该合同约定如下：第七条约定："乙方委托甲方按照原告交易指令为乙方进行期货交易，甲方接受乙方委托，并按照乙方交易指令为乙方进行期货交易。甲方根据期货交易所规则执行乙方交易指令，乙方应当对交易结果承担全部责任。"第二十一条约定："乙方进行网上交易的，甲方交易服务器内的委托记录将作为双方核查交易指令合法、有效的证明。"第二十二条约定："为使乙方能方便地获得丰富的财经资讯，甲方在电子服务系统、邮箱、短信中提供了一些资讯信息，包括行情报价交易数据、财务数据、分析计算数据、帮助信息、投资建议、投资分析等，甲方不保证信息、数据资料的及时性、条理性、准确性、充分性以及完整性。上述信息数据也不构成任何获利保证。乙方依据甲方电子服务提供的各种信息进行期货投资所导致的损失，甲方不承担责任。”第三十一条约定：“乙方在发出交易指令后，可以在指令全部成交之前向甲方要求撤回或者修改指令。但如果该指令已经在期货交易所全部或部分成交的，乙方则应当承担交易结果。”第四十条约定：“乙方有义务随时关注自己的交易结果并妥善处理持仓……乙方在交易日开市前未对前日交易结算报告提出异议的，视为乙方对交易结算报告记载事项的确认。异议应由乙方本人或其授权的结算单确认人以书面方式向甲方提出，甲方应当及时处理所受到的书面异议。”签订合同前，招商期货公司出示了《期货交易风险说明书》，其中第九条载明：“利用互联网进行期货交易时将存在但不限于以下风险，您将承担由此导致的损失；（三）由于互联网上的数据传输可能因通信繁忙等原因出现延迟、中断、数据错误或不完全，从而使网上交易及行情出现延迟、中断、数据错误或不完全；……”齐某显在说明书末尾手写：“以上《期货交易风险说明书》的各项内容，本人已阅读并完全理解。”

2. 齐某显使用文华财经公司提供的“随身行”软件进行期货交易操作。齐某显在下载“随身行”软件后，首次登陆行情界面时，该软件系统会自动弹出《免责声明》《风险揭示书》《重要功能机制说明》，齐某显点击“同意”后才能进入行情界面进行指令操作。其中《免责声明》载明：“文华财经公司对因交易所、卫星传输线路、电信部门、及网络服务提供商等任何原因造成的信息传递异常情况所至后果不承担法律责任。用户应始终避免并消除由于上述原因造成的信息遗留、错误、丢失、延迟、中断等不利因素的影响，不得以上述缘由向文华财经提出索赔，此声明永久有效，选择同意，则表示已阅读本声明，并同意所述内容。”《风险揭示书》载明：“（二）委托交易的数据传输可能因通讯繁忙或丢包等原因出现中断、停顿、延迟、数据错误丢失或不完全，造成交易出现延迟、停顿、中断、从而会发生您不能及时、完整完成交易的风险。因此，您在使用该软件时，及时查证核实成交情况。（三）由于出现网络故障或网络繁忙或交易网关负载过重……等原因，软件可能会出现故障，您可能不能及时进入或通过该系统进行正常交易，或接到错误信息……鉴于上述风险的存在，您在使用本软件的时候，应当使用其他信息系统或其他交易手段进行验证，并及时查证交易情况。（四）软件发布的行情信息及其它证券/期货信息，因为网络延时等原因有可能出现错误或被误导，从而导致您做出错误判断，因此，您在使用该软件时，应对比其他软件，或采用其他手段，并及时查对行情数据”《重要功能机制说明》载明："（一）……3. 止损单和条件单，是设定委托发出的条件，当条件满足时，交易系统将委托单自动报入交易所，当条件满足时，委托单保留在云端服务器中。……10. 市价单，是以合约的涨/跌停板价下单，一般情况下会成交在你看到的对价上，买单以盘口的卖出价成交，卖单以盘口的买入价成交。风险1. 市价下单，在盘口行情突然发生快速变化的情况下，会成交在最新的对价上，与你下单时看到的价格会有差异。……风险3. 止损单和条件单在行情不活跃或快速发生变化的情况下，不保证成交价为指定价。"

3. 为规范期货交易行为，保护交易各方利益，保障交易合法合规进行，大连商品交易所制定了《大连商品交易所交易细则》，在其平台上参与交易各方都须遵守。其中第三十八条规定："交易指令的种类：（一）限价指令：指交易所计算机撮合系统执行指令时按限定价格或更好价格成交的指令。（二）市价指令：指交易所计算机撮合系统执行指令时以涨（跌）停板价格参与交易的买（卖）指令。（三）市价止损（盈）指令：指当市场价格触及客户预先设定触发价格时，交易所计算机撮合系统将其立即转为市价指令的指令。（四）限价止损（盈）指令：指当市场价格触及客户预先设定触发价格时，交易所计算机撮合系统将其立即转为限价指令的指令。（五）套利交易指令……（六）交易所规定的其他指令……"第四十二条规定："交易所计算机撮合系统自动将买卖申报指令按价格优先、时间优先的原则进行排序，当买入价大于、等于卖出价则自动撮合成交。同一交易编码同合约持仓平仓顺序按开仓时间先开先平。"第四十七条规定："境内客户进行期货交易，应当事先在期货公司会员处办理开户手续。（一）委托期货公司会员进行交易的，由期货公司会员为其办理开户手续，申请交易编码；……期货公司会员、境外经纪机构接受客户委托，应当事先向客户出示风险说明书，经客户签字确认后，与客户签订书面合同。"

4. 齐某显持有13手铁矿石1709合约，于2017年7月5日16:55:25挂出止损单，注明："触发条件：464.5元/吨，手数：13，委托价：市价，有效期：永久有效，交易品种铁矿1709"招商期货公司于16:55:32接受委托成功当晚夜盘于21:00:00开盘，开盘后21:00:01.460时出现464.5元/吨的成交价，之后多次出现低于464.5元/吨的成交价，21:00:01.690时，齐某显13手铁矿石1709合约以463.5元/吨价格被撮合成交，买家是光大期货。

5. 齐某显称，"随身行"软件公布的当晚成交数据未见有低于465元的价格，齐某显止损单不应被触发，齐某显未发出交易指令却被强行平仓，大连商品交易所、招商期货公司、文华财经公司均有责任，构成共同侵权，应对给齐某显造成的损失承担共同赔偿责任。齐某显主张59,800元损失是依据其曾挂出的止赢价509.5元/吨，与被平仓价463.5元/吨的差额，乘以13手（每手100吨），计算公式（509.5元/吨－463.5元/吨）×13手×100吨/手＝59，800元。

6. 招商期货公司抗辩称，齐某显是资深期货人，对期货交易存在的风险明知，当日开盘后出现464.5元/吨成交价后齐某显的交易指令被自动触发，齐某显的交易未经集合竞价环节，也不存在强行平仓的情况。且齐某显的委托价是市价，即当日跌停价435元/吨，齐某显的13手铁矿石1709合约最终以463.5元/吨被系统自动撮合成交符合齐某显的委托指令。比照齐某显买入开仓价，该13手铁矿石合约最终以463.5元/吨成交，齐某显并未遭受损失，相反还有两万余元的收益。

7. 大连商品交易所称，其是受其会员招商期货公司的委托撮合成交的，完全按会员委托指令操作，不存在侵权的问题。

8. 文华财经公司补充抗辩称，因受设备、技术等条件限制，大连商品交易所仅向文华财经公司发送部分交易信息，当晚等于、低于464.5元/吨价格的交易恰巧在未被发送数据之中，故齐某显在“随身行”软件中未见触发价交易。文华财经公司未对齐某显实施侵权行为，不承担任何责任。

【认定】一审法院认为：齐某显系在期货交易公司开户并进行期货交易的自然人。招商期货公司系依法设立经营期货业务的机构，其从事经纪业务，接受客户委托，以自己的名义为客户进行期货交易，交易结果归属于客户。大连商品交易所系经国务院期货监督管理机构审批设立，不以营利为目的，以其全部资产对外承担民事责任的事业单位。大连商品交易所为案涉期货买卖提供了交易平台，招商期货公司是大连商品交易所的会员，齐某显是招商期货公司的客户，不能直接在平台上操作交易，只能委托作为大连商品交易所会员的期货公司进行交易。文华财经公司系经大连商品交易所授权，在全球范围内，通过专线、互联网的方式，为客户提供大连商品交易所基本行情及相关信息服务的有限公司，齐某显即是使用文华财经公司提供的“随身行”软件进行期货交易操作的。结合各方诉辩内容，本案的争议焦点主要有以下四个：

1. 齐某显挂止损单是否是发出交易指令。交易指令指客户下达给期货公司的指令，一般包括交易品种、合约到期月份、开平仓、买卖方向、数量、买卖价格等内容。交易指令包括限价指令、市价指令、市价止损（盈）指令、限价止损（盈）指令、套利交易指令、交易所规定的其他指令。可见，挂止损单是客户向期货公司发出的一种交易指令，一经发出并被接受，就视为委托成功，期货公司便可以止损价触发委托交易的指令，最终由交易所系统按照委托条件自动撮合交易。本案中，齐某显挂出止损单，招商期货公司接受，则双方就该笔业务达成了委托合意，齐某显向招商期货公司发出了以464.5元/吨触发委托交易的指令。

2. 齐某显的13手铁矿石1709合约被撮合成交是否构成强行平仓。《期货交易管理条例》第三十五条第二款规定，客户保证金不足时，应当及时追加保证金或者自行平仓。客户未在期货公司规定的时间内及追加保证金或者自行平仓的，期货公司应当将该客户的合约强行平仓，强行平仓的有关费用和发生的损失由该客户承担。可见，强行平仓时交易所在满足特定条件时为控制期货交易风险而采取的强行平仓的行为，不以客户是否委托为前提，也并非按客户委托条件撮合成交。本案中，夜市开盘后，盘口出现了齐某显所挂的止损价，于是齐某显的指令被自动触发，招商期货公司按照齐某显设定的条件向大连商品交易所发出委托交易指令，并在交易平台上按委托条件被撮合成交，这是一笔正常的期货交易，不符合强行平仓的前提条件，也未发生强行平仓的事实。

3. 大连商品交易所、招商期货公司、文华财经公司是否构成侵权。本案属一般侵权纠纷，齐某显对大连商品交易所、招商期货公司、文华财经公司存在侵权的主观故意或过失，实施了违法行为，造成了损害后果，违法行为与损害后果间具有因果关系负有举证责任，并应承担举证不能的法律后果。(1) 招商期货公司，在订立《期货经纪合同》时，向齐某显出示了《期货交易风险说明书》，并由齐某显签字确认，在交易当天，按照齐某显设定的交易条件向大连商品交易所发出委托交易指令，在成交后，及时向齐某显发送交易结算结果，并未拒绝就交易结果与齐某显进行沟通。可见，招商期货公司履行了《最高人民法院关于审理期货纠纷案件若干问题的规定》所给定的各项义务，齐某显无证据证明招商期货公司存在违背齐某显意愿发出委托交易指令、错误执行齐某显交易指令等违法行为，亦未举证证明招商期货公司存在损害齐某显利益的故意，因此，齐某显关于招商期货公司构成侵权的主张不能成立。(2) 大连商品交易所，与齐某显没有合同关系，不接受、执行齐某显的交易指令，与齐某显不发生直接的民事法律关系，且大连商品交易所是按照其会员单位的委托指令内容由计算机系统遵循价格优先、时间优先的原则自动撮合成交案涉交易的，不存在人为操作，交易结果也符合齐某显设定的条件，齐某显未能证明大连商品交易所存在更改指令、恶意促成或阻止交易等违法行为以及主观故意，因此，齐某显关于大连商品交易所构成侵权的主张亦不能成立。(3) 文华财经公司，仅为案涉交易提供软件服务，其按照齐某显指令执行命令，且受技术所限无法完整反映交易所的全部信息，其在齐某显使用该软件前的安装过程中，已向齐某显出示《免责声明》《风险揭示书》《重要功能机制说明》，对软件可能存在信息不完整、不及时的风险作出提示，并告知客户应自行对比其他软件，或采用其它手段，及时查对行情数据，以免遭受损失。现齐某显无据证明文华财经公司存在故意延迟或隐瞒发布信息、篡改阻止指令执行等违法行为及主观故意，因此，齐某显主张文华财经公司对其侵权没有事实和法律依据，不能得到支持。

4. 低于止损价被撮合成交的损失应由谁负担。首先，齐某显挂止损单时填报的委托价是市价，根据《大连商品交易所交易细则》第三十八条“（二）市价指令：指交易所计算机撮合系统执行指令时以涨（跌）停板价格参与交易的买（卖）指令。（三）市价止损（盈）指令：指当市场价格触及客户预先设定触发价格时，交易所计算机撮合系统将其立即转为市价指令的指令”的规定，当日跌停市价为435元/吨（前一交易日结算价，按涨跌幅比例计算得出），在此情况下，齐某显的13手铁矿石1709合约委托指令即为435元/吨进行平仓止损，大连商品交易所根据交易规则和撮合机制对齐某显指令撮合成交，最终撮合成交价为463.5元/吨，未低于齐某显委托价格，齐某显的权益未被侵害。其次，低于止损触发价被撮合成交的损失属于期货交易正常风险，应由齐某显自担。因为客户设置的止损单只是在期货公司的交易服务器上挂的条件单，当盘口最新价达到所设止损价时就会自动触发，这时期货交易软件（即“随身行”）会自动发送交易委托单到交易所，该委托单才真正进入到交易所参与撮合排队。所以，齐某显设置的止损单从大连商品交易所的报价触发招商期货公司的条件单开始，到招商期货公司按齐某显设定的条件价位进行报价委托，然后在大连商品交易所参与撮合成交结束，中间会有时间上的误差。在盘口以毫秒计时的价格快速波动的情况下，齐某显的止损委托单错过止损触发价位而以低于止损触发价位成交，即通常所说的以滑点成交属于正常的交易风险，应由齐某显自担。

综上，一审法院认为：大连商品交易所、招商期货公司、文华财经公司在案涉交易过程中均依法依约履行了各自职责，且于事前已向齐某显作出充分提示，齐某显无据证明大连商品交易所、招商期货公司、文华财经公司存在违法行为及主观故意或过失，齐某显的损失属于期货交易中的正常风险，齐某显以大连商品交易所、招商期货公司、文华财经公司实施了共同侵权行为，使其遭受经济损失为由，要求大连商品交易所、招商期货公司、文华财经公司承担赔偿责任没有合同和法律依据，对其诉讼请求不予支持。齐某显不服，遂提出上诉。

二审法院认定事实与一审法院基本一致，并认定如下：

1. 上诉人齐某显与被上诉人文华财经公司、招商期货公司、大连商品交易所之间为符合法律、法规的交易关系，交易过程中存在的数据传输延误风险已经在合同中予以提示。大连商品交易所是经国务院批准并由中国证监会管理的期货交易机构，为期货交易提供平台；招商期货公司是依法设立的经营期货业务的市场主体，其从事经纪业务，接受客户委托，以自己的名义为客户进行期货交易，交易结果归属于客户；文华财经公司是经大连商品交易所授权，在全球范围内通过专线、互联网等方式，为客户提供大连商品交易所基本行情及相关信息服务的机构。招商期货公司为大连商品交易所的会员。2014 年 9 月 11 日，齐某显向招商期货公司填写开户申请表，并与招商期货公司签订期货经纪合同，成为招商期货公司的客户；同时，通过网上操作，下载文华财经公司“随身行”，并通过“随身行”收发信息。在齐某显与招商期货公司签订的期货经纪合同中，互联网交易风险作为重要的风险提示内容在合同中予以提示，“利用互联网进行期货交易时将存在但不限于以下风险，您将承担由此导致的损失:”其中“由于互联网上的数据传输可能因通讯繁忙等原因出现延迟、中断、数据错误或不完全”作为风险提示的明确内容，向齐某显做出提示，齐某显在该提示的结尾处以手写的形式表明：“以上《期货交易风险说明书》的各项内容，本人已阅读并完全理解。”文华财经公司提供的文本“免责声明”“风险揭示书”“重要功能机制说明”等对“委托交易的数据传输可能因通讯繁忙或丢包等原因出现中断、停顿、延迟、数据错误、丢失或不完全，造成交易出现迟延、停顿、中断，从而会发生您不能及时、完整完成交易的风险。”亦做出明确的提示。由此可见，在上诉人齐某显成为招商期货公司的客户时，数据传输延误问题已经作为期货交易风险问题明确予以提示，对此，上诉人齐某显应当知道该风险的存在。

2. 案涉期货交易过程符合交易规则。上诉人齐某显于 2017 年 7 月 5 日 16:55:25挂出止损单，注明：“触发条件：464.5 元/吨，13 手，委托价为市价，有效期为永久有效，交易品种为铁矿石 1709”。当晚 21:00:00，大连商品交易所开盘，21:00:01.460 出现 464.5 元/吨的成交价，21:00:01.690 时，上诉人的 13 手铁矿石 1709 合约以 463.5 元/吨的价格撮合成交，买家为光大期货。根据《大连商品交易所交易细则》的规定，上诉人齐某显 2017 年 7 月 5 日 16:55:25 挂出止损单为市价止损（盈）指令，当市场价格触及客户预先设定的触发价格时，交易所计算机撮合系统将其立即转为市价指令的指令，即计算机撮合系统执行指令时以涨（跌）停板价格参与交易的买（卖）指令。当21:00:01.460 出现 464.5 元/吨的成交价时，触发上诉人齐某显的 13 手铁矿石 1709 的止损单进场交易，参考当日铁矿石跌停价 435 元/吨，计算机撮合系统在当晚 21:00:01.690 时撮合交易成功，上诉人齐某显的 13 手铁矿石 1709 合约最终以 463.5 元/吨的价格撮合交易成功。上述交易过程符合《大连商品交易所交易细则》的相关规定。

3. 关于上诉人齐某显提出案涉期货撮合交易存在不公平交易、不当迟延，侵犯上诉人合法权益的问题。大连商品交易所提供的交易记录显示，当晚开盘价为21:00:01.006出现的465元/吨。在21:00:01.460之前，虽然存在很多笔464.5元/吨交易数据，其中最早一笔出现在21:00:01.035，但根据大连商品交易所所属大连飞创信息技术有限公司关于期货行情发布频率的说明以及国内期货市场行情发布频率的通行做法，交易所的交易数据按照每秒钟截取两笔予以发布，即大约每500毫秒截取一个交易数据予以发布供客户交易参考。所以，上诉人提出的在21:00:01.460之前的交易数据，包括多笔464.5元/吨交易数据均不在大连商品交易所截取发布的点位上，不存在漏报或迟延的问题。上诉人齐某显关于大连商品交易所发布交易数据“不当延误”，侵犯其民事权益的理由不能成立；根据上诉人齐某显的止损单设定的条件，市场出现≤464.5元/吨的价格时，该止损单就被触发进场交易。在21:00:01.460时，大连商品交易所截取到464.5元/吨的价格数据予以发布，触发上诉人齐某显的止损单进场交易，计算机撮合系统在当晚21:00:01.690时撮合交易成功，该交易过程符合《大连商品交易所交易细则》的规定。上诉人齐某显提出该笔交易侵犯其民事权益，要求赔偿的请求没有事实依据。

综上，二审法院判决驳回上诉，维持原审判决。

权威解读

1.《关于审理期货纠纷案件若干问题的规定（二）》（以下简称《解释》）的制定背景。2003年6月18日，最高人民法院发布了《关于审理期货纠纷案件若干问题的规定》，较为全面系统地规定了期货公司与客户、期货交易所的权利与义务关系，以及各主体的民事责任，对于防范和解决期货市场相关主体之间的纠纷、保护投资者的合法权益和维护期货市场的正常运行秩序起到了积极作用。其中第二节和第十二节分别规定了管辖问题以及保全和执行问题。因当时的期货市场只有商品期货，故管辖部分仅规定了商品期货交易纠纷案件的地域管辖和级别管辖。保全与执行部分也仅规定了商品期货保证金、结算准备金等项财产的保全与执行问题。近年来，我国期货市场在平稳运行中取得较快发展，市场基础性制度建设不断完善，制度创新有序推进。2007年2月7日，国务院颁布了《期货交易管理条例》，该条例第二条明确规定调整范围为，商品期货、金融期货和期权交易。该条例第十一条期货交易所风险管理制度中新增加了结算担保金制度。同时在条例第三十二条、第四十一条还新设了两项结算制度，即有价证券充抵保证金制度和会员分级结算制度下的结算担保金制度。2010 年 4 月股指期货推出后，会员分级结算制度和结算担保金等创新制度开始实施。为适应期货市场的新发展，客观上需要对现行《关于审理期货纠纷案件若干问题的规定》进行补充和完善。《解释》的发布，有利于解决期货市场发展变化中产生的新情况和新问题，有利于更加有效的防范和解决期货市场纠纷，保障了期货市场的健康发展。在司法解释起草过程中，我们广泛听取了法院系统、监管机构以及期货业界的意见和建议，还先后征求了全国人大法工委、国务院法制办以及中国证监会的意见，在吸收合理建议的基础上进行了制度设计。①

2.《解释》对期货交易所因履行职责引发的商事案件实施指定管辖。2003 年发布的《关于审理期货纠纷案件若干问题的规定》对期货纠纷案件的地域管辖和级别管辖作了一般性规定。期货交易所作为期货市场的组织者和一线监管者，处于市场的中枢位置，对于组织期货交易、控制市场风险和维护市场秩序发挥着至关重要的作用。而且，期货交易所制定的业务规则普遍适用于全国各地的会员和投资者，期货交易所一旦因履行职责涉诉，可能面临全国应诉的状况。更为重要的是，涉及期货交易所履行职责的案件的敏感性和市场影响力，远高于普通期货纠纷，具有更高的专业性和技术性，审理难度较大。考虑到我国期货市场地区发展的差异性，各地法院对期货交易法规及交易所规则的理解可能存在较大差异，若案件处置不当，可能引起 误导 效应，引发期货市场系统性风险，进而影响期货市场安全和稳定。此前，最高人民法院在 2005 年和 2007 年相继就证券交易所和中国证券登记结算有限责任公司因履行职能有关的诉讼案件的指定管辖发布了专门的司法解释，确定了指定管辖的具体原则，并收到了良好效果。考虑到期货交易所的地位、性质、职能与证券交易所、证券登记结算公司基本相同，故借鉴证券市场相关司法解释确定的原则和有益经验，指定期货交易所所在地中级人民法院管辖此类案件，以保证法律适用的统一性和准确性。需要特别指出的是，此次指定期货交易所所在地中级人民法院管辖的案件主体仅限于期货交易所，其诉讼地位仅限于被告或者第三人的情形，案件

---

① 参见最高人民法院民二庭负责人就最高人民法院《关于审理期货纠纷案件若干问题的规定（二）》答记者问，载 http：//www.csrc.gov.cn/csrc/c100028/c1002610/content.shtml，最后访问日期：2022 年 5 月 10 日。

类型仅限于期货交易所履行职责引发的商事诉讼。[1]

3.《关于审理期货纠纷案件若干问题的规定（二）》第 1 条、第 2 条是对期货交易所因履行职责引发的商事案件实施指定管辖范围的规定。期货交易所作为期货交易组织者，除担保履约、履行风险控制、监督管理职责外，还承担对市场违规行为进行查处的职责，其制定的期货交易规则普遍适用于全国各地的会员和投资者。随着近年来期货交易品种不断丰富，期货交易规模的不断扩大，现阶段期货市场的市场结构和投资者结构相对于过去单一的商品期货时期而言均有了很大变化，期货交易所在履行监管职责时涉诉的概率将会增加。我国现有正常经营的期货公司共计 163 家，遍布全国 27 个省、市、自治区。若无指定管辖制度，期货交易所可能面临全国应诉的情况。

股指期货市场开启以后，涉及期货交易所履行职责案件的敏感性和市场影响力远高于普通期货纠纷，具有更强的专业性和技术性，审理难度大。考虑到我国期货市场地区发展的差异性，各地法院对期货交易法规及交易所规则的理解可能存在较大差别，有可能出现同类案件审理结果却不相同的情况。若案件处置不当引起误导效应，将会影响期货市场的安全和稳定。2003 年最高人民法院发布的《关于审理期货纠纷案件若干问题的规定》对期货纠纷案件的地域管辖和级别管辖作了一般性规定。最高人民法院在 2005 年和 2007 年相继就证券交易所和中国证券登记结算有限责任公司及其分公司因履行职能有关的诉讼案件的指定管辖发布了专门的司法解释，确定了指定管辖的具体原则，收到了良好效果。考虑到期货交易所的地位、性质、职能与证券交易所、证券登记结算公司基本相同，故借鉴证券市场相关司法解释确定的原则和有益经验，指定期货交易所所在地的中级人民法院管辖此类案件，以保证法律适用的统一性和准确性。需要指出的是，此次指定期货交易所所在地的中级人民法院管辖的案件主体仅限于期货交易所，其诉讼地位仅限于被告或者第三人的情形，案件类型仅限于期货交易所履行职责引发的商事诉讼。现有的期货交易所按组织机构可分为两类：一类是会员制期货交易所，即上海期货交易所、大连商品交易所、郑州商品交易所。另一类是公司制期货交易所，目前仅有中国金融期货交易所一家。指定管辖明确后，上海、大连、郑州三地的中级法院[2]将对涉及期货交易所履行职责的相关案件行使管辖权。《解释》第 1 条规定，指定管辖的案件类型为

---

① 参见最高人民法院民二庭负责人就最高人民法院《关于审理期货纠纷案件若干问题的规定（二）》答记者问，载 http://www.csrc.gov.cn/csrc/c100028/c1002610/content.shtml，最后访问日期：2022 年 5 月 10 日。

② 目前广州期货交易所已成立，广州的中级法院对相关案件也可行使管辖权。——本书注

期货交易所履行职责引起的商事案件。期货交易所日常从事的行为很多，有履行职责的行为，还有普通的民事行为，这些行为都可能引发诉讼。如何在《解释》中界定哪些属于履行职责的行为，并实行指定管辖呢?《解释》第2条对期货交易所履行职责引起的商事案件的范围作出规定。明确了原告、被告的主体范围，原告为期货市场的各参与主体，具体规定了哪些行为属于期货交易所履行职责引起的商事案件的行为。根据期货交易所履行职责行为的法律渊源，所有的行为概括为两类，又在每一类中进行细化。第一类是以期货交易所违反法律法规以及国务院期货监督管理机构的规定，履行监督管理职责不当，造成其损害为由提起的商事诉讼案件。第二类是以期货交易所违反章程、交易规则及其实施细则等规定及业务协议的约定，履行监督管理职责不当，造成其损害为由提起的商事诉讼案件；除列举以上两大类外，还包括期货交易所在履行职责过程中引发的其他的商事诉讼。如此规定，将各种类型的涉及期货交易所履行职责的纠纷案件按照法律层级的不同梳理得清晰、明了，既便于理解，也便于适用和操作。①

《期货和衍生品法》第一百二十五条 【操纵市场的赔偿责任】

第一百二十五条 违反本法第十二条的规定，操纵期货市场或者衍生品市场的，责令改正，没收违法所得，并处以违法所得一倍以上十倍以下的罚款；没有违法所得或者违法所得不足一百万元的，处以一百万元以上一千万元以下的罚款。单位操纵市场的，还应当对直接负责的主管人员和其他直接责任人员给予警告，并处以五十万元以上五百万元以下的罚款。

操纵市场行为给交易者造成损失的，应当依法承担赔偿责任。

相关规定

《期货和衍生品法》

第十二条 任何单位和个人不得操纵期货市场或者衍生品市场。

禁止以下列手段操纵期货市场，影响或者意图影响期货交易价格或者期货交易量：

---

① 参见宋晓明、周帆、沙玲：《〈关于审理期货纠纷案件若干问题的规定（二）〉的理解与适用》，载《人民司法》2011年第3期。

（一）单独或者合谋，集中资金优势、持仓优势或者利用信息优势联合或者连续买卖合约；

（二）与他人串通，以事先约定的时间、价格和方式相互进行期货交易；

（三）在自己实际控制的账户之间进行期货交易；

（四）利用虚假或者不确定的重大信息，诱导交易者进行期货交易；

（五）不以成交为目的，频繁或者大量申报并撤销申报；

（六）对相关期货交易或者合约标的物的交易作出公开评价、预测或者投资建议，并进行反向操作或者相关操作；

（七）为影响期货市场行情囤积现货；

（八）在交割月或者临近交割月，利用不正当手段规避持仓限额，形成持仓优势；

（九）利用在相关市场的活动操纵期货市场；

（十）操纵期货市场的其他手段。

典型案例

中信期货有限公司与成都欣华欣公司、成都大角牛公司、成都合业公司等期货期货强行平仓纠纷案（深圳市中级人民法院（2015）深中法商初字第230号判决书、广东省高级人民法院（2017）粤民终3024号）

【案情】1. 2012年11月12日，中信期货与大角牛公司签订《期货经纪合同》，约定大角牛公司委托中信期货按照大角牛交易指令为大角牛公司进行期货交易；中信期货在期货保证金存管银行开设期货保证金账户，代管大角牛公司交存的保证金；中信期货认为大角牛公司持有的未平仓合约风险较大时，有权对大角牛公司单独提高保证金比例或者拒绝大角牛公司开仓，在此情形下，提高保证金或者拒绝大角牛公司开仓的通知单独对大角牛公司发出；双方约定利用中国期货保证金监控中心查询系统作为中信期货向大角牛公司交易结算报告、调整保证金通知、追加保证金通知等文件的主要通知方式；中信期货应在每日结算完成后，及时将大角牛公司账户的交易结算报告、调整保证金通知、追加保证金通知等文件发送到中国期货保证金监控中心；大角牛公司登陆中国期货保证金监控中心查询系统，接收中信期货发出的交易结算报告、调整保证金通知、追加保证金通知等文件；除采用中国期货保证金监控中心查询系统作为主要通知方式外，中信期货同时采用中信期货给大角牛公司提供的期货交易系统作为辅助通知方式向大角牛公司发送每日交易结算报告、追加保证金通知、单独调整保证金通知等文件；在市场行情发生重大变化或者客户可能出现风险时，中信期货或中信期货签订从事中间介绍业务的机构可以采用以下通知方式向大角牛公司发送交易进行中发出的风险警示、追加保证金通知、强行平仓通知等文件：网上交易系统信息提示、录音电话通知、手机短信通知、传真通知、邮寄通知、电子邮件通话；大角牛公司同意，按照录音电话通知、手机短信通知、传真通知、邮寄通知、电子邮件通知的通知方式中，均以大角牛公司在本合同《开户申请表》中预留的通信地址、传真号码、电话号码、手机号码、E－mail 地址等作为双方有关通知、报告和确认等业务往来的有效地址和号码，大角牛公司保证预留信息的真实、有效、畅通；中信期货可以根据实际情况选择采取以上任何一种或多种方式通知大角牛公司；大角牛公司同意，只要中信期货通过约定中的任一种方式向大角牛公司发送了各种通知文件，均视为中信期货履行了合同约定的通知义务；大角牛公司有义务随时关注自己的交易结果并妥善处理持仓，如果大角牛公司因某种原因无法收到或者没有收到当日交易结算报告等，应于下一个交易日开市前 30 分钟向中信期货提出，否则，视同大角牛公司收到当日交易结算报告；大角牛公司在其交易及持仓过程中，应当随时关注自己的交易状况以及持仓、保证金和权益变化情况，并自觉规范交易行为、妥善处理自己的交易持仓；双方约定，中信期货对大角牛公司实行强行平仓是中信期货的权利而不是义务；大角牛公司的交易保证金不足，又未能及时追加保证金的，大角牛公司必须自行采取平仓措施，否则中信期货有权对大角牛公司所持未平仓合约采取强行平仓的措施；中信期货以风险率来计算大角牛公司期货交易的风险，风险率的计算方法为风险率＝大角牛公司的客户权益÷中信期货的保证金标准计算的持仓保证金×100%，中信期货对大角牛公司在不同期货交易所的未平仓合约统一计算风险；每日结算后，当大角牛公司的风险率＜100%时，中信期货将通过中国期货保证金监控中心查询系统向大角牛公司发出追加保证金通知和强行平仓通知；大角牛公司应当于下一个交易日 8 时 50 分前及时追加保证金（以资金到达中信期货期货保证金账户为准，下同），使风险率≥100%，否则，中信期货有权不经大角牛公司同意，对大角牛公司的部分或全部未平仓合约强行平仓，包括在集合竞价时挂单强行平仓，直至大角牛公司账户风险率≥100%；在交易过程中，中信期货对大角牛公司的交易实行动态风险控制，即中信期货将根据大角牛公司持仓合约的最新价对其账户权益和可用资金进行实时动态计算，如大角牛公司因交易亏损或其他原因，导致其风险率＜100%时，中信期货按照本合同约定的与大角牛公司约定的方式通知大角牛公司，大角牛公司应当立即补足保证金或自行平仓，使得大角牛公司账户风险率

≥100%，否则，中信期货有权对大角牛公司的部分或全部未平仓合约强行平仓，直至风险率≥100%；当大角牛公司的账户权益低于按交易所的保证金标准计算的持仓保证金时，大角牛公司同意中信期货有权在不通知大角牛公司的情况下，对大角牛公司的部分或全部未平仓合约强行平仓，直至风险率≥100%，大角牛公司承诺不以不知情、不在场为由，放任账户保证金低于交易所保证金标准；在期货交易所或结算机构根据有关规定要求中信期货对大角牛公司持有的未平仓合约强行平仓的情况下，中信期货有权未经大角牛公司同意按照期货交易所或结算机构的要求和中信期货相关规则对其持有的未平仓合约强行平仓，大角牛公司承担由此产生结果；只要中信期货选择的平仓价位和平仓数量在当时的市场条件下属于合理的范围，大角牛公司同意不以强行平仓的时机未能选择最佳价位和数量为由向中信期货主张权益；由于市场原因导致中信期货无法采取强行平仓措施产生的损失由大角牛公司承担等。2012 年 11 月 9 日，大角牛公司签署了《客户开户调查表（机构)》、《期货交易风险说明书》、《客户须知》、《开户申请表》等。2013 年 5 月 14 日，中信期货与合业公司签订《期货经纪合同》，约定合业公司委托中信期货按照合业公司交易指令为合业公司进行期货交易，合同内容均与前述中信期货与大角牛公司签订的《期货经纪合同》相同。同日，合业公司签署了《开户申请资料表》、《期货交易风险说明书》、《客户须知》等。2013 年 5 月 14 日，中信期货与合业公司签订《期货经纪合同》，约定合业公司委托中信期货按照合业公司交易指令为合业公司进行期货交易，合同内容均与前述中信期货与大角牛公司签订的《中证期货有限公司期货经纪合同》相同。同日，合业公司签署了《开户申请资料表》、《期货交易风险说明书》、《客户须知》等。

2. 2014 年 12 月 15 日，大角牛公司账户风险度大于 100%，保证金不足，中信期货向大角牛公司发出追加保证金通知。2014 年 12 月 16 日、17 日、18 日、19 日、22 日收盘后和交易过程中，中信期货又多次向大角牛公司发出追加保证金通知。大角牛公司未追加保证金或自行平仓，中信期货对大角牛公司账户予以强行平仓，2014 年 12 月 22 日结算最终穿仓损失 5,766,976. 72 元。之后，大角牛公司向中信期货偿还了 10 万元，剩余 5,666,976. 72 元未能偿还。2014 年 12 月 16 日，合业公司账户风险度大于 100%，保证金不足，中信期货向合业公司发出追加保证金通知。2014 年 12 月、17 日、18 日、19 日、22 日收盘后和交易过程中，中信公司又多次向合业公司发出追加保证金通知。合业公司未追加保证金或自行平仓，中信期货对合业公司账户予以强行平仓，2014 年 12 月 22 日结算最终穿仓损失 2,232,240. 12 元。2015 年 3 月 5 日，郑州商品交易所向中信期货出具《关于认定成都大角牛化工材料有限公司等4名客户为实际控制关系账户组的函》(郑商监察二部函〔2015〕34号)，称：经调查郑州商品交易所将合业公司纳入大角牛公司所在实际控制关系账户组进行管理。该函同时要求中信期货将该认定结果通知合业公司。2015年3月6日，郑州商品交易所出具《纪律处分决定书》，对大角牛公司、合业公司、欣华欣公司及案外人陈某冬给予暂停甲醇品种开仓6个月的纪律处分。决定书查明：该四名当事人在甲醇1501合约交易中，建仓及持仓变动方向存在一致性，四名当事人之间部分存在本人或高级管理人员或法定代表人交叉任职、互联网下单行为存在关联、存在巨量资金往来等情况，存在具有实际控制关系账户但不如实申报相关信息、隐瞒事实真相等违规事实。

3. 2015年9月16日，中国证券监督管理委员会作出《中国证监会行政处罚决定书（姜某)》(〔2015〕31号)，认定：2014年11月14日至12月16日期间，姜某实际控制欣华欣公司期货账户等42个期货账户，集中资金优势、持仓优势，连续买卖“甲醇1501”合约和为影响期货市场行情囤积现货，操纵期货交易价格；姜某为欣华欣公司原总经理，负责欣华欣公司日常经营管理，并直接负责操作欣华欣公司的期货交易；姜某实际决策控制欣华欣公司的管理，包括资金划转及业务审批等事项，姜某实际控制欣华欣公司期货账户，欣华欣公司期货账户交易“甲醇1501”期货合约是由姜某决策并直接或间接操作；姜某利用欣华欣公司作为国内最大甲醇贸易商在现货市场的优势地位囤积现货，以期影响期货市场价格，最终实现盈利目的；姜某直接控制包括欣华欣公司、大角牛公司、合业公司期货账户在内的5个期货账户，借用7个期货账户，通过控制的欣华欣公司签订资产委托协议等方式控制使用30个期货账户。

4. 基于本案相同事实，还有另案多起诉讼，其中，华信万达期货诉欣华欣公司、光大期货诉大角牛公司、欣华欣公司赔偿穿仓损失，河南省高级人民法院、上海市第一中级人民法院分别作出（2015）豫法民二终字第413号、(2015）沪一中民六（商）初字第34号民事判决，均认定姜某的期货操纵行为与其欣华欣公司的职务密不可分，欣华欣公司在期货操纵过程中居于核心和主导地位，姜某的行为系履行职务的行为，系欣华欣公司操作大角牛公司期货账户进行期货交易。欣华欣公司不服上海市第一中级人民法院（2015）沪一中民六（商）初字第34号民事判决，向上海市高级人民法院提起上诉。该院经审理后于2017年1月5日作出（2016）沪民终142号民事判决，驳回上诉，维持原判。上述判决发生法律效力后，欣华欣公司向最高人民法院申请再审。最高人民法院于2017年10月12日作出（2017）最高法民申2832号民事裁定，驳回欣华欣公司的再审申请。

【认定】一审法院认为，本案争议焦点为“穿仓损失应由谁承担”，并形成认定如下：

1. 欣华欣公司利用大角牛公司期货账户进行期货交易的事实，已为人民法院发生法律效力的裁判所确认，本案中无相反证据推翻，予以采纳。基于相同事实和理由，法院亦认定欣华欣公司利用合业公司期货账户进行期货交易。其次，《最高人民法院关于审理期货纠纷案件若干问题的规定》第十一条规定：“不以真实身份从事期货交易的单位或者个人，交易行为符合期货交易所交易规则的，交易结果由其自行承担。”本案中，欣华欣公司利用大角牛公司、合业公司期货账户进行期货交易，符合该规定的情形，大角牛公司、合业公司期货账户的交易结果应由欣华欣公司承担。至2014年12月22日结算，大角牛公司、合业公司期货账户穿仓损失合计7,899,216.84元（5,666,976.72元+2,232,240.12元），欣华欣公司应赔偿给中信期货。中信期货主张欣华欣公司承担自2014年12月23日起至款项付清之日的利息，符合法律规定，法院予以支持。

2. 关于欣华欣公司所称其向控股股东请示审批套期保值以及应由姜某承担责任的答辩意见。法院认为，首先，欣华欣公司向其股东请示审批套期保值，这属于欣华欣公司内部请示审批事项，不能成为其对外免责的理由。而且，该答辩意见与《中国证监会行政处罚决定书（姜某）》认定姜某通过控制的欣华欣公司签订资产委托协议的方式控制使用30个期货账户从事期货交易的事实相互矛盾。其次，姜某系欣华欣公司的总经理，姜某利用欣华欣公司作为国内最大甲醇贸易商在现货市场的优势地位囤积现货，姜某通过控制的欣华欣公司签订资产委托协议等方式控制使用30个期货账户等，这表明欣华欣公司在期货操纵过程中居于核心和主导地位，姜某的行为与其在欣华欣公司的职务密不可分，姜某的行为系履行职务的行为，应由欣华欣公司承担相应责任。据此，对欣华欣公司的答辩意见，法院不予采纳。

综上，一审法院判令欣华欣公司偿还中信期货损失7,899,216.84元及利息。

二审法院对一审法院认定事实予以确认，对于“中信期货在本案期货交易中是否存在过错”“姜某的行为属于职务行为还是个人行为”等争议焦点形成如下认定：

1. 本案中，中信期货分别与大角牛公司、合业公司签订《期货经纪合同》。上述合同约定：大角牛公司、合业公司委托中信期货按照交易指令为该两公司进行期货交易；在市场行情发生重大变化或者客户可能出现风险时，中信期货或中信期货签订从事中间介绍业务的机构可以采用网上交易系统信息提示、录音电话通知、手机短信通知、传真通知、邮寄通知、电子邮件通话等通知方式向大角牛公司、合业公司发送交易进行中发出的风险警示、追加保证金通知、强行平仓通知等文件；中信期货可以根据实际情况选择采取以上任何一种或多种方式通知大角牛公司、合业公司；大角牛公司、合业公司同意，只要中信期货通过约定中的任一种方式向其发送了各种通知文件，均视为中信期货履行了合同约定的通知义务；中信期货对大角牛公司、合业公司实行强行平仓是中信期货的权利而不是义务；大角牛公司、合业公司的交易保证金不足，又未能及时追加保证金的，大角牛公司、合业公司必须自行采取平仓措施，否则中信期货有权对大角牛公司、合业公司所持未平仓合约采取强行平仓的措施；每日结算后，当大角牛公司、合业公司的风险率<100%时，中信期货将通过中国期货保证金监控中心查询系统向大角牛公司、合业公司发出追加保证金通知和强行平仓通知；大角牛公司、合业公司应当于下一个交易日8时50分前及时追加保证金，使风险率≥100%，否则，中信期货有权不经大角牛公司、合业公司同意，对大角牛公司、合业公司的部分或全部未平仓合约强行平仓，包括在集合竞价时挂单强行平仓，直至大角牛公司、合业公司账户风险率≥100%；在交易过程中，中信期货对大角牛公司、合业公司的交易实行动态风险控制，如大角牛公司、合业公司因交易亏损或其他原因，导致其风险率<100%时，中信期货按照本合同约定的与大角牛公司、合业公司约定的方式通知大角牛公司、合业公司，大角牛公司、合业公司应当立即补足保证金或自行平仓，使得大角牛公司、合业公司账户风险率≥100%，否则，中信期货有权对大角牛公司、合业公司的部分或全部未平仓合约强行平仓，直至风险率≥100%；当大角牛公司、合业公司的账户权益低于按交易所的保证金标准计算的持仓保证金时，大角牛公司、合业公司同意中信期货有权在不通知的情况下，对大角牛公司、合业公司的部分或全部未平仓合约强行平仓，直至风险率≥100%，大角牛公司、合业公司承诺不以不知情、不在场为由，放任账户保证金低于交易所保证金标准；在期货交易所或结算机构根据有关规定要求中信期货对大角牛公司、合业公司持有的未平仓合约强行平仓的情况下，中信期货有权未经大角牛公司、合业公司同意按照期货交易所或结算机构的要求和中信期货相关规则对其持有的未平仓合约强行平仓，大角牛公司、合业公司承担由此产生结果；由于市场原因导致中信期货无法采取强行平仓措施产生的损失由大角牛公司、合业公司承担等。上述合同对双方当事人均有约束力，双方当事人应自觉履行。本案中，2014年12月15日，大角牛公司账户风险度大于100%，保证金不足，中信期货向大角牛公司发出追加保证金通知。2014年12月16日、17日、18日、19日、22日

收盘后和交易过程中，中信期货又多次向大角牛公司发出追加保证金通知。大角牛公司未追加保证金或自行平仓。同样，2014 年 12 月 16 日，合业公司账户风险度大于 100%，保证金不足，中信期货向合业公司发出追加保证金通知。2014 年 12 月、17 日、18 日、19 日、22 日收盘后和交易过程中，中信公司又多次向合业公司发出追加保证金通知。合业公司未追加保证金或自行平仓。根据上述合同约定，中信期货对大角牛公司、合业公司账户予以强行平仓，既没有违反合同约定内容，也没有违反法律法规强制性规定。因此，中信期货在上述期货交易过程中并不存在过错。欣华欣公司主张中信期货在本案期货交易中存在过错并应承担穿仓损失，没有事实依据和法律依据。欣华欣公司的该项上诉理由不能成立，法院对其主张不予采纳。

2. 姜某系欣华欣公司的总经理，欣华欣公司授权其从事期货交易活动。而且中国证券监督管理委员会的《中国证监会行政处罚决定书（姜某）》（〔2015〕31 号）也认定以下事实："姜某为欣华欣公司原总经理，负责欣华欣公司日常经营管理，并直接负责操作欣华欣公司的期货交易；姜某实际决策控制欣华欣公司的管理，包括资金划转及业务审批等事项，姜某实际控制欣华欣公司期货账户，欣华欣公司期货账户交易'甲醇 1501'期货合约是由姜某决策并直接或间接操作；姜某直接控制包括欣华欣公司、大角牛公司、合业公司期货账户在内的 5 个期货账户，借用 7 个期货账户，通过控制的欣华欣公司签订资产委托协议等方式控制使用 30 个期货账户。"可见，姜某作为欣华欣公司的总经理，通过控制众多期货账户并进行期货交易，目的是为欣华欣公司盈利，而且姜某的期货交易行为也得到欣华欣公司的认可。因此，姜某的行为应当认定为职务行为，而非个人行为。欣华欣公司主张姜某的行为属于个人行为，认为姜某在期货交易中未经请示审批并且未知会公司董事长或者公司的上级领导。对此，法院认为姜某是否未经请示审批、未知会公司董事长或者公司的上级领导等，均属于欣华欣公司的内部管理问题，并不能成为对外免责的理由。因此，欣华欣公司的上述主张，事实依据不足，法院不予支持。原审判决认定姜某的行为与其在欣华欣公司的职务密不可分、系履行职务的行为、应由欣华欣公司承担相应责任，依据充分，并无不当。

综上，二审法院驳回成都欣华欣的上诉，维持原判。

《期货和衍生品法》第一百二十六条　【内幕交易的赔偿责任】

第一百二十六条　违反本法第十三条的规定从事内幕交易的，责令改正，没收违法所得，并处以违法所得一倍以上十倍以下的罚款；没有违法所得或者违法所得不足五十万元的，处以五十万元以上五百万元以下的罚款。单位从事内幕交易的，还应当对直接负责的主管人员和其他直接责任人员给予警告，并处以二十万元以上二百万元以下的罚款。

国务院期货监督管理机构、国务院授权的部门、期货交易场所、期货结算机构的工作人员从事内幕交易的，从重处罚。

内幕交易行为给交易者造成损失的，应当依法承担赔偿责任。

相关规定

《期货和衍生品法》

第十三条　期货交易和衍生品交易的内幕信息的知情人和非法获取内幕信息的人，在内幕信息公开前不得从事相关期货交易或者衍生品交易，明示、暗示他人从事与内幕信息有关的期货交易或者衍生品交易，或者泄露内幕信息。

典型案例

1. 林某与光大证券公司证券内幕交易责任纠纷案（上海市第二中级人民法院（2014）沪二中民六（商）初字第126号民事判决书、上海市高级人民法院（2016）沪民终334号民事判决书）

【案情】1. 中国证监会〔2013〕59号行政处罚决定书认定，2013年8月16日11时05分，光大证券公司在进行交易型开放式指数基金申赎套利交易时，因程序错误，其所使用的策略交易系统以234亿元的巨量资金申购180ETF成份股，实际成交72.7亿元。经测算，180ETF与沪深300指数在2013年1月4日至8月21日期间的相关系数达99.82%，即巨量申购和成交180ETF成份股对沪深300指数，180ETF、50ETF和股指期货合约价格均产生重大影响。同时，巨量申购和成交可能对投资者判断产生重大影响，从而对沪深300指数，180ETF、50ETF和股指期货合约价格产生重大影响。根据2005年《证券法》第七十五条第二款第八项和《期货交易管理条例》第八十二条第十一项的规定，“光大证券公司在进行ETF套利交易时，因程序错误，其所使用的策略交易系统以234亿元的巨量资金申购180ETF成份股，实际成交72.7亿元”为内幕信息。光大证券公司是2005年《证券法》第二百零二条和《期货交易管理条例》第七十条所规定的内幕信息知情人。上述内幕信息自当日11时05分交易时产生，至当日14时22分光大证券公司发布公告时公开。同日不晚于11时40分，徐某明召集杨某忠、沈某光和杨某波开会，达成通过做空股指期货、卖出ETF对冲风险的意见，并让杨某波负责实施。因此，光大证券公司知悉内幕信息的时间不晚于当日11时40分。当日13时，光大证券公司称因重大事项停牌。当日14时22分，光大证券公司发布公告，称“公司策略投资部自营业务在使用其独立套利系统时出现问题。”但在当日13时开市后，光大证券公司即通过卖空股指期货、卖出ETF对冲风险，至14时22分，卖出股指期货空头合约IF1309、IF1312共计6240张，合约价值43.8亿元，获利74,143,471.45元；卖出180ETF共计2.63亿份，价值1.35亿元，卖出50ETF共计6.89亿份，价值12.8亿元，合计规避损失13,070,806.63元。光大证券公司在内幕信息公开前将所持股票转换为ETF卖出和卖出股指期货空头合约的交易，构成2005年《证券法》第二百零二条和《期货交易管理条例》第七十条所述内幕交易行为。中国证监会决定没收光大证券公司ETF内幕交易违法所得13,070,806.63元，并处以违法所得5倍的罚款；没收光大证券公司股指期货内幕交易违法所得74,143,471.45元，并处以违法所得5倍的罚款。上述两项罚没款共计523,285,668.48元。此外，中国证监会对于徐某明、杨某波等相关责任人员还给予警告并处以罚款。

2. 作为被行政处罚对象，杨某波不服上述行政处罚决定，向北京市第一中级人民法院起诉中国证监会，请求该院撤销上述处罚决定中对其作出的处罚。北京市第一中级人民法院于2014年12月作出（2014）一中行初字第2438号行政判决，驳回杨某波的诉讼请求。杨某波不服上诉至北京市高级人民法院，北京市高级人民法院于2015年5月判决驳回上诉，维持原判。

3. 中国证监会在〔2013〕59号行政处罚决定书中认定，2013年8月16日11时59分左右光大证券公司董事会秘书梅某在与大智慧记者高某通话时否认了市场上“光大证券自营盘70亿元乌龙指”的传闻，而此时梅某对相关情况并不知悉。随后，高某发布《光大证券就自营盘70亿乌龙传闻回应：子虚乌有》一文。12时13分，梅某向高某表示需进一步核查情况，要求删除文章。但此时该文已无法撤回，于12时47分发布并被其他各大互联网门户网站转载。梅某的相关行为违反了2005年《证券法》第七十八条第二款关于禁止信息误导的规定。中国证监会认为，梅某作为光大证券公司董事会秘书，在对具体事实不知情的情况下，明知对方为新闻记者，轻率地对未经核实的信息予以否认，构成信息误导。大智慧当日13时04分发布的报道与光大证券公司13时公告的“重要事项未公开，8月16日下午停牌”内容基本一致，未披露当天上午交易的真实原因，不能视为对大智慧于当日12时47分发布信息的更正。据此，中国证监会决定责令梅某改正，并处以20万元罚款。

4. 光大证券公司2013年7月修订的《策略投资部业务管理制度》第3章第3.1条第15项关于市场中性策略型交易管理制度指引规定：“如果因市场出现流动性急剧下降、市场压力、系统故障、以及其他原因而导致交易异常，应考虑采用合适的对冲工具（包括但不限于股指期货、ETF等）及时控制风险，进行对冲交易，以保证部门整体风险敞口处于可控范围，保持市场中性”。

5. 当日11时32分，21世纪网刊发了标题为《A股暴涨：光大证券自营盘70亿乌龙指》的报道称：“据21世纪网独家获悉，今天上午的A股暴涨，源于光大证券公司自营盘70亿的乌龙指。对上述消息，光大证券公司董秘梅某对大智慧通讯社表示自营盘70亿乌龙纯属子虚乌有。光大证券公司权威人士对大智慧通讯社表示，有上述相关传闻说明他们不了解光大证券公司严格的风控，不可能存在70亿元乌龙情况，称传闻纯属子虚乌有。21世纪网已从多个渠道获悉，上午巨额买盘的资金的确是走的光大证券公司自营席位的通道”。该报道随后由多家网站转载。

6. 当日13时，光大证券公司因重要事项未公告，向上海证券交易所申请临时停牌，该消息随后由多家网站转载。

7. 2013年8月16日全天，50ETF的交易量为17.64亿份，180ETF的交易量为16.49亿份。当日内幕交易时间段内，光大证券公司交易的IF1309合约6077张，与该时间段市场总成交量437,499张相比所占比例为1.39%，交易的IF1312合约163张，与该时间段市场总成交量9065张相比所占比例为1.80%。

8. 林某在平安证券开立账户进行交易。2013年8月16日11时23分买入海通证券股票4300股，当日13时15分再次买入该股票4300股。当日13时11分还买入宏源证券股票4300股。上诉人主张买入与卖出之间的差价损失10,286.75元，并主张手续费损失223.69元。

9. 宏源证券在当日系沪深300指数成份股。海通证券在当日系180ETF成份股，在当日之后连续正常交易十个交易日。

【认定】一审法院认为：1. 根据中国证监会在〔2013〕59号行政处罚决定书及其相关法院行政判决书，确认光大证券公司存在内幕交易行为。

2. 光大证券公司并未遵守监管部门的信息披露要求，而是实施对冲交易以规避自己的损失，主观上具有过错。

3. 光大证券公司在当日内幕交易时间段的交易行为是卖出50ETF以及

180ETF。ETF 品种是一种跟踪标的指数变化、且在证券交易所上市交易的基金。ETF 价格与一揽子成份股价格按比例相关，成份股的价格变动会直接影响 ETF 的价格变动。ETF 的申购赎回，可以用一揽子成份股互换，这个过程中会发生成份股的直接买卖，而不仅仅是心理影响。在 ETF 套利方面，也存在价格互动性，大量卖出 ETF 会导致 ETF 市场价格下降，与 ETF 的份额净值产生偏离，偏离到一定程度便会产生套利机会，市场套利者通常会低价买入 ETF，再赎回换成一揽子股票，然后在股票市场抛售，赚取差价。光大证券公司在内幕交易时间段交易的 50ETF 为 6. 89 亿份，与当日 50ETF 全天市场总交易量 17. 64 亿份相比所占比例为 39. 06%，180ETF 为 2. 63 亿份，与当日 180ETF 全天市场总交易量 16. 49 亿份相比所占比例为 15. 95%。上述数据说明，光大证券公司内幕时间段的交易量即便与全天市场总交易量相比，已经是占相当大的比例，更何况单独对内幕交易时间段内的成交量进行比较。在如此大的交易量的情况下，足以引起成份股的价格变动。基于以上原因，林某交易的 50ETF、180ETF 的成份股，与光大证券公司内幕交易所涉及的 50ETF、180ETF 具有直接关联性，因此交易股票受到损失与光大证券公司的内幕交易行为之间具备法律上可以认定的因果关系。

4. 针对沪深 300 指数成份股，光大证券公司所交易的 IF1309、IF1312 股指期货合约是由中国金融期货交易所设计的，其标的为沪深 300 指数。该指数样本股票选自沪深两个证券市场，市值覆盖率高，代表性强，反映了沪深两个市场整体走势。在股指期货与沪深 300 指数及其成份股价格互动关系方面，考虑期货原理，考虑到股指期货市场与股票市场是相对独立的市场，认定股指期货与沪深 300 指数成份股之间不存在直接转换关系，即无法像 ETF 一样，可以日内在同一个市场通过一揽子成份股互换的方式进行 ETF 的申购赎回。在 ETF 申赎过程中，股票的所有权是发生实际变化的，而在股指期货合约的交易过程中，现货股票没有发生所有权变动。故光大证券公司交易的 IF1309、IF1312 股指期货合约，与沪深 300 指数的成份股价格关联性极为微弱，无法认定存在法律上认可的因果关系。

5. 中国证监会并未认定光大证券公司当日上午的行为属于内幕交易（即便可能存在极少量的股指期货交易行为），也未认定光大证券公司当日存在虚假陈述、操纵市场等相关法律所禁止的行为，林某在非内幕交易时间段进行交易，属于跟风买入受损，应自担投资风险，光大证券公司对上诉人的损失并无过错，无法认定存在法律上的因果关系，故此部分诉请不予支持。

6. 投资人在基准日及以前卖出证券的，其损失为买入证券总成交额与实际卖出证券总成交额之差。投资人在基准日之后卖出或者仍持有证券的，其损失为买入证券总成交额与以基准价格计算的卖出证券总成交额之差。总成交额以股数×交易价格计算，多次买入的累计计算。至于交易的税费损失等各项成本费用，内幕交易与虚假陈述行为有所不同，虚假陈述行为会直接影响投资者是否进行投资的判断，故应赔偿投资者的交易成本费用，而内幕交易则具有秘密性，投资者无法对他人的内幕交易行为产生信赖，因此内幕交易行为对交易品种的价格存在影响，但并不完全和必然影响投资者做出是否交易的决定，故对上诉人的交易的税费损失不予支持。林某的海通证券股票部分在内幕时间段内买入，在基准日之前卖出，损失计算方式为4300×11.51－4300×10.73＝3354元。

综上所述，光大证券公司的行为构成内幕交易，具有主观过错，与林某的投资损失具有因果关系，故应依法赔偿因此所造成的损失3354元。依照2005年《证券法》第五条、第六十七条、第七十条、第七十五条、第七十六条，《期货交易管理条例》第三条、第八十二条之规定，判决光大证券公司赔偿3354元，对其余诉讼请求不予支持。

林某上诉后，二审法院对一审判决查明的事实予以确认，并认为，本案的争议焦点为：（一）被上诉人光大证券公司对上诉人林某于上午买入的证券是否应承担赔偿责任；（二）被上诉人对上诉人于内幕交易时间段买入的宏源证券是否承担赔偿责任；（三）被上诉人是否应当承担惩罚性赔偿责任。

1. 关于被上诉人对上诉人于上午买入的证券是否应承担赔偿责任问题

首先，根据中国证监会在〔2013〕59号行政处罚决定书的记载，中国证监会对光大证券公司2013年8月16日全天交易进行了全面调查，在此基础上认定光大证券公司当日13时至14时22分的交易行为构成内幕交易行为。换言之，中国证监会并不认为光大证券公司在当日的其他时间段（包括上午）存在违法违规行为（包括交易行为）。

其次，在证券、期货市场中，任何交易都会对市场产生影响，只是因交易量、价不同导致的影响也就不同。只要该交易行为不违反法律法规和交易所交易规则，就应作为民事主体合法、有效的行为，不应对其交易导致市场价格变化进而引发其他投资者判断、交易而产生的损失承担赔偿责任。光大证券公司上午所谓“错单”交易乃指其意图实施的交易因故与实际实施的交易指令不同。光大证券公司意图实施的交易由于并未实际作出，也就不可能损害其他投资者的合法权益。而光大证券公司该日上午实际实施的交易，除交易数量巨大外，现未发现存在违法、违规的情形，也就不具有侵权法上的可责难性，故不应对其他投资人的交易损失承担赔偿责任。

2. 被上诉人对上诉人于内幕交易时间段买入的宏源证券是否应承担赔偿责任问题

通常而言，行为人如不持有内幕信息，其交易行为不论数量多寡，不论与股票或期货市场价格关联性的大小，因其不具违法性和过错，故不应对其他投资者的损失承担赔偿责任。但交易人或交易行为存在其他违法或违规情节的除外。当行为人持有内幕信息并实施交易时，交易行为本身并不会发生变化，变化的只是行为人知晓了内幕信息，市场其他参与人并不知晓该信息。所以，内幕交易只会影响到侵权行为人的投资决策，其内幕信息的隐秘性决定了它不会对其他市场参与人的决策或交易产生影响。换言之，市场其他参与人的交易决策不是依赖于其不知晓的内幕所作出，而是依赖于市场价格和公开信息自我决策所作之结果。

内幕交易行为人之所以需要对投资者进行赔偿，乃因其利用内幕信息，作出了最大利益可能的证券、期货交易。如该笔交易的成交对手当时同样知晓该内幕信息，通常就不会再作出相同交易，进而损失就不会发生。是故，2005 年《证券法》第七十六条所指的“内幕交易行为给投资者造成损失的”应当限于与内幕交易行为有直接因果关系、相反方向交易的投资者。

至于如何判断相反交易方向的投资者，应充分考虑证券交易品种、期货交易品种虽然彼此独立但又有相互影响，期货、证券、汇市、债市各市场独立但又相互影响，各国股市也有一定关联性等因素。如将因果关系过于遥远的投资者纳入赔偿范围，且赔偿计算方式亦与直接交易对手完全一致，即可能导致侵权人的责任过重，也会导致直接受损的投资者无法获得足额赔付。被上诉人在内幕交易时间段交易的品种是 IF1309、IF1312 以及 50ETF、180ETF。上诉人买入的宏源证券股票与上述交易品种不同，宏源证券也不是 50ETF、180ETF 的成分股，故可以认定只存在间接关联。一审法院依全案证据，认定上述交易与内幕交易之间不存在因果关系的结论，尚属合理。

3. 关于被上诉人是否应当承担惩罚性赔偿责任问题

法院审理民事案件应当根据法律和司法解释的规定适用法律。在《侵权责任法》及其相关司法解释对未作规定的情况下，上诉人要求被上诉人承担惩罚性赔偿责任，放宽侵权责任构成要件的要求，显然违背了现有法律，不予采纳。

综上所述，二审法院驳回上诉，维持原判。

2. 郭某兰与光大证券股份有限公司、上海证券交易所、中国金融期货交易所等期货内幕交易责任纠纷案（上海市第一中级人民法院（2013）沪一中民六（商）初字第 30 号民事判决书、上海市高级人民法院（2014）沪高民五（商）终字第 1 号民事裁定书）

【案情】1. 2013 年 8 月 16 日上午 11 时 05 分，被告光大证券在进行交易型开放式指数基金申赎套利交易时，因程序错误，其所使用的策略交易系统以 234

亿元的巨量资金申购180ETF成份股，实际成交72.7亿元。同日不晚于11时40分，光大证券高管徐某召集杨某、沈某和杨某开会，达成通过做空股指期货、卖出ETF对冲风险的意见，并让杨某负责实施。11时59分左右，光大证券董事会秘书梅某在与记者高某通话时否认了市场上“光大证券自营盘70亿元乌龙指”的传闻，而此时梅某对相关情况并不知悉。随后，高某发布《光大证券就自营盘70亿乌龙传闻回应：子虚乌有》一文。12时13分，梅某向高某表示需进一步核查情况，要求删除文章。但此时该文已无法撤回，于12时47分发布并被其他各大互联网门户网站转载。当日13时，光大证券因重要事项未公告，向上海证券交易所申请临时停牌，该消息随后也由多家网站转载。当日13时开市后，光大证券通过卖空股指期货、卖出ETF对冲风险，至14时22分，卖出股指期货空头合约IF1309、IF1312共计6,240张，合约价值43.8亿元，获利74,143,471.45元；卖出180ETF共计2.63亿份，价值1.35亿元，卖出50ETF共计6.89亿份，价值12.8亿元，合计规避损失13,070,806.63元。当日14时22分，光大证券发布公告，称“公司策略投资部自营业务在使用其独立套利系统时出现问题。”前述期间内，光大证券交易的IF1309合约6077张，与该时间段市场总成交量437,499张相比所占比例为1.39%，交易的IF1312合约163张，与该时间段市场总成交量9065张相比所占比例为1.80%。

2. 当日11时32分，21世纪网刊发了标题为《A股暴涨：光大证券自营盘70亿乌龙指》的报道称：“据21世纪网独家获悉，今天上午的A股暴涨，源于光大证券自营盘70亿的乌龙指。对上述消息，光大证券董秘梅某对大智慧通讯社表示自营盘70亿乌龙纯属子虚乌有。光大证券权威人士对大智慧通讯社表示，有上述相关传闻说明他们不了解光大证券严格的风控，不可能存在70亿元乌龙情况，称传闻纯属子虚乌有。21世纪网已从多个渠道获悉，上午巨额买盘的资金的确是走的光大证券自营席位的通道”。该报道随后由多家网站转载。

3. 当日15时，上交所曾通过其官方渠道公示该日交易系统运行正常，已达成的交易将进入正常清算交收环节。

4. 原告郭某兰于2013年8月16日上午通过进行了IF1308股指期货交易，具体情况如下：交易时间交易方向交易品种及数量交易价格（1）13时12分16秒，开仓买入IF1309股指期货一手，交易价格：2345；（2）13时12分57秒，开仓买入IF1309股指期货一手，交易价格：2338；（3）13时13分20秒，平仓卖出IF1309股指期货一手，交易价格：2342.80；（4）13时13分21秒，平仓卖出IF1309股指期货一手，交易价格2343；（5）13时19分25秒，开仓买入

IF1309 股指期货一手，交易价格：2338；（6）13 时 20 分 07 秒，平仓卖出 IF1309 股指期货一手，交易价格：2338.60；（7）13 时 22 分 40 秒，开仓买入 IF1309 股指期货一手，交易价格：2330；（8）13 时 22 分 48 秒，开仓买入 IF1309 股指期货一手，交易价格：2328；（9）13 时 23 分 11 秒，平仓卖出 IF1309 股指期货一手，交易价格：2329.60；（10）13 时 23 分 16 秒，平仓卖出 IF1309 股指期货一手，交易价格：2332.40；（11）13 时 35 分 31 秒，开仓买入 IF1309 股指期货一手，交易价格：2327；（12）13 时 35 分 58 秒，平仓卖出 IF1309 股指期货一手，交易价格 2330；（13）13 时 36 分 46 秒，开仓买入 IF1309 股指期货一手，成交价格：2327；（14）13 时 36 分 54 秒，开仓买入 IF1309 股指期货一手，交易价格：2325；（15）13 时 37 分 12 秒，平仓卖出 IF1309 股指期货一手，交易价格：2328.40；（16）13 时 37 分 14 秒，平仓卖出 IF1309 股指期货一手，交易价格：2328.20；（17）13 时 41 分 22 秒，开仓买入 IF1309 股指期货一手，交易价格：2326；（18）13 时 41 分 36 秒，平仓卖出 IF1309 股指期货一手，交易价格 2328；（19）13 时 42 分 23 秒，开仓买入 IF1309 股指期货一手，交易价格：2325；（20）13 时 42 分 29 秒，开仓买入 IF1309 股指期货一手，交易价格 2323；（21）13 时 43 分 41 秒，开仓买入 IF1309 股指期货一手，交易价格 2318；（22）13 时 45 分 53 秒，平仓卖出 IF1309 股指期货一手，交易价格：2296；（23）13 时 46 分 50 秒，平仓卖出 IF1309 股指期货一手，交易价格：2304.4；（24）13 时 46 分 52 秒，平仓卖出 IF1309 股指期货一手，交易价格：2305；（25）13 时 54 分 42 秒，开仓卖出 IF1309 股指期货一手，交易价格：2317；（26）13 时 56 分 08 秒，平仓买入 IF1309 股指期货一手，交易价格：2315.80；（27）14 时 02 分 27 秒，开仓卖出 IF1309 股指期货一手，交易价格：2320；（28）14 时 03 分 19 秒，平仓买入 IF1309 股指期货一手，交易价格：2318；（29）14 时 04 分 11 秒，开仓卖出 IF1309 股指期货一手，交易价格：2322；（30）14 时 04 分 24 秒，平仓买入 IF1309 股指期货一手，交易价格 2319.20。

5. 2013 年 11 月 1 日，中国证监会发布［2013］59 号行政处罚决定书，对光大证券前述交易进行了认定，经测算，180ETF 与沪深 300 指数在 2013 年 1 月 4 日至 8 月 21 日期间的相关系数达 99.82%，即巨量申购和成交 180ETF 成份股对沪深 300 指数，180ETF、50ETF 和股指期货合约价格均产生重大影响。同时，巨量申购和成交可能对投资者判断产生重大影响，从而对沪深 300 指数，180ETF、50ETF 和股指期货合约价格产生重大影响。根据《证券法》第七十五条第二款第（八）项和《期货交易管理条例》第八十二条第（十一）项的规定，“光大证券在进行ETF套利交易时，因程序错误，其所使用的策略交易系统以234亿元的巨量资金申购180ETF成份股，实际成交72.7亿元”为内幕信息。光大证券是《证券法》第二百零二条和《期货交易管理条例》第七十条所规定的内幕信息知情人。上述内幕信息自当日11时05分交易时产生，至当日14时22分光大证券发布公告时公开，光大证券知悉内幕信息的时间不晚于当日11时40分。光大证券在内幕信息公开前将所持股票转换为ETF卖出和卖出股指期货空头合约的交易，构成《证券法》第二百零二条和《期货交易管理条例》第七十条所述内幕交易行为。徐某为直接负责的主管人员，杨某、沈某、杨某为其他直接责任人员。光大证券因程序错误以234亿元的巨量资金申购180ETF成份股，实际成交72.7亿元，可能影响投资者判断，对沪深300指数，180ETF、50ETF和股指期货合约价格均可能产生重大影响，同时这一信息在一段时间内处于未公布状态，符合内幕信息特征，中国证监会据此依法认定其为内幕信息。光大证券自身就是信息产生的主体，对内幕信息知情。按照光大证券《策略投资部业务管理制度》的规定和策略投资的原理，光大证券可以进行正常的对冲交易，但是光大证券决策层了解相关事件的重大性之后，在没有向社会公开之前进行的交易，并非针对可能遇到的风险进行一般对冲交易的既定安排，而是利用内幕信息进行的交易。此时公司具有进行内幕交易的主观故意，符合《证券法》中“利用”要件，应当认定为内幕交易。光大证券内幕交易行为性质恶劣，影响重大，对市场造成了严重影响，应当依法予以处罚。据此，中国证监会决定没收光大证券ETF内幕交易违法所得13,070,806.63元，并处以违法所得5倍的罚款；没收光大证券股指期货内幕交易违法所得74,143,471.45元，并处以违法所得5倍的罚款。上述两项罚没款共计523,285,668.48元。此外，中国证监会对于徐某、杨某等相关责任人员还给予警告并处以罚款。中国证监会在〔2013〕59号行政处罚决定书中另认定：梅某作为光大证券董事会秘书，在对具体事实不知情的情况下，明知对方为新闻记者，轻率地对未经核实的信息予以否认，构成信息误导。大智慧当日13时04分发布的报道与光大证券13时公告的“重要事项未公开，8月16日下午停牌”内容基本一致，未披露当天上午交易的真实原因，不能视为对大智慧于当日12时47分发布信息的更正。据此，决定责令梅某改正，并处以20万元罚款。作为被行政处罚对象，杨某不服上述行政处罚决定，向北京市第一中级人民法院起诉中国证监会，请求撤销上述处罚决定中对其作出的处罚。主要理由为错单交易信息不构成内幕信息，光大证券并未利用错单交易信息从事证券或期货交易活动，杨某并非直接责任人员，处罚决定对光大证券违法所得数额认定错误等。经过审理，北京市第一中级人民法院于2014年12月作出（2014）一中行初字第2438号行政判决，驳回杨某的诉讼请求。杨某不服，上诉至北京市高级人民法院，北京市高级人民法院于2015年5月判决驳回上诉，维持原判。上述行政处罚决定书作出后，部分投资者提起诉讼，要求光大证券赔偿其投资损失。经现已生效的民事判决认定，光大证券在2013年8月16日下午的对冲交易构成内幕交易行为，应对投资者损失承担民事赔偿责任。

6. IF1309合约在2013年8月16日当日的结算价为2302，8月19日结算价为2331.4，8月20日结算价为2307.6，三个交易日的平均结算价为2313.6。（8月17日、18日为非交易日）。

【认定】一审法院就本案两项争议焦点（1. 光大证券2013年8月16日的交易行为是否构成内幕交易，如构成内幕交易，其应否对原告损失承担侵权损害赔偿责任，承担赔偿责任的范围如何确定；2. 上交所、中金所是否未能适当履行相应监管职责，是否存在相应过错，应否对原告的损失承担民事赔偿责任）认定如下：

1. 中国证监会〔2013〕59号行政处罚决定书、北京市第一中级人民法院（2014）一中行初字第2438号行政判决均认定，光大证券2013年8月16日在内幕信息公开前将所持股票转换为ETF卖出和卖出股指期货空头合约的交易，构成2005年《证券法》第二百零二条和《期货交易管理条例》第七十条所述内幕交易行为。现光大证券在本案中并未提供充分证据证明上述生效法律文书确有错误，故依照前述生效法律文书即可认定光大证券前述行为构成我国证券法框架内的内幕交易行为，光大证券主张其不构成内幕交易行为，与事实相悖，不予支持。光大证券于2013年8月16日上、下午实施的错单交易及对冲交易，虽属不同的交易行为，但其下午的对冲交易系基于上午错单交易而形成，两个交易行为间具有直接关联性，故原告基于光大证券当日所有交易行为提起本案诉讼并无不当，不存在将多个诉合并审理之虞。光大证券当日上午的错单交易虽曾由媒体进行报导，但该报道并非由光大证券主动披露，不能视为光大证券履行了相应公开披露义务，且该报道并未明确该错单交易的真实性及发生原因，市场主体无法从中得到准确答案，故不能视为系争内幕信息依据该报道已经具有公开性。

2. 基于有效市场理论，假定证券及期货市场的价格受所有投资公众可获知的公开信息的影响，而交易时不披露内幕信息，则会在极大程度上影响市场价格的真实性。因此，存在内幕交易行为即应推定会影响到投资者所投资的关联交易品种价格，进而造成投资者的损失。具体而言，在内幕信息具有价格敏感性的情况下，在内幕交易行为人实施内幕交易行为的期间，如果投资者从事了与内幕交易行为交易方向相反的证券交易行为，且投资者买卖的是与内幕信息直接关联的证券、证券衍生产品或期货合约，并最终遭受损失，则应认定内幕交易与投资者损失间具有因果关系，除非内幕交易行为人能够证明该损失系其他原因造成。本案中，当日内幕交易时间段内，虽然光大证券交易 IF1309 和 IF1312 的数量远远低于市场成交总量，每分钟交易 IF1309 和 IF1312 的数量亦较为平均，且光大证券于 14 时 22 分发布公告前后，相关市场价格走势呈平稳下跌趋势，没有明显突变，但内幕交易中，交易总量的大小、交易数量是否平均，对因果关系的认定并无影响，且立法禁止从事内幕交易行为，亦未区分上述具体实施因素，而是考虑到内幕交易破坏证券市场交易制度的公平性，影响到一般投资人对证券市场公开、公正、公平的信赖。在采用推定因果关系的情况下，上述具体交易数量与交易模式，并不影响因果关系的认定。

3. 原告主张的有关其于 2013 年 8 月 16 日上午的交易行为所致损失部分，该交易行为系发生于光大证券的内幕交易行为时间段之外，且当日上午光大证券的错单交易由系统故障所致，并非法律明确禁止之行为，故难以认定该错单交易行为构成民事侵权行为。原告作为投资者在交易之时，应依赖于自己的判断，而不应对其他投资者的投资行为产生任何信赖，即使其他投资者的行为，导致某一时刻的大盘或者个股的价格剧烈变化，亦不代表着跟风必定获利，因此无法从法律上认定光大证券当日上午的错单交易行为与原告所称损失间存在因果关系，原告的相关诉讼主张，缺乏事实与法律依据，不予采信。原告主张的有关其于 2013 年 8 月 16 日下午的交易行为所致损失部分，原告当日下午的交易行为与光大证券的部分内幕交易行为均发生于期货交易市场，且交易品种相同，两者间存在直接关联关系。原告在当日下午的买入和卖出行为虽均系在光大证券内幕交易时间段内，但正因光大证券内幕交易行为导致该期间内期货市场价格发生畸变，才致原告因其相关交易行为而受损，故原告当日下午的交易期间与光大证券内幕交易期间重合并不导致免除光大证券相关民事责任的法律后果。原告在前述内幕交易行为期间内分别以不同价格买入 IF1309 股指期货合约，之后又卖出同等手数的 IF1309 股指期货合约，在内幕交易行为期间结束后其实际已不持有相应股指期货，则原告因光大证券内幕交易行为所致损失即系其在该期间内因交易相应股指期货产品而导致的交易差额损失，经查，原告当日下午的交易损失应为（2345 + 2338 − 2342.80 − 2343 + 2338 − 2338.60 + 2330 + 2328 − 2329.60 − 2332.40 + 2327 − 2330 + 2327 + 2325 − 2328.40 − 2328.20 + 2326 − 2328 + 2325 + 2323 + 2318 − 2296 − 2304.4 − 2305 − 2317 + 2315.80 − 2320 + 2318 −

2322+2319.20)×300=11,280元。光大证券应对原告上述损失承担侵权赔偿责任。

4. 原告主张被告上交所、中金所存在监管不作为的过错，其理由为上交所、中金所在光大证券异常交易发生当日中午即已知晓真实原因并默许光大证券于当日下午进行内幕交易。对此，虽然光大证券相关工作人员曾在接受新闻采访时作了相应陈述，但此种新闻报道中的描述显然不能单独具有证据属性，且该工作人员与光大证券存在利害关系，其陈述不能作为认定事实的依据，故不能以此认定中金所、上交所在光大证券发布公告前即已提前知晓相关事项。另，光大证券的错单交易事件属证券市场中的小概率事件，现有法律法规及部门规章、交易规则中均无此类事件发生时上交所、中金所应承担何种义务的规范，而民事主体因不作为导致间接侵权的，一般应以该民事主体违反其积极作为义务为前提，故原告主张上交所、中金所因其不作为而构成侵权，缺乏法律依据。且光大证券当日上午所作错单交易在短时间内完成，该交易行为完成后上交所再对光大证券进行交易限制并无实际意义。而光大证券当日下午的对冲行为虽属内幕交易行为，但因其交易数额未超过中金所规定的大额交易限额，亦仅占当日相关基金产品及股指期货合约交易的极小部分，中金所在当时又无从知晓光大证券已构成内幕交易，故中金所对光大证券当日下午的股指期货交易行为未予限制，并不构成监管不作为。且无论上交所、中金所对光大证券的交易行为采取何种行为模式，其后果均将波及整个证券及期货市场，而并非只对原告个人权益产生影响，原告的投资方向亦系其基于市场情况作出的自主决策，其交易结果与上交所、中金所的行为间并无直接因果关系。原告另主张上交所、中金所存在误导市场的行为，但并未举证证明上交所、中金所曾发布过相关不实信息，上交所当日发布相应公告时，证券市场已结束交易，不存在上交所由此误导市场的客观基础，且该公告内容亦未对光大证券的交易行为作任何评价，事实上不可能实现误导市场的效果，原告上述主张缺乏事实依据，不予采信。

5. 依照有关法律法规，应认定上交所、中金所的法律性质均为证券自律管理组织，其除了依照章程行使自律管理职责外，还具有为集中交易提供保障、发布信息的法定义务，并被赋予在法定条件下对特定市场主体采取单方、强制性、不利益措施的权力。光大证券实施内幕交易行为时，上交所、中金所尚无从知晓其行为原因及性质，上交所、中金所亦无权对证券市场主体的该类行为是否违规作出认定，而发布信息义务，需以义务主体知晓相关信息为前提，故上交所、中金所在当日并无发布相关信息的事实基础。至于上交所、中金所应否对光大证券的错单交易采取临时停市、限制交易等措施，法院认为，是否采取上述措施应由上交所、中金所结合当时市场具体状况，以合理合法为原则，以维护市场整体秩序及交易公平为目的自行决定，并非在市场出现异常时即必然立即行使，如否定上交所、中金所行使该种权力时的自主决定权，则证券市场的稳定及交易结果将因个别主体的违规行为而始终处于不确定状态，实质将对市场秩序及交易公平构成更大伤害，故交易所行使前述职权时的自主决定权系其履行监管职责的基础。据此应当认为，无论交易所在行使其监管职权过程中作为或不作为，只要其行为的程序正当、目的合法，且不具有主观恶意，则交易所不应因其自主决定的监管行为而承担民事法律责任，否则其监管职能的行使将无从谈起。况且，从当日交易情形来看，光大证券错单交易后，市场已在短时间内恢复正常，不存在之后另行临时停市的必要；光大证券之后采取的内幕交易行为，在数量及金额上亦未达到限制交易的法定条件，故上交所、中金所未采取原告所主张的紧急处置措施，应属合理，并未影响证券市场秩序及交易公平，上交所、中金所无需因此承担相应责任。原告的相关主张，缺乏法律依据，法院不予支持。

综上，一审法院判令被告光大证券赔偿原告郭某兰损失人民币 11,280 元，并驳回原告其他诉讼请求。

光大证券不服一审判决，向上海市高级人民法院提起上诉。光大证券认为，法院不应受理本案，应依法裁定驳回原审原告的起诉。此外，按照《2007 年全国民商事审判工作会议纪要》、《最高人民法院关于审理证券市场因虚假陈述引发的民事赔偿案件的若干规定》的规定，如本案属于法院应受理的内幕交易纠纷，则应由光大证券住所地的上海市第二中级人民法院管辖。

上海市高级人民法院认为，最高人民法院《关于对与证券交易所监管职能相关的诉讼案件管辖与受理问题的规定》第一条规定，根据《民事诉讼法》第三十七条和《行政诉讼法》第二十二条的有关规定，指定上海证券交易所和深圳证券交易所所在地的中级人民法院分别管辖以上海证券交易所和深圳证券交易所为被告或第三人的与证券交易所监管职能相关的第一审民事和行政案件。最高人民法院《关于审理期货纠纷案件若干问题的规定（二）》第一条规定，以期货交易所为被告或者第三人的因期货交易所履行职责引起的商事案件，由期货交易所所在地的中级人民法院管辖。本案中，法院根据被上诉人的指控和被上诉人提供的初步证据，将上海证券交易所、中国金融期货交易所列为共同被告，并以两原审被告的住所地均位于该院辖区为由，对本案行使管辖权于法有据。上诉人的上诉理由不能成立，不予支持。

《期货和衍生品法》第一百二十七条 【编造、传播虚假信息或者信息误导的赔偿责任】

第一百二十七条 违反本法第十六条第一款、第三款的规定，编造、传播虚假信息或者误导性信息，扰乱期货市场、衍生品市场的，没收违法所得，并处以违法所得一倍以上十倍以下的罚款；没有违法所得或者违法所得不足二十万元的，处以二十万元以上二百万元以下的罚款。对直接负责的主管人员和其他直接责任人员给予警告，并处以十万元以上一百万元以下的罚款。

违反本法第十六条第二款的规定，在期货交易、衍生品交易活动中作出虚假陈述或者信息误导的，责令改正，处以二十万元以上二百万元以下的罚款；属于国家工作人员的，还应当依法给予处分。

传播媒介及其从事期货市场、衍生品市场信息报道的工作人员违反本法第十六条第三款的规定，从事与其工作职责发生利益冲突的期货交易、衍生品交易的，没收违法所得，并处以违法所得一倍以下的罚款，没有违法所得或者违法所得不足十万元的，处以十万元以下的罚款。

编造、传播有关期货交易、衍生品交易的虚假信息，或者在期货交易、衍生品交易中作出信息误导，给交易者造成损失的，应当依法承担赔偿责任。

相关规定

《期货和衍生品法》

第十六条 禁止任何单位和个人编造、传播虚假信息或者误导性信息，扰乱期货市场和衍生品市场。

禁止期货经营机构、期货交易场所、期货结算机构、期货服务机构及其从业人员，组织、开展衍生品交易的场所、机构及其从业人员，期货和衍生品行业协会、国务院期货监督管理机构、国务院授权的部门及其工作人员，在期货交易和衍生品交易及相关活动中作出虚假陈述或者信息误导。

各种传播媒介传播期货市场和衍生品市场信息应当真实、客观，禁止误导。传播媒介及其从事期货市场和衍生品市场信息报道的工作人员不得从事与其工作职责发生利益冲突的期货交易和衍生品交易及相关活动。

《期货和衍生品法》第一百三十四条　【期货经营机构违法经营的赔偿责任】

第一百三十四条　期货经营机构违反本法第四十条、第六十二条、第六十五条、第六十八条、第七十一条、第七十二条的，责令改正，给予警告，没收违法所得，并处以违法所得一倍以上十倍以下的罚款；没有违法所得或者违法所得不足二十万元的，处以二十万元以上二百万元以下的罚款；情节严重的，责令停业整顿或者吊销期货业务许可证。对直接负责的主管人员和其他直接责任人员给予警告，并处以五万元以上五十万元以下的罚款。

期货经营机构有前款所列违法情形，给交易者造成损失的，应当依法承担赔偿责任。

期货经营机构的主要股东、实际控制人或者其他关联人违反本法第七十一条规定的，依照本条第一款的规定处罚。

相关规定

1.《期货和衍生品法》

第四十条　期货结算机构、结算参与人收取的保证金、权利金等，应当与其自有资金分开，按照国务院期货监督管理机构的规定，在期货保证金存管机构专户存放，分别管理，禁止违规挪用。

第六十二条　期货公司办理下列事项，应当经国务院期货监督管理机构核准：

（一）合并、分立、停业、解散或者申请破产；

（二）变更主要股东或者公司的实际控制人；

（三）变更注册资本且调整股权结构；

（四）变更业务范围；

（五）国务院期货监督管理机构规定的其他重大事项。

前款第三项、第五项所列事项，国务院期货监督管理机构应当自受理申请之日起二十日内作出核准或者不予核准的决定；前款所列其他事项，国务院期货监督管理机构应当自受理申请之日起六十日内作出核准或者不予核准的决定。

第六十五条　期货经营机构应当依法经营，勤勉尽责，诚实守信。期货经营机构应当建立健全内部控制制度，采取有效隔离措施，防范经营机构与客户之间、不同客户之间的利益冲突。

期货经营机构应当将其期货经纪业务、期货做市交易业务、资产管理业务和其他相关业务分开办理，不得混合操作。

期货经营机构应当依法建立并执行反洗钱制度。

第六十八条 期货经营机构不得违反规定为其股东、实际控制人或者股东、实际控制人的关联人提供融资或者担保，不得违反规定对外担保。

第七十一条 期货经营机构应当按照规定向国务院期货监督管理机构报送业务、财务等经营管理信息和资料。国务院期货监督管理机构有权要求期货经营机构及其主要股东、实际控制人、其他关联人在指定的期限内提供有关信息、资料。

期货经营机构及其主要股东、实际控制人或者其他关联人向国务院期货监督管理机构报送或者提供的信息、资料，应当真实、准确、完整。

第七十二条 期货经营机构涉及重大诉讼、仲裁，股权被冻结或者用于担保，以及发生其他重大事件时，应当自该事件发生之日起五日内向国务院期货监督管理机构提交书面报告。

期货经营机构的控股股东或者实际控制人应当配合期货经营机构履行前款规定的义务。

2.《最高人民法院关于审理期货纠纷案件若干问题的规定》（法释〔2003〕10号，2020年修正）

第三十条 期货公司进行混码交易的，客户不承担责任，但期货公司能够举证证明其已按照客户交易指令入市交易的，客户应当承担相应的交易结果。

第五十五条 期货公司挪用客户保证金，或者违反有关规定划转客户保证金造成客户损失的，应当承担赔偿责任。

第五十三条 期货公司私下对冲、与客户对赌等不将客户指令入市交易的行为，应当认定为无效，期货公司应当赔偿由此给客户造成的经济损失；期货公司与客户均有过错的，应当根据过错大小，分别承担相应的赔偿责任。

典型案例

特变电工公司与中国国际期货股份有限公司经纪合同纠纷案（北京市第三中级人民法院（2019）京03民初69号民事判决书、北京市高级人民法院（2020）京民终121号民事判决书）

【案情】1. 2005年9月15日，中期嘉合公司（原中期嘉合期货经纪有限公司，后合并至中期期货，现为被告中期公司，甲方）与原告特变电工公司（乙方）签订《期货经纪合同》，约定由特变电工公司委托中期嘉合公司按照特变电工公司交易指令为其进行期货交易。《期货经纪合同》第三节交易指令下达和资金调拨第十六条约定，乙方的交易指令可以通过书面、电话、电脑自助、互联网自助等方式下达。乙方在甲方设立的营业场所内以自助下单的方式或通过电脑互联网自助下单方式进行交易，因甲乙双方已确认乙方的计算机用户名及密码，故甲方计算机系统内的成交记录将成为甲乙双方核查交易指令合法、有效性的证明。第四节通知、报告和确认第二十八条约定，乙方对甲方送达的每日交易结算单的记载事项有异议的，应当于下一交易日开市前通过有效送达形式向甲方提出书面异议。第十三节乙方特别指定事项约定，乙方授权户某刚为乙方的指令下达人，授权叶某为乙方的资金调拨人。除此之外，双方还对委托、保证金及保证金账户管理、风险控制和强行平仓、套期保值和实物交割、信息、培训与咨询、费用、免责条款、合同生效和变更、账户的清算等事项进行了约定。《期货经纪合同》尾部显示，由中期嘉合公司填写的特变电工公司交易账号为610518。同日，特变电工公司填写《期货市场投资者开户登记表（法人）》《期货经纪公司电子化交易风险揭示书》（下称《风险揭示书》）并由法定代表人叶某签字。《风险揭示书》中记载："如果您申请并使用本公司提供的电子化交易方式，在签署完毕本《风险揭示书》后，我们将认为您已经完全了解电子化交易的风险，并承诺能够独立承担电子化交易可能出现的风险和由此带来的损失。本公司的电子化交易尽可能采取有效措施保护客户资料和交易活动的安全，尽管如此，本着对客户负责的态度，本公司在此郑重提醒投资者，电子化交易除了其他交易手段共同具有的风险外，仍然存在且不限于下列风险：……五、客户在交易过程中因自身原因进行的误操作。六、由于客户对开户资料、交易账户、交易密码等重要客户资料保护不当，造成被他人盗用、仿冒而产生的亏损。……"同日，中期嘉合公司（甲方）、特变电工公司（乙方）签订《期货经纪电子化交易合同》，第三条约定，乙方通过电子化交易的方式进行期货交易，按照自己的交易账号（即资金账号）、交易所交易编码、交易密码下达交易指令。乙方的交易密码由乙方在自己的交易终端上自行设定和修改，乙方的交易密码只限于乙方的指令下达人掌握，凡是使用乙方密码在乙方账户下达的交易指令皆视作乙方的合法指令下达人所下达。乙方需确保自己的交易密码安全，由于密码泄密所带来的损失甲方不予承担。

2. 特变电工公司主张，2016年11月10日至2016年11月11日期间，案涉交易账户出现五次异常登录情况，该五次异常登录系不法分子的试探行为，随后不法分子成功盗用案涉交易账户，使用账户内资金进行非法交易。中期公司辩称案涉账户交易均系凭交易密码完成的正常交易。根据中期公司提供的特变电工公司账户交易系统原始数据记录，双方争议的五次登录分别发生于2016年11月10日21: 50: 24、2016年11月10日22: 52: 34、2016年11月10日23:23:25、2016年11月10日23:53:54、2016年11月11日0:24:19，该五次记录均显示用户登录失败，IP地址均为218.56.49.132，MAC地址均为78: AC: CO: FD:26:70，失败原因均为CTP:不合法的登录。需要指出的是，该记录亦显示2016年11月10日22: 21: 41，IP地址为218.56.49.132，MAC地址为78: AC: CO: FD: 26: 70的用户成功登录案涉交易账户。2016年11月11日中期公司交易结算单显示，特变电工公司案涉交易账户平仓盈亏0元。2016年11月14日中期公司交易结算单显示，特变电工公司案涉交易账户平仓盈亏－5,699,240元，手续费51,787.8元。2016年11月14日，特变电工公司向沈阳市公安局经济保卫分局报案，该局出具沈公经保立告字〔2016〕004号立案告知书："经审查，特变电工公司被非法侵入计算机信息系统一案有犯罪事实，根据《中华人民共和国刑事诉讼法》第八十六条之规定，决定立案侦查，立案决定书字〔2016〕004号，案件编号______，此特告知。"经特变电工公司申请，一审法院出具调查令，由其持令向沈阳市公安局经济保卫分局调取该案相关卷宗材料，截至一审法院指定的期限届满，该局未提供相应材料。经一审法院向该案承办警官询问，该案当前尚未侦查终结，亦未确定犯罪嫌疑人。2016年11月18日，特变电工公司、中期公司就案涉交易情况进行磋商。2016年11月22日，中期公司退还特变电工公司手续费37,224元。

3. 一审庭审中，特变电工公司委托诉讼代理人亦即该公司期货员徐某陈述，其与上一任期货员于2013年交接工作时变更过案涉交易账户密码，但此后直至2016年11月11日案涉交易账户仅由其一人掌握密码，2016年11月14日其对密码进行了修改。中期公司对徐某所述密码仅由其一人掌握的事实不予认可，认为案涉交易账户由特变电工公司多人掌握密码，并且存在短时间内于北京、郑州、济南等多地不同IP地址登录的情况。徐某认为案涉交易账户在半小时内于异地登陆的现象系属技术问题，其无法作出解释。经一审法院向上海期货交易所调查，上海期货交易所答复：中期公司确曾向我所反映过特变电工公司期货交易账户的异常交易情况，我所曾对该情况采取过调查，但由于该情况发生在较活跃的合约上，特变电工公司账户的交易对手方多且分散，经我所排查，无法锁定违法违规嫌疑对象，我所将调查情况告知了中期公司。我所也曾配合过沈阳市公安局调查，提供过相关情况。对类似交易情况，我所规定的做法是：对案情复杂，难以取证但违法嫌疑较大的案件，可协助会员、客户寻求司法途径解决。

4. 中期公司在一审审理中陈述："原告称其期货账户存在多人同时登录账户以及多用户同时异地登录的情况，我们对这个事实补充解释一下。……因为原告是机构特殊客户，为了方便对方交易和监督，因为对方可能需要多人同时登录账户，我们公司向对方开放了多用户同时登录的权限，就是我们允许对方账户有多个人使用密码同时登录。多人的IP地址可以不一样，但是密码输入正确就可以进行上线进行操作，不需要我们再行授权。"特变电工公司对该事实未提出异议。

5. 2015年2月28日，中国证券监督管理委员会北京监管局出具《关于〈期货公司信息技术管理指引〉专项检查结果的通知》，中期公司通过了该次信息技术评级检查（三类）。中国期货业协会2017年9月4日印发《投资者账户安全管理工作指南》，规定："一、调整交易系统中与投资者账户交易密码安全相关的设置，提升投资者交易密码强度。投资者交易密码设置规则包括但不限于以下几项：……4. 在交易系统中设置投资者账户登录失败锁定次数不高于5次（含5次）。即，同一IP地址在一天之内连续5次登录某一账户失败，自动锁定该账户使用该IP地址登录的权限，经营机构需验证投资者身份后方可解锁该权限。"

6. 二审审理中，特变电工公司提交了上海期货交易所监查部于2018年1月16日出具的《附件2：关于袁某账户与杨某存账户存在关联且袁某账户在3起期货被盗码交易案中有重大嫌疑的排查报告》的复印件，称该排查报告系上海期货交易所监查部向公安机关出具的，可以证明特变电工公司期货账户并非单纯的异常交易，而是外力所为的被盗码交易，且已锁定犯罪嫌疑人。经法院书面致函上海期货交易所进行核实，上海期货交易所于2020年10月14日给法院复函（上期〔2020〕170号），内容为："贵院《协助查询通知书》［（2020）京民终121号］等相关材料收悉。现就有关情况说明如下：将贵院提供的《附件2：关于袁某账户与杨某存账户存在关联且袁某账户在3起期货被盗码交易案中有重大嫌疑的排查报告》与我所监查部起草的相关报告进行比对，内容一致。2018年1月，我所收到上海市公安局静安分局关于'李某海被盗窃案'相关协助函书，曾配合向其提供相关材料，具体可另行向上海市公安局静安分局了解情况。《附件2：关于袁某账户与杨某存账户存在关联且袁某账户在3起期货被盗码交易案中有重大嫌疑的排查报告》系嫌疑分析报告，特变电工沈阳变压器集团有限公司是否发生了交易密码被他人盗取或者入侵的客观事件，建议以相关司法机关的调查、审判结果为准。"同时，法院亦向沈阳市公安局经济保卫分局承办相关刑事案件的警官进行沟通，了解情况，其答复该案仍然尚未侦查终结，亦未确定犯罪嫌疑人。

7. 案涉《风险揭示书》载明：第八条互联网是全球公共网络，并不由任何一个机构所控制，数据在互联网上传输的途径不是完全确定的，互联网上传输的数据有可能被某些个人、机构通过某种非法渠道获取，并有可能恶意破坏数据的原始性。第十一条由于网上黑客、网络病毒的攻击和入侵，网上委托交易系统可能会出现故障，您可能不能及时进入该系统进行正常交易，或接到错误信息。这时希望您对比其他信息或采取其他交易手段，并及时查证成交情况。《期货经纪电子化交易合同》第二条约定：甲乙双方认定，……由于互联网上存在黑客恶意攻击的可能性，互联网服务器可能会出现故障及其他不可测的因素；行情信息及其相关期货信息，有可能出现错误或误导；……由于乙方（特变电工公司）申请使用期货经纪电子化交易方式，并且已经认真阅读并确认甲方（中期嘉合公司）的《期货经纪公司电子化交易风险揭示书》，表明乙方已经了解电子化交易的风险，并且能够独立承担电子化交易可能出现的风险和由此带来的损失，乙方对此表示认可。乙方确认期货经纪电子化交易风险揭示书中所列明的各种风险所造成的电子交易系统故障而给乙方带来的损失，甲方不承担责任。

【认定】一审法院就“中期公司是否应对特变电工公司案涉交易账户的损失承担赔偿责任”这一争议焦点形成如下认定：

1. 特变电工公司坚持以一般侵权法律关系要求中期公司对其损失进行赔偿。行为人因过错侵害他人民事权益，应当承担侵权责任。一般侵权责任的构成要件包括：行为人存在不法加害行为，即其实施的行为违反法律的禁止性规定或强制性规定；存在他人人身、财产或者非财产性权利受损害的事实；违法行为与受损害事实之间具有因果关系；行为人存在故意或过失。当事人对自己提出的主张，有责任提供证据。没有证据或证据不足以证明当事人的事实主张，由负有举证责任的当事人承担不利后果。特变电工公司以一般侵权法律关系提起本案诉讼，其对中期公司构成侵犯民事权益并应承担侵权责任负有举证义务。

2. 特变电工公司主张案涉交易账户被他人盗取，曾出现94分钟内连续4次输入密码错误、多人同时登陆以及短时间内多处异地登陆的情形，中期公司未能提供安全交易环境以及必要的防范及预警措施，存在明显过错，并就此主张提供了相应证据予以佐证。但需要说明的是，首先，事发时作为行业自律组织的中国期货业协会对于交易系统中投资者账户的安全管理方面并无明确具体的规定，而中期公司2015年通过了有关监管部门的信息技术评级检查。其次，事发后中期公司及时向上海期货交易所反映过案涉交易账户的异常交易情况，上海期货交易亦无法锁定违法违规嫌疑对象。最后，特变电工公司虽主张案涉交易账户被他人盗用，但至今公安机关未确定犯罪嫌疑人，其主张的连续4次输入密码错误前的一个小时同一IP地址用户曾成功登录案涉交易账户，且一般情况下交易系统不会限制登录的唯一性。基于上述情形，特变电工公司所提交的证据材料无法形成完整、有效的证据链条，其未能就侵权责任成立的构成要件完成相应举证，故其应当承担不利的法律后果。

综上，一审法院判决驳回变电工公司的诉讼请求。

二审法院就本案事实与当事人诉求形成如下认定：

1. 中国证券监督管理委员会公布的《证券期货业信息安全保障管理办法》(2012年11月1日起施行）第十二条规定："核心机构和经营机构应当设置合理的网络结构，划分安全区域，各安全区域之间应当进行有效隔离，并具有防范、监控和阻断来自内外部网络攻击破坏的能力。"第十五条规定："核心机构和经营机构应当具有防范木马、病毒等恶意代码的能力，防止恶意代码对信息系统造成破坏，防止信息泄露或者被篡改。"第三十一条规定："核心机构和经营机构应当建立网络与信息安全风险检测、监测、评估和预警机制，发现风险隐患应当及时处置，并按照规定进行报告。"中国期货业协会2017年9月4日印发的《投资者账户安全管理工作指南》规定："一、调整交易系统中与投资者账户交易密码安全相关的设置，提升投资者交易密码强度。投资者交易密码设置规则包括但不限于以下几项：……4. 在交易系统中设置投资者账户登录失败锁定次数不高于5次（含5次)。即，同一IP地址在一天之内连续5次登录某一账户失败，自动锁定该账户使用该IP地址登录的权限，经营机构需验证投资者身份后方可解锁该权限。"案涉《期货经纪合同》约定"因甲乙双方已确认乙方（特变电工公司）的计算机用户名及密码，故甲方（中期嘉合公司）计算机系统内的成交记录将成为甲乙双方核查交易指令合法、有效性的证明。"《风险揭示书》中记载："如果您申请并使用本公司提供的电子化交易方式，在签署完毕本《风险揭示书》后，我们将认为您已经完全了解电子化交易的风险，并承诺能够独立承担电子化交易可能出现的风险和由此带来的损失。本公司的电子化交易尽可能采取有效措施保护客户资料和交易活动的安全，尽管如此，本着对客户负责的态度，本公司在此郑重提醒投资者，电子化交易除了其他交易手段共同具有的风险外，仍然存在且不限于下列风险：……五、客户在交易过程中因自身原因进行的误操作。六、由于客户对开户资料、交易账户、交易密码等重要客户资料保护不当，造成被他人盗用、仿冒而产生的亏损。"并在第八条、第十一条中明确告知了互联网上传输的数据有可能被某些个人、机构通过某种非法渠道获取，并有可能恶意破坏数据的原始性；由于网上黑客、网络病毒的攻击和入侵，网上委托交易系统可能会出现故障。《期货经纪电子化交易合同》第二条约定“甲乙双方认定，……由于互联网上存在黑客恶意攻击的可能性，互联网服务器可能会出现故障及其他不可测的因素；行情信息及其相关期货信息，有可能出现错误或误导；……由于乙方（特变电工公司）申请使用期货经纪电子化交易方式，并且已经认真阅读并确认甲方（中期嘉合公司）的《期货经纪公司电子化交易风险揭示书》，表明乙方已经了解电子化交易的风险，并且能够独立承担电子化交易可能出现的风险和由此带来的损失，乙方对此表示认可。乙方确认期货经纪电子化交易风险揭示书中所列明的各种风险所造成的电子交易系统故障而给乙方带来的损失，甲方不承担责任。”第三条约定：“乙方（特变电工公司）通过电子化交易的方式进行期货交易，按照自己的交易账号（即资金账号）、交易所交易编码、交易密码下达交易指令。乙方的交易密码由乙方在自己的交易终端上自行设定和修改，乙方的交易密码只限于乙方的指令下达人掌握，凡是使用乙方密码在乙方账户下达的交易指令皆视作乙方的合法指令下达人所下达。乙方需确保自己的交易密码安全，由于密码泄密所带来的损失甲方（中期嘉合公司）不予承担。”

2. 本案中，虽然特变电工公司的案涉交易账户曾出现“94 分钟内连续 4 次输入密码错误、多人同时登陆及短时间内多处异地登陆”的情形，但是在上述连续 4 次输入密码错误前的一个小时同一 IP 地址用户曾成功登录过该账户，表明特变电工公司当时曾有过交易人使用交易密码登录该账户操作进行交易的行为，特变电工公司在一审、二审中均不能对此作出合理解释。中期公司向特变电工公司开放了多用户同时登录的权限，允许特变电工公司期货交易账户可以由多人在不同 IP 地址使用密码同时登录，即只要密码输入正确就可进行电子化交易，不需要中期公司再行授权。特变电工公司对此不持异议。并且，一般情况下，互联网交易系统不会限制登录的唯一性。根据《证券期货业信息安全保障管理办法》的内容，并未规定期货公司有自动锁定投资者账户的权限。2017 年 9 月 4 日中国期货业协会才以《投资者账户安全管理工作指南》规定期货公司应在期货交易系统中设置投资者账户登录失败锁定次数不高于 5 次（含 5 次），即同一 IP 地址在一天之内连续 5 次登录某一账户失败，自动锁定该账户使用该 IP 地址登录的权限。案涉《期货经纪合同》《风险揭示书》《期货经纪电子化交易合同》中对期货经纪电子化交易中存在的可能发生的风险已予以明确告知，且案涉事发后中期公司及时采取了多项补救措施，包括及时向上海期货交易所反映了案涉交易账户的异常交易情况，及时与特变电工公司进行磋商并退还了特变电工公司的部分手续费等。据此，特变电工公司主张中期公司对特变电工公司所受损失的产生具有过错，没有确实充分的证据予以证明，故其该项上诉理由，不能成立，不予支持。

3. 根据上海期货交易所复函内容，特变电工公司在二审审理期间提交的《附件2：关于袁某账户与杨某存账户存在关联且袁某账户在3起期货被盗码交易案中有重大嫌疑的排查报告》仅系嫌疑分析报告，其不能证明特变电工公司的案涉交易账户内是否发生了交易密码被他人盗取或者入侵的客观事件。相关刑事案件亦未确定犯罪嫌疑人。且若特变电工公司关于其期货账户并非单纯的异常交易，而是外力所为的被盗码交易的主张成立，则更加无法证明特变电工公司所受损失与中期公司的行为之间具有因果关系。因此，一审法院认定“特变电工公司所提交的证据材料无法形成完整、有效的证据链条，其未能就侵权责任成立的构成要件完成相应举证，故其应当承担不利的法律后果”是正确的。特变电工公司关于中期公司应承担与其违反《证券期货业信息安全保障管理办法》及诚实信用原则未尽义务相应的侵权责任的上诉理由，不能成立，不予支持。

综上，二审法院判决驳回变电工公司的诉讼请求。

《期货和衍生品法》第一百三十五条　【期货经营机构损害交易者利益的赔偿责任】

第一百三十五条　期货经营机构违反本法第五十条交易者适当性管理规定，或者违反本法第六十六条规定从事经纪业务接受交易者全权委托，或者有第七十八条损害交易者利益行为的，责令改正，给予警告，没收违法所得，并处以违法所得一倍以上十倍以下的罚款；没有违法所得或者违法所得不足五十万元的，处以五十万元以上五百万元以下的罚款；情节严重的，吊销相关业务许可。对直接负责的主管人员和其他直接责任人员给予警告，并处以二十万元以上二百万元以下的罚款。

期货经营机构有本法第七十八条规定的行为，给交易者造成损失的，应当依法承担赔偿责任。

相关规定

1.《期货和衍生品法》

第七十八条　禁止期货经营机构从事下列损害交易者利益的行为：

（一）向交易者作出保证其资产本金不受损失或者取得最低收益承诺；

（二）与交易者约定分享利益、共担风险；

（三）违背交易者委托进行期货交易；

（四）隐瞒重要事项或者使用其他不正当手段，诱骗交易者交易；

（五）以虚假或者不确定的重大信息为依据向交易者提供交易建议；

（六）向交易者提供虚假成交回报；

（七）未将交易者交易指令下达到期货交易场所；

（八）挪用交易者保证金；

（九）未依照规定在期货保证金存管机构开立保证金账户，或者违规划转交易者保证金；

（十）利用为交易者提供服务的便利，获取不正当利益或者转嫁风险；

（十一）其他损害交易者权益的行为。

2.《最高人民法院关于审理期货纠纷案件若干问题的规定》（法释〔2003〕10 号，2020 年修正）

五、交易行为责任

……

第十七条 期货公司接受客户全权委托进行期货交易的，对交易产生的损失，承担主要赔偿责任，赔偿额不超过损失的百分之八十，法律、行政法规另有规定的除外。

第十八条 期货公司与客户签订的期货经纪合同对下达交易指令的方式未作约定或者约定不明确的，期货公司不能证明其所进行的交易是依据客户交易指令进行的，对该交易造成客户的损失，期货公司应当承担赔偿责任，客户予以追认的除外。

第十九条 期货公司执行非受托人的交易指令造成客户损失，应当由期货公司承担赔偿责任，非受托人承担连带责任，客户予以追认的除外。

第二十条 客户下达的交易指令没有品种、数量、买卖方向的，期货公司未予拒绝而进行交易造成客户的损失，由期货公司承担赔偿责任，客户予以追认的除外。

第二十一条 客户下达的交易指令数量和买卖方向明确，没有有效期限的，应当视为当日有效；没有成交价格的，应当视为按市价交易；没有开平仓方向的，应当视为开仓交易。

第二十二条 期货公司错误执行客户交易指令，除客户认可的以外，交易的后果由期货公司承担，并按下列方式分别处理：

（一）交易数量发生错误的，多于指令数量的部分由期货公司承担，少于指令数量的部分，由期货公司补足或者赔偿直接损失；

（二）交易价格超出客户指令价位范围的，交易差价损失或者交易结果由期货公司承担。

第二十三条 期货公司不当延误执行客户交易指令给客户造成损失的，应当承担赔偿责任，但由于市场原因致客户交易指令未能全部或者部分成交的，期货公司不承担责任。

第二十四条 期货公司超出客户指令价位的范围，将高于客户指令价格卖出或者低于客户指令价格买入后的差价利益占为己有的，客户要求期货公司返还的，人民法院应予支持，期货公司与客户另有约定的除外。

第二十五条 期货交易所未按交易规则规定的期限、方式，将交易或者持仓头寸的结算结果通知期货公司，造成期货公司损失的，由期货交易所承担赔偿责任。

期货公司未按期货经纪合同约定的期限、方式，将交易或者持仓头寸的结算结果通知客户，造成客户损失的，由期货公司承担赔偿责任。

第二十六条 期货公司与客户对交易结算结果的通知方式未作约定或者约定不明确，期货公司未能提供证据证明已经发出上述通知的，对客户因继续持仓而造成扩大的损失，应当承担主要赔偿责任，赔偿额不超过损失的百分之八十。

第二十七条 客户对当日交易结算结果的确认，应当视为对该日之前所有持仓和交易结算结果的确认，所产生的交易后果由客户自行承担。

第二十八条 期货公司对交易结算结果提出异议，期货交易所未及时采取措施导致损失扩大的，对造成期货公司扩大的损失应当承担赔偿责任。

客户对交易结算结果提出异议，期货公司未及时采取措施导致损失扩大的，期货公司对造成客户扩大的损失应当承担赔偿责任。

第二十九条 期货公司对期货交易所或者客户对期货公司的交易结算结果有异议，而未在期货交易所交易规则规定或者期货经纪合同约定的时间内提出的，视为期货公司或者客户对交易结算结果已予以确认。

第三十条 期货公司进行混码交易的，客户不承担责任，但期货公司能够举证证明其已按照客户交易指令入市交易的，客户应当承担相应的交易结果。

六、透支交易责任

……

第三十五条 期货交易所允许期货公司透支交易，并与其约定分享利益，共担风险的，对透支交易造成的损失，期货交易所承担相应的赔偿责任。

期货公司允许客户透支交易，并与其约定分享利益，共担风险的，对透支交易造成的损失，期货公司承担相应的赔偿责任。

十、侵权行为责任

第五十二条 期货交易所、期货公司故意提供虚假信息误导客户下单的，由此造成客户的经济损失由期货交易所、期货公司承担。

第五十三条 期货公司私下对冲、与客户对赌等不将客户指令入市交易的行为，应当认定为无效，期货公司应当赔偿由此给客户造成的经济损失；期货公司与客户均有过错的，应当根据过错大小，分别承担相应的赔偿责任。

第五十四条 期货公司擅自以客户的名义进行交易，客户对交易结果不予追认的，所造成的损失由期货公司承担。

第五十五条 期货公司挪用客户保证金，或者违反有关规定划转客户保证金造成客户损失的，应当承担赔偿责任。

十一、举证责任

第五十六条 期货公司应当对客户的交易指令是否入市交易承担举证责任。

确认期货公司是否将客户下达的交易指令入市交易，应当以期货交易所的交易记录、期货公司通知的交易结算结果与客户交易指令记录中的品种、买卖方向是否一致，价格、交易时间是否相符为标准，指令交易数量可以作为参考。但客户有相反证据证明其交易指令未入市交易的除外。

第五十七条 期货交易所通知期货公司追加保证金，期货公司否认收到上述通知的，由期货交易所承担举证责任。

期货公司向客户发出追加保证金的通知，客户否认收到上述通知的，由期货公司承担举证责任。

权威解读①

1. 对于全权委托，原先确定期货公司的主要责任是60%，但有的地方亦出现交易所的责任，大家认为交易所的民事责任相对期货公司要轻一些，应将交易所的责任设定为60%，期货公司的责任设定为80%，这样似能加以区别。对此，《最高人民法院关于审理期货纠纷案件若干问题的规定》（以下简称《规定》）第17条规定，“期货公司接受客户全权委托进行期货交易的，对交易产生

① 参见吴庆宝：《解读最高人民法院〈关于审理期货纠纷案件若干问题的规定〉》，载《法律适用》2003年第8期。

的损失，承担主要赔偿责任，赔偿额不超过损失的 80%，法律、行政法规另有规定的除外”。

2. 关于交易结果的确认。《规定》第 27 条规定，客户对当日交易结果的确认，应当视为对该日之前所有持仓和交易结算结果的确认。确认不只是确认当日的交易，而是全部交易，就是为了避免客户赚了钱就承认，赔了钱就翻脸的行为。《规定》明确规定客户对结算结果有异议，要在规定或者约定的时间内，以规定、约定的方式提出。否则，视为其对交易结果已予以确认。因为期货交易实行的是当日无负债结算制度，每日收市后期货公司均会将交易的结算结果按照事先约定的方式通知客户，由客户进行审核、确认。有的期货公司会通过书面的通知交由客户签收，例如，有一些客户每天都在期货公司从事交易，送达交易结果是十分容易的 而有些客户则不在期货公司所在地，通过网上或电话委托的方式，进行期货交易。出现这类情况时，客户不一定每天都予以签收交易结果，往往约定 1 个月签收一次等。只要其每天都不提异议，应当视为其已认可交易结果。即使 1 个月签收一次，其也不能否认其以前的默认、自认。否则，将之前的交易推翻，就会带来整个交易的不稳定，甚至会带来许多客户的连锁反应，对交易有害，也有违诚实信用的原则。所以，异议应当在合约、交易规则约定或者规定的时间内提出，而不应予以无限制地宽容、忍让，必须按照事先约定的原则办理。这方面的内容规定在《规定》第 29 条。

3.《规定》第 52－55 条明确了交易所、期货公司的 4 种侵权行为责任。在期货市场管理不规范的 1994 年至 1997 年间，交易所、期货公司有关人员故意制造、散布、提供虚假信息、误导客户的情况比比皆是，有的交易所为了做活市场，参与坐庄，鼓励多头与空头展开恶性竞争。有的期货公司为赚取佣金，赚取差价，不惜搞私下对冲、与客户对赌，不将客户指令入市交易，直接瓜分客户的交易保证金。也有的期货公司甚至利用客户的保证金，违反核定的营业范围，利用客户编码，以客户名义进行交易。还有的期货公司将客户资金挪给其他客户使用，或者自己使用。上述种种不当行为都直接侵害了客户利益，给客户造成不应有的损失。交易所、期货公司均应依照法律、法规、规章、规则承担赔偿责任。本司法解释将该种侵权行为进一步明确化，有利于对交易所、期货公司的监督、监管，也更加有利于期货市场的透明化。

4. 关于入市交易的举证责任。《规定》第 56 条明确了期货公司举证入市的标准：“期货公司应当对客户的交易指令是否入市交易承担举证责任。确认期货公司是否将客户下达的交易指令入市交易，应当以期货交易所的交易记录、期货公司通知的交易结算结果与客户交易指令记录中的品种、买卖方向是否一致，价格、交易时间是否相符为标准，指令交易数量可以作为参考。但客户有相反证据证明其交易指令入市交易的除外”。同时，对于混码交易行为，期货公司负有举证责任。《规定》第30条虽然规定期货公司进行混码交易的，客户不承担责任，但这是在期货公司存有过错时，不能准确举证证明客户的对应交易部位，客户有足够理由予以否认。该条同时还规定，期货公司能够举证证明其已按照客户交易指令入市交易的，客户应当承担相应的交易结果。这实际规定了对于真实的交易，客户仍应当自行承担交易结果，只不过加重了期货公司的举证责任，只要期货公司举出相关证据，客户即应自行承担交易后果。而在司法实践中，只要客户提出交易混码，且交易不真实，期货公司就应承担举证责任。同时规定在期货合约无效的情况下，如交易真实，对于交易结果应由客户自行承担。在混码交易的情况下，经确认交易真实，应当认定交易结果由客户自行承担。

典型案例

李某华、德盛期货有限公司期货经纪合同纠纷案（湖南省长沙市中级人民法院（2017）湘01民初37号民事判决书、湖南省高级人民法院（2017）湘民终726号民事判决书、（2019）最高法民再228号民事判决书）

【案情】1. 2010年8月、10月，李某华先后在德盛公司开立商品期货和股指期货账户，开户时双方签署了《期货经纪合同》，李某华在《期货风险说明书》《客户须知》、《客户交易须知》和《股指期货交易特别风险提示》等相关文件材料上签了字。上述文件材料明确载明客户开立期货账户及进行期货交易需要知晓的事项、期货交易存在的风险、期货公司及其工作人员不得向客户作出获利保证、不得接受全权委托等。

2. 开户后李某华凭期货账号和账户密码等登陆账户并进行期货交易（没有账户或密码无法进行期货交易）。李某华可以在装载有相关软件的电脑、手机上下达交易指令并进行交易。德盛公司每天将前一日的交易结算报告发至李某华的期货账户，李某华登陆其期货账户也可以查看当日以前的历史交易记录。2014年6月前，李某华未对德盛公司发送的交易结算报告提出过异议。

3. 从2010年8月至2014年5月，李某华的账户共发生20,000多次交易记录，成交量12,666手，成交金额达200多亿元。2014年6月李某华对其中10,000多次交易有异议，认为系德盛公司的工作人员私自登陆其账户并进行交易等，给其造成巨额亏损，开始多次向中国证券监督管理委员会湖南监管局（以下简称湖南证监局）等部门进行信访、投诉举报。湖南证监局对李某华的投诉进行多次答复，其中2014年12月31日作出的答复的部分内容如下：(1) 2010年8月至2014年5月，你账户的成交量12666手，成交金额217.15亿元，合计缴纳手续费230.15万元。(2) 交易记录中的IP地址和MAC地址是确定具体操作地址和操作人的有效途径。你的交易记录涉及恒生网上交易3.0、澎博闪电手、文华财经、掌上财富和柜台五种委托方式，由于德盛公司信息系统设计原因，IP地址记录方面只有通过恒生网上交易3.0、澎博闪电手方式下单的交易记录能够记录客户端的IP地址，而通过其网上委托产生的交易数据记录的IP地址为公司互联网出口或防火墙内网IP地址，未记录客户端的IP地址。2010年8月12日至2014年5月28日，你在德盛公司交易系统共有20,963笔委托，其中10,088笔记录的是德盛公司互联网出口的IP地址，4笔记录的是德盛公司防火墙内网地址，10,863笔记录的是客户端IP地址，另有8笔柜台委托为公司风控强平。根据德盛公司互联网出口防火墙内网IP地址无法确定具体操作地址和操作人。(3) 根据你提供的本人与彭某（德盛公司长沙营业部的客户经理）的聊天记录及交易记录显示，2011年11月18日彭某在你账户中进行过平仓操作，该行为违反了中国证券监督管理委员会《期货从业人员管理办法》等规定，我局将依据相关规定作出严肃处理。2015年1月20日湖南证监局认为2011年11月彭某违规登陆李某华的账户并代理李某华从事期货交易的行为违反了《期货从业人员管理办法》的规定，对彭某采取出具警示函的监管措施。2015年湖南证监局在期货公司分类评价中对德盛公司作扣0.5分的处理，德盛公司因此被评为C类CCC级。为此，李某华与德盛公司曾就上述期货交易损失的责任与分担多次协商处理，均未果。

4. 有争议的交易发生在2011年至2014年5月，交易记录的IP地址是德盛公司互联网出口的IP地址（包括总部的和营业厅的，总部的占多数），即交易记录显示由德盛公司的IP地址发出的交易指令。双方一致认可有争议的交易达10,000多次，所对应的直接损失为5,066,403.11元（不包括产生的佣金等）。2012年1月5日李某华住院待产，生育后于该月10日出院。

5. 在本案审理过程中，李某华称：因前期亏损太多，其不想再进行期货交易，大概在2011年8月时，德盛公司的副总刘某和业务经理彭某请李某华吃饭，并告知李某华不要着急，可以帮李某华把钱做回来（通过期货交易赚回来）。于是李某华将账户和密码告知刘某（在德盛公司总部五一路上班）和彭某（在德盛公司位于芙蓉中路识字岭的长沙营业部上班）。2011年9月刘某开始用李某华的账户进行期货交易，起初几笔交易是操作黄金，刘某当时已跟李某华讲。大概2014年6月时，李某华的弟弟将李某华期货账户的交易清单（未显示下达交易指令的IP地址）打印出来，感觉不正常，开始向湖南证监局投诉。2014年11月左右，湖南证监局把交易指令的IP地址全部调了出来，李某华发现从德盛公司总部和营业部下达的交易指令有10,000多次（其中大部分是总部的），而李某华对此完全不知情，刘某和彭某没有告诉李某华。李某华还称：坐月子期间李某华较少操作期货交易，2012年3月后开始像以往一样操作期货交易（平均每天操作至少有一次）。因完全相信刘某他们，加上没有IP地址，李某华完全没有想到刘某他们在私自用李某华期货账户进行交易。

【认定】一审法院认为本案争议焦点为：有争议的交易所造成的损失是否应由德盛公司承担，并认为：

1. 李某华开立期货账户时，德盛公司已将期货交易需要知晓的事项、期货交易存在的风险、期货公司及其工作人员不得向客户作出获利保证、不得接受全权委托等事项告知了李某华，故李某华在开户时应当了解期货交易的风险及要求。

2. 期货交易是凭期货账户和密码进行的，即必须知晓李某华的期货账户和密码才能用李某华的期货账户进行期货交易。李某华的期货账户密码由李某华个人持有，故李某华应妥善保管好其期货账户尤其是密码。双方签订的《期货经纪合同》亦约定：凡是使用李某华的期货账户密码在李某华的期货账户下达的交易指令、资金划转等操作均视为李某华的行为。本案中，李某华陈述称为了把亏损的钱赚回来，经刘某劝说，大概2011年8月其把期货账户和密码告知刘某和彭某，由刘某和彭某代其进行期货交易。故有争议的交易的指令是从德盛公司的IP地址发出的并不能证明有争议的交易是德盛公司的行为。

3. 根据《期货经纪合同》的约定，李某华未在下一个交易日开市前对交易结算报告提出异议的，视为对交易结算报告记载事项的确认；李某华对交易结算报告的确认，视为李某华对该日及该日之前所有持仓和交易结果、资金存取的确认。本案中，双方有争议的交易发生在2011年至2014年5月，共计10,000多次，总计直接亏损500多万元，德盛公司每天向李某华的期货账户发送前一日的交易结算报告，李某华也可在其期货账户查看当日以前的历史交易记录。而李某华陈述其从2012年3月份后开始频繁的操作期货交易（平均每天至少操作一次），但李某华在2014年6月前并未对德盛公司发送的交易结算报告提出过异议。故李某华未提异议的行为视为对有争议的交易的认可。

4. 虽然2015年1月20日湖南证监局对2011年11月彭某违规登陆李某华的账户并代理李某华从事期货交易的行为采取出具警示函的监管措施，但是李某华并未提供充分有效的证据证明彭某代其进行期货交易所造成的损失，且李某华要求德盛公司为彭某的上述行为承担民事责任也缺乏法律依据。综上分析，本案中，李某华的陈述及其提交的有效证据不能证明有争议的交易是德盛公司的行为造成的，李某华要求德盛公司赔偿有争议的交易所造成的损失缺乏事实依据。

一审法院最终判令驳回李某华诉讼请求。李某华不服一审判决，并提出上诉。

二审法院认定事实与一审认定一致，并认为争议焦点为：德盛公司对案涉账户中有争议的交易所造成的损失应否承担赔偿责任，认定如下：

1. 德盛公司与李某华签订的《期货经纪合同》及附件系当事人真实意思表示，内容不违反法律法规的禁止性规定，合法有效，双方均应按照合同的约定全面履行自己的义务。现李某华上诉提出，德盛公司的员工使用其账号和密码操作其开户账户，导致其巨额损失，该损失应由德盛公司承担。从双方签订的《期货经纪合同》、《期货风险说明书》、《客户须知》、《客户交易须知》和《股指期货交易特别风险提示》等相关文件材料的约定来看，德盛公司已经明确告知了客户开立期货账户及进行期货交易需要知晓的事项，包括期货公司及其工作人员不得向客户作出获利保证、不得接受全权委托，期货公司禁止所有工作人员对客户做出获利保证，任何人员对客户做出的获利保证均属个人行为，与期货公司无关，客户应知晓期货公司及其工作人员不得接受客户的全权委托，客户也不得要求期货公司或其工作人员以全权委托的方式进行期货交易等。从上述合同可以看出，德盛公司的经营范围是期货经纪业务，不包括替客户操作账户，德盛公司的工作人员的职责范围不包括掌握客户交易密码，操作客户账户。李某华在一审中称因德盛公司员工刘某、彭某称可以帮其通过期货交易挽回前期亏损，于是李某华将账户和密码告知刘某和彭某，由刘某、彭某进行账户操作。由此可见，刘某、彭某两人的“代客操盘”是接受李某华的个人委托所为，不是职务行为，该行为的法律后果不应当由德盛公司承担。

2. 李某华上诉称其从未在德盛公司每日报送的交易结算报告上签字，对争议的交易不予认可。从《期货经纪合同》及附件的约定来看，德盛公司每个交易日均会向客户发送交易结算报告，客户如果未提出异议的，视为对交易认可。李某华在本案中提出，其之所以没有提出异议，是因为其当时对案涉账户中有争议的交易并不知情。因前述交易发生在2011年至2014年期间，时间长达两年多，李某华在此期间也实施过交易，在其能打开交易账户的情况下，称不知情显然不合情理。故李某华的该上诉理由不能成立。本案中，没有证据证明德盛公司违反了合同义务，李某华主张案涉损失应由德盛公司承担，没有事实和法律依据。

李某华后向最高人民法院申请再审，最高院于再审期间委托中证中小投资者服务中心对本案进行调解，但调解未成功，最高院认为本案争议焦点为：

（一）案涉争议10,000多笔交易由谁操作

案涉争议10,000多笔交易指令发出的IP地址均为德盛公司。2010年8月12日至2014年5月28日，李某华在德盛公司交易系统共有20,963笔委托，其中10,088笔记录的是德盛公司互联网出口的IP地址，4笔记录的是德盛公司防火墙内网地址，10,863笔记录的是客户端IP地址，另有8笔柜台委托为公司风控强平。因德盛公司原因，致使案涉争议的10,000多笔交易无法查清具体操作地址和操作人。由于德盛公司信息系统设计原因，IP地址记录方面只有通过恒生网上交易3.0、澎博闪电手方式下单的交易记录能够记录客户端的IP地址，而通过其网上委托产生的交易数据记录的IP地址为公司互联网出口或防火墙内网IP地址，未记录客户端的IP地址。根据《最高人民法院关于民事诉讼证据的若干规定》第二条规定，当事人对自己提出的诉讼请求所依据的事实或者反驳对方诉讼请求所依据的事实有责任提供证据加以证明。没有证据或者证据不足以证明当事人的事实主张的，由负有举证责任的当事人承担不利后果。李某华主张案涉争议10,000多笔交易由德盛公司员工操作，在德盛公司有员工曾操作李某华账户，且案涉争议10,000多笔交易发出指令的IP地址均为德盛公司的情况下，德盛公司作为交易记录的持有者，其更有能力证明案涉争议的10,000多笔交易的具体操作地址和操作人，应当对该10,000多笔交易指令不是其员工操作承担举证证明责任，但德盛公司未能就此提供证据予以证明，应承担举证不能的不利后果。从原审查明的事实看，湖南证监局亦认定德盛公司员工有违规登陆李某华的账户并代理李某华从事期货交易的事实，因德盛公司员工彭某违规登陆李某华的账户并代理李某华从事期货交易，湖南证监局曾对彭某采取出具警示函的监管措施，以及对德盛公司在期货公司分类评价中作扣分处理。综上，李某华关于案涉争议的10,000多笔交易系由德盛公司员工操作的主张，最高人民法院予以确认。原审举证责任分配不当、认定事实错误，最高人民法院予以纠正。

（二）德盛公司是否应对案涉争议的10,000多笔交易的损失承担责任，若应承担，如何确定责任范围

1. 如前所述，案涉争议的10,000多笔交易指令应认定为德盛公司员工操作。德盛公司对其员工负有监督管理职责，督导员工严格遵守法律法规及行业规则，禁止员工接受客户委托进行交易。本案案涉争议的交易有10,000多笔，其指令发出的IP地址均为德盛公司，在无相反证据的情况下，应认定德盛公司员工违规接受李某华委托进行了操作，德盛公司对其员工未尽到监督管理职责，存在过错。根据本案查明的事实，湖南证监局曾认定德盛公司员工彭某违规登陆李某华的账户并代理从事期货交易，并因此对德盛公司在期货公司分类评价

中作扣分处理，此节事实亦印证了德盛公司对员工疏于管理，其对于员工违规操作客户账户应承担相应过错责任。从事实后果看，德盛公司已从其员工的违规行为中受益。德盛公司系期货公司，其从期货交易中收取一定的费用。如庭审中德盛公司所述，李某华在2010年8月至2014年5月期间的交易中交纳手续费230.15万元，其中德盛公司获得手续费净收入约为65.16万元。综上，德盛公司对于其员工疏于监管，其员工违规操作客户交易造成损失，德盛公司从中受益，其应当就案涉争议10,000多笔交易对李某华造成的损失承担相应的过错赔偿责任。

2. 关于德盛公司承担赔偿责任的范围，应同时考虑本案所涉事实中李某华的过错。根据《中华人民共和国侵权责任法》第二十六条的规定，被侵权人对损害的发生也有过错的，可以减轻侵权人的责任。本案李某华私下将密码告知德盛公司员工，违规委托德盛公司员工代为期货交易，且其自2012年3月之后每日都有操作及每日对交易结算报告予以确认，其未能及时发现并制止德盛公司员工在其账户反常的频繁交易，对因此造成的损失亦有明显过错。

3. 关于李某华主张德盛公司赔偿其交易及佣金损失，双方均认可案涉争议的10,000多笔交易造成的损失为5,066,403.11元，对此，结合本案查明的事实及双方当事人的过错，酌定由德盛公司对因案涉10,000多笔交易造成李某华的损失承担50%的责任，即2,533,202元，其余部分由李某华自行承担。

4. 关于李某华主张的利息损失。最高人民法院认为，德盛公司应承担的赔偿责任，是基于其疏于对员工的管理造成损害而产生，而非其直接侵害李某华的利益所导致，在未经法院确定损害赔偿责任时，赔偿责任的履行期限并不确定，利息计算缺少起算时间的依据。因此，本案中李某华关于德盛公司承担利息损失1,918,932.93元的请求，缺乏事实依据，不予支持。

综上，最高人民法院判决撤销湖南省高级人民法院（2017）湘民终726号民事判决、湖南省长沙市中级人民法院（2017）湘01民初37号民事判决，判令德盛期货支付李某华损失赔偿款2,533,202元。

《期货和衍生品法》第一百四十条　【期货服务机构未勤勉尽责的赔偿责任】

第一百四十条　会计师事务所、律师事务所、资产评估机构等期货服务机构违反本法第九十九条的规定，未勤勉尽责，所制作、出具的文件有虚假记载、误导性陈述或者重大遗漏的，责令改正，没收业务收入，并处以业务收入一倍以上十倍以下的罚款；没有业务收入或者业务收入不足五十万元的，处以五十万元以上五百万元以下的罚款。对直接负责的主管人员和其他直接责任人员给

予警告，并处以二十万元以上二百万元以下的罚款。

期货服务机构有前款所列违法行为，给他人造成损失的，依法承担赔偿责任。[①]

相关规定

《期货和衍生品法》

第九十九条 会计师事务所、律师事务所、资产评估机构等期货服务机构接受期货经营机构、期货交易场所、期货结算机构的委托出具审计报告、法律意见书等文件，应当对所依据的文件资料内容的真实性、准确性、完整性进行核查和验证。

《期货和衍生品法》第一百五十四条 【民事赔偿责任优先】[②]

第一百五十四条 违反本法规定，应当承担民事赔偿责任和缴纳罚款、罚金、违法所得，违法行为人的财产不足以支付的，优先用于承担民事赔偿责任。

相关规定

《关于证券违法行为人财产优先用于承担民事赔偿责任有关事项的规定》[③]（中国证券监督管理委员会、财政部公告〔2022〕40号）

为了落实民事赔偿责任优先原则，切实保护投资者合法权益，根据《中华人民共和国证券法》（以下简称《证券法》）《中华人民共和国国家金库条例实

---

① 《证券法》第一百六十三条规定，证券服务机构未勤勉尽责，给他人造成损失的，应当与委托人承担连带赔偿责任，但是能够证明自己没有过错的除外。而《期货和衍生品法》相应条文的表述为“依法承担赔偿责任”。中介机构在证券市场、期货和衍生品市场所起到的作用不尽相同，而目前对于期货和衍生品领域中介机构未勤勉尽责违法行为的民事赔偿缺少细化规定和相关判例。因此，能否直接参照适用证券市场相关做法，要求承担连带赔偿责任，尚有待进一步观察。——本书注

② 为进一步规范中国证监会行政处罚罚没款执行工作，中国证监会研究形成了《行政处罚罚没款执行规则（征求意见稿）》，并于2022年9月30日起向社会公开征求意见。载 http://www. csrc. gov. cn/ csrc /c101981/c5814289/content. shtml，最后访问日期：2022年10月11日。——本书注

③ 需要说明的是，《规定》中仅涉及违反《证券法》的需要同时承担民事赔偿责任和行政责任的情形，对于违反《期货和衍生品法》的相关行为能否参照适用《规定》，仍有待进一步明确。——本书注

施细则》等相关规定，制定本规定。

一、违反《证券法》规定，违法行为人应当同时承担民事赔偿责任和缴纳罚没款行政责任，缴纳罚没款后，剩余财产不足以承担民事赔偿责任的，合法权益受到侵害的投资者（以下简称受害投资者）可以在向人民法院提起诉讼，获得胜诉判决或者调解书，并经人民法院强制执行或者破产清算程序分配仍未获得足额赔偿后提出书面申请，请求将违法行为人因同一违法行为已缴纳的罚没款用于承担民事赔偿责任。证券纠纷普通代表人诉讼中的诉讼代表人、特别代表人诉讼中担任诉讼代表人的投资者保护机构，可以代表受害投资者提出将违法行为人罚没款用于承担民事赔偿责任的申请。

二、受害投资者提出将违法行为人罚没款用于承担民事赔偿责任申请的，应当向中国证券监督管理委员会（以下简称证监会）提交以下申请材料，并由证监会行政处罚委员会办公室具体负责接收：

（一）将违法行为人罚没款用于承担民事赔偿责任申请书（以下简称申请书）；

（二）受害投资者身份证明材料、银行账号、开户行全称；

（三）民事判决书、刑事附带民事判决书或者调解书；

（四）终结执行裁定书或者终结破产程序裁定书；

（五）被告履行相关赔偿责任的情况说明；

（六）相关材料真实有效的承诺书；

（七）其他有关材料。

受害投资者提交的申请材料发生变化的，应当及时报告证监会，并补充提交更新材料。

证券纠纷特别代表人诉讼中担任诉讼代表人的投资者保护机构代表受害投资者提出申请的，参照本条前两款规定执行。

三、人民法院出具终结执行裁定书后一年内，受害投资者可以按照本规定提出申请，超过一年提出申请的，证监会不予受理。

违法行为人被人民法院宣告破产的，自破产程序终结或者追加分配程序终结后一年内，受害投资者可以按照本规定提出申请，超过一年提出申请的，证监会不予受理。

四、受害投资者的申请材料不齐全、不符合形式要求的，证监会自收到申请材料后五个工作日内通知受害投资者予以补正，补正时限最长不超过十五个工作日。未按要求补正的，证监会不予受理；申请材料齐全、符合形式要求的，证监会予以受理。

证监会受理基于同一事项的首例申请后，公示首例申请相关情况。

五、受害投资者申请用于承担民事赔偿责任的罚没款金额不得超过民事判决书、刑事附带民事判决书、调解书所确定的被告应当承担的赔偿金额。被告已部分履行赔偿义务的，受害投资者不得对已履行部分再提出申请。

用于承担民事赔偿责任的罚没款金额不得超过违法行为人实际缴纳的罚没款金额。多个受害投资者同时提交申请，申请资金总额超过违法行为人实际缴纳的罚没款金额的，按照依前款规定确定的受害投资者申请额比例退付。

违法行为人实际缴纳的罚没款已全部用于承担民事赔偿责任的，证监会不再就相关事项受理新的申请，并予以公示。

六、证监会受理申请材料后，应当对材料进行审核，判断是否符合《证券法》第二百二十条以及本规定要求，并重点关注以下事项：

（一）受害投资者身份证明与申请书、银行账号信息、民事判决书、刑事附带民事判决书、调解书、终结执行裁定书及其他相关法律文书等材料所记载的申请人、原告、申请执行人身份等是否一致；

（二）行政处罚决定书所记载的违法行为人与申请书、民事判决书、刑事附带民事判决书、调解书、终结执行裁定书、终结破产程序裁定书及其他相关法律文书等材料记载的被告、被执行人、破产人身份等是否一致；

（三）民事判决书、刑事附带民事判决书、调解书中人民法院查明应由违法行为人承担民事赔偿责任基于的事实与行政处罚决定书所记载的违法事项内容是否一致；

（四）终结执行裁定书、终结破产程序裁定书与民事判决书、刑事附带民事判决书、调解书是否对应。

七、证监会在材料审核过程中，应当向出具终结执行裁定书或者终结破产程序裁定书的人民法院了解、核实案件前期执行、破产财产分配情况。

八、证监会应当于收到人民法院情况反馈后一个月内完成审核工作。经审核认为申请主体、申请材料不符合《证券法》第二百二十条以及本规定的，应当书面通知受害投资者，并告知理由；经审核认为申请符合相关规定的，应当书面通知受害投资者，并抄送财政部。

九、证监会应当每半年度向财政部提出退库申请，并提交以下材料：

（一）行政处罚决定书；

（二）民事判决书、刑事附带民事判决书或者调解书；

（三）终结执行裁定书或者终结破产程序裁定书；

（四）待退库非税收入缴款信息表；

（五）违法行为人非税收入一般缴款书，或一般缴款书，或相关电子缴库信息；

（六）其他有关材料。

十、财政部收到申请材料后，对于材料不齐全、不符合形式要求的，应当在十个工作日内通知证监会补正；材料齐全、符合形式要求的，应当在一个月内完成审核工作，并将违法行为人有关罚没款退还至证监会账户。

十一、证监会收到退库资金后，应当及时将违法行为人罚没款退付给受害投资者，不得截留、挤占或者挪用。

证监会应当对退库资金实行专账核算，并将退库资金于证监会账户存放期间产生的利息全部上缴国库。

十二、证监会办理完退付手续后，应当将退付情况及时通报出具终结执行裁定书或者终结破产程序裁定书的人民法院，并公示退付相关情况。

十三、罚没款用于承担民事赔偿责任的，违法行为人应当继续履行相关罚没款缴纳义务。证监会应当及时完善执行制度规则和程序，对退库之后又发现违法行为人财产的，应当继续履行收缴职责，将违法行为人财产收缴入库。

十四、本规定自公布之日起施行。

权威解读 1 ①

《关于证券违法行为人财产优先用于承担民事赔偿责任有关事项的规定》立法说明

为了落实中央巡视反馈意见，践行以人民为中心的发展思想，推动民事赔偿责任优先原则落地，切实保护投资者合法权益，根据《中华人民共和国证券法》（以下简称《证券法》）《中华人民共和国国家金库条例实施细则》（以下简称《国家金库实施细则》）等相关规定，证监会、财政部联合起草了《关于证券违法行为人财产优先用于承担民事赔偿责任有关事项的规定》（以下简称《规定》），明确了违法行为人所缴纳的行政罚没款用于承担民事赔偿责任的具体工作机制，率先将民事赔偿责任优先原则在证券领域落地。现将有关情况说明如下：

一、起草背景

《证券法》第二百二十条规定："违反本法规定，应当承担民事赔偿责任和缴纳罚款、罚金、违法所得，违法行为人的财产不足以支付的，优先用于承担民事赔偿责任。"实践中，行政处罚决定往往先于民事判决作出，一些行政处罚

① 《关于证券违法行为人财产优先用于承担民事赔偿责任有关事项的规定》立法说明。载 http：//www. csrc. gov. cn/csrc/c101954/c4914991/content. shtml，最后访问日期：2022 年 9 月 30 日。

案件特别是大额行政罚没款案件中，违法行为人缴纳罚没款后，剩余财产往往难以支付民事赔偿款，导致民事赔偿责任优先原则无法落实。根据《国家金库实施细则》第二十条的规定，缴入国库的罚没款作为预算收入，在财政部明文规定的前提下可以进行退库。目前，对违法行为人错缴、多缴的罚没款均可退库，相关操作有成熟的实践经验。据此，通过将违法行为人已缴纳的行政罚没款作退库处理，用于承担民事赔偿责任，是落实《证券法》规定的民事赔偿责任优先原则的一种可行机制安排。

基于上述考虑，证监会、财政部起草了《关于证券违法行为人财产优先用于承担民事赔偿责任有关事项的规定（征求意见稿）》，征求了最高人民法院、审计署等单位的意见，并于2022年3月11日至4月10日向社会公开征求意见，在吸收采纳有关方面意见基础上，进一步修改完善形成了《规定》。

二、《规定》的主要内容

《规定》共十四条，主要内容如下：

（一）关于申请主体。《规定》明确，违反《证券法》规定，违法行为人应当同时承担民事赔偿责任和缴纳罚没款行政责任，缴纳罚没款后，剩余财产不足以承担民事赔偿责任的，合法权益受到侵害的投资者可以在向人民法院提起诉讼，获得胜诉判决或者调解书，并经人民法院强制执行或者破产清算程序分配仍未获得足额赔偿后提出书面申请，请求将违法行为人因同一违法行为已缴纳的罚没款用于承担民事赔偿责任；证券纠纷普通代表人诉讼中的诉讼代表人、特别代表人诉讼中担任诉讼代表人的投资者保护机构，可以代表受害投资者提出申请（第一条）。

（二）关于申请材料、申请期限、申请金额。一是明确受害投资者提出申请所需申请材料，以及相关申请材料的补正要求（第二条、第四条）。二是规定受害投资者可以在人民法院出具终结执行裁定书后一年内提出申请；违法行为人被人民法院宣告破产的，自破产程序终结或者追加分配程序终结后一年内提出申请；超过一年提出申请的，证监会不予受理（第三条）。三是明确受害投资者申请金额不得超过民事判决书等所确定的被告应当承担的赔偿金额，不得对被告已履行部分再提出申请；用于承担民事赔偿责任的罚没款金额不得超过违法行为人实际缴纳的罚没款金额，多个受害投资者同时提交申请，申请总额超过违法行为人实际缴纳的罚没款金额的，按照依《规定》确定的受害投资者申请额比例退付（第五条）。

（三）关于证监会对申请材料的审核。一是明确证监会在审核过程中重点关注相关材料的一致性，确保违法行为人承担民事赔偿责任与缴纳罚没款行政责任是基于同一个违法行为（第六条）。二是明确证监会应当向出具终结执行裁定书或者终结破产程序裁定书的人民法院了解、核实案件前期执行、破产财产分配情况，并于收到人民法院情况反馈后一个月内完成审核工作（第七条、第八条）。三是规定证监会审核认为申请主体、申请材料不符合相关规定的，应当书面通知受害投资者，并告知理由；认为申请符合相关规定的，应当书面通知受害投资者，并抄送财政部（第八条）。

（四）关于退付流程。一是规定证监会应当每半年度向财政部提出退库申请（第九条）。二是明确财政部要求补正材料的期限，对于材料齐全、符合形式要求的，财政部应当在一个月内完成审核工作，并将有关罚没款退还至证监会账户（第十条）。三是规定证监会收到退库资金后，应当及时将违法行为人罚没款退付给受害投资者。证监会办理完退付手续后，应当将退付情况及时通报出具终结执行裁定书或者终结破产程序裁定书的人民法院，并公示退付相关情况（第十一条、第十二条）。

（五）关于行政罚没款的继续缴纳与收缴。《规定》明确，违法行为人缴纳的罚没款用于承担民事赔偿责任的，违法行为人应当继续履行相关罚没款缴纳义务。证监会应当及时完善执行制度规则和程序，对退库之后又发现违法行为人财产的，应当继续履行收缴职责，将违法行为人财产收缴入库（第十三条）。

三、公开征求意见及采纳情况

征求意见过程中，共收到意见建议 28 条。证监会、财政部逐条予以研究，认真吸收采纳。主要意见及采纳情况如下：

（一）关于采纳的意见

根据市场相关意见，完善了《规定》有关内容。一是考虑到受害投资者提交申请材料的对象是证监会，将“应当向中国证券监督管理委员会（以下简称证监会）行政处罚委员会提交以下申请材料”修改为“应当向中国证券监督管理委员会（以下简称证监会）提交以下申请材料，并由证监会行政处罚委员会办公室具体负责接收”（第二条）。二是考虑到证监会了解执行和破产财产分配情况已有规定及发文主体等因素，删除了“人民法院向证监会反馈后，有关执行、破产财产分配情况发生变化的，人民法院应当及时告知证监会”的内容（第七条）。三是为方便受害投资者尽快通过退库获得民事赔偿，将“证监会应当按年度向财政部提出退库申请”修改为“证监会应当每半年度向财政部提出退库申请”（第九条）。

（二）关于能否“先赔后罚”

有意见提出，行政罚没款应在保证足额赔偿受害投资者之后实施，即“先赔后罚”，不应该先于足额赔偿受害投资者收取，这样也可简化《规定》所列“罚后再赔”的繁杂程序。经研究，《行政处罚法》明确规定：“当事人应当自收到行政处罚决定书之日起十五日内，到指定的银行或者通过电子支付系统缴纳罚款。银行应当收受罚款，并将罚款直接上缴国库”，因此，在行政处罚决定先于生效民事判决时，“先赔后罚”涉及法律之间的衔接，《规定》作为下位法，规定“先赔后罚”的法律依据不足。因此，相关意见未予采纳。

（三）关于债券受托管理人能否作为退库申请主体

有意见建议明确公司债券的受托管理人是否可以根据《规定》提出罚没款用于承担民事赔偿责任的申请。经研究，根据《证券法》《公司债券发行与交易管理办法》《全国法院审理债券纠纷案件座谈会纪要》的相关规定，受托管理人可以在发行人不能按期兑付债券本息等债券违约合同纠纷案件中，代表债券持有人提起、参加民事诉讼或者清算程序。但是，对于受托管理人能否以自己名义参与债券欺诈发行、虚假陈述等侵权民事诉讼并提出退库申请，缺乏明确的法律依据。因此，相关意见未予采纳。

权威解读 2

一个当事人同时承担民事赔偿责任和缴纳罚款、罚金、没收违法所得，其财产不足以同时支付时，首先应当承担民事赔偿责任。这是因为，期货和衍生品违法行为损害的主要是交易者的利益，主要后果是造成了交易者的财产损失。法律对期货和衍生品违法行为规定行政和刑事责任，其主要目的也在于制止违法行为，从而保护交易者的合法权益。另外，民事赔偿责任和另外三者有重要的区别，民事赔偿责任是对受害人损失的弥补，罚款和罚金是对侵害人的惩罚，没收违法所得是不允许行为人因违法行为而获利。根据法律的一般原理，违法行为发生后，法律的首要目的是恢复原状，即恢复到违法行为没有发生前的状况，在有损害发生的情况下，这一目的就表现为弥补受害人的损失，然后才涉及对侵害人进行惩罚的问题。因此，期货和衍生品违法行为发生后，违法行为人同时承担民事赔偿责任和缴纳罚款、罚金、违法所得，如果其财产不足以同时支付时，首先应当赔偿受害人的损失，在其财产还有剩余的情况下，再用剩余的财产缴纳罚款、罚金、违法所得。[①]

① 参见王瑞贺、方星海主编：《〈中华人民共和国期货和衍生品法〉释义》，法律出版社 2022 年版，第 271 页。

附　　篇

一、刑行民衔接指引

（一）及时移送（行—刑）

在法律层面，《行政处罚法》第二十七条规定："违法行为涉嫌犯罪的，行政机关应当及时将案件移送司法机关，依法追究刑事责任。对依法不需要追究刑事责任或者免予刑事处罚，但应当给予行政处罚的，司法机关应当及时将案件移送有关行政机关。""行政处罚实施机关与司法机关之间应当加强协调配合，建立健全案件移送制度，加强证据材料移交、接收衔接，完善案件处理信息通报机制。"该条确立了"及时移送"原则。

在行政法规层面，《行政执法机关移送涉嫌犯罪案件的规定》（2001 年 7 月 9 日中华人民共和国国务院令第 310 号公布，根据 2020 年 8 月 7 日《国务院关于修改〈行政执法机关移送涉嫌犯罪案件的规定〉的决定》修订）具体规定了移送的程序流转规范和证据材料要求。此外，"两办"转发国务院法制办等部门《关于加强行政执法与刑事司法衔接工作的意见》（中办发〔2011〕8 号）、《最高人民检察院关于推进行政执法与刑事司法衔接工作的规定》（高检发释字〔2021〕4 号）、《公安机关受理行政执法机关移送涉嫌犯罪案件规定》（公通字〔2016〕16 号）、《证券期货违法行为行政处罚办法》（中国证券监督管理委员会令第 186 号）等文件对相关职能部门做好行刑衔接提出了具体要求。

从《行政处罚法》的规定和相关文件规定来看，有以下两个要点值得注意：

一是行政机关发现违法行为涉嫌犯罪的，应当及时移送。首先，行政处罚显然不是刑事处罚的前置程序；其次，基于对"发现"和"及时"理解的差异，以及案件具体情况的不同，实践中，部分案件系先作出行政处罚，然后移送司法机关作刑事判决；部分案件系未经行政处罚，直接作刑事判决。

二是正确理解"一事不二罚"原则在行刑衔接问题上的运用。首先，行政处罚后，发现涉嫌犯罪的，可以进一步刑事处罚；但是刑事处罚后一般不再就同一事实作行政处罚。其次，在处罚种类的选择上，根据《行政处罚法》第三十五条、《行政执法机关移送涉嫌犯罪案件的规定》第十一条等规定，行政执法机关向公安机关移送涉嫌犯罪案件前已经作出的警告，责令停产停业，暂扣或者吊销许可证、暂扣或者吊销执照的行政处罚决定，不停止执行；行政执法机关向公安机关移送涉嫌犯罪案件前，已经依法给予当事人罚款的，人民法院判处罚金时，依法折抵相应罚金。[①]

（二）刑事回转（刑—行）

根据《行政处罚法》第二十七条的规定，案件移送司法机关后，对依法不需要追究刑事责任或者免予刑事处罚，但应当给予行政处罚的，司法机关应当及时将案件移送有关行政机关。《行政执法机关移送涉嫌犯罪案件的规定》第十条规定："行政执法机关对公安机关决定不予立案的案件，应当依法作出处理；其中，依照有关法律、法规或者规章的规定应当给予行政处罚的，应当依法实施行政处罚。"第十三条规定："公安机关对发现的违法行为，经审查，没有犯罪事实，或者立案侦查后认为犯罪事实显著轻微，不需要追究刑事责任，但依法应当追究行政责任的，应当及时将案件移送同级行政执法机关，有关行政执法机关应当依法作出处理。""两办"转发国务院法制办等部门《关于加强行政执法与刑事司法衔接工作的意见》第五条规定："人民检察院对作出不起诉决定的案件、人民法院对作出无罪判决或者免予刑事处罚的案件，认为依法应当给予行政处罚的，应当提出检察建议或者司法建议，移送有关行政执法机关处理。"

之所以发生刑事回转，从法律层面上讲，主要有四种可能：一是因为刑事处罚和行政处罚在处罚范围上存在差异。二是因为刑事处罚的"入罪门槛"高于行政处罚的门槛。对于虽然没有达到刑事处罚门槛，但是达到行政处罚门槛的，应予以行政处罚。三是因为刑事处罚的证明标准高于行政处罚的证明标准。对于在案证据虽然没有达到排除合理怀疑的证明标准，但是达到优势证明标准或者高度盖然性证明标准，从而认定构成行政违法的，应予以行政处罚。四是因为《刑法》和《行政处罚法》规定的追诉（责）时效不同。案件虽然被有权机关发现较早，但是被刑事侦查机关立案侦查较晚的，移送司法机关后可能出

---

① 《行政处罚法》第二十九条规定："对当事人的同一个违法行为，不得给予两次以上罚款的行政处罚。同一个违法行为违反多个法律规范应当给予罚款处罚的，按照罚款数额高的规定处罚。"可见，同属于行政处罚措施的罚款，不能多次适用于同一违法行为；但是属于不同性质的罚款和罚金，对同一违法行为可以先判处罚款后判处罚金，只不过需要将罚款依法折抵罚金。——本书注

现已经过刑事追诉期限但尚未过行政追责期限的情况，因而需要移送行政机关进行行政处罚。①

（三）取消前置（行刑—民）

“两办”《关于依法从严打击证券违法活动的意见》第七条规定：“健全民事赔偿制度。抓紧推进证券纠纷代表人诉讼制度实施。修改因虚假陈述引发民事赔偿有关司法解释，取消民事赔偿诉讼前置程序。开展证券行业仲裁制度试点。”该条明确提出了“取消前置”的制度要求。在期货违法领域，也应秉持同样的精神，行政处罚或者刑事处罚不再是民事受理的前提条件。但需要注意的是，虽然取消前置程序，但是如果行政处罚或者刑事处罚在前、民事审判在后的话，行政处罚或者刑事处罚中对于相关专业性问题的认定意见，仍然对民事审判具有重大影响。

---

① 当然，因为行政追责期限较短，而刑事追诉期限较长，实践中更多出现的是因为过追责期限而不能作行政处罚，但是可以移送司法机关作刑事处罚的情形。——本书注

二、《期货和衍生品法》与《期货交易管理条例》条文比对表

《期货和衍生品法》	《期货交易管理条例》
第一章 总 则 第二章 期货交易和衍生品交易 第一节 一般规定 第二节 期货交易 第三节 衍生品交易 第三章 期货结算与交割 第四章 期货交易者 第五章 期货经营机构 第六章 期货交易场所 第七章 期货结算机构 第八章 期货服务机构 第九章 期货业协会 第十章 监督管理 第十一章 跨境交易与监管协作 第十二章 法律责任 第十三章 附 则	第一章 总 则 第二章 期货交易所 第三章 期货公司 第四章 期货交易基本规则 第五章 期货业协会 第六章 监督管理 第七章 法律责任 第八章 附 则
第一章 总 则	
第一条 为了规范期货交易和衍生品交易行为，保障各方合法权益，维护市场秩序和社会公共利益，促进期货市场和衍生品市场服务国民经济，防范化解金融风险，维护国家经济安全，制定本法。	**第一条** 为了规范期货交易行为，加强对期货交易的监督管理，维护期货市场秩序，防范风险，保护期货交易各方的合法权益和社会公共利益，促进期货市场积极稳妥发展，制定本条例。
第二条 在中华人民共和国境内，期货交易和衍生品交易及相关活动，适用本法。 在中华人民共和国境外的期货交易和衍生品交易及相关活动，扰乱中华人民共和国境内市场秩序，损害境内交易者合法权益的，依照本法有关规定处理并追究法律责任。	**第二条** 任何单位和个人从事期货交易及其相关活动，应当遵守本条例。 本条例所称期货交易，是指采用公开的集中交易方式或者国务院期货监督管理机构批准的其他方式进行的以期货合约或者期权合约为交易标的的交易活动。 本条例所称期货合约，是指期货交易场所统一制定的、规定在将来某一特定的时间和地点交割一定数量标的物的标准化
第三条 本法所称期货交易，是指以期货合约或者标准化期权合约为交易标的的交易活动。	

续表

《期货和衍生品法》	《期货交易管理条例》
本法所称衍生品交易，是指期货交易以外的，以互换合约、远期合约和非标准化期权合约及其组合为交易标的的交易活动。 本法所称期货合约，是指期货交易场所统一制定的、约定在将来某一特定的时间和地点交割一定数量标的物的标准化合约。 本法所称期权合约，是指约定买方有权在将来某一时间以特定价格买入或者卖出约定标的物（包括期货合约）的标准化或非标准化合约。 本法所称互换合约，是指约定在将来某一特定时间内相互交换特定标的物的金融合约。 本法所称远期合约，是指期货合约以外的，约定在将来某一特定的时间和地点交割一定数量标的物的金融合约。	合约。期货合约包括商品期货合约和金融期货合约及其他期货合约。 本条例所称期权合约，是指期货交易场所统一制定的、规定买方有权在将来某一时间以特定价格买入或者卖出约定标的物（包括期货合约）的标准化合约。 **第八十五条**　不属于期货交易的商品或者金融产品的其他交易活动，由国家有关部门监督管理，不适用本条例。
第四条　国家支持期货市场健康发展，发挥发现价格、管理风险、配置资源的功能。 国家鼓励利用期货市场和衍生品市场从事套期保值等风险管理活动。 国家采取措施推动农产品期货市场和衍生品市场发展，引导国内农产品生产经营。 本法所称套期保值，是指交易者为管理因其资产、负债等价值变化产生的风险而达成与上述资产、负债等基本吻合的期货交易和衍生品交易的活动。	
第五条　期货市场和衍生品市场应当建立和完善风险的监测监控与化解处置制度机制，依法限制过度投机行为，防范市场系统性风险。	
第六条　期货交易和衍生品交易活动，应当遵守法律、行政法规和国家有关规定，遵循公开、公平、公正的原则，禁止欺诈、操纵市场和内幕交易的行为。	**第三条**　从事期货交易活动，应当遵循公开、公平、公正和诚实信用的原则。禁止欺诈、内幕交易和操纵期货交易价格等违法行为。
第七条　参与期货交易和衍生品交易活动的各方具有平等的法律地位，应当遵守自愿、有偿、诚实信用的原则。	
第八条　国务院期货监督管理机构依法对全国期货市场实行集中统一监督管理。国务院对利率、汇率期货的监督管理另有规定	**第五条**　国务院期货监督管理机构对期货市场实行集中统一的监督管理。 国务院期货监督管理机构派出机构依

续表

《期货和衍生品法》	《期货交易管理条例》
的，适用其规定。 衍生品市场由国务院期货监督管理机构或者国务院授权的部门按照职责分工实行监督管理。	照本条例的有关规定和国务院期货监督管理机构的授权，履行监督管理职责。
第九条 期货和衍生品行业协会依法实行自律管理。	
第十条 国家审计机关依法对期货经营机构、期货交易场所、期货结算机构、国务院期货监督管理机构进行审计监督。	
第二章 期货交易和衍生品交易	
第一节 一般规定	
第十一条 期货交易应当在依法设立的期货交易所或者国务院期货监督管理机构依法批准组织开展期货交易的其他期货交易场所（以下统称期货交易场所），采用公开的集中交易方式或者国务院期货监督管理机构批准的其他方式进行。 禁止在期货交易场所之外进行期货交易。 衍生品交易，可以采用协议交易或者国务院规定的其他交易方式进行。	**第四条** 期货交易应当在依照本条例第六条第一款规定设立的期货交易所、国务院批准的或者国务院期货监督管理机构批准的其他期货交易场所进行。 禁止在前款规定的期货交易场所之外进行期货交易。
第十二条 任何单位和个人不得操纵期货市场或者衍生品市场。 禁止以下列手段操纵期货市场，影响或者意图影响期货交易价格或者期货交易量： （一）单独或者合谋，集中资金优势、持仓优势或者利用信息优势联合或者连续买卖合约； （二）与他人串通，以事先约定的时间、价格和方式相互进行期货交易； （三）在自己实际控制的账户之间进行期货交易； （四）利用虚假或者不确定的重大信息，诱导交易者进行期货交易； （五）不以成交为目的，频繁或者大量申报并撤销申报； （六）对相关期货交易或者合约标的物的交易作出公开评价、预测或者投资建议，并进行反向操作或者相关操作； （七）为影响期货市场行情囤积现货；	**第七十条** 任何单位或者个人有下列行为之一，操纵期货交易价格的，责令改正，没收违法所得，并处违法所得1倍以上5倍以下的罚款；没有违法所得或者违法所得不满20万元的，处20万元以上100万元以下的罚款： （一）单独或者合谋，集中资金优势、持仓优势或者利用信息优势联合或者连续买卖合约，操纵期货交易价格的； （二）蓄意串通，按事先约定的时间、价格和方式相互进行期货交易，影响期货交易价格或者期货交易量的； （三）以自己为交易对象，自买自卖，影响期货交易价格或者期货交易量的； （四）为影响期货市场行情囤积现货的； （五）国务院期货监督管理机构规定的其他操纵期货交易价格的行为。 单位有前款所列行为之一的，对直接

续表

<table>
<tr><th>《期货和衍生品法》</th><th>《期货交易管理条例》</th></tr>
<tr><td>（八）在交割月或者临近交割月，利用不正当手段规避持仓限额，形成持仓优势；
（九）利用在相关市场的活动操纵期货市场；
（十）操纵期货市场的其他手段。</td><td>负责的主管人员和其他直接责任人员给予警告，并处 1 万元以上 10 万元以下的罚款。</td></tr>
<tr><td>第十三条　期货交易和衍生品交易的内幕信息的知情人和非法获取内幕信息的人，在内幕信息公开前不得从事相关期货交易或者衍生品交易，明示、暗示他人从事与内幕信息有关的期货交易或者衍生品交易，或者泄露内幕信息。</td><td>见第六十九条</td></tr>
<tr><td>第十四条　本法所称内幕信息，是指可能对期货交易或者衍生品交易的交易价格产生重大影响的尚未公开的信息。
期货交易的内幕信息包括：
（一）国务院期货监督管理机构以及其他相关部门正在制定或者尚未发布的对期货交易价格可能产生重大影响的政策、信息或者数据；
（二）期货交易场所、期货结算机构作出的可能对期货交易价格产生重大影响的决定；
（三）期货交易场所会员、交易者的资金和交易动向；
（四）相关市场中的重大异常交易信息；
（五）国务院期货监督管理机构规定的对期货交易价格有重大影响的其他信息。</td><td rowspan="2">第八十一条　本条例下列用语的含义：
（一）商品期货合约，是指以农产品、工业品、能源和其他商品及其相关指数产品为标的物的期货合约。
（二）金融期货合约，是指以有价证券、利率、汇率等金融产品及其相关指数产品为标的物的期货合约。
（三）保证金，是指期货交易者按照规定交纳的资金或者提交的价值稳定、流动性强的标准仓单、国债等有价证券，用于结算和保证履约。
（四）结算，是指根据期货交易所公布的结算价格对交易双方的交易结果进行的资金清算和划转。
（五）交割，是指合约到期时，按照期货交易所的规则和程序，交易双方通过该合约所载标的物所有权的转移，或者按照规定结算价格进行现金差价结算，了结到期未平仓合约的过程。
（六）平仓，是指期货交易者买入或者卖出与其所持合约的品种、数量和交割月份相同但交易方向相反的合约，了结期货交易的行为。
（七）持仓量，是指期货交易者所持有的未平仓合约的数量。
（八）持仓限额，是指期货交易所对期货交易者的持仓量规定的最高数额。
（九）标准仓单，是指交割仓库开具并</td></tr>
<tr><td>第十五条　本法所称内幕信息的知情人，是指由于经营地位、管理地位、监督地位或者职务便利等，能够接触或者获得内幕信息的单位和个人。
期货交易的内幕信息的知情人包括：
（一）期货经营机构、期货交易场所、期货结算机构、期货服务机构的有关人员；
（二）国务院期货监督管理机构和其他有关部门的工作人员；
（三）国务院期货监督管理机构规定的可以获取内幕信息的其他单位和个人。</td></tr>
</table>

续表

《期货和衍生品法》	《期货交易管理条例》
	经期货交易所认定的标准化提货凭证。 （十）涨跌停板，是指合约在1个交易日中的交易价格不得高于或者低于规定的涨跌幅度，超出该涨跌幅度的报价将被视为无效，不能成交。 （十一）内幕信息，是指可能对期货交易价格产生重大影响的尚未公开的信息，包括：国务院期货监督管理机构以及其他相关部门制定的对期货交易价格可能发生重大影响的政策，期货交易所作出的可能对期货交易价格发生重大影响的决定，期货交易所会员、客户的资金和交易动向以及国务院期货监督管理机构认定的对期货交易价格有显著影响的其他重要信息。 （十二）内幕信息的知情人员，是指由于其管理地位、监督地位或者职业地位，或者作为雇员、专业顾问履行职务，能够接触或者获得内幕信息的人员，包括：期货交易所的管理人员以及其他由于任职可获取内幕信息的从业人员，国务院期货监督管理机构和其他有关部门的工作人员以及国务院期货监督管理机构规定的其他人员。
第十六条 禁止任何单位和个人编造、传播虚假信息或者误导性信息，扰乱期货市场和衍生品市场。 禁止期货经营机构、期货交易场所、期货结算机构、期货服务机构及其从业人员，组织、开展衍生品交易的场所、机构及其从业人员，期货和衍生品行业协会、国务院期货监督管理机构、国务院授权的部门及其工作人员，在期货交易和衍生品交易及相关活动中作出虚假陈述或者信息误导。 各种传播媒介传播期货市场和衍生品市场信息应当真实、客观，禁止误导。传播媒介及其从事期货市场和衍生品市场信息报道的工作人员不得从事与其工作职责发生利益冲突的期货交易和衍生品交易及相关活动。	**第三十九条** 任何单位或者个人不得编造、传播有关期货交易的虚假信息，不得恶意串通、联手买卖或者以其他方式操纵期货交易价格。
第二节 期货交易	
第十七条 期货合约品种和标准化期权合约品种的上市应当符合国务院期货监督管	**第十三条** 期货交易所办理下列事项，应当经国务院期货监督管理机构批准：

续表

《期货和衍生品法》	《期货交易管理条例》
理机构的规定，由期货交易场所依法报经国务院期货监督管理机构注册。 期货合约品种和标准化期权合约品种的中止上市、恢复上市、终止上市应当符合国务院期货监督管理机构的规定，由期货交易场所决定并向国务院期货监督管理机构备案。 期货合约品种和标准化期权合约品种应当具有经济价值，合约不易被操纵，符合社会公共利益。	（一）制定或者修改章程、交易规则； （二）上市、中止、取消或者恢复交易品种。 国务院期货监督管理机构批准期货交易所上市新的交易品种，应当征求国务院有关部门的意见。
第十八条　期货交易实行账户实名制。交易者进行期货交易的，应当持有证明身份的合法证件，以本人名义申请开立账户。 任何单位和个人不得违反规定，出借自己的期货账户或者借用他人的期货账户从事期货交易。	
第十九条　在期货交易场所进行期货交易的，应当是期货交易场所会员或者符合国务院期货监督管理机构规定的其他参与者。	**第二十三条**　在期货交易所进行期货交易的，应当是期货交易所会员。 符合规定条件的境外机构，可以在期货交易所从事特定品种的期货交易。具体办法由国务院期货监督管理机构制定。
第二十条　交易者委托期货经营机构进行交易的，可以通过书面、电话、自助终端、网络等方式下达交易指令。交易指令应当明确、具体、全面。	**第二十六条**　客户可以通过书面、电话、互联网或者国务院期货监督管理机构规定的其他方式，向期货公司下达交易指令。客户的交易指令应当明确、全面。 期货公司不得隐瞒重要事项或者使用其他不正当手段诱骗客户发出交易指令。
第二十一条　通过计算机程序自动生成或者下达交易指令进行程序化交易的，应当符合国务院期货监督管理机构的规定，并向期货交易场所报告，不得影响期货交易场所系统安全或者正常交易秩序。	
第二十二条　期货交易实行保证金制度，期货结算机构向结算参与人收取保证金，结算参与人向交易者收取保证金。保证金用于结算和履约保障。 保证金的形式包括现金，国债、股票、基金份额、标准仓单等流动性强的有价证券，以及国务院期货监督管理机构规定的其他财产。以有价证券等作为保证金的，可以	**第二十八条**　期货交易应当严格执行保证金制度。期货交易所向会员、期货公司向客户收取的保证金，不得低于国务院期货监督管理机构、期货交易所规定的标准，并应当与自有资金分开，专户存放。 期货交易所向会员收取的保证金，属于会员所有，除用于会员的交易结算外，严禁挪作他用。

续表

《期货和衍生品法》	《期货交易管理条例》
依法通过质押等具有履约保障功能的方式进行。 期货结算机构、结算参与人收取的保证金的形式、比例等应当符合国务院期货监督管理机构的规定。 交易者进行标准化期权合约交易的，卖方应当缴纳保证金，买方应当支付权利金。 前款所称权利金是指买方支付的用于购买标准化期权合约的资金。	期货公司向客户收取的保证金，属于客户所有，除下列可划转的情形外，严禁挪作他用： （一）依据客户的要求支付可用资金； （二）为客户交存保证金，支付手续费、税款； （三）国务院期货监督管理机构规定的其他情形。 **第三十七条** 实行会员分级结算制度的期货交易所，应当向结算会员收取结算担保金。期货交易所只对结算会员结算，收取和追收保证金，以结算担保金、风险准备金、自有资金代为承担违约责任，以及采取其他相关措施；对非结算会员的结算、收取和追收保证金、代为承担违约责任，以及采取其他相关措施，由结算会员执行。
第二十三条 期货交易实行持仓限额制度，防范合约持仓过度集中的风险。 从事套期保值等风险管理活动的，可以申请持仓限额豁免。 持仓限额、套期保值的管理办法由国务院期货监督管理机构制定。	
第二十四条 期货交易实行交易者实际控制关系报备管理制度。交易者应当按照国务院期货监督管理机构的规定向期货经营机构或者期货交易场所报备实际控制关系。	
第二十五条 期货交易的收费应当合理，收费项目、收费标准和管理办法应当公开。	**第三十二条** 期货交易的收费项目、收费标准和管理办法由国务院有关主管部门统一制定并公布。
第二十六条 依照期货交易场所依法制定的业务规则进行的交易，不得改变其交易结果，本法第八十九条第二款规定的除外。	
第二十七条 期货交易场所会员和交易者应当按照国务院期货监督管理机构的规定，报告有关交易、持仓、保证金等重大事项。	
第二十八条 任何单位和个人不得违规使用信贷资金、财政资金进行期货交易。	**第四十条** 任何单位或者个人不得违规使用信贷资金、财政资金进行期货交易。

续表

《期货和衍生品法》	《期货交易管理条例》
	银行业金融机构从事期货交易融资或者担保业务的资格，由国务院银行业监督管理机构批准。
第二十九条　期货经营机构、期货交易场所、期货结算机构、期货服务机构等机构及其从业人员对发现的禁止的交易行为，应当及时向国务院期货监督管理机构报告。	
第三节　衍生品交易	
第三十条　依法设立的场所，经国务院授权的部门或者国务院期货监督管理机构审批，可以组织开展衍生品交易。 组织开展衍生品交易的场所制定的交易规则，应当公平保护交易参与各方合法权益和防范市场风险，并报国务院授权的部门或者国务院期货监督管理机构批准。	
第三十一条　金融机构开展衍生品交易业务，应当依法经过批准或者核准，履行交易者适当性管理义务，并应当遵守国家有关监督管理规定。	
第三十二条　衍生品交易采用主协议方式的，主协议、主协议项下的全部补充协议以及交易双方就各项具体交易作出的约定等，共同构成交易双方之间一个完整的单一协议，具有法律约束力。	
第三十三条　本法第三十二条规定的主协议等合同范本，应当按照国务院授权的部门或者国务院期货监督管理机构的规定报送备案。	
第三十四条　进行衍生品交易，可以依法通过质押等方式提供履约保障。	
第三十五条　依法采用主协议方式从事衍生品交易的，发生约定的情形时，可以依照协议约定终止交易，并按净额对协议项下的全部交易盈亏进行结算。 依照前款规定进行的净额结算，不因交易任何一方依法进入破产程序而中止、无效或者撤销。	
第三十六条　国务院授权的部门、国务院期货监督管理机构应当建立衍生品交易报	

续表

《期货和衍生品法》	《期货交易管理条例》
告库，对衍生品交易标的、规模、对手方等信息进行集中收集、保存、分析和管理，并按照规定及时向市场披露有关信息。具体办法由国务院授权的部门、国务院期货监督管理机构规定。	
第三十七条　衍生品交易，由国务院授权的部门或者国务院期货监督管理机构批准的结算机构作为中央对手方进行集中结算的，可以依法进行终止净额结算；结算财产应当优先用于结算和交割，不得被查封、冻结、扣押或者强制执行；在结算和交割完成前，任何人不得动用。 依法进行的集中结算，不因参与结算的任何一方依法进入破产程序而中止、无效或者撤销。	
第三十八条　对衍生品交易及相关活动进行规范和监督管理的具体办法，由国务院依照本法的原则规定。	
第三章　期货结算与交割	
第三十九条　期货交易实行当日无负债结算制度。在期货交易场所规定的时间，期货结算机构应当在当日按照结算价对结算参与人进行结算；结算参与人应当根据期货结算机构的结算结果对交易者进行结算。结算结果应当在当日及时通知结算参与人和交易者。	**第三十三条**　期货交易的结算，由期货交易所统一组织进行。 期货交易所实行当日无负债结算制度。期货交易所应当在当日及时将结算结果通知会员。 期货公司根据期货交易所的结算结果对客户进行结算，并应当将结算结果按照与客户约定的方式及时通知客户。客户应当及时查询并妥善处理自己的交易持仓。
第四十条　期货结算机构、结算参与人收取的保证金、权利金等，应当与其自有资金分开，按照国务院期货监督管理机构的规定，在期货保证金存管机构专户存放，分别管理，禁止违规挪用。	**第二十八条**　（略）
第四十一条　结算参与人的保证金不符合期货结算机构业务规则规定标准的，期货结算机构应当按照业务规则的规定通知结算参与人在规定时间内追加保证金或者自行平仓；结算参与人未在规定时间内追加保证金或者自行平仓的，通知期货交易场所强行平仓。	**第三十四条**　期货交易所会员的保证金不足时，应当及时追加保证金或者自行平仓。会员未在期货交易所规定的时间内追加保证金或者自行平仓的，期货交易所应当将该会员的合约强行平仓，强行平仓的有关费用和发生的损失由该会员承担。 客户保证金不足时，应当及时追加保

续表

《期货和衍生品法》	《期货交易管理条例》
交易者的保证金不符合结算参与人与交易者约定标准的，结算参与人应当按照约定通知交易者在约定时间内追加保证金或者自行平仓；交易者未在约定时间内追加保证金或者自行平仓的，按照约定强行平仓。 以有价证券等作为保证金，期货结算机构、结算参与人按照前两款规定强行平仓的，可以对有价证券等进行处置。	证金或者自行平仓。客户未在期货公司规定的时间内及时追加保证金或者自行平仓的，期货公司应当将该客户的合约强行平仓，强行平仓的有关费用和发生的损失由该客户承担。
第四十二条　结算参与人在结算过程中违约的，期货结算机构按照业务规则动用结算参与人的保证金、结算担保金以及结算机构的风险准备金、自有资金等完成结算；期货结算机构以其风险准备金、自有资金等完成结算的，可以依法对该结算参与人进行追偿。 交易者在结算过程中违约的，其委托的结算参与人按照合同约定动用该交易者的保证金以及结算参与人的风险准备金和自有资金完成结算；结算参与人以其风险准备金和自有资金完成结算的，可以依法对该交易者进行追偿。 本法所称结算担保金，是指结算参与人以自有资金向期货结算机构缴纳的，用于担保履约的资金。	**第三十六条**　会员在期货交易中违约的，期货交易所先以该会员的保证金承担违约责任；保证金不足的，期货交易所应当以风险准备金和自有资金代为承担违约责任，并由此取得对该会员的相应追偿权。 客户在期货交易中违约的，期货公司先以该客户的保证金承担违约责任；保证金不足的，期货公司应当以风险准备金和自有资金代为承担违约责任，并由此取得对该客户的相应追偿权。
第四十三条　期货结算机构依照其业务规则收取和提取的保证金、权利金、结算担保金、风险准备金等资产，应当优先用于结算和交割，不得被查封、冻结、扣押或者强制执行。 在结算和交割完成之前，任何人不得动用用于担保履约和交割的保证金、进入交割环节的交割财产。 依法进行的结算和交割，不因参与结算的任何一方依法进入破产程序而中止、无效或者撤销。	
第四十四条　期货合约到期时，交易者应当通过实物交割或者现金交割，了结到期未平仓合约。 在标准化期权合约规定的时间，合约的买方有权以约定的价格买入或者卖出标的物，或者按照约定进行现金差价结算，合约	

续表

《期货和衍生品法》	《期货交易管理条例》
的卖方应当按照约定履行相应的义务。标准化期权合约的行权，由期货结算机构组织进行。	
第四十五条 期货合约采取实物交割的，由期货结算机构负责组织货款与标准仓单等合约标的物权利凭证的交付。 期货合约采取现金交割的，由期货结算机构以交割结算价为基础，划付持仓双方的盈亏款项。 本法所称标准仓单，是指交割库开具并经期货交易场所登记的标准化提货凭证。	
第四十六条 期货交易的实物交割在期货交易场所指定的交割库、交割港口或者其他符合期货交易场所要求的地点进行。实物交割不得限制交割总量。采用标准仓单以外的单据凭证或者其他方式进行实物交割的，期货交易场所应当明确规定交割各方的权利和义务。	
第四十七条 结算参与人在交割过程中违约的，期货结算机构有权对结算参与人的标准仓单等合约标的物权利凭证进行处置。 交易者在交割过程中违约的，结算参与人有权对交易者的标准仓单等合约标的物权利凭证进行处置。	
第四十八条 不符合结算参与人条件的期货经营机构可以委托结算参与人代为其客户进行结算。不符合结算参与人条件的期货经营机构与结算参与人、交易者之间的权利义务关系，参照本章关于结算参与人与交易者之间权利义务的规定执行。	
第四章 期货交易者	
第四十九条 期货交易者是指依照本法从事期货交易，承担交易结果的自然人、法人和非法人组织。 期货交易者从事期货交易，除国务院期货监督管理机构另有规定外，应当委托期货经营机构进行。	
第五十条 期货经营机构向交易者提供服务时，应当按照规定充分了解交易者的基本情况、财产状况、金融资产状况、交易知	

续表

《期货和衍生品法》	《期货交易管理条例》
识和经验、专业能力等相关信息；如实说明服务的重要内容，充分揭示交易风险；提供与交易者上述状况相匹配的服务。 交易者在参与期货交易和接受服务时，应当按照期货经营机构明示的要求提供前款所列真实信息。拒绝提供或者未按照要求提供信息的，期货经营机构应当告知其后果，并按照规定拒绝提供服务。 期货经营机构违反第一款规定导致交易者损失的，应当承担相应的赔偿责任。	
第五十一条　根据财产状况、金融资产状况、交易知识和经验、专业能力等因素，交易者可以分为普通交易者和专业交易者。专业交易者的标准由国务院期货监督管理机构规定。 普通交易者与期货经营机构发生纠纷的，期货经营机构应当证明其行为符合法律、行政法规以及国务院期货监督管理机构的规定，不存在误导、欺诈等情形。期货经营机构不能证明的，应当承担相应的赔偿责任。	
第五十二条　参与期货交易的法人和非法人组织，应当建立与其交易合约类型、规模、目的等相适应的内部控制制度和风险控制制度。	
第五十三条　期货经营机构、期货交易场所、期货结算机构的从业人员，国务院期货监督管理机构、期货业协会的工作人员，以及法律、行政法规和国务院期货监督管理机构规定禁止参与期货交易的其他人员，不得进行期货交易。	**第二十五条**　下列单位和个人不得从事期货交易，期货公司不得接受其委托为其进行期货交易： （一）国家机关和事业单位； （二）国务院期货监督管理机构、期货交易所、期货保证金安全存管监控机构和期货业协会的工作人员； （三）证券、期货市场禁止进入者； （四）未能提供开户证明材料的单位和个人； （五）国务院期货监督管理机构规定不得从事期货交易的其他单位和个人。 **第四十一条**　国有以及国有控股企业进行境内外期货交易，应当遵循套期保值的原则，严格遵守国务院国有资产监督管理机构以及其他有关部门关于企业以国有资产进入期货市场的有关规定。

续表

《期货和衍生品法》	《期货交易管理条例》
第五十四条 交易者有权查询其委托记录、交易记录、保证金余额、与其接受服务有关的其他重要信息。	
第五十五条 期货经营机构、期货交易场所、期货结算机构、期货服务机构及其工作人员应当依法为交易者的信息保密，不得非法买卖、提供或者公开交易者的信息。 期货经营机构、期货交易场所、期货结算机构、期货服务机构及其工作人员不得泄露所知悉的商业秘密。	**第六十三条** 国务院期货监督管理机构、期货交易所、期货保证金安全存管监控机构和期货保证金存管银行等相关单位的工作人员，应当忠于职守，依法办事，公正廉洁，保守国家秘密和有关当事人的商业秘密，不得利用职务便利牟取不正当的利益。
第五十六条 交易者与期货经营机构等发生纠纷的，双方可以向行业协会等申请调解。普通交易者与期货经营机构发生期货业务纠纷并提出调解请求的，期货经营机构不得拒绝。	
第五十七条 交易者提起操纵市场、内幕交易等期货民事赔偿诉讼时，诉讼标的是同一种类，且当事人一方人数众多的，可以依法推选代表人进行诉讼。	
第五十八条 国家设立期货交易者保障基金。期货交易者保障基金的筹集、管理和使用的具体办法，由国务院期货监督管理机构会同国务院财政部门制定。	**第五十条** 国家根据期货市场发展的需要，设立期货投资者保障基金。 期货投资者保障基金的筹集、管理和使用的具体办法，由国务院期货监督管理机构会同国务院财政部门制定。
第五章 期货经营机构	
第五十九条 期货经营机构是指依照《中华人民共和国公司法》和本法设立的期货公司以及国务院期货监督管理机构核准从事期货业务的其他机构。	**第十五条** 期货公司是依照《中华人民共和国公司法》和本条例规定设立的经营期货业务的金融机构。设立期货公司，应当在公司登记机关登记注册，并经国务院期货监督管理机构批准。 未经国务院期货监督管理机构批准，任何单位或者个人不得设立或者变相设立期货公司，经营期货业务。
第六十条 设立期货公司，应当具备下列条件，并经国务院期货监督管理机构核准： （一）有符合法律、行政法规规定的公司章程； （二）主要股东及实际控制人具有良好的财务状况和诚信记录，净资产不低于国务	**第十六条** 申请设立期货公司，应当符合《中华人民共和国公司法》的规定，并具备下列条件： （一）注册资本最低限额为人民币3000万元； （二）董事、监事、高级管理人员具备任职条件，从业人员具有期货从业资格；

续表

《期货和衍生品法》	《期货交易管理条例》
院期货监督管理机构规定的标准，最近三年无重大违法违规记录； （三）注册资本不低于人民币一亿元，且应当为实缴货币资本； （四）从事期货业务的人员符合本法规定的条件，董事、监事和高级管理人员具备相应的任职条件； （五）有良好的公司治理结构、健全的风险管理制度和完善的内部控制制度； （六）有合格的经营场所、业务设施和信息技术系统； （七）法律、行政法规和国务院期货监督管理机构规定的其他条件。 国务院期货监督管理机构根据审慎监管原则和各项业务的风险程度，可以提高注册资本最低限额。 国务院期货监督管理机构应当自受理期货公司设立申请之日起六个月内依照法定条件、法定程序和审慎监管原则进行审查，作出核准或者不予核准的决定，并通知申请人；不予核准的，应当说明理由。	（三）有符合法律、行政法规规定的公司章程； （四）主要股东以及实际控制人具有持续盈利能力，信誉良好，最近3年无重大违法违规记录； （五）有合格的经营场所和业务设施； （六）有健全的风险管理和内部控制制度； （七）国务院期货监督管理机构规定的其他条件。 国务院期货监督管理机构根据审慎监管原则和各项业务的风险程度，可以提高注册资本最低限额。注册资本应当是实缴资本。股东应当以货币或者期货公司经营必需的非货币财产出资，货币出资比例不得低于85%。 国务院期货监督管理机构应当在受理期货公司设立申请之日起6个月内，根据审慎监管原则进行审查，作出批准或者不批准的决定。 未经国务院期货监督管理机构批准，任何单位和个人不得委托或者接受他人委托持有或者管理期货公司的股权。 **第二十一条**　期货公司应当建立、健全并严格执行业务管理规则、风险管理制度，遵守信息披露制度，保障客户保证金的存管安全，按照期货交易所的规定，向期货交易所报告大户名单、交易情况。
第六十一条　期货公司应当在其名称中标明“期货”字样，国务院期货监督管理机构另有规定的除外。	
第六十二条　期货公司办理下列事项，应当经国务院期货监督管理机构核准： （一）合并、分立、停业、解散或者申请破产； （二）变更主要股东或者公司的实际控制人； （三）变更注册资本且调整股权结构； （四）变更业务范围； （五）国务院期货监督管理机构规定的其他重大事项。 前款第三项、第五项所列事项，国务院	**第十九条**　期货公司办理下列事项，应当经国务院期货监督管理机构批准： （一）合并、分立、停业、解散或者破产； （二）变更业务范围； （三）变更注册资本且调整股权结构； （四）新增持有5%以上股权的股东或者控股股东发生变化； （五）国务院期货监督管理机构规定的其他事项。 前款第三项、第五项所列事项，国务

续表

《期货和衍生品法》	《期货交易管理条例》
期货监督管理机构应当自受理申请之日起二十日内作出核准或者不予核准的决定；前款所列其他事项，国务院期货监督管理机构应当自受理申请之日起六十日内作出核准或者不予核准的决定。	院期货监督管理机构应当自受理申请之日起20日内作出批准或者不批准的决定；前款所列其他事项，国务院期货监督管理机构应当自受理申请之日起2个月内作出批准或者不批准的决定。
第六十三条 期货公司经国务院期货监督管理机构核准可以从事下列期货业务： （一）期货经纪； （二）期货交易咨询； （三）期货做市交易； （四）其他期货业务。 期货公司从事资产管理业务的，应当符合《中华人民共和国证券投资基金法》等法律、行政法规的规定。 未经国务院期货监督管理机构核准，任何单位和个人不得设立或者变相设立期货公司，经营或者变相经营期货经纪业务、期货交易咨询业务，也不得以经营为目的使用“期货”、“期权”或者其他可能产生混淆或者误导的名称。	**第十七条** 期货公司业务实行许可制度，由国务院期货监督管理机构按照其商品期货、金融期货业务种类颁发许可证。期货公司除申请经营境内期货经纪业务外，还可以申请经营境外期货经纪、期货投资咨询以及国务院期货监督管理机构规定的其他期货业务。 期货公司不得从事与期货业务无关的活动，法律、行政法规或者国务院期货监督管理机构另有规定的除外。 期货公司不得从事或者变相从事期货自营业务。 期货公司不得为其股东、实际控制人或者其他关联人提供融资，不得对外担保。 **第二十二条** 其他期货经营机构从事期货投资咨询业务，应当遵守国务院期货监督管理机构的规定。
第六十四条 期货公司的董事、监事、高级管理人员，应当正直诚实、品行良好，熟悉期货法律、行政法规，具有履行职责所需的经营管理能力。期货公司任免董事、监事、高级管理人员，应当报国务院期货监督管理机构备案。 有下列情形之一的，不得担任期货公司的董事、监事、高级管理人员： （一）存在《中华人民共和国公司法》规定的不得担任公司董事、监事和高级管理人员的情形； （二）因违法行为或者违纪行为被解除职务的期货经营机构的董事、监事、高级管理人员，或者期货交易场所、期货结算机构的负责人，自被解除职务之日起未逾五年； （三）因违法行为或者违纪行为被吊销执业证书或者被取消资格的注册会计师、律师或者其他期货服务机构的专业人员，自被	

续表

《期货和衍生品法》	《期货交易管理条例》
吊销执业证书或者被取消资格之日起未逾五年。	
第六十五条　期货经营机构应当依法经营，勤勉尽责，诚实守信。期货经营机构应当建立健全内部控制制度，采取有效隔离措施，防范经营机构与客户之间、不同客户之间的利益冲突。 期货经营机构应当将其期货经纪业务、期货做市交易业务、资产管理业务和其他相关业务分开办理，不得混合操作。 期货经营机构应当依法建立并执行反洗钱制度。	**第三十条**　期货公司经营期货经纪业务又同时经营其他期货业务的，应当严格执行业务分离和资金分离制度，不得混合操作。
第六十六条　期货经营机构接受交易者委托为其进行期货交易，应当签订书面委托合同，以自己的名义为交易者进行期货交易，交易结果由交易者承担。 期货经营机构从事经纪业务，不得接受交易者的全权委托。	**第十八条**　期货公司从事经纪业务，接受客户委托，以自己的名义为客户进行期货交易，交易结果由客户承担。 **第二十九条**　期货公司应当为每一个客户单独开立专门账户、设置交易编码，不得混码交易。 **第二十四条**　期货公司接受客户委托为其进行期货交易，应当事先向客户出示风险说明书，经客户签字确认后，与客户签订书面合同。期货公司不得未经客户委托或者不按照客户委托内容，擅自进行期货交易。 期货公司不得向客户作获利保证；不得在经纪业务中与客户约定分享利益或者共担风险。
第六十七条　期货经营机构从事资产管理业务，接受客户委托，运用客户资产进行投资的，应当公平对待所管理的不同客户资产，不得违背受托义务。	
第六十八条　期货经营机构不得违反规定为其股东、实际控制人或者股东、实际控制人的关联人提供融资或者担保，不得违反规定对外担保。	**第十七条**　（略）
第六十九条　期货经营机构从事期货业务的人员应当正直诚实、品行良好，具备从事期货业务所需的专业能力。 期货经营机构从事期货业务的人员不得私下接受客户委托从事期货交易。	

续表

《期货和衍生品法》	《期货交易管理条例》
期货经营机构从事期货业务的人员在从事期货业务活动中，执行所属的期货经营机构的指令或者利用职务违反期货交易规则的，由所属的期货经营机构承担全部责任。	
第七十条 国务院期货监督管理机构应当制定期货经营机构持续性经营规则，对期货经营机构及其分支机构的经营条件、风险管理、内部控制、保证金存管、合规管理、风险监管指标、关联交易等方面作出规定。期货经营机构应当符合持续性经营规则。	**第五十四条** 国务院期货监督管理机构应当制定期货公司持续性经营规则，对期货公司的净资本与净资产的比例，净资本与境内期货经纪、境外期货经纪等业务规模的比例，流动资产与流动负债的比例等风险监管指标作出规定；对期货公司及其分支机构的经营条件、风险管理、内部控制、保证金存管、关联交易等方面提出要求。
第七十一条 期货经营机构应当按照规定向国务院期货监督管理机构报送业务、财务等经营管理信息和资料。国务院期货监督管理机构有权要求期货经营机构及其主要股东、实际控制人、其他关联人在指定的期限内提供有关信息、资料。 期货经营机构及其主要股东、实际控制人或者其他关联人向国务院期货监督管理机构报送或者提供的信息、资料，应当真实、准确、完整。	**第四十八条** 期货交易所、期货公司及其他期货经营机构、期货保证金安全存管监控机构，应当向国务院期货监督管理机构报送财务会计报告、业务资料和其他有关资料。 对期货公司及其他期货经营机构报送的年度报告，国务院期货监督管理机构应当指定专人进行审核，并制作审核报告。审核人员应当在审核报告上签字。审核中发现问题的，国务院期货监督管理机构应当及时采取相应措施。 必要时，国务院期货监督管理机构可以要求非期货公司结算会员、交割仓库，以及期货公司股东、实际控制人或者其他关联人报送相关资料。
第七十二条 期货经营机构涉及重大诉讼、仲裁，股权被冻结或者用于担保，以及发生其他重大事件时，应当自该事件发生之日起五日内向国务院期货监督管理机构提交书面报告。 期货经营机构的控股股东或者实际控制人应当配合期货经营机构履行前款规定的义务。	**第六十条** 期货公司涉及重大诉讼、仲裁，或者股权被冻结或者用于担保，以及发生其他重大事件时，期货公司及其相关股东、实际控制人应当自该事件发生之日起5日内向国务院期货监督管理机构提交书面报告。
第七十三条 期货经营机构不符合持续性经营规则或者出现经营风险的，国务院期货监督管理机构应当责令其限期改正；期货经营机构逾期未改正的，或者其行为严重危及该期货经营机构的稳健运行、损害交易者	**第五十五条** 期货公司及其分支机构不符合持续性经营规则或者出现经营风险的，国务院期货监督管理机构可以对期货公司及其董事、监事和高级管理人员采取谈话、提示、记入信用记录等监管措施或

续表

《期货和衍生品法》	《期货交易管理条例》
合法权益的，或者涉嫌严重违法违规正在被国务院期货监督管理机构调查的，国务院期货监督管理机构可以区别情形，对其采取下列措施： （一）限制或者暂停部分业务； （二）停止核准新增业务； （三）限制分配红利，限制向董事、监事、高级管理人员支付报酬、提供福利； （四）限制转让财产或者在财产上设定其他权利； （五）责令更换董事、监事、高级管理人员或者有关业务部门、分支机构的负责人员，或者限制其权利； （六）限制期货经营机构自有资金或者风险准备金的调拨和使用； （七）认定负有责任的董事、监事、高级管理人员为不适当人选； （八）责令负有责任的股东转让股权，限制负有责任的股东行使股东权利。 对经过整改符合有关法律、行政法规规定以及持续性经营规则要求的期货经营机构，国务院期货监督管理机构应当自验收完毕之日起三日内解除对其采取的有关措施。 对经过整改仍未达到持续性经营规则要求，严重影响正常经营的期货经营机构，国务院期货监督管理机构有权撤销其部分或者全部期货业务许可、关闭其部分或者全部分支机构。	者责令期货公司限期整改，并对其整改情况进行检查验收。 期货公司逾期未改正，其行为严重危及期货公司的稳健运行、损害客户合法权益，或者涉嫌严重违法违规正在被国务院期货监督管理机构调查的，国务院期货监督管理机构可以区别情形，对其采取下列措施： （一）限制或者暂停部分期货业务； （二）停止批准新增业务； （三）限制分配红利，限制向董事、监事、高级管理人员支付报酬、提供福利； （四）限制转让财产或者在财产上设定其他权利； （五）责令更换董事、监事、高级管理人员或者有关业务部门、分支机构的负责人员，或者限制其权利； （六）限制期货公司自有资金或者风险准备金的调拨和使用； （七）责令控股股东转让股权或者限制有关股东行使股东权利。 对经过整改符合有关法律、行政法规规定以及持续性经营规则要求的期货公司，国务院期货监督管理机构应当自验收完毕之日起3日内解除对其采取的有关措施。 对经过整改仍未达到持续性经营规则要求，严重影响正常经营的期货公司，国务院期货监督管理机构有权撤销其部分或者全部期货业务许可、关闭其分支机构。
第七十四条　期货经营机构违法经营或者出现重大风险，严重危害期货市场秩序、损害交易者利益的，国务院期货监督管理机构可以对该期货经营机构采取责令停业整顿、指定其他机构托管或者接管等监督管理措施。 期货经营机构有前款所列情形，经国务院期货监督管理机构批准，可以对该期货经营机构直接负责的董事、监事、高级管理人员和其他直接责任人员采取以下措施： （一）决定并通知出境入境管理机关依	**第五十六条**　期货公司违法经营或者出现重大风险，严重危害期货市场秩序、损害客户利益的，国务院期货监督管理机构可以对该期货公司采取责令停业整顿、指定其他机构托管或者接管等监管措施。经国务院期货监督管理机构批准，可以对该期货公司直接负责的董事、监事、高级管理人员和其他直接责任人员采取以下措施： （一）通知出境管理机关依法阻止其出境；

续表

《期货和衍生品法》	《期货交易管理条例》
法阻止其出境； （二）申请司法机关禁止其转移、转让或者以其他方式处分财产，或者在财产上设定其他权利。	（二）申请司法机关禁止其转移、转让或者以其他方式处分财产，或者在财产上设定其他权利。
第七十五条 期货经营机构的股东有虚假出资、抽逃出资行为的，国务院期货监督管理机构应当责令其限期改正，并可责令其转让所持期货经营机构的股权。 在股东依照前款规定的要求改正违法行为、转让所持期货经营机构的股权前，国务院期货监督管理机构可以限制其股东权利。	**第五十七条** 期货公司的股东有虚假出资或者抽逃出资行为的，国务院期货监督管理机构应当责令其限期改正，并可责令其转让所持期货公司的股权。 在股东按照前款要求改正违法行为、转让所持期货公司的股权前，国务院期货监督管理机构可以限制其股东权利。
第七十六条 期货经营机构有下列情形之一的，国务院期货监督管理机构应当依法办理相关业务许可证注销手续： （一）营业执照被依法吊销； （二）成立后无正当理由超过三个月未开始营业，或者开业后无正当理由停业连续三个月以上； （三）主动提出注销申请； （四）《中华人民共和国行政许可法》和国务院期货监督管理机构规定应当注销行政许可的其他情形。 期货经营机构在注销相关业务许可证前，应当结清相关期货业务，并依法返还交易者的保证金和其他资产。	**第二十条** 期货公司或者其分支机构有《中华人民共和国行政许可法》第七十条规定的情形或者下列情形之一的，国务院期货监督管理机构应当依法办理期货业务许可证注销手续： （一）营业执照被公司登记机关依法注销； （二）成立后无正当理由超过3个月未开始营业，或者开业后无正当理由停业连续3个月以上； （三）主动提出注销申请； （四）国务院期货监督管理机构规定的其他情形。 期货公司在注销期货业务许可证前，应当结清相关期货业务，并依法返还客户的保证金和其他资产。期货公司分支机构在注销经营许可证前，应当终止经营活动，妥善处理客户资产。
第七十七条 国务院期货监督管理机构认为必要时，可以委托期货服务机构对期货经营机构的财务状况、内部控制状况、资产价值进行审计或者评估。具体办法由国务院期货监督管理机构会同有关主管部门制定。	
第七十八条 禁止期货经营机构从事下列损害交易者利益的行为： （一）向交易者作出保证其资产本金不受损失或者取得最低收益承诺； （二）与交易者约定分享利益、共担风险；	**第六十七条** 期货公司有下列欺诈客户行为之一的，责令改正，给予警告，没收违法所得，并处违法所得1倍以上5倍以下的罚款；没有违法所得或者违法所得不满10万元的，并处10万元以上50万元以下的罚款；情节严重的，责令停业整顿

续表

《期货和衍生品法》	《期货交易管理条例》
（三）违背交易者委托进行期货交易； （四）隐瞒重要事项或者使用其他不正当手段，诱骗交易者交易； （五）以虚假或者不确定的重大信息为依据向交易者提供交易建议； （六）向交易者提供虚假成交回报； （七）未将交易者交易指令下达到期货交易场所； （八）挪用交易者保证金； （九）未依照规定在期货保证金存管机构开立保证金账户，或者违规划转交易者保证金； （十）利用为交易者提供服务的便利，获取不正当利益或者转嫁风险； （十一）其他损害交易者权益的行为。	或者吊销期货业务许可证： （一）向客户作获利保证或者不按照规定向客户出示风险说明书的； （二）在经纪业务中与客户约定分享利益、共担风险的； （三）不按照规定接受客户委托或者不按照客户委托内容擅自进行期货交易的； （四）隐瞒重要事项或者使用其他不正当手段，诱骗客户发出交易指令的； （五）向客户提供虚假成交回报的； （六）未将客户交易指令下达到期货交易所的； （七）挪用客户保证金的； （八）不按照规定在期货保证金存管银行开立保证金账户，或者违规划转客户保证金的； （九）国务院期货监督管理机构规定的其他欺诈客户的行为。 期货公司有前款所列行为之一的，对直接负责的主管人员和其他直接责任人员给予警告，并处 1 万元以上 10 万元以下的罚款；情节严重的，暂停或者撤销期货从业人员资格。 任何单位或者个人编造并且传播有关期货交易的虚假信息，扰乱期货交易市场的，依照本条第一款、第二款的规定处罚。
第六章　期货交易场所	
第七十九条　期货交易场所应当遵循社会公共利益优先原则，为期货交易提供场所和设施，组织和监督期货交易，维护市场的公平、有序和透明，实行自律管理。	**第七条**　期货交易所不以营利为目的，按照其章程的规定实行自律管理。期货交易所以其全部财产承担民事责任。期货交易所的负责人由国务院期货监督管理机构任免。 期货交易所的管理办法由国务院期货监督管理机构制定。 **第八十四条**　在期货交易所之外的国务院期货监督管理机构批准的交易场所进行的期货交易，依照本条例的有关规定执行。
第八十条　设立、变更和解散期货交易所，应当由国务院期货监督管理机构批准。	**第六条**　设立期货交易所，由国务院期货监督管理机构审批。

续表

《期货和衍生品法》	《期货交易管理条例》
设立期货交易所应当制定章程。期货交易所章程的制定和修改，应当经国务院期货监督管理机构批准。	未经国务院批准或者国务院期货监督管理机构批准，任何单位或者个人不得设立期货交易场所或者以任何形式组织期货交易及其相关活动。 **第十三条** （略）
第八十一条 期货交易所应当在其名称中标明“商品交易所”或者“期货交易所”等字样。其他任何单位或者个人不得使用期货交易所或者其他可能产生混淆或者误导的名称。	
第八十二条 期货交易所可以采取会员制或者公司制的组织形式。 会员制期货交易所的组织机构由其章程规定。	**第八条** 期货交易所会员应当是在中华人民共和国境内登记注册的企业法人或者其他经济组织。 期货交易所可以实行会员分级结算制度。实行会员分级结算制度的期货交易所会员由结算会员和非结算会员组成。
第八十三条 期货交易所依照法律、行政法规和国务院期货监督管理机构的规定，制定有关业务规则；其中交易规则的制定和修改应当报国务院期货监督管理机构批准。 期货交易所业务规则应当体现公平保护会员、交易者等市场相关各方合法权益的原则。 在期货交易所从事期货交易及相关活动，应当遵守期货交易所依法制定的业务规则。违反业务规则的，由期货交易所给予纪律处分或者采取其他自律管理措施。	**第十一条** 期货交易所应当按照国家有关规定建立、健全下列风险管理制度： （一）保证金制度； （二）当日无负债结算制度； （三）涨跌停板制度； （四）持仓限额和大户持仓报告制度； （五）风险准备金制度； （六）国务院期货监督管理机构规定的其他风险管理制度。 实行会员分级结算制度的期货交易所，还应当建立、健全结算担保金制度。 **第十三条** （略）
第八十四条 期货交易所的负责人由国务院期货监督管理机构提名或者任免。 有《中华人民共和国公司法》规定的不适合担任公司董事、监事、高级管理人员的情形或者下列情形之一的，不得担任期货交易所的负责人： （一）因违法行为或者违纪行为被解除职务的期货经营机构的董事、监事、高级管理人员，或者期货交易场所、期货结算机构的负责人，自被解除职务之日起未逾五年； （二）因违法行为或者违纪行为被吊销执业证书或者被取消资格的注册会计师、律	**第九条** 有《中华人民共和国公司法》第一百四十六条规定的情形或者下列情形之一的，不得担任期货交易所的负责人、财务会计人员： （一）因违法行为或者违纪行为被解除职务的期货交易所、证券交易所、证券登记结算机构的负责人，或者期货公司、证券公司的董事、监事、高级管理人员，以及国务院期货监督管理机构规定的其他人员，自被解除职务之日起未逾 5 年； （二）因违法行为或者违纪行为被撤销资格的律师、注册会计师或者投资咨询

续表

《期货和衍生品法》	《期货交易管理条例》
师或者其他期货服务机构的专业人员，自被吊销执业证书或者被取消资格之日起未逾五年。	机构、财务顾问机构、资信评级机构、资产评估机构、验证机构的专业人员，自被撤销资格之日起未逾5年。
第八十五条　期货交易场所应当依照本法和国务院期货监督管理机构的规定，加强对交易活动的风险控制和对会员以及交易场所工作人员的监督管理，依法履行下列职责： （一）提供交易的场所、设施和服务； （二）设计期货合约、标准化期权合约品种，安排期货合约、标准化期权合约品种上市； （三）对期货交易进行实时监控和风险监测； （四）依照章程和业务规则对会员、交易者、期货服务机构等进行自律管理； （五）开展交易者教育和市场培育工作； （六）国务院期货监督管理机构规定的其他职责。 期货交易场所不得直接或者间接参与期货交易。未经国务院批准，期货交易场所不得从事信托投资、股票投资、非自用不动产投资等与其职责无关的业务。	**第十条**　期货交易所应当依照本条例和国务院期货监督管理机构的规定，建立、健全各项规章制度，加强对交易活动的风险控制和对会员以及交易所工作人员的监督管理。期货交易所履行下列职责： （一）提供交易的场所、设施和服务； （二）设计合约，安排合约上市； （三）组织并监督交易、结算和交割； （四）为期货交易提供集中履约担保； （五）按照章程和交易规则对会员进行监督管理； （六）国务院期货监督管理机构规定的其他职责。 期货交易所不得直接或者间接参与期货交易。未经国务院期货监督管理机构审核并报国务院批准，期货交易所不得从事信托投资、股票投资、非自用不动产投资等与其职责无关的业务。
第八十六条　期货交易所的所得收益按照国家有关规定管理和使用，应当首先用于保证期货交易的场所、设施的运行和改善。	**第十四条**　期货交易所的所得收益按照国家有关规定管理和使用，但应当首先用于保证期货交易场所、设施的运行和改善。
第八十七条　期货交易场所应当加强对期货交易的风险监测，出现异常情况的，期货交易场所可以依照业务规则，单独或者会同期货结算机构采取下列紧急措施，并立即报告国务院期货监督管理机构： （一）调整保证金； （二）调整涨跌停板幅度； （三）调整会员、交易者的交易限额或持仓限额标准； （四）限制开仓； （五）强行平仓； （六）暂时停止交易；	**第十二条**　当期货市场出现异常情况时，期货交易所可以按照其章程规定的权限和程序，决定采取下列紧急措施，并应当立即报告国务院期货监督管理机构： （一）提高保证金； （二）调整涨跌停板幅度； （三）限制会员或者客户的最大持仓量； （四）暂时停止交易； （五）采取其他紧急措施。 前款所称异常情况，是指在交易中发生操纵期货交易价格的行为或者发生不可

续表

《期货和衍生品法》	《期货交易管理条例》
（七）其他紧急措施。 异常情况消失后，期货交易场所应当及时取消紧急措施。	抗拒的突发事件以及国务院期货监督管理机构规定的其他情形。 异常情况消失后，期货交易所应当及时取消紧急措施。
第八十八条 期货交易场所应当实时公布期货交易即时行情，并按交易日制作期货市场行情表，予以公布。 期货交易行情的权益由期货交易场所享有。未经期货交易场所许可，任何单位和个人不得发布期货交易行情。 期货交易场所不得发布价格预测信息。 期货交易场所应当依照国务院期货监督管理机构的规定，履行信息报告义务。	**第二十七条** 期货交易所应当及时公布上市品种合约的成交量、成交价、持仓量、最高价与最低价、开盘价与收盘价和其他应当公布的即时行情，并保证即时行情的真实、准确。期货交易所不得发布价格预测信息。 未经期货交易所许可，任何单位和个人不得发布期货交易即时行情。
第八十九条 因突发性事件影响期货交易正常进行时，为维护期货交易正常秩序和市场公平，期货交易场所可以按照本法和业务规则规定采取必要的处置措施，并应当及时向国务院期货监督管理机构报告。 因前款规定的突发性事件导致期货交易结果出现重大异常，按交易结果进行结算、交割将对期货交易正常秩序和市场公平造成重大影响的，期货交易场所可以按照业务规则采取取消交易等措施，并应当及时向国务院期货监督管理机构报告并公告。	
第九十条 期货交易场所对其依照本法第八十七条、第八十九条规定采取措施造成的损失，不承担民事赔偿责任，但存在重大过错的除外。	
第七章 期货结算机构	
第九十一条 期货结算机构是指依法设立，为期货交易提供结算、交割服务，实行自律管理的法人。 期货结算机构包括内部设有结算部门的期货交易场所、独立的期货结算机构和经国务院期货监督管理机构批准从事与证券业务相关的期货交易结算、交割业务的证券结算机构。	**第八十二条** 国务院期货监督管理机构可以批准设立期货专门结算机构，专门履行期货交易所的结算以及相关职责，并承担相应法律责任。

续表

《期货和衍生品法》	《期货交易管理条例》
第九十二条 独立的期货结算机构的设立、变更和解散，应当经国务院期货监督管理机构批准。 设立独立的期货结算机构，应当具备下列条件： （一）具备良好的财务状况，注册资本最低限额符合国务院期货监督管理机构的规定； （二）有具备任职专业知识和业务工作经验的高级管理人员； （三）具备完善的治理结构、内部控制制度和风险控制制度； （四）具备符合要求的营业场所、信息技术系统以及与期货交易的结算有关的其他设施； （五）国务院期货监督管理机构规定的其他条件。 承担期货结算机构职责的期货交易场所，应当具备本条第二款规定的条件。 国务院期货监督管理机构应当根据审慎监管原则进行审查，在六个月内作出批准或者不予批准的决定。	
第九十三条 期货结算机构作为中央对手方，是结算参与人共同对手方，进行净额结算，为期货交易提供集中履约保障。	
第九十四条 期货结算机构履行下列职责： （一）组织期货交易的结算、交割； （二）按照章程和业务规则对交易者、期货经营机构、期货服务机构、非期货经营机构结算参与人等进行自律管理； （三）办理与期货交易的结算、交割有关的信息查询业务； （四）国务院期货监督管理机构规定的其他职责。	
第九十五条 期货结算机构应当按照国务院期货监督管理机构的规定，在其业务规则中规定结算参与人制度、风险控制制度、信息安全管理制度、违规违约处理制度、应急处理及临时处置措施等事项。期货结算机构制定和修改章程、业务规则，应当经国务	

续表

《期货和衍生品法》	《期货交易管理条例》
院期货监督管理机构批准。参与期货结算，应当遵守期货结算机构制定的业务规则。 期货结算机构制定和执行业务规则，应当与期货交易场所的相关制度衔接、协调。	
第九十六条 期货结算机构应当建立流动性管理制度，保障结算活动的稳健运行。	
第九十七条 本法第八十四条，第八十五条第二款，第八十六条，第八十八条第三款、第四款的规定，适用于独立的期货结算机构和经批准从事期货交易结算、交割业务的证券结算机构。	
第八章 期货服务机构	
第九十八条 会计师事务所、律师事务所、资产评估机构、期货保证金存管机构、交割库、信息技术服务机构等期货服务机构，应当勤勉尽责、恪尽职守，按照相关业务规则为期货交易及相关活动提供服务，并按照国务院期货监督管理机构的要求提供相关资料。	**第六十一条** 会计师事务所、律师事务所、资产评估机构等中介服务机构向期货交易所和期货公司等市场相关参与者提供相关服务时，应当遵守期货法律、行政法规以及国家有关规定，并按照国务院期货监督管理机构的要求提供相关资料。
第九十九条 会计师事务所、律师事务所、资产评估机构等期货服务机构接受期货经营机构、期货交易场所、期货结算机构的委托出具审计报告、法律意见书等文件，应当对所依据的文件资料内容的真实性、准确性、完整性进行核查和验证。	
第一百条 交割库包括交割仓库和交割厂库等。交割库为期货交易的交割提供相关服务，应当符合期货交易场所规定的条件。期货交易场所应当与交割库签订协议，明确双方的权利和义务。 交割库不得有下列行为： （一）出具虚假仓单； （二）违反期货交易场所的业务规则，限制交割商品的出库、入库； （三）泄露与期货交易有关的商业秘密； （四）违反国家有关规定参与期货交易；	**第三十五条** 期货交易的交割，由期货交易所统一组织进行。 交割仓库由期货交易所指定。期货交易所不得限制实物交割总量，并应当与交割仓库签订协议，明确双方的权利和义务。交割仓库不得有下列行为： （一）出具虚假仓单； （二）违反期货交易所业务规则，限制交割商品的入库、出库； （三）泄露与期货交易有关的商业秘密； （四）违反国家有关规定参与期货交易；

续表

《期货和衍生品法》	《期货交易管理条例》
（五）违反国务院期货监督管理机构规定的其他行为。	（五）国务院期货监督管理机构规定的其他行为。
第一百零一条　为期货交易及相关活动提供信息技术系统服务的机构，应当符合国家及期货行业信息安全相关的技术管理规定和标准，并向国务院期货监督管理机构备案。 国务院期货监督管理机构可以依法要求信息技术服务机构提供前款规定的信息技术系统的相关材料。	
第九章　期货业协会	
第一百零二条　期货业协会是期货行业的自律性组织，是社会团体法人。 期货经营机构应当加入期货业协会。期货服务机构可以加入期货业协会。	**第四十三条**　期货业协会是期货业的自律性组织，是社会团体法人。 期货公司以及其他专门从事期货经营的机构应当加入期货业协会，并缴纳会员费。
第一百零三条　期货业协会的权力机构为会员大会。 期货业协会的章程由会员大会制定，并报国务院期货监督管理机构备案。 期货业协会设理事会。理事会成员依照章程的规定选举产生。	**第四十四条**　期货业协会的权力机构为全体会员组成的会员大会。 期货业协会的章程由会员大会制定，并报国务院期货监督管理机构备案。 期货业协会设理事会。理事会成员按照章程的规定选举产生。
第一百零四条　期货业协会履行下列职责： （一）制定和实施行业自律规则，监督、检查会员的业务活动及从业人员的执业行为，对违反法律、行政法规、国家有关规定、协会章程和自律规则的，按照规定给予纪律处分或者实施其他自律管理措施； （二）对会员之间、会员与交易者之间发生的纠纷进行调解； （三）依法维护会员的合法权益，向国务院期货监督管理机构反映会员的建议和要求； （四）组织期货从业人员的业务培训，开展会员间的业务交流； （五）教育会员和期货从业人员遵守期货法律法规和政策，组织开展行业诚信建	**第四十五条**　期货业协会履行下列职责： （一）教育和组织会员遵守期货法律法规和政策； （二）制定会员应当遵守的行业自律性规则，监督、检查会员行为，对违反协会章程和自律性规则的，按照规定给予纪律处分； （三）负责期货从业人员资格的认定、管理以及撤销工作； （四）受理客户与期货业务有关的投诉，对会员之间、会员与客户之间发生的纠纷进行调解； （五）依法维护会员的合法权益，向国务院期货监督管理机构反映会员的建议和要求；

续表

《期货和衍生品法》	《期货交易管理条例》
设，建立行业诚信激励约束机制； （六）开展交易者教育和保护工作，督促会员落实交易者适当性管理制度，开展期货市场宣传； （七）对会员的信息安全工作实行自律管理，督促会员执行国家和行业信息安全相关规定和技术标准； （八）组织会员就期货行业的发展、运作及有关内容进行研究，收集整理、发布期货相关信息，提供会员服务，组织行业交流，引导行业创新发展； （九）期货业协会章程规定的其他职责。	（六）组织期货从业人员的业务培训，开展会员间的业务交流； （七）组织会员就期货业的发展、运作以及有关内容进行研究； （八）期货业协会章程规定的其他职责。 期货业协会的业务活动应当接受国务院期货监督管理机构的指导和监督。
第十章　监 督 管 理	
第一百零五条　国务院期货监督管理机构依法对期货市场实行监督管理，维护期货市场公开、公平、公正，防范系统性风险，维护交易者合法权益，促进期货市场健康发展。 国务院期货监督管理机构在对期货市场实施监督管理中，依法履行下列职责： （一）制定有关期货市场监督管理的规章、规则，并依法进行审批、核准、注册，办理备案； （二）对品种的上市、交易、结算、交割等期货交易及相关活动，进行监督管理； （三）对期货经营机构、期货交易场所、期货结算机构、期货服务机构和非期货经营机构结算参与人等市场相关参与者的期货业务活动，进行监督管理； （四）制定期货从业人员的行为准则，并监督实施； （五）监督检查期货交易的信息公开情况； （六）维护交易者合法权益、开展交易者教育； （七）对期货违法行为进行查处； （八）监测监控并防范、处置期货市场风险； （九）对期货行业金融科技和信息安全进行监管； （十）对期货业协会的自律管理活动进	**第四十六条**　国务院期货监督管理机构对期货市场实施监督管理，依法履行下列职责： （一）制定有关期货市场监督管理的规章、规则，并依法行使审批权； （二）对品种的上市、交易、结算、交割等期货交易及其相关活动，进行监督管理； （三）对期货交易所、期货公司及其他期货经营机构、非期货公司结算会员、期货保证金安全存管监控机构、期货保证金存管银行、交割仓库等市场相关参与者的期货业务活动，进行监督管理； （四）制定期货从业人员的资格标准和管理办法，并监督实施； （五）监督检查期货交易的信息公开情况； （六）对期货业协会的活动进行指导和监督； （七）对违反期货市场监督管理法律、行政法规的行为进行查处； （八）开展与期货市场监督管理有关的国际交流、合作活动； （九）法律、行政法规规定的其他职责。 **第五十八条**　当期货市场出现异常情况时，国务院期货监督管理机构可以采取必要的风险处置措施。

续表

《期货和衍生品法》	《期货交易管理条例》
行指导和监督； （十一）法律、行政法规规定的其他职责。 国务院期货监督管理机构根据需要可以设立派出机构，依照授权履行监督管理职责。	**第五十九条**　期货公司的交易软件、结算软件，应当满足期货公司审慎经营和风险管理以及国务院期货监督管理机构有关保证金安全存管监控规定的要求。期货公司的交易软件、结算软件不符合要求的，国务院期货监督管理机构有权要求期货公司予以改进或者更换。 国务院期货监督管理机构可以要求期货公司的交易软件、结算软件的供应商提供该软件的相关资料，供应商应当予以配合。国务院期货监督管理机构对供应商提供的相关资料负有保密义务。
第一百零六条　国务院期货监督管理机构依法履行职责，有权采取下列措施： （一）对期货经营机构、期货交易场所、期货结算机构进行现场检查，并要求其报送有关的财务会计、业务活动、内部控制等资料； （二）进入涉嫌违法行为发生场所调查取证； （三）询问当事人和与被调查事件有关的单位和个人，要求其对与被调查事件有关的事项作出说明，或者要求其按照指定的方式报送与被调查事件有关的文件和资料； （四）查阅、复制与被调查事件有关的财产权登记、通讯记录等文件和资料； （五）查阅、复制当事人和与被调查事件有关的单位和个人的期货交易记录、财务会计资料及其他相关文件和资料；对可能被转移、隐匿或者毁损的文件资料，可以予以封存、扣押； （六）查询当事人和与被调查事件有关的单位和个人的保证金账户和银行账户以及其他具有支付、托管、结算等功能的账户信息，可以对有关文件和资料进行复制；对有证据证明已经或者可能转移或者隐匿违法资金等涉案财产或者隐匿、伪造、毁损重要证据的，经国务院期货监督管理机构主要负责人或者其授权的其他负责人批准，可以冻结、查封，期限为六个月；因特殊原因需要延长的，每次延长期限不得超过三个月，最长期限不得超过二年；	**第四十七条**　国务院期货监督管理机构依法履行职责，可以采取下列措施： （一）对期货交易所、期货公司及其他期货经营机构、非期货公司结算会员、期货保证金安全存管监控机构和交割仓库进行现场检查。 （二）进入涉嫌违法行为发生场所调查取证。 （三）询问当事人和与被调查事件有关的单位和个人，要求其对与被调查事件有关的事项作出说明。 （四）查阅、复制与被调查事件有关的财产权登记等资料。 （五）查阅、复制当事人和与被调查事件有关的单位和个人的期货交易记录、财务会计资料以及其他相关文件和资料；对可能被转移、隐匿或者毁损的文件和资料，可以予以封存。 （六）查询与被调查事件有关的单位的保证金账户和银行账户。 （七）在调查操纵期货交易价格、内幕交易等重大期货违法行为时，经国务院期货监督管理机构主要负责人批准，可以限制被调查事件当事人的期货交易，但限制的时间不得超过15个交易日；案情复杂的，可以延长至30个交易日。 （八）法律、行政法规规定的其他措施。

续表

《期货和衍生品法》	《期货交易管理条例》
（七）在调查操纵期货市场、内幕交易等重大违法行为时，经国务院期货监督管理机构主要负责人或者其授权的其他负责人批准，可以限制被调查事件当事人的交易，但限制的时间不得超过三个月；案情复杂的，可以延长三个月； （八）决定并通知出境入境管理机关依法阻止涉嫌违法人员、涉嫌违法单位的主管人员和其他直接责任人员出境。 为防范期货市场风险，维护市场秩序，国务院期货监督管理机构可以采取责令改正、监管谈话、出具警示函等措施。	
第一百零七条 国务院期货监督管理机构依法履行职责，进行监督检查或者调查，其监督检查、调查的人员不得少于二人，并应当出示执法证件和检查、调查、查询等相关执法文书。监督检查、调查的人员少于二人或者未出示执法证件和有关执法文书的，被检查、调查的单位或者个人有权拒绝。	
第一百零八条 国务院期货监督管理机构的工作人员，应当依法办事，忠于职守，公正廉洁，保守国家秘密和有关当事人的商业秘密，不得利用职务便利牟取不正当利益。	**第六十三条** （略）
第一百零九条 国务院期货监督管理机构依法履行职责，被检查、调查的单位和个人应当配合，如实作出说明或者提供有关文件和资料，不得拒绝、阻碍和隐瞒。 国务院期货监督管理机构与其他相关部门，应当建立信息共享等监督管理协调配合机制。国务院期货监督管理机构依法履行职责，进行监督检查或者调查时，有关部门应当予以配合。	**第四十九条** 国务院期货监督管理机构依法履行职责，进行监督检查或者调查时，被检查、调查的单位和个人应当配合，如实提供有关文件和资料，不得拒绝、阻碍和隐瞒；其他有关部门和单位应当给予支持和配合。 **第六十二条** 国务院期货监督管理机构应当与有关部门建立监督管理的信息共享和协调配合机制。 国务院期货监督管理机构可以和其他国家或者地区的期货监督管理机构建立监督管理合作机制，实施跨境监督管理。
第一百一十条 对涉嫌期货违法、违规行为，任何单位和个人有权向国务院期货监督管理机构举报。 对涉嫌重大违法、违规行为的实名举报	

续表

《期货和衍生品法》	《期货交易管理条例》
线索经查证属实的，国务院期货监督管理机构按照规定给予举报人奖励。 国务院期货监督管理机构应当对举报人的身份信息保密。	
第一百一十一条　国务院期货监督管理机构制定的规章、规则和监督管理工作制度应当依法公开。 国务院期货监督管理机构依据调查结果，对期货违法行为作出的处罚决定，应当依法公开。	
第一百一十二条　国务院期货监督管理机构对涉嫌期货违法的单位或者个人进行调查期间，被调查的当事人书面申请，承诺在国务院期货监督管理机构认可的期限内纠正涉嫌违法行为，赔偿有关交易者损失，消除损害或者不良影响的，国务院期货监督管理机构可以决定中止调查。被调查的当事人履行承诺的，国务院期货监督管理机构可以决定终止调查；被调查的当事人未履行承诺或者有国务院规定的其他情形的，应当恢复调查。具体办法由国务院规定。 国务院期货监督管理机构中止或者终止调查的，应当按照规定公开相关信息。	
第一百一十三条　国务院期货监督管理机构依法将有关期货市场主体遵守本法的情况纳入期货市场诚信档案。	
第一百一十四条　国务院期货监督管理机构依法履行职责，发现期货违法行为涉嫌犯罪的，应当依法将案件移送司法机关处理；发现公职人员涉嫌职务违法或者职务犯罪的，应当依法移送监察机关处理。	
第一百一十五条　国务院期货监督管理机构应当建立健全期货市场监测监控制度，通过专门机构加强保证金安全存管监控。	**第五十一条**　国务院期货监督管理机构应当建立、健全保证金安全存管监控制度，设立期货保证金安全存管监控机构。 客户和期货交易所、期货公司及其他期货经营机构、非期货公司结算会员以及期货保证金存管银行，应当遵守国务院期货监督管理机构有关保证金安全存管监控的规定。

续表

《期货和衍生品法》	《期货交易管理条例》
	第五十二条 期货保证金安全存管监控机构依照有关规定对保证金安全实施监控，进行每日稽核，发现问题应当立即报告国务院期货监督管理机构。国务院期货监督管理机构应当根据不同情况，依照本条例有关规定及时处理。 **第五十三条** 国务院期货监督管理机构对期货交易所和期货保证金安全存管监控机构的董事、监事、高级管理人员，实行资格管理制度。
第一百一十六条 为防范交易及结算的风险，期货经营机构、期货交易场所、期货结算机构和非期货经营机构结算参与人应当从业务收入中按照国务院期货监督管理机构、国务院财政部门的规定提取、管理和使用风险准备金。	**第三十一条** 期货交易所、期货公司、非期货公司结算会员应当按照国务院期货监督管理机构、财政部门的规定提取、管理和使用风险准备金，不得挪用。
第一百一十七条 期货经营机构、期货交易场所、期货结算机构、期货服务机构和非期货经营机构结算参与人等应当按照规定妥善保存与业务经营相关的资料和信息，任何人不得泄露、隐匿、伪造、篡改或者毁损。期货经营机构、期货交易场所、期货结算机构和非期货经营机构结算参与人的信息和资料的保存期限不得少于二十年；期货服务机构的信息和资料的保存期限不得少于十年。	
第十一章 跨境交易与监管协作	
第一百一十八条 境外期货交易场所向境内单位或者个人提供直接接入该交易场所交易系统进行交易服务的，应当向国务院期货监督管理机构申请注册，接受国务院期货监督管理机构的监督管理，国务院期货监督管理机构另有规定的除外。	**第四十二条** 境外期货项下购汇、结汇以及外汇收支，应当符合国家外汇管理有关规定。 境内单位或者个人从事境外期货交易的办法，由国务院期货监督管理机构会同国务院商务主管部门、国有资产监督管理机构、银行业监督管理机构、外汇管理部门等有关部门制订，报国务院批准后施行。
第一百一十九条 境外期货交易场所上市的期货合约、期权合约和衍生品合约，以境内期货交易场所上市的合约价格进行挂钩结算的，应当符合国务院期货监督管理机构的规定。	

续表

《期货和衍生品法》	《期货交易管理条例》
第一百二十条　境内单位或者个人从事境外期货交易，应当委托具有境外期货经纪业务资格的境内期货经营机构进行，国务院另有规定的除外。 境内期货经营机构转委托境外期货经营机构从事境外期货交易的，该境外期货经营机构应当向国务院期货监督管理机构申请注册，接受国务院期货监督管理机构的监督管理，国务院期货监督管理机构另有规定的除外。	**第十七条**　（略）
第一百二十一条　境外期货交易场所在境内设立代表机构的，应当向国务院期货监督管理机构备案。 境外期货交易场所代表机构及其工作人员，不得从事或者变相从事任何经营活动。	
第一百二十二条　境外机构在境内从事期货市场营销、推介及招揽活动，应当经国务院期货监督管理机构批准，适用本法的相关规定。 境内机构为境外机构在境内从事期货市场营销、推介及招揽活动，应当经国务院期货监督管理机构批准。 任何单位或者个人不得从事违反前两款规定的期货市场营销、推介及招揽活动。	**第八十三条**　境外机构在境内设立、收购或者参股期货经营机构，以及境外期货经营机构在境内设立分支机构（含代表处）的管理办法，由国务院期货监督管理机构会同国务院商务主管部门、外汇管理部门等有关部门制订，报国务院批准后施行。
第一百二十三条　国务院期货监督管理机构可以和境外期货监督管理机构建立监督管理合作机制，或者加入国际组织，实施跨境监督管理。 国务院期货监督管理机构应境外期货监督管理机构请求提供协助的，应当遵循国家法律、法规的规定和对等互惠的原则，不得泄露国家秘密，不得损害国家利益和社会公共利益。	
第一百二十四条　国务院期货监督管理机构可以按照与境外期货监督管理机构达成的监管合作安排，接受境外期货监督管理机构的请求，依照本法规定的职责和程序为其进行调查取证。境外期货监督管理机构应当提供有关案件材料，并说明其正在就被调查当事人涉嫌违反请求方当地期货法律法规的行为进行调查。境外期货监督管理机构不得	

续表

《期货和衍生品法》	《期货交易管理条例》
在中华人民共和国境内直接进行调查取证等活动。 未经国务院期货监督管理机构和国务院有关主管部门同意，任何单位和个人不得擅自向境外监督管理机构提供与期货业务活动有关的文件和资料。 国务院期货监督管理机构可以依照与境外期货监督管理机构达成的监管合作安排，请求境外期货监督管理机构进行调查取证。	
第十二章　法 律 责 任	
第一百二十五条　违反本法第十二条的规定，操纵期货市场或者衍生品市场的，责令改正，没收违法所得，并处以违法所得一倍以上十倍以下的罚款；没有违法所得或者违法所得不足一百万元的，处以一百万元以上一千万元以下的罚款。单位操纵市场的，还应当对直接负责的主管人员和其他直接责任人员给予警告，并处以五十万元以上五百万元以下的罚款。 操纵市场行为给交易者造成损失的，应当依法承担赔偿责任。	**第七十条**　（略）
第一百二十六条　违反本法第十三条的规定从事内幕交易的，责令改正，没收违法所得，并处以违法所得一倍以上十倍以下的罚款；没有违法所得或者违法所得不足五十万元的，处以五十万元以上五百万元以下的罚款。单位从事内幕交易的，还应当对直接负责的主管人员和其他直接责任人员给予警告，并处以二十万元以上二百万元以下的罚款。 国务院期货监督管理机构、国务院授权的部门、期货交易场所、期货结算机构的工作人员从事内幕交易的，从重处罚。 内幕交易行为给交易者造成损失的，应当依法承担赔偿责任。	**第六十九条**　期货交易内幕信息的知情人或者非法获取期货交易内幕信息的人，在对期货交易价格有重大影响的信息尚未公开前，利用内幕信息从事期货交易，或者向他人泄露内幕信息，使他人利用内幕信息进行期货交易的，没收违法所得，并处违法所得1倍以上5倍以下的罚款；没有违法所得或者违法所得不满10万元的，处10万元以上50万元以下的罚款。单位从事内幕交易的，还应当对直接负责的主管人员和其他直接责任人员给予警告，并处3万元以上30万元以下的罚款。 国务院期货监督管理机构、期货交易所和期货保证金安全存管监控机构的工作人员进行内幕交易的，从重处罚。
第一百二十七条　违反本法第十六条第一款、第三款的规定，编造、传播虚假信息或者误导性信息，扰乱期货市场、衍生品市场的，没收违法所得，并处以违法所得一倍	**第六十七条**　期货公司有下列欺诈客户行为之一的，责令改正，给予警告，没收违法所得，并处违法所得1倍以上5倍以下的罚款；没有违法所得或者违法所得

续表

《期货和衍生品法》	《期货交易管理条例》
以上十倍以下的罚款；没有违法所得或者违法所得不足二十万元的，处以二十万元以上二百万元以下的罚款。对直接负责的主管人员和其他直接责任人员给予警告，并处以十万元以上一百万元以下的罚款。 违反本法第十六条第二款的规定，在期货交易、衍生品交易活动中作出虚假陈述或者信息误导的，责令改正，处以二十万元以上二百万元以下的罚款；属于国家工作人员的，还应当依法给予处分。 传播媒介及其从事期货市场、衍生品市场信息报道的工作人员违反本法第十六条第三款的规定，从事与其工作职责发生利益冲突的期货交易、衍生品交易的，没收违法所得，并处以违法所得一倍以下的罚款，没有违法所得或者违法所得不足十万元的，处以十万元以下的罚款。 编造、传播有关期货交易、衍生品交易的虚假信息，或者在期货交易、衍生品交易中作出信息误导，给交易者造成损失的，应当依法承担赔偿责任。	不满10万元的，并处10万元以上50万元以下的罚款；情节严重的，责令停业整顿或者吊销期货业务许可证： （一）向客户作获利保证或者不按照规定向客户出示风险说明书的； （二）在经纪业务中与客户约定分享利益、共担风险的； （三）不按照规定接受客户委托或者不按照客户委托内容擅自进行期货交易的； （四）隐瞒重要事项或者使用其他不正当手段，诱骗客户发出交易指令的； （五）向客户提供虚假成交回报的； （六）未将客户交易指令下达到期货交易所的； （七）挪用客户保证金的； （八）不按照规定在期货保证金存管银行开立保证金账户，或者违规划转客户保证金的； （九）国务院期货监督管理机构规定的其他欺诈客户的行为。 期货公司有前款所列行为之一的，对直接负责的主管人员和其他直接责任人员给予警告，并处1万元以上10万元以下的罚款；情节严重的，暂停或者撤销期货从业人员资格。 任何单位或者个人编造并且传播有关期货交易的虚假信息，扰乱期货交易市场的，依照本条第一款、第二款的规定处罚。
第一百二十八条　违反本法第十八条第二款的规定，出借自己的期货账户或者借用他人的期货账户从事期货交易的，责令改正，给予警告，可以处五十万元以下的罚款。	
第一百二十九条　违反本法第二十一条的规定，采取程序化交易影响期货交易场所系统安全或者正常交易秩序的，责令改正，并处以五十万元以上五百万元以下的罚款。对直接负责的主管人员和其他直接责任人员给予警告，并处以十万元以上一百万元以下的罚款。	

续表

《期货和衍生品法》	《期货交易管理条例》
第一百三十条 违反本法第二十七条规定，未报告有关重大事项的，责令改正，给予警告，可以处一百万元以下的罚款。	
第一百三十一条 法律、行政法规和国务院期货监督管理机构规定禁止参与期货交易的人员，违反本法第五十三条的规定，直接或者以化名、借他人名义参与期货交易的，责令改正，给予警告，没收违法所得，并处以五万元以上五十万元以下的罚款；属于国家工作人员的，还应当依法给予处分。	**第七十二条** 国有以及国有控股企业违反本条例和国务院国有资产监督管理机构以及其他有关部门关于企业以国有资产进入期货市场的有关规定进行期货交易，或者单位、个人违规使用信贷资金、财政资金进行期货交易的，给予警告，没收违法所得，并处违法所得1倍以上5倍以下的罚款；没有违法所得或者违法所得不满10万元的，并处10万元以上50万元以下的罚款。对直接负责的主管人员和其他直接责任人员给予降级直至开除的纪律处分。
第一百三十二条 非法设立期货公司，或者未经核准从事相关期货业务的，予以取缔，没收违法所得，并处以违法所得一倍以上十倍以下的罚款；没有违法所得或者违法所得不足一百万元的，处以一百万元以上一千万元以下的罚款。对直接负责的主管人员和其他直接责任人员给予警告，并处以二十万元以上二百万元以下的罚款。	**第七十四条** 非法设立期货交易场所或者以其他形式组织期货交易活动的，由所在地县级以上地方人民政府予以取缔，没收违法所得，并处违法所得1倍以上5倍以下的罚款；没有违法所得或者违法所得不满20万元的，处20万元以上100万元以下的罚款。对单位直接负责的主管人员和其他直接责任人员给予警告，并处1万元以上10万元以下的罚款。 非法设立期货公司及其他期货经营机构，或者擅自从事期货业务的，予以取缔，没收违法所得，并处违法所得1倍以上5倍以下的罚款；没有违法所得或者违法所得不满20万元的，处20万元以上100万元以下的罚款。对单位直接负责的主管人员和其他直接责任人员给予警告，并处1万元以上10万元以下的罚款。
第一百三十三条 提交虚假申请文件或者采取其他欺诈手段骗取期货公司设立许可、重大事项变更核准或者期货经营机构期货业务许可的，撤销相关许可，没收违法所得，并处以违法所得一倍以上十倍以下的罚款；没有违法所得或者违法所得不足二十万元的，处以二十万元以上二百万元以下的罚款。对直接负责的主管人员和其他直接责任人员给予警告，并处以二十万元以上二百万元以下的罚款。	**第六十八条** 期货公司及其他期货经营机构、非期货公司结算会员、期货保证金存管银行提供虚假申请文件或者采取其他欺诈手段隐瞒重要事实骗取期货业务许可的，撤销其期货业务许可，没收违法所得。

续表

《期货和衍生品法》	《期货交易管理条例》
第一百三十四条　期货经营机构违反本法第四十条、第六十二条、第六十五条、第六十八条、第七十一条、第七十二条的，责令改正，给予警告，没收违法所得，并处以违法所得一倍以上十倍以下的罚款；没有违法所得或者违法所得不足二十万元的，处以二十万元以上二百万元以下的罚款；情节严重的，责令停业整顿或者吊销期货业务许可证。对直接负责的主管人员和其他直接责任人员给予警告，并处以五万元以上五十万元以下的罚款。 期货经营机构有前款所列违法情形，给交易者造成损失的，应当依法承担赔偿责任。 期货经营机构的主要股东、实际控制人或者其他关联人违反本法第七十一条规定的，依照本条第一款的规定处罚。	**第六十六条**　期货公司有下列行为之一的，责令改正，给予警告，没收违法所得，并处违法所得1倍以上3倍以下的罚款；没有违法所得或者违法所得不满10万元的，并处10万元以上30万元以下的罚款；情节严重的，责令停业整顿或者吊销期货业务许可证： （一）接受不符合规定条件的单位或者个人委托的； （二）允许客户在保证金不足的情况下进行期货交易的； （三）未经批准，擅自办理本条例第十九条所列事项的； （四）违反规定从事与期货业务无关的活动的； （五）从事或者变相从事期货自营业务的； （六）为其股东、实际控制人或者其他关联人提供融资，或者对外担保的； （七）违反国务院期货监督管理机构有关保证金安全存管监控规定的； （八）不按照规定向国务院期货监督管理机构履行报告义务或者报送有关文件、资料的； （九）交易软件、结算软件不符合期货公司审慎经营和风险管理以及国务院期货监督管理机构有关保证金安全存管监控规定的要求的； （十）不按照规定提取、管理和使用风险准备金的； （十一）伪造、涂改或者不按照规定保存期货交易、结算、交割资料的； （十二）任用不具备资格的期货从业人员的； （十三）伪造、变造、出租、出借、买卖期货业务许可证或者经营许可证的； （十四）进行混码交易的； （十五）拒绝或者妨碍国务院期货监督管理机构监督检查的； （十六）违反国务院期货监督管理机构规定的其他行为。 期货公司有前款所列行为之一的，对直接负责的主管人员和其他直接责任人员

续表

《期货和衍生品法》	《期货交易管理条例》
	给予警告，并处1万元以上5万元以下的罚款；情节严重的，暂停或者撤销期货从业人员资格。 期货公司之外的其他期货经营机构有本条第一款第八项、第十二项、第十三项、第十五项、第十六项所列行为的，依照本条第一款、第二款的规定处罚。 期货公司的股东、实际控制人或者其他关联人未经批准擅自委托他人或者接受他人委托持有或者管理期货公司股权的，拒不配合国务院期货监督管理机构的检查，拒不按照规定履行报告义务、提供有关信息和资料，或者报送、提供的信息和资料有虚假记载、误导性陈述或者重大遗漏的，依照本条第一款、第二款的规定处罚。 **第六十七条** （略）
第一百三十五条 期货经营机构违反本法第五十条交易者适当性管理规定，或者违反本法第六十六条规定从事经纪业务接受交易者全权委托，或者有第七十八条损害交易者利益行为的，责令改正，给予警告，没收违法所得，并处以违法所得一倍以上十倍以下的罚款；没有违法所得或者违法所得不足五十万元的，处以五十万元以上五百万元以下的罚款；情节严重的，吊销相关业务许可。对直接负责的主管人员和其他直接责任人员给予警告，并处以二十万元以上二百万元以下的罚款。 期货经营机构有本法第七十八条规定的行为，给交易者造成损失的，应当依法承担赔偿责任。	**第六十七条** （略）
第一百三十六条 违反本法第十一条、第八十条、第九十二条规定，非法设立期货交易场所、期货结算机构，或者以其他形式组织期货交易的，没收违法所得，并处以违法所得一倍以上十倍以下的罚款；没有违法所得或者违法所得不足一百万元的，处以一百万元以上一千万元以下的罚款。对直接负责的主管人员和其他直接责任人员给予警告，并处以二十万元以上二百万元以下的罚款。非法设立期货交易场所的，由县级以上	**第七十四条** （略）

续表

《期货和衍生品法》	《期货交易管理条例》
人民政府予以取缔。 违反本法第三十条规定，未经批准组织开展衍生品交易的，或者金融机构违反本法第三十一条规定，未经批准、核准开展衍生品交易的，依照前款规定处罚。	
第一百三十七条　期货交易场所、期货结算机构违反本法第十七条、第四十条、第八十五条第二款规定的，责令改正，给予警告，没收违法所得，并处以违法所得一倍以上十倍以下的罚款；没有违法所得或者违法所得不足二十万元的，处以二十万元以上二百万元以下的罚款；情节严重的，责令停业整顿。对直接负责的主管人员和其他直接责任人员处以五万元以上五十万元以下的罚款。	**第六十五条**　期货交易所有下列行为之一的，责令改正，给予警告，没收违法所得，并处违法所得1倍以上5倍以下的罚款；没有违法所得或者违法所得不满10万元的，并处10万元以上50万元以下的罚款；情节严重的，责令停业整顿： （一）未经批准，擅自办理本条例第十三条所列事项的； （二）允许会员在保证金不足的情况下进行期货交易的； （三）直接或者间接参与期货交易，或者违反规定从事与其职责无关的业务的； （四）违反规定收取保证金，或者挪用保证金的； （五）伪造、涂改或者不按照规定保存期货交易、结算、交割资料的； （六）未建立或者未执行当日＊无负债结算、涨跌停板、持仓限额和大户持仓报告制度的； （七）拒绝或者妨碍国务院期货监督管理机构监督检查的； （八）违反国务院期货监督管理机构规定的其他行为。 有前款所列行为之一的，对直接负责的主管人员和其他直接责任人员给予纪律处分，处1万元以上10万元以下的罚款。 非期货公司结算会员有本条第一款第二项、第四项至第八项所列行为之一的，依照本条第一款、第二款的规定处罚、处分。 期货保证金安全存管监控机构有本条第一款第三项、第七项、第八项所列行为的，依照本条第一款、第二款的规定处罚、处分。
第一百三十八条　期货交易场所、期货结算机构违反本法第八十八条第三款规定发	

续表

《期货和衍生品法》	《期货交易管理条例》
布价格预测信息的，责令改正，给予警告，并处以二十万元以上二百万元以下的罚款。对直接负责的主管人员和其他直接责任人员处以五万元以上五十万元以下的罚款。	
第一百三十九条 期货服务机构违反本法第九十八条的规定，从事期货服务业务未按照要求提供相关资料的，责令改正，可以处二十万元以下的罚款。	
第一百四十条 会计师事务所、律师事务所、资产评估机构等期货服务机构违反本法第九十九条的规定，未勤勉尽责，所制作、出具的文件有虚假记载、误导性陈述或者重大遗漏的，责令改正，没收业务收入，并处以业务收入一倍以上十倍以下的罚款；没有业务收入或者业务收入不足五十万元的，处以五十万元以上五百万元以下的罚款。对直接负责的主管人员和其他直接责任人员给予警告，并处以二十万元以上二百万元以下的罚款。 期货服务机构有前款所列违法行为，给他人造成损失的，依法承担赔偿责任。	**第七十六条** 会计师事务所、律师事务所、资产评估机构等中介服务机构未勤勉尽责，所出具的文件有虚假记载、误导性陈述或者重大遗漏的，责令改正，没收业务收入，暂停或者撤销相关业务许可，并处业务收入1倍以上5倍以下的罚款。对直接负责的主管人员和其他直接责任人员给予警告，并处3万元以上10万元以下的罚款。
第一百四十一条 交割库有本法第一百条所列行为之一的，责令改正，给予警告，没收违法所得，并处以违法所得一倍以上十倍以下的罚款；没有违法所得或者违法所得不足十万元的，处以十万元以上一百万元以下的罚款；情节严重的，责令期货交易场所暂停或者取消其交割库资格。对直接负责的主管人员和其他直接责任人员给予警告，并处以五万元以上五十万元以下的罚款。	**第七十一条** 交割仓库有本条例第三十五条第二款所列行为之一的，责令改正，给予警告，没收违法所得，并处违法所得1倍以上5倍以下的罚款；没有违法所得或者违法所得不满10万元的，并处10万元以上50万元以下的罚款；情节严重的，责令期货交易所暂停或者取消其交割仓库资格。对直接负责的主管人员和其他直接责任人员给予警告，并处1万元以上10万元以下的罚款。
第一百四十二条 信息技术服务机构违反本法第一百零一条规定未报备案的，责令改正，可以处二十万元以下的罚款。 信息技术服务机构违反本法第一百零一条规定，提供的服务不符合国家及期货行业信息安全相关的技术管理规定和标准的，责令改正，没收业务收入，并处以业务收入一倍以上十倍以下的罚款；没有业务收入或者业务收入不足五十万元的，处以五十万元以上五百万元以下的罚款。对直接负责的主管	

续表

《期货和衍生品法》	《期货交易管理条例》
人员和其他直接责任人员给予警告，并处以二十万元以上二百万元以下的罚款。	
第一百四十三条　违反本法第一百一十六条的规定，期货经营机构、期货交易场所、期货结算机构和非期货经营机构结算参与人未按照规定提取、管理和使用风险准备金的，责令改正，给予警告。对直接负责的主管人员和其他直接责任人员给予警告，并处以十万元以上一百万元以下的罚款。	**第六十四条**　期货交易所、非期货公司结算会员有下列行为之一的，责令改正，给予警告，没收违法所得： （一）违反规定接纳会员的； （二）违反规定收取手续费的； （三）违反规定使用、分配收益的； （四）不按照规定公布即时行情的，或者发布价格预测信息的； （五）不按照规定向国务院期货监督管理机构履行报告义务的； （六）不按照规定向国务院期货监督管理机构报送有关文件、资料的； （七）不按照规定建立、健全结算担保金制度的； （八）不按照规定提取、管理和使用风险准备金的； （九）违反国务院期货监督管理机构有关保证金安全存管监控规定的； （十）限制会员实物交割总量的； （十一）任用不具备资格的期货从业人员的； （十二）违反国务院期货监督管理机构规定的其他行为。 有前款所列行为之一的，对直接负责的主管人员和其他直接责任人员给予纪律处分，处1万元以上10万元以下的罚款。 有本条第一款第二项所列行为的，应当责令退还多收取的手续费。 期货保证金安全存管监控机构有本条第一款第五项、第六项、第九项、第十一项、第十二项所列行为的，依照本条第一款、第二款的规定处罚、处分。期货保证金存管银行有本条第一款第九项、第十二项所列行为的，依照本条第一款、第二款的规定处罚、处分。 **第六十六条**　（略）
第一百四十四条　违反本法第一百一十七条的规定，期货经营机构、期货交易场所、期货结算机构、期货服务机构和非期货	

续表

《期货和衍生品法》	《期货交易管理条例》
经营机构结算参与人等未按照规定妥善保存与业务经营相关的资料和信息的，责令改正，给予警告，并处以十万元以上一百万元以下的罚款；泄露、隐匿、伪造、篡改或者毁损有关文件资料的，责令改正，给予警告，并处以二十万元以上二百万元以下的罚款；情节严重的，处以五十万元以上五百万元以下的罚款，并暂停、吊销相关业务许可或者禁止从事相关业务。对直接负责的主管人员和其他直接责任人员给予警告，并处以十万元以上一百万元以下的罚款。	
第一百四十五条　境外期货交易场所和期货经营机构违反本法第一百一十八条和第一百二十条的规定，未向国务院期货监督管理机构申请注册的，责令改正，没收违法所得，并处以违法所得一倍以上十倍以下的罚款；没有违法所得或者违法所得不足五十万元的，处以五十万元以上五百万元以下的罚款。对直接负责的主管人员和其他直接责任人员给予警告，并处以十万元以上一百万元以下的罚款。	
第一百四十六条　境内单位或者个人违反本法第一百二十条第一款规定的，责令改正，给予警告，没收违法所得，并处以十万元以上一百万元以下的罚款；情节严重的，暂停其境外期货交易。对直接负责的主管人员和其他直接责任人员给予警告，并处以五万元以上五十万元以下的罚款。	**第七十三条**　境内单位或者个人违反规定从事境外期货交易的，责令改正，给予警告，没收违法所得，并处违法所得1倍以上5倍以下的罚款；没有违法所得或者违法所得不满20万元的，并处20万元以上100万元以下的罚款；情节严重的，暂停其境外期货交易。对单位直接负责的主管人员和其他直接责任人员给予警告，并处1万元以上10万元以下的罚款。
第一百四十七条　境外期货交易场所在境内设立的代表机构及其工作人员违反本法第一百二十一条的规定，从事或者变相从事任何经营活动的，责令改正，给予警告，没收违法所得，并处以违法所得一倍以上十倍以下的罚款；没有违法所得或者违法所得不足五十万元的，处以五十万元以上五百万元以下的罚款。对直接负责的主管人员和其他直接责任人员给予警告，并处以十万元以上一百万元以下的罚款。	

续表

《期货和衍生品法》	《期货交易管理条例》
第一百四十八条　违反本法第一百二十二条的规定在境内从事市场营销、推介及招揽活动的，责令改正，给予警告，没收违法所得，并处以违法所得一倍以上十倍以下的罚款；没有违法所得或者违法所得不足五十万元的，处以五十万元以上五百万元以下的罚款。对直接负责的主管人员和其他直接责任人员给予警告，并处以十万元以上一百万元以下的罚款。	
第一百四十九条　拒绝、阻碍国务院期货监督管理机构或者国务院授权的部门及其工作人员依法行使监督检查、调查职权的，责令改正，处以十万元以上一百万元以下的罚款，并由公安机关依法给予治安管理处罚。	**第六十五条**　（略） **第六十六条**　（略） **第七十五条**　期货公司的交易软件、结算软件供应商拒不配合国务院期货监督管理机构调查，或者未按照规定向国务院期货监督管理机构提供相关软件资料，或者提供的软件资料有虚假、重大遗漏的，责令改正，处 3 万元以上 10 万元以下的罚款。对直接负责的主管人员和其他直接责任人员给予警告，并处 1 万元以上 5 万元以下的罚款。
第一百五十条　违反法律、行政法规或者国务院期货监督管理机构的有关规定，情节严重的，国务院期货监督管理机构可以对有关责任人员采取期货市场禁入的措施。 前款所称期货市场禁入，是指在一定期限内直至终身不得进行期货交易、从事期货业务，不得担任期货经营机构、期货交易场所、期货结算机构的董事、监事、高级管理人员或者负责人的制度。	**第七十七条**　任何单位或者个人违反本条例规定，情节严重的，由国务院期货监督管理机构宣布该个人、该单位或者该单位的直接责任人员为期货市场禁止进入者。
第一百五十一条　本法规定的行政处罚，由国务院期货监督管理机构、国务院授权的部门按照国务院规定的职责分工作出决定；法律、行政法规另有规定的，适用其规定。	**第八十条**　对本条例规定的违法行为的行政处罚，除本条例已有规定的外，由国务院期货监督管理机构决定；涉及其他有关部门法定职权的，国务院期货监督管理机构应当会同其他有关部门处理；属于其他有关部门法定职权的，国务院期货监督管理机构应当移交其他有关部门处理。
第一百五十二条　国务院期货监督管理机构或者国务院授权的部门的工作人员，不履行本法规定的职责，滥用职权、玩忽职守，利用职务便利牟取不正当利益，或者泄露所知悉的有关单位和个人的商业秘密的，	**第七十八条**　国务院期货监督管理机构、期货交易所、期货保证金安全存管监控机构和期货保证金存管银行等相关单位的工作人员，泄露知悉的国家秘密或者会员、客户商业秘密，或者徇私舞弊、玩忽

续表

《期货和衍生品法》	《期货交易管理条例》
依法追究法律责任。	职守、滥用职权、收受贿赂的，依法给予行政处分或者纪律处分。
第一百五十三条 违反本法规定，构成犯罪的，依法追究刑事责任。	**第七十九条** 违反本条例规定，构成犯罪的，依法追究刑事责任。
第一百五十四条 违反本法规定，应当承担民事赔偿责任和缴纳罚款、罚金、违法所得，违法行为人的财产不足以支付的，优先用于承担民事赔偿责任。	
第十三章 附 则	
第一百五十五条 本法自2022年8月1日起施行。	**第八十六条** 本条例自2007年4月15日起施行。1999年6月2日国务院发布的《期货交易管理暂行条例》同时废止。

三、刑行民责任条文比对表[①]

《刑法》 （刑事责任）	《期货和衍生品法》 （行政责任）	《期货和衍生品法》 （民事侵权责任）
第一百八十二条【操纵证券、期货市场罪】有下列情形之一，操纵证券、期货市场，影响证券、期货交易价格或者证券、期货交易量，情节严重的，处五年以下有期徒刑或者拘役，并处或者单处罚金；情节特别严重的，处五年以上十年以下有期徒刑，并处罚金： （一）单独或者合谋，集中资金优势、持股或者持仓优势或者利用信息优势联合或者连续买卖的； （二）与他人串通，以事先约定的时间、价格和方式相互进行证券、期货交易的； （三）在自己实际控制的帐户之间进行证券交易，或者以自己为交易对象，自买自卖期货合约的； （四）不以成交为目的，频繁或者大量申报买入、卖出证券、期货合约并撤销申报的； （五）利用虚假或者不确定的重大信息，诱导投资者进行证券、期货交易的；	**第一百二十五条　【操纵市场】**违反本法第十二条的规定，操纵期货市场或者衍生品市场的，责令改正，没收违法所得，并处以违法所得一倍以上十倍以下的罚款；没有违法所得或者违法所得不足一百万元的，处以一百万元以上一千万元以下的罚款。单位操纵市场的，还应当对直接负责的主管人员和其他直接责任人员给予警告，并处以五十万元以上五百万元以下的罚款。 操纵市场行为给交易者造成损失的，应当依法承担赔偿责任。	**第一百二十五条第二款　【操纵市场的赔偿责任】**操纵市场行为给交易者造成损失的，应当依法承担赔偿责任。 **第五十七条　【代表人诉讼制度】**交易者提起操纵市场、内幕交易等期货民事赔偿诉讼时，诉讼标的是同一种类，且当事人一方人数众多的，可以依法推选代表人进行诉讼。

① 因为《期货和衍生品法》规定的行政责任条文比较完整、全面，而刑事责任条文是在此基础上设定的“行政犯”，民事责任条文也基本以行政责任的义务性规定为依托，故本比对表以“行政责任条文”为中心，按照《期货和衍生品法》所列行政责任的条文顺序进行排列，左、右两侧分列相应的刑事责任条文和民事责任条文。——本书注

续表

《刑法》（刑事责任）	《期货和衍生品法》（行政责任）	《期货和衍生品法》（民事侵权责任）
（六）对证券、证券发行人、期货交易标的公开作出评价、预测或者投资建议，同时进行反向证券交易或者相关期货交易的； （七）以其他方法操纵证券、期货市场的。 单位犯前款罪的，对单位判处罚金，并对其直接负责的主管人员和其他直接责任人员，依照前款的规定处罚。		
第一百八十条　【内幕交易、泄露内幕信息罪】 证券、期货交易内幕信息的知情人员或者非法获取证券、期货交易内幕信息的人员，在涉及证券的发行，证券、期货交易或者其他对证券、期货交易价格有重大影响的信息尚未公开前，买入或者卖出该证券，或者从事与该内幕信息有关的期货交易，或者泄露该信息，或者明示、暗示他人从事上述交易活动，情节严重的，处五年以下有期徒刑或者拘役，并处或者单处违法所得一倍以上五倍以下罚金；情节特别严重的，处五年以上十年以下有期徒刑，并处违法所得一倍以上五倍以下罚金。 单位犯前款罪的，对单位判处罚金，并对其直接负责的主管人员和其他直接责任人员，处五年以下有期徒刑或者拘役。 内幕信息、知情人员的范围，依照法律、行政法规的规定确定。	**第一百二十六条　【内幕交易】** 违反本法第十三条的规定从事内幕交易的，责令改正，没收违法所得，并处以违法所得一倍以上十倍以下的罚款；没有违法所得或者违法所得不足五十万元的，处以五十万元以上五百万元以下的罚款。单位从事内幕交易的，还应当对直接负责的主管人员和其他直接责任人员给予警告，并处以二十万元以上二百万元以下的罚款。 国务院期货监督管理机构、国务院授权的部门、期货交易场所、期货结算机构的工作人员从事内幕交易的，从重处罚。 内幕交易行为给交易者造成损失的，应当依法承担赔偿责任。	**第一百二十六条第三款　【内幕交易的赔偿责任】** 内幕交易行为给交易者造成损失的，应当依法承担赔偿责任。 **第五十七条　【代表人诉讼制度】**（略）

续表

《刑法》 （刑事责任）	《期货和衍生品法》 （行政责任）	《期货和衍生品法》 （民事侵权责任）
【利用未公开信息交易罪】证券交易所、期货交易所、证券公司、期货经纪公司、基金管理公司、商业银行、保险公司等金融机构的从业人员以及有关监管部门或者行业协会的工作人员，利用因职务便利获取的内幕信息以外的其他未公开的信息，违反规定，从事与该信息相关的证券、期货交易活动，或者明示、暗示他人从事相关交易活动，情节严重的，依照第一款的规定处罚。		
第一百八十一条　【编造并传播证券、期货交易虚假信息罪】编造并且传播影响证券、期货交易的虚假信息，扰乱证券、期货交易市场，造成严重后果的，处五年以下有期徒刑或者拘役，并处或者单处一万元以上十万元以下罚金。 **【诱骗投资者买卖证券、期货合约罪】**证券交易所、期货交易所、证券公司、期货经纪公司的从业人员，证券业协会、期货业协会或者证券期货监督管理部门的工作人员，故意提供虚假信息或者伪造、变造、销毁交易记录，诱骗投资者买卖证券、期货合约，造成严重后果的，处五年以下有期徒刑或者拘役，并处或者单处一万元以上十万元以下罚金；情节特别恶劣的，处五年以上十年以下有期徒刑，并处二万元以上二十万元以下罚金。	**第一百二十七条　【编造、传播虚假或者误导性信息】**违反本法第十六条第一款、第三款的规定，编造、传播虚假信息或者误导性信息，扰乱期货市场、衍生品市场的，没收违法所得，并处以违法所得一倍以上十倍以下的罚款；没有违法所得或者违法所得不足二十万元的，处以二十万元以上二百万元以下的罚款。对直接负责的主管人员和其他直接责任人员给予警告，并处以十万元以上一百万元以下的罚款。 **【虚假陈述或者信息误导】**违反本法第十六条第二款的规定，在期货交易、衍生品交易活动中作出虚假陈述或者信息误导的，责令改正，处以二十万元以上二百万元以下的罚款；属于国家工作人员的，还应当依法给予处分。 **【传播媒介及其工作人员违法从事期货交易、衍生品交易】**传播媒介及其从事期货市场、衍生品市场信息报道的	**第一百二十七条第四款　【编造、传播虚假信息或者信息误导的赔偿责任】**编造、传播有关期货交易、衍生品交易的虚假信息，或者在期货交易、衍生品交易中作出信息误导，给交易者造成损失的，应当依法承担赔偿责任。

续表

《刑法》（刑事责任）	《期货和衍生品法》（行政责任）	《期货和衍生品法》（民事侵权责任）
单位犯前两款罪的，对单位判处罚金，并对其直接负责的主管人员和其他直接责任人员，处五年以下有期徒刑或者拘役。	工作人员违反本法第十六条第三款的规定，从事与其工作职责发生利益冲突的期货交易、衍生品交易的，没收违法所得，并处以违法所得一倍以下的罚款，没有违法所得或者违法所得不足十万元的，处以十万元以下的罚款。 编造、传播有关期货交易、衍生品交易的虚假信息，或者在期货交易、衍生品交易中作出信息误导，给交易者造成损失的，应当依法承担赔偿责任。	
	第一百二十八条　【非法出借、借用期货账户】违反本法第十八条第二款的规定，出借自己的期货账户或者借用他人的期货账户从事期货交易的，责令改正，给予警告，可以处五十万元以下的罚款。	
	第一百二十九条　【违法采取程序化交易】违反本法第二十一条的规定，采取程序化交易影响期货交易场所系统安全或者正常交易秩序的，责令改正，并处以五十万元以上五百万元以下的罚款。对直接负责的主管人员和其他直接责任人员给予警告，并处以十万元以上一百万元以下的罚款。	
	第一百三十条　【未报告有关重大事项】违反本法第二十七条规定，未报告有关重大事项的，责令改正，给予警告，可以处一百万元以下的罚款。	
	第一百三十一条　【从业人员违法参与期货交易】法律、行政法规和国务院期	

续表

《刑法》 （刑事责任）	《期货和衍生品法》 （行政责任）	《期货和衍生品法》 （民事侵权责任）
	货监督管理机构规定禁止参与期货交易的人员，违反本法第五十三条的规定，直接或者以化名、借他人名义参与期货交易的，责令改正，给予警告，没收违法所得，并处以五万元以上五十万元以下的罚款；属于国家工作人员的，还应当依法给予处分。	
第一百七十四条【擅自设立金融机构罪】未经国家有关主管部门批准，擅自设立商业银行、证券交易所、期货交易所、证券公司、期货经纪公司、保险公司或者其他金融机构的，处三年以下有期徒刑或者拘役，并处或者单处二万元以上二十万元以下罚金；情节严重的，处三年以上十年以下有期徒刑，并处五万元以上五十万元以下罚金。 **【伪造、变造、转让金融机构经营许可证、批准文件罪】**伪造、变造、转让商业银行、证券交易所、期货交易所、证券公司、期货经纪公司、保险公司或者其他金融机构的经营许可证或者批准文件的，依照前款的规定处罚。 单位犯前两款罪的，对单位判处罚金，并对其直接负责的主管人员和其他直接责任人员，依照第一款的规定处罚。 **第二百二十五条【非法经营罪】**违反国家规定，有下列非法经营行为之一，扰乱市场秩序，情节严	**第一百三十二条　【非法设立期货公司、未经核准从事相关期货业务】**非法设立期货公司，或者未经核准从事相关期货业务的，予以取缔，没收违法所得，并处以违法所得一倍以上十倍以下的罚款；没有违法所得或者违法所得不足一百万元的，处以一百万元以上一千万元以下的罚款。对直接负责的主管人员和其他直接责任人员给予警告，并处以二十万元以上二百万元以下的罚款。	

续表

《刑法》（刑事责任）	《期货和衍生品法》（行政责任）	《期货和衍生品法》（民事侵权责任）
重的，处五年以下有期徒刑或者拘役，并处或者单处违法所得一倍以上五倍以下罚金；情节特别严重的，处五年以上有期徒刑，并处违法所得一倍以上五倍以下罚金或者没收财产： （一）未经许可经营法律、行政法规规定的专营、专卖物品或者其他限制买卖的物品的； （二）买卖进出口许可证、进出口原产地证明以及其他法律、行政法规规定的经营许可证或者批准文件的； （三）未经国家有关主管部门批准非法经营证券、期货、保险业务的，或者非法从事资金支付结算业务的； （四）其他严重扰乱市场秩序的非法经营行为。		
	第一百三十三条　【骗取设立许可、变更核准或者业务许可】提交虚假申请文件或者采取其他欺诈手段骗取期货公司设立许可、重大事项变更核准或者期货经营机构期货业务许可的，撤销相关许可，没收违法所得，并处以违法所得一倍以上十倍以下的罚款；没有违法所得或者违法所得不足二十万元的，处以二十万元以上二百万元以下的罚款。对直接负责的主管人员和其他直接责任人员给予警告，并处以二十万元以上二百万元以下的罚款。	

续表

《刑法》 （刑事责任）	《期货和衍生品法》 （行政责任）	《期货和衍生品法》 （民事侵权责任）
	第一百三十四条　【期货经营机构违法经营】期货经营机构违反本法第四十条、第六十二条、第六十五条、第六十八条、第七十一条、第七十二条的，责令改正，给予警告，没收违法所得，并处以违法所得一倍以上十倍以下的罚款；没有违法所得或者违法所得不足二十万元的，处以二十万元以上二百万元以下的罚款；情节严重的，责令停业整顿或者吊销期货业务许可证。对直接负责的主管人员和其他直接责任人员给予警告，并处以五万元以上五十万元以下的罚款。 期货经营机构有前款所列违法情形，给交易者造成损失的，应当依法承担赔偿责任。 期货经营机构的主要股东、实际控制人或者其他关联人违反本法第七十一条规定的，依照本条第一款的规定处罚。	**第一百三十四条第二款　【期货经营机构违法经营的赔偿责任】**期货经营机构有前款所列违法情形，给交易者造成损失的，应当依法承担赔偿责任。 **第五十一条　【期货经营机构的举证责任倒置】**根据财产状况、金融资产状况、交易知识和经验、专业能力等因素，交易者可以分为普通交易者和专业交易者。专业交易者的标准由国务院期货监督管理机构规定。 普通交易者与期货经营机构发生纠纷的，期货经营机构应当证明其行为符合法律、行政法规以及国务院期货监督管理机构的规定，不存在误导、欺诈等情形。期货经营机构不能证明的，应当承担相应的赔偿责任。 **第六十九条　【期货业务人员职务行为的责任承担】**期货经营机构从事期货业务的人员应当正直诚实、品行良好，具备从事期货业务所需的专业能力。 期货经营机构从事期货业务的人员不得私下接受客户委托从事期货交易。 期货经营机构从事期货业务的人员在从事期货业务活动中，执行所属的期货经营机构的指令或者利用职务违反期货交易规则的，由所属的期货经营机构承担全部责任。

续表

《刑法》（刑事责任）	《期货和衍生品法》（行政责任）	《期货和衍生品法》（民事侵权责任）
第一百八十一条第二款、第三款 【诱骗投资者买卖证券、期货合约罪】（略） **第一百八十五条 【挪用资金罪】**商业银行、证券交易所、期货交易所、证券公司、期货经纪公司、保险公司或者其他金融机构的工作人员利用职务上的便利，挪用本单位或者客户资金的，依照本法第二百七十二条的规定定罪处罚。 **【挪用公款罪】**国有商业银行、证券交易所、期货交易所、证券公司、期货经纪公司、保险公司或者其他国有金融机构的工作人员和国有商业银行、证券交易所、期货交易所、证券公司、期货经纪公司、保险公司或者其他国有金融机构委派到前款规定中的非国有机构从事公务的人员有前款行为的，依照本法第三百八十四条的规定定罪处罚。 **第一百八十五条之一第一款 【背信运用受托财产罪】**商业银行、证券交易所、期货交易所、证券公司、期货经纪公司、保险公司或者其他金融机构，违背受托义务，擅自运用客户资金或者其他委托、信托的财产，情节严重的，对单位判处罚金，并对其直接负责的主管人员和其他直接责任人员，处三年以下有期徒刑或者拘役，并处三万元以上三十万元以下罚金；情节特别严重的，处三年以上十年以下有期徒刑，并处五万元以上五十万元以下罚金。	**第一百三十五条 【期货经营机构违反交易者适当性管理规定、接受交易者全权委托、损害交易者利益】**期货经营机构违反本法第五十条交易者适当性管理规定，或者违反本法第六十六条规定从事经纪业务接受交易者全权委托，或者有第七十八条损害交易者利益行为的，责令改正，给予警告，没收违法所得，并处以违法所得一倍以上十倍以下的罚款；没有违法所得或者违法所得不足五十万元的，处以五十万元以上五百万元以下的罚款；情节严重的，吊销相关业务许可。对直接负责的主管人员和其他直接责任人员给予警告，并处以二十万元以上二百万元以下的罚款。 期货经营机构有本法第七十八条规定的行为，给交易者造成损失的，应当依法承担赔偿责任。	**第五十条 【期货经营机构违反交易者适当性管理规定的赔偿责任】**期货经营机构向交易者提供服务时，应当按照规定充分了解交易者的基本情况、财产状况、金融资产状况、交易知识和经验、专业能力等相关信息；如实说明服务的重要内容，充分揭示交易风险；提供与交易者上述状况相匹配的服务。 交易者在参与期货交易和接受服务时，应当按照期货经营机构明示的要求提供前款所列真实信息。拒绝提供或者未按照要求提供信息的，期货经营机构应当告知其后果，并按照规定拒绝提供服务。 期货经营机构违反第一款规定导致交易者损失的，应当承担相应的赔偿责任。 **第一百三十五条第二款 【期货经营机构损害交易者利益的赔偿责任】**期货经营机构有本法第七十八条规定的行为，给交易者造成损失的，应当依法承担赔偿责任。

续表

《刑法》（刑事责任）	《期货和衍生品法》（行政责任）	《期货和衍生品法》（民事侵权责任）
第一百七十四条第一款、第三款　【擅自设立金融机构罪】（略） **第二百二十五条　【非法经营罪】**（略） **第二百六十六条　【诈骗罪】** 诈骗公私财物，数额较大的，处三年以下有期徒刑、拘役或者管制，并处或者单处罚金；数额巨大或者有其他严重情节的，处三年以上十年以下有期徒刑，并处罚金；数额特别巨大或者有其他特别严重情节的，处十年以上有期徒刑或者无期徒刑，并处罚金或者没收财产。本法另有规定的，依照规定。	**第一百三十六条　【非法组织期货、衍生品交易】** 违反本法第十一条、第八十条、第九十二条规定，非法设立期货交易场所、期货结算机构，或者以其他形式组织期货交易的，没收违法所得，并处以违法所得一倍以上十倍以下的罚款；没有违法所得或者违法所得不足一百万元的，处以一百万元以上一千万元以下的罚款。对直接负责的主管人员和其他直接责任人员给予警告，并处以二十万元以上二百万元以下的罚款。非法设立期货交易场所的，由县级以上人民政府予以取缔。 违反本法第三十条规定，未经批准组织开展衍生品交易的，或者金融机构违反本法第三十一条规定，未经批准、核准开展衍生品交易的，依照前款规定处罚。	
	第一百三十七条　【期货交易场所、期货结算机构违法】 期货交易场所、期货结算机构违反本法第十七条、第四十条、第八十五条第二款规定的，责令改正，给予警告，没收违法所得，并处以违法所得一倍以上十倍以下的罚款；没有违法所得或者违法所得不足二十万元的，处以二十万元以上二百万元以下的罚款；情节严重的，责令停业整顿。对直接负责的主管人员和其他直接责任人员处以五万元以上五十万元以下的罚款。	**第九十条　【期货交易场所重大过错的赔偿责任】** 期货交易场所对其依照本法第八十七条、第八十九条规定采取措施造成的损失，不承担民事赔偿责任，但存在重大过错的除外。
	第一百三十八条　【违法发布价格预测信息】 期货交易场所、期货结算机构违反	

续表

《刑法》（刑事责任）	《期货和衍生品法》（行政责任）	《期货和衍生品法》（民事侵权责任）
	本法第八十八条第三款规定发布价格预测信息的，责令改正，给予警告，并处以二十万元以上二百万元以下的罚款。对直接负责的主管人员和其他直接责任人员处以五万元以上五十万元以下的罚款。	
	第一百三十九条　【期货服务机构违法不提供相关资料】期货服务机构违反本法第九十八条的规定，从事期货服务业务未按照要求提供相关资料的，责令改正，可以处二十万元以下的罚款。	
第二百二十九条【提供虚假证明文件罪】承担资产评估、验资、验证、会计、审计、法律服务、保荐、安全评价、环境影响评价、环境监测等职责的中介组织的人员故意提供虚假证明文件，情节严重的，处五年以下有期徒刑或者拘役，并处罚金；有下列情形之一的，处五年以上十年以下有期徒刑，并处罚金： （一）提供与证券发行相关的虚假的资产评估、会计、审计、法律服务、保荐等证明文件，情节特别严重的； （二）提供与重大资产交易相关的虚假的资产评估、会计、审计等证明文件，情节特别严重的； （三）在涉及公共安全的重大工程、项目中提供虚假的安全评价、环境影响评价等证明文件，致使公共财产、国家和人民利益遭受特别重大损失的。	**第一百四十条　【期货服务机构未勤勉尽责】**会计师事务所、律师事务所、资产评估机构等期货服务机构违反本法第九十九条的规定，未勤勉尽责，所制作、出具的文件有虚假记载、误导性陈述或者重大遗漏的，责令改正，没收业务收入，并处以业务收入一倍以上十倍以下的罚款；没有业务收入或者业务收入不足五十万元的，处以五十万元以上五百万元以下的罚款。对直接负责的主管人员和其他直接责任人员给予警告，并处以二十万元以上二百万元以下的罚款。 期货服务机构有前款所列违法行为，给他人造成损失的，依法承担赔偿责任。	**第一百四十条第二款【期货服务机构未勤勉尽责的赔偿责任】**期货服务机构有前款所列违法行为，给他人造成损失的，依法承担赔偿责任。

续表

《刑法》（刑事责任）	《期货和衍生品法》（行政责任）	《期货和衍生品法》（民事侵权责任）
有前款行为，同时索取他人财物或者非法收受他人财物构成犯罪的，依照处罚较重的规定定罪处罚。 **【出具证明文件重大失实罪】**第一款规定的人员，严重不负责任，出具的证明文件有重大失实，造成严重后果的，处三年以下有期徒刑或者拘役，并处或者单处罚金。		
	第一百四十一条　【交割库违法】交割库有本法第一百条所列行为之一的，责令改正，给予警告，没收违法所得，并处以违法所得一倍以上十倍以下的罚款；没有违法所得或者违法所得不足十万元的，处以十万元以上一百万元以下的罚款；情节严重的，责令期货交易场所暂停或者取消其交割库资格。对直接负责的主管人员和其他直接责任人员给予警告，并处以五万元以上五十万元以下的罚款。	
	第一百四十二条　【信息技术服务机构未按规定报备案】信息技术服务机构违反本法第一百零一条规定未报备案的，责令改正，可以处二十万元以下的罚款。 **【信息技术服务机构的服务不合规定和标准】**信息技术服务机构违反本法第一百零一条规定，提供的服务不符合国家及期货行业信息安全相关的技术管理规定和标准的，责令改正，没收业务收入，并处以业务收入一倍以上十倍以下的罚款；没有业务收入或者业务收入不足五十万元的，处以	

续表

《刑法》（刑事责任）	《期货和衍生品法》（行政责任）	《期货和衍生品法》（民事侵权责任）
	五十万元以上五百万元以下的罚款。对直接负责的主管人员和其他直接责任人员给予警告，并处以二十万元以上二百万元以下的罚款。	
	第一百四十三条　【未按照规定提取、管理和使用风险准备金】违反本法第一百一十六条的规定，期货经营机构、期货交易场所、期货结算机构和非期货经营机构结算参与人未按照规定提取、管理和使用风险准备金的，责令改正，给予警告。对直接负责的主管人员和其他直接责任人员给予警告，并处以十万元以上一百万元以下的罚款。	
	第一百四十四条　【未按照规定保存有关资料和信息，泄露、隐匿、伪造、篡改或者毁损有关文件资料】违反本法第一百一十七条的规定，期货经营机构、期货交易场所、期货结算机构、期货服务机构和非期货经营机构结算参与人等未按照规定妥善保存与业务经营相关的资料和信息的，责令改正，给予警告，并处以十万元以上一百万元以下的罚款；泄露、隐匿、伪造、篡改或者毁损有关文件资料的，责令改正，给予警告，并处以二十万元以上二百万元以下的罚款；情节严重的，处以五十万元以上五百万元以下的罚款，并暂停、吊销相关业务许可或者禁止从事相关业务。对直接负责的主管人员和其他直接责任人员给予警告，并处以十万元以上一百万元以下的罚款。	

续表

《刑法》（刑事责任）	《期货和衍生品法》（行政责任）	《期货和衍生品法》（民事侵权责任）
第二百二十五条　【非法经营罪】（略）	**第一百四十五条　【违法从事境外期货交易】**境外期货交易场所和期货经营机构违反本法第一百一十八条和第一百二十条的规定，未向国务院期货监督管理机构申请注册的，责令改正，没收违法所得，并处以违法所得一倍以上十倍以下的罚款；没有违法所得或者违法所得不足五十万元的，处以五十万元以上五百万元以下的罚款。对直接负责的主管人员和其他直接责任人员给予警告，并处以十万元以上一百万元以下的罚款。	
	第一百四十六条　【委托无业务资格机构进行境外期货交易】境内单位或者个人违反本法第一百二十条第一款规定的，责令改正，给予警告，没收违法所得，并处以十万元以上一百万元以下的罚款；情节严重的，暂停其境外期货交易。对直接负责的主管人员和其他直接责任人员给予警告，并处以五万元以上五十万元以下的罚款。	
	第一百四十七条　【境外期货交易场所及其工作人员违法从事经营活动】境外期货交易场所在境内设立的代表机构及其工作人员违反本法第一百二十一条的规定，从事或者变相从事任何经营活动的，责令改正，给予警告，没收违法所得，并处以违法所得一倍以上十倍以下的罚款；没有违法所得或者违法所得不足五十万元的，处以五十万元以上五百万元以下的罚款。对直接负责	

续表

《刑法》（刑事责任）	《期货和衍生品法》（行政责任）	《期货和衍生品法》（民事侵权责任）
	的主管人员和其他直接责任人员给予警告，并处以十万元以上一百万元以下的罚款。	
	第一百四十八条　【违法从事期货市场营销、推介及招揽活动】违反本法第一百二十二条的规定在境内从事市场营销、推介及招揽活动的，责令改正，给予警告，没收违法所得，并处以违法所得一倍以上十倍以下的罚款；没有违法所得或者违法所得不足五十万元的，处以五十万元以上五百万元以下的罚款。对直接负责的主管人员和其他直接责任人员给予警告，并处以十万元以上一百万元以下的罚款。	
第二百七十七条第一款【妨害公务罪】以暴力、威胁方法阻碍国家机关工作人员依法执行职务的，处三年以下有期徒刑、拘役、管制或者罚金。	**第一百四十九条　【拒绝、阻碍监督检查、调查】**拒绝、阻碍国务院期货监督管理机构或者国务院授权的部门及其工作人员依法行使监督检查、调查职权的，责令改正，处以十万元以上一百万元以下的罚款，并由公安机关依法给予治安管理处罚。	
第三十七条之一【职业禁止】因利用职业便利实施犯罪，或者实施违背职业要求的特定义务的犯罪被判处刑罚的，人民法院可以根据犯罪情况和预防再犯罪的需要，禁止其自刑罚执行完毕之日或者假释之日起从事相关职业，期限为三年至五年。 被禁止从事相关职业的人违反人民法院依照前款规定作出的决定的，由公安机关依法给予处罚；情节严重	**第一百五十条　【市场禁入】**违反法律、行政法规或者国务院期货监督管理机构的有关规定，情节严重的，国务院期货监督管理机构可以对有关责任人员采取期货市场禁入的措施。 前款所称期货市场禁入，是指在一定期限内直至终身不得进行期货交易、从事期货业务和期货服务业务，不得担任期货经营机构、期货交易场所、期货结算机构、期货服务机构的董事、监事、高级管理	

续表

《刑法》（刑事责任）	《期货和衍生品法》（行政责任）	《期货和衍生品法》（民事侵权责任）
的，依照本法第三百一十三条的规定定罪处罚。 其他法律、行政法规对其从事相关职业另有禁止或者限制性规定的，从其规定。	人员或者负责人的制度。	

四、《期货和衍生品法》与《证券法》法律责任条文比对表

《期货和衍生品法》第十二章“法律责任”	《证券法》第十三章“法律责任”
第一百二十五条　【操纵市场】违反本法第十二条的规定，操纵期货市场或者衍生品市场的，责令改正，没收违法所得，并处以违法所得一倍以上十倍以下的罚款；没有违法所得或者违法所得不足一百万元的，处以一百万元以上一千万元以下的罚款。单位操纵市场的，还应当对直接负责的主管人员和其他直接责任人员给予警告，并处以五十万元以上五百万元以下的罚款。 操纵市场行为给交易者造成损失的，应当依法承担赔偿责任。	**第一百九十二条　【操纵市场】**违反本法第五十五条的规定，操纵证券市场的，责令依法处理其非法持有的证券，没收违法所得，并处以违法所得一倍以上十倍以下的罚款；没有违法所得或者违法所得不足一百万元的，处以一百万元以上一千万元以下的罚款。单位操纵证券市场的，还应当对直接负责的主管人员和其他直接责任人员给予警告，并处以五十万元以上五百万元以下的罚款。
第一百二十六条　【内幕交易】违反本法第十三条的规定从事内幕交易的，责令改正，没收违法所得，并处以违法所得一倍以上十倍以下的罚款；没有违法所得或者违法所得不足五十万元的，处以五十万元以上五百万元以下的罚款。单位从事内幕交易的，还应当对直接负责的主管人员和其他直接责任人员给予警告，并处以二十万元以上二百万元以下的罚款。 国务院期货监督管理机构、国务院授权的部门、期货交易场所、期货结算机构的工作人员从事内幕交易的，从重处罚。 内幕交易行为给交易者造成损失的，应当依法承担赔偿责任。	**第一百九十一条　【内幕交易】【利用未公开信息交易】**证券交易内幕信息的知情人或者非法获取内幕信息的人违反本法第五十三条的规定从事内幕交易的，责令依法处理非法持有的证券，没收违法所得，并处以违法所得一倍以上十倍以下的罚款；没有违法所得或者违法所得不足五十万元的，处以五十万元以上五百万元以下的罚款。单位从事内幕交易的，还应当对直接负责的主管人员和其他直接责任人员给予警告，并处以二十万元以上二百万元以下的罚款。国务院证券监督管理机构工作人员从事内幕交易的，从重处罚。 违反本法第五十四条的规定，利用未公开信息进行交易的，依照前款的规定处罚。
第一百二十七条　【编造、传播虚假信息或者误导性信息】【虚假陈述或者信息误导】【传播媒介及其工作人员违法从事期货交易、衍生品交易】违反本法第十六条第一款、第三款的规定，编造、传播虚假信	**第一百九十三条　【编造、传播虚假信息或者误导性信息】【虚假陈述或者信息误导】【传播媒介及其工作人员违法买卖证券】**违反本法第五十六条第一款、第三款的规定，编造、传播虚假信息或者误

续表

《期货和衍生品法》第十二章“法律责任”	《证券法》第十三章“法律责任”
息或者误导性信息，扰乱期货市场、衍生品市场的，没收违法所得，并处以违法所得一倍以上十倍以下的罚款；没有违法所得或者违法所得不足二十万元的，处以二十万元以上二百万元以下的罚款。对直接负责的主管人员和其他直接责任人员给予警告，并处以十万元以上一百万元以下的罚款。 违反本法第十六条第二款的规定，在期货交易、衍生品交易活动中作出虚假陈述或者信息误导的，责令改正，处以二十万元以上二百万元以下的罚款；属于国家工作人员的，还应当依法给予处分。 传播媒介及其从事期货市场、衍生品市场信息报道的工作人员违反本法第十六条第三款的规定，从事与其工作职责发生利益冲突的期货交易、衍生品交易的，没收违法所得，并处以违法所得一倍以下的罚款，没有违法所得或者违法所得不足十万元的，处以十万元以下的罚款。 编造、传播有关期货交易、衍生品交易的虚假信息，或者在期货交易、衍生品交易中作出信息误导，给交易者造成损失的，应当依法承担赔偿责任。	导性信息，扰乱证券市场的，没收违法所得，并处以违法所得一倍以上十倍以下的罚款；没有违法所得或者违法所得不足二十万元的，处以二十万元以上二百万元以下的罚款。 违反本法第五十六条第二款的规定，在证券交易活动中作出虚假陈述或者信息误导的，责令改正，处以二十万元以上二百万元以下的罚款；属于国家工作人员的，还应当依法给予处分。 传播媒介及其从事证券市场信息报道的工作人员违反本法第五十六条第三款的规定，从事与其工作职责发生利益冲突的证券买卖的，没收违法所得，并处以买卖证券等值以下的罚款。
第一百二十八条　【违法出借、借用期货账户】违反本法第十八条第二款的规定，出借自己的期货账户或者借用他人的期货账户从事期货交易的，责令改正，给予警告，可以处五十万元以下的罚款。	**第一百九十五条　【违法出借、借用证券账户】**违反本法第五十八条的规定，出借自己的证券账户或者借用他人的证券账户从事证券交易的，责令改正，给予警告，可以处五十万元以下的罚款。
第一百二十九条　【违法采取程序化交易】违反本法第二十一条的规定，采取程序化交易影响期货交易场所系统安全或者正常交易秩序的，责令改正，并处以五十万元以上五百万元以下的罚款。对直接负责的主管人员和其他直接责任人员给予警告，并处以十万元以上一百万元以下的罚款。	**第一百九十条　【违法采取程序化交易】**违反本法第四十五条的规定，采取程序化交易影响证券交易所系统安全或者正常交易秩序的，责令改正，并处以五十万元以上五百万元以下的罚款。对直接负责的主管人员和其他直接责任人员给予警告，并处以十万元以上一百万元以下的罚款。
第一百三十条　【未报告有关重大事项】违反本法第二十七条规定，未报告有关重大事项的，责令改正，给予警告，可以处一百万元以下的罚款。	

续表

《期货和衍生品法》第十二章“法律责任”	《证券法》第十三章“法律责任”
第一百三十一条　【从业人员违法参与期货交易】法律、行政法规和国务院期货监督管理机构规定禁止参与期货交易的人员，违反本法第五十三条的规定，直接或者以化名、借他人名义参与期货交易的，责令改正，给予警告，没收违法所得，并处以五万元以上五十万元以下的罚款；属于国家工作人员的，还应当依法给予处分。	**第一百八十七条　【非法持有、买卖股票或者其他具有股权性质的证券】**法律、行政法规规定禁止参与股票交易的人员，违反本法第四十条的规定，直接或者以化名、借他人名义持有、买卖股票或者其他具有股权性质的证券的，责令依法处理非法持有的股票、其他具有股权性质的证券，没收违法所得，并处以买卖证券等值以下的罚款；属于国家工作人员的，还应当依法给予处分。
第一百三十二条　【非法设立期货公司、未经核准从事相关期货业务】非法设立期货公司，或者未经核准从事相关期货业务的，予以取缔，没收违法所得，并处以违法所得一倍以上十倍以下的罚款；没有违法所得或者违法所得不足一百万元的，处以一百万元以上一千万元以下的罚款。对直接负责的主管人员和其他直接责任人员给予警告，并处以二十万元以上二百万元以下的罚款。	**第二百零二条　【擅自设立证券公司、非法经营证券业务或者未经批准以证券公司名义开展证券业务活动】**违反本法第一百一十八条、第一百二十条第一款、第四款的规定，擅自设立证券公司、非法经营证券业务或者未经批准以证券公司名义开展证券业务活动的，责令改正，没收违法所得，并处以违法所得一倍以上十倍以下的罚款；没有违法所得或者违法所得不足一百万元的，处以一百万元以上一千万元以下的罚款。对直接负责的主管人员和其他直接责任人员给予警告，并处以二十万元以上二百万元以下的罚款。对擅自设立的证券公司，由国务院证券监督管理机构予以取缔。 **【证券公司违法提供证券融资融券服务】**证券公司违反本法第一百二十条第五款规定提供证券融资融券服务的，没收违法所得，并处以融资融券等值以下的罚款；情节严重的，禁止其在一定期限内从事证券融资融券业务。对直接负责的主管人员和其他直接责任人员给予警告，并处以二十万元以下二百万元以下的罚款。
第一百三十三条　【骗取设立许可、变更核准或者业务许可】提交虚假申请文件或者采取其他欺诈手段骗取期货公司设立许可、重大事项变更核准或者期货经营机构期货业务许可的，撤销相关许可，没收违法所得，并处以违法所得一倍以上十倍以下的罚款；没有违法所得或者违法所得不足二十万元的，处以二十万元以上二百万元以下的罚款。对直接负责的主管人员和其他直接责	**第二百零三条　【骗取证券公司设立许可、业务许可或者重大事项变更核准】**提交虚假证明文件或者采取其他欺诈手段骗取证券公司设立许可、业务许可或者重大事项变更核准的，撤销相关许可，并处以一百万元以上一千万元以下的罚款。对直接负责的主管人员和其他直接责任人员给予警告，并处以二十万元以上二百万元以下的罚款。

续表

《期货和衍生品法》第十二章“法律责任”	《证券法》第十三章“法律责任”
任人员给予警告，并处以二十万元以上二百万元以下的罚款。	
第一百三十四条　【期货经营机构违法经营】期货经营机构违反本法第四十条、第六十二条、第六十五条、第六十八条、第七十一条、第七十二条的，责令改正，给予警告，没收违法所得，并处以违法所得一倍以上十倍以下的罚款；没有违法所得或者违法所得不足二十万元的，处以二十万元以上二百万元以下的罚款；情节严重的，责令停业整顿或者吊销期货业务许可证。对直接负责的主管人员和其他直接责任人员给予警告，并处以五万元以上五十万元以下的罚款。 期货经营机构有前款所列违法情形，给交易者造成损失的，应当依法承担赔偿责任。 期货经营机构的主要股东、实际控制人或者其他关联人违反本法第七十一条规定的，依照本条第一款的规定处罚。	**第二百零四条　【证券公司未经核准变更证券业务范围，变更主要股东或者公司的实际控制人，合并、分立、停业、解散、破产】**证券公司违反本法第一百二十二条的规定，未经核准变更证券业务范围，变更主要股东或者公司的实际控制人，合并、分立、停业、解散、破产的，责令改正，给予警告，没收违法所得，并处以违法所得一倍以上十倍以下的罚款；没有违法所得或者违法所得不足五十万元的，处以五十万元以上五百万元以下的罚款；情节严重的，并处撤销相关业务许可。对直接负责的主管人员和其他直接责任人员给予警告，并处以二十万元以上二百万元以下的罚款。 **第二百零五条　【证券公司违法提供融资或者担保】**证券公司违反本法第一百二十三条第二款的规定，为其股东或者股东的关联人提供融资或者担保的，责令改正，给予警告，并处以五十万元以上五百万元以下的罚款。对直接负责的主管人员和其他直接责任人员给予警告，并处以十万元以上一百万元以下的罚款。股东有过错的，在按照要求改正前，国务院证券监督管理机构可以限制其股东权利；拒不改正的，可以责令其转让所持证券公司股权。 **第二百零六条　【证券公司未采取有效隔离措施防范利益冲突或者未分开办理相关业务、混合操作】**证券公司违反本法第一百二十八条的规定，未采取有效隔离措施防范利益冲突，或者未分开办理相关业务、混合操作的，责令改正，给予警告，没收违法所得，并处以违法所得一倍以上十倍以下的罚款；没有违法所得或者违法所得不足五十万元的，处以五十万元以上五百万元以下的罚款；情节严重的，并处撤销相关业务许可。对直接负责的主管人员和其他直接责任人员给予警告，并处以二十万元以上二百万元以下的罚款。

续表

《期货和衍生品法》第十二章“法律责任”	《证券法》第十三章“法律责任”
	第二百零八条　【证券公司将客户的资金和证券归入自有财产或者挪用客户的资金和证券】违反本法第一百三十一条的规定，将客户的资金和证券归入自有财产，或者挪用客户的资金和证券的，责令改正，给予警告，没收违法所得，并处以违法所得一倍以上十倍以下的罚款；没有违法所得或者违法所得不足一百万元的，处以一百万元以上一千万元以下的罚款；情节严重的，并处撤销相关业务许可或者责令关闭。对直接负责的主管人员和其他直接责任人员给予警告，并处以五十万元以上五百万元以下的罚款。
	第二百一十一条　【证券公司及其主要股东、实际控制人报送、提供信息和资料违法】证券公司及其主要股东、实际控制人违反本法第一百三十八条的规定，未报送、提供信息和资料，或者报送、提供的信息和资料有虚假记载、误导性陈述或者重大遗漏的，责令改正，给予警告，并处以一百万元以下的罚款；情节严重的，并处撤销相关业务许可。对直接负责的主管人员和其他直接责任人员，给予警告，并处以五十万元以下的罚款。
第一百三十五条　【期货经营机构违反交易者适当性管理规定、接受交易者全权委托、损害交易者利益】期货经营机构违反本法第五十条交易者适当性管理规定，或者违反本法第六十六条规定从事经纪业务接受交易者全权委托，或者有第七十八条损害交易者利益行为的，责令改正，给予警告，没收违法所得，并处以违法所得一倍以上十倍以下的罚款；没有违法所得或者违法所得不足五十万元的，处以五十万元以上五百万元以下的罚款；情节严重的，吊销相关业务许可。对直接负责的主管人员和其他直接责任人员给予警告，并处以二十万元以上二百万元以下的罚款。 期货经营机构有本法第七十八条规定的行为，给交易者造成损失的，应当依法承担赔偿责任。	**第一百九十八条　【证券公司违反投资者适当性管理义务】**证券公司违反本法第八十八条的规定未履行或者未按照规定履行投资者适当性管理义务的，责令改正，给予警告，并处以十万元以上一百万元以下的罚款。对直接负责的主管人员和其他直接责任人员给予警告，并处以二十万元以下的罚款。 **第二百零九条　【证券公司违法接受客户全权委托或者承诺保底收益】【证券公司允许他人以证券公司的名义直接参与证券的集中交易】**证券公司违反本法第一百三十四条第一款的规定接受客户的全权委托买卖证券的，或者违反本法第一百三十五条的规定对客户的收益或者赔偿客户的损失作出承诺的，责令改正，给予警告，没收违法所得，并处以违法所得一倍

续表

《期货和衍生品法》第十二章"法律责任"	《证券法》第十三章"法律责任"
	以上十倍以下的罚款；没有违法所得或者违法所得不足五十万元的，处以五十万元以上五百万元以下的罚款；情节严重的，并处撤销相关业务许可。对直接负责的主管人员和其他直接责任人员给予警告，并处以二十万元以上二百万元以下的罚款。 证券公司违反本法第一百三十四条第二款的规定，允许他人以证券公司的名义直接参与证券的集中交易的，责令改正，可以并处五十万元以下的罚款。
第一百三十六条　【非法组织期货、衍生品交易】违反本法第十一条、第八十条、第九十二条规定，非法设立期货交易场所、期货结算机构，或者以其他形式组织期货交易的，没收违法所得，并处以违法所得一倍以上十倍以下的罚款；没有违法所得或者违法所得不足一百万元的，处以一百万元以上一千万元以下的罚款。对直接负责的主管人员和其他直接责任人员给予警告，并处以二十万元以上二百万元以下的罚款。非法设立期货交易场所的，由县级以上人民政府予以取缔。 违反本法第三十条规定，未经批准组织开展衍生品交易的，或者金融机构违反本法第三十一条规定，未经批准、核准开展衍生品交易的，依照前款规定处罚。	**第二百条　【违法开设证券交易场所】【违法允许非会员入场交易】**非法开设证券交易场所的，由县级以上人民政府予以取缔，没收违法所得，并处以违法所得一倍以上十倍以下的罚款；没有违法所得或者违法所得不足一百万元的，处以一百万元以上一千万元以下的罚款。对直接负责的主管人员和其他直接责任人员给予警告，并处以二十万元以上二百万元以下的罚款。 证券交易所违反本法第一百零五条的规定，允许非会员直接参与股票的集中交易的，责令改正，可以并处五十万元以下的罚款。 **第二百一十二条　【擅自设立证券登记结算机构】**违反本法第一百四十五条的规定，擅自设立证券登记结算机构的，由国务院证券监督管理机构予以取缔，没收违法所得，并处以违法所得一倍以上十倍以下的罚款；没有违法所得或者违法所得不足五十万元的，处以五十万元以上五百万元以下的罚款。对直接负责的主管人员和其他直接责任人员给予警告，并处以二十万元以上二百万元以下的罚款。
第一百三十七条　【期货交易场所、期货结算机构违法】期货交易场所、期货结算机构违反本法第十七条、第四十条、第八十五条第二款规定的，责令改正，给予警告，没收违法所得，并处以违法所得一倍以上十倍以下的罚款；没有违法所得或者违法	

续表

《期货和衍生品法》第十二章“法律责任”	《证券法》第十三章“法律责任”
所得不足二十万元的，处以二十万元以上二百万元以下的罚款；情节严重的，责令停业整顿。对直接负责的主管人员和其他直接责任人员处以五万元以上五十万元以下的罚款。	
第一百三十八条　【违法发布价格预测信息】期货交易场所、期货结算机构违反本法第八十八条第三款规定发布价格预测信息的，责令改正，给予警告，并处以二十万元以上二百万元以下的罚款。对直接负责的主管人员和其他直接责任人员处以五万元以上五十万元以下的罚款。	
第一百三十九条　【期货服务机构违法不提供相关资料】期货服务机构违反本法第九十八条的规定，从事期货服务业务未按照要求提供相关资料的，责令改正，可以处二十万元以下的罚款。	
第一百四十条　【期货服务机构未勤勉尽责】会计师事务所、律师事务所、资产评估机构等期货服务机构违反本法第九十九条的规定，未勤勉尽责，所制作、出具的文件有虚假记载、误导性陈述或者重大遗漏的，责令改正，没收业务收入，并处以业务收入一倍以上十倍以下的罚款；没有业务收入或者业务收入不足五十万元的，处以五十万元以上五百万元以下的罚款。对直接负责的主管人员和其他直接责任人员给予警告，并处以二十万元以上二百万元以下的罚款。 期货服务机构有前款所列违法行为，给他人造成损失的，依法承担赔偿责任。	**第二百一十三条　【证券投资咨询机构从业未经核准或者违法从业】【其他证券服务机构从业未报备案】【证券服务机构未勤勉尽责】**证券投资咨询机构违反本法第一百六十条第二款的规定擅自从事证券服务业务，或者从事证券服务业务有本法第一百六十一条规定行为的，责令改正，没收违法所得，并处以违法所得一倍以上十倍以下的罚款；没有违法所得或者违法所得不足五十万元的，处以五十万元以上五百万元以下的罚款。对直接负责的主管人员和其他直接责任人员，给予警告，并处以二十万元以上二百万元以下的罚款。 会计师事务所、律师事务所以及从事资产评估、资信评级、财务顾问、信息技术系统服务的机构违反本法第一百六十条第二款的规定，从事证券服务业务未报备案的，责令改正，可以处二十万元以下的罚款。 证券服务机构违反本法第一百六十三条的规定，未勤勉尽责，所制作、出具的文件有虚假记载、误导性陈述或者重大遗漏的，责令改正，没收业务收入，并处以业务收入一倍以上十倍以下的罚款，没有

续表

《期货和衍生品法》第十二章“法律责任”	《证券法》第十三章“法律责任”
	业务收入或者业务收入不足五十万元的，处以五十万元以上五百万元以下的罚款；情节严重的，并处暂停或者禁止从事证券服务业务。对直接负责的主管人员和其他直接责任人员给予警告，并处以二十万元以上二百万元以下的罚款。
第一百四十一条　【交割库违法】交割库有本法第一百条所列行为之一的，责令改正，给予警告，没收违法所得，并处以违法所得一倍以上十倍以下的罚款；没有违法所得或者违法所得不足十万元的，处以十万元以上一百万元以下的罚款；情节严重的，责令期货交易场所暂停或者取消其交割库资格。对直接负责的主管人员和其他直接责任人员给予警告，并处以五万元以上五十万元以下的罚款。	
第一百四十二条　【信息技术服务机构未按规定报备案】信息技术服务机构违反本法第一百零一条规定未报备案的，责令改正，可以处二十万元以下的罚款。 **【信息技术服务机构的服务不合规定和标准】**信息技术服务机构违反本法第一百零一条规定，提供的服务不符合国家及期货行业信息安全相关的技术管理规定和标准的，责令改正，没收业务收入，并处以业务收入一倍以上十倍以下的罚款；没有业务收入或者业务收入不足五十万元的，处以五十万元以上五百万元以下的罚款。对直接负责的主管人员和其他直接责任人员给予警告，并处以二十万元以上二百万元以下的罚款。	
第一百四十三条　【未按照规定提取、管理和使用风险准备金】违反本法第一百一十六条的规定，期货经营机构、期货交易场所、期货结算机构和非期货经营机构结算参与人未按照规定提取、管理和使用风险准备金的，责令改正，给予警告。对直接负责的主管人员和其他直接责任人员给予警告，并处以十万元以上一百万元以下的罚款。	
第一百四十四条　【未按照规定保存有关资料和信息，泄露、隐匿、伪造、篡改或者毁损有关文件资料】违反本法第一百一	**第二百一十四条　【未按照规定保存有关文件和资料，泄露、隐匿、伪造、篡改或者毁损有关文件和资料】**发行人、证

续表

《期货和衍生品法》第十二章“法律责任”	《证券法》第十三章“法律责任”
十七条的规定，期货经营机构、期货交易场所、期货结算机构、期货服务机构和非期货经营机构结算参与人等未按照规定妥善保存与业务经营相关的资料和信息的，责令改正，给予警告，并处以十万元以上一百万元以下的罚款；泄露、隐匿、伪造、篡改或者毁损有关文件资料的，责令改正，给予警告，并处以二十万元以上二百万元以下的罚款；情节严重的，处以五十万元以上五百万元以下的罚款，并暂停、吊销相关业务许可或者禁止从事相关业务。对直接负责的主管人员和其他直接责任人员给予警告，并处以十万元以上一百万元以下的罚款。	券登记结算机构、证券公司、证券服务机构未按照规定保存有关文件和资料的，责令改正，给予警告，并处以十万元以上一百万元以下的罚款；泄露、隐匿、伪造、篡改或者毁损有关文件和资料的，给予警告，并处以二十万元以上二百万元以下的罚款；情节严重的，处以五十万元以上五百万元以下的罚款，并处暂停、撤销相关业务许可或者禁止从事相关业务。对直接负责的主管人员和其他直接责任人员给予警告，并处以十万元以上一百万元以下的罚款。
第一百四十五条　【违法从事境外期货交易】境外期货交易场所和期货经营机构违反本法第一百一十八条和第一百二十条的规定，未向国务院期货监督管理机构申请注册的，责令改正，没收违法所得，并处以违法所得一倍以上十倍以下的罚款；没有违法所得或者违法所得不足五十万元的，处以五十万元以上五百万元以下的罚款。对直接负责的主管人员和其他直接责任人员给予警告，并处以十万元以上一百万元以下的罚款。	
第一百四十六条　【委托无业务资格机构进行境外期货交易】境内单位或者个人违反本法第一百二十条第一款规定的，责令改正，给予警告，没收违法所得，并处以十万元以上一百万元以下的罚款；情节严重的，暂停其境外期货交易。对直接负责的主管人员和其他直接责任人员给予警告，并处以五万元以上五十万元以下的罚款。	
第一百四十七条　【境外期货交易场所及其工作人员违法从事经营活动】境外期货交易场所在境内设立的代表机构及其工作人员违反本法第一百二十一条的规定，从事或者变相从事任何经营活动的，责令改正，给予警告，没收违法所得，并处以违法所得一倍以上十倍以下的罚款；没有违法所得或者违法所得不足五十万元的，处以五十万元以上五百万元以下的罚款。对直接负责的主管人员和其他直接责任人员给予警告，并处以十万元以上一百万元以下的罚款。	

续表

《期货和衍生品法》第十二章“法律责任”	《证券法》第十三章“法律责任”
第一百四十八条　【违法从事期货市场营销、推介及招揽活动】违反本法第一百二十二条的规定在境内从事市场营销、推介及招揽活动的，责令改正，给予警告，没收违法所得，并处以违法所得一倍以上十倍以下的罚款；没有违法所得或者违法所得不足五十万元的，处以五十万元以上五百万元以下的罚款。对直接负责的主管人员和其他直接责任人员给予警告，并处以十万元以上一百万元以下的罚款。	
第一百四十九条　【拒绝、阻碍监督检查、调查】拒绝、阻碍国务院期货监督管理机构或者国务院授权的部门及其工作人员依法行使监督检查、调查职权的，责令改正，处以十万元以上一百万元以下的罚款，并由公安机关依法给予治安管理处罚。	**第二百一十八条　【拒绝、阻碍监督检查、调查】**拒绝、阻碍证券监督管理机构及其工作人员依法行使监督检查、调查职权，由证券监督管理机构责令改正，处以十万元以上一百万元以下的罚款，并由公安机关依法给予治安管理处罚。
第一百五十条　【市场禁入】违反法律、行政法规或者国务院期货监督管理机构的有关规定，情节严重的，国务院期货监督管理机构可以对有关责任人员采取期货市场禁入的措施。 前款所称期货市场禁入，是指在一定期限内直至终身不得进行期货交易、从事期货业务，不得担任期货经营机构、期货交易场所、期货结算机构的董事、监事、高级管理人员或者负责人的制度。	**第二百二十一条　【市场禁入】**违反法律、行政法规或者国务院证券监督管理机构的有关规定，情节严重的，国务院证券监督管理机构可以对有关责任人员采取证券市场禁入的措施。 前款所称证券市场禁入，是指在一定期限内直至终身不得从事证券业务、证券服务业务，不得担任证券发行人的董事、监事、高级管理人员，或者一定期限内不得在证券交易所、国务院批准的其他全国性证券交易场所交易证券的制度。
第一百五十一条　【实施行政处罚的主体】本法规定的行政处罚，由国务院期货监督管理机构、国务院授权的部门按照国务院规定的职责分工作出决定；法律、行政法规另有规定的，适用其规定。	
第一百五十二条　【监管人员渎职失职】国务院期货监督管理机构或者国务院授权的部门的工作人员，不履行本法规定的职责，滥用职权、玩忽职守，利用职务便利牟取不正当利益，或者泄露所知悉的有关单位和个人的商业秘密的，依法追究法律责任。	**第二百一十七条　【监管人员渎职失职】**国务院证券监督管理机构或者国务院授权的部门的工作人员，不履行本法规定的职责，滥用职权、玩忽职守，利用职务便利牟取不正当利益，或者泄露所知悉的有关单位和个人的商业秘密的，依法追究法律责任。

续表

《期货和衍生品法》第十二章“法律责任”	《证券法》第十三章“法律责任”
第一百五十三条 【刑事责任】违反本法规定，构成犯罪的，依法追究刑事责任。	**第二百一十九条 【刑事责任】**违反本法规定，构成犯罪的，依法追究刑事责任。
第一百五十四条 【民事赔偿优先】违反本法规定，应当承担民事赔偿责任和缴纳罚款、罚金、违法所得，违法行为人的财产不足以支付的，优先用于承担民事赔偿责任。	**第二百二十条 【民事赔偿优先】**违反本法规定，应当承担民事赔偿责任和缴纳罚款、罚金、违法所得，违法行为人的财产不足以支付的，优先用于承担民事赔偿责任。
	第一百八十条 【擅自或者变相公开发行证券】违反本法第九条的规定，擅自公开或者变相公开发行证券的，责令停止发行，退还所募资金并加算银行同期存款利息，处以非法所募资金金额百分之五以上百分之五十以下的罚款；对擅自公开或者变相公开发行证券设立的公司，由依法履行监督管理职责的机构或者部门会同县级以上地方人民政府予以取缔。对直接负责的主管人员和其他直接责任人员给予警告，并处以五十万元以上五百万元以下的罚款。
	第一百八十一条 【欺诈发行证券】发行人在其公告的证券发行文件中隐瞒重要事实或者编造重大虚假内容，尚未发行证券的，处以二百万元以上二千万元以下的罚款；已经发行证券的，处以非法所募资金金额百分之十以上一倍以下的罚款。对直接负责的主管人员和其他直接责任人员，处以一百万元以上一千万元以下的罚款。 发行人的控股股东、实际控制人组织、指使从事前款违法行为的，没收违法所得，并处以违法所得百分之十以上一倍以下的罚款；没有违法所得或者违法所得不足二千万元的，处以二百万元以上二千万元以下的罚款。对直接负责的主管人员和其他直接责任人员，处以一百万元以上一千万元以下的罚款。
	第一百八十二条 【保荐人未履行法定职责】保荐人出具有虚假记载、误导性陈述或者重大遗漏的保荐书，或者不履行其他法定职责的，责令改正，给予警告，没

续表

《期货和衍生品法》第十二章“法律责任”	《证券法》第十三章“法律责任”
	收业务收入，并处以业务收入一倍以上十倍以下的罚款；没有业务收入或者业务收入不足一百万元的，处以一百万元以上一千万元以下的罚款；情节严重的，并处暂停或者撤销保荐业务许可。对直接负责的主管人员和其他直接责任人员给予警告，并处以五十万元以上五百万元以下的罚款。
	第一百八十三条　【证券公司承销或者销售擅自或者变相公开发行的证券】证券公司承销或者销售擅自公开发行或者变相公开发行的证券的，责令停止承销或者销售，没收违法所得，并处以违法所得一倍以上十倍以下的罚款；没有违法所得或者违法所得不足一百万元的，处以一百万元以上一千万元以下的罚款；情节严重的，并处暂停或者撤销相关业务许可。给投资者造成损失的，应当与发行人承担连带赔偿责任。对直接负责的主管人员和其他直接责任人员给予警告，并处以五十万元以上五百万元以下的罚款。
	第一百八十四条　【证券公司违法承销证券】证券公司承销证券违反本法第二十九条规定的，责令改正，给予警告，没收违法所得，可以并处五十万元以上五百万元以下的罚款；情节严重的，暂停或者撤销相关业务许可。对直接负责的主管人员和其他直接责任人员给予警告，可以并处二十万元以上二百万元以下的罚款；情节严重的，并处以五十万元以上五百万元以下的罚款。
	第一百八十五条　【发行人擅自改变募集资金用途】发行人违反本法第十四条、第十五条的规定擅自改变公开发行证券所募集资金的用途的，责令改正，处以五十万元以上五百万元以下的罚款；对直接负责的主管人员和其他直接责任人员给予警告，并处以十万元以上一百万元以下的罚款。 发行人的控股股东、实际控制人从事或者组织、指使从事前款违法行为的，给

续表

《期货和衍生品法》第十二章“法律责任”	《证券法》第十三章“法律责任”
	予警告，并处以五十万元以上五百万元以下的罚款；对直接负责的主管人员和其他直接责任人员，处以十万元以上一百万元以下的罚款。
	第一百八十六条　【违法转让证券】违反本法第三十六条的规定，在限制转让期内转让证券，或者转让股票不符合法律、行政法规和国务院证券监督管理机构规定的，责令改正，给予警告，没收违法所得，并处以买卖证券等值以下的罚款。
	第一百八十八条　【证券服务机构及其从业人员违法买卖证券】证券服务机构及其从业人员，违反本法第四十二条的规定买卖证券的，责令依法处理非法持有的证券，没收违法所得，并处以买卖证券等值以下的罚款。
	第一百八十九条　【短线交易】上市公司、股票在国务院批准的其他全国性证券交易场所交易的公司的董事、监事、高级管理人员、持有该公司百分之五以上股份的股东，违反本法第四十四条的规定，买卖该公司股票或者其他具有股权性质的证券的，给予警告，并处以十万元以上一百万元以下的罚款。
	第一百九十四条　【证券公司及其从业人员损害客户利益】证券公司及其从业人员违反本法第五十七条的规定，有损害客户利益的行为的，给予警告，没收违法所得，并处以违法所得一倍以上十倍以下的罚款；没有违法所得或者违法所得不足十万元的，处以十万元以上一百万元以下的罚款；情节严重的，暂停或者撤销相关业务许可。
	第一百九十六条　【违法收购】收购人未按照本法规定履行上市公司收购的公告、发出收购要约义务的，责令改正，给予警告，并处以五十万元以上五百万元以下的罚款。对直接负责的主管人员和其他直接责任人员给予警告，并处以二十万元以上二百万元以下的罚款。

续表

《期货和衍生品法》第十二章"法律责任"	《证券法》第十三章"法律责任"
	收购人及其控股股东、实际控制人利用上市公司收购，给被收购公司及其股东造成损失的，应当依法承担赔偿责任。
	第一百九十七条　【信息披露违法】信息披露义务人未按照本法规定报送有关报告或者履行信息披露义务的，责令改正，给予警告，并处以五十万元以上五百万元以下的罚款；对直接负责的主管人员和其他直接责任人员给予警告，并处以二十万元以上二百万元以下的罚款。发行人的控股股东、实际控制人组织、指使从事上述违法行为，或者隐瞒相关事项导致发生上述情形的，处以五十万元以上五百万元以下的罚款；对直接负责的主管人员和其他直接责任人员，处以二十万元以上二百万元以下的罚款。 信息披露义务人报送的报告或者披露的信息有虚假记载、误导性陈述或者重大遗漏的，责令改正，给予警告，并处以一百万元以上一千万元以下的罚款；对直接负责的主管人员和其他直接责任人员给予警告，并处以五十万元以上五百万元以下的罚款。发行人的控股股东、实际控制人组织、指使从事上述违法行为，或者隐瞒相关事项导致发生上述情形的，处以一百万元以上一千万元以下的罚款；对直接负责的主管人员和其他直接责任人员，处以五十万元以上五百万元以下的罚款。
	第一百九十九条　【违法征集股东权利】违反本法第九十条的规定征集股东权利的，责令改正，给予警告，可以处五十万元以下的罚款。
	第二百零一条　【证券公司未核对投资者开立账户提供的身份信息】【证券公司违法提供投资者账户】证券公司违反本法第一百零七条第一款的规定，未对投资者开立账户提供的身份信息进行核对的，责令改正，给予警告，并处以五万元以上五十万元以下的罚款。对直接负责的主管人员和其他直接责任人员给予警告，并处以十万元以下的罚款。

续表

《期货和衍生品法》第十二章“法律责任”	《证券法》第十三章“法律责任”
	证券公司违反本法第一百零七条第二款的规定，将投资者的账户提供给他人使用的，责令改正，给予警告，并处以十万元以上一百万元以下的罚款。对直接负责的主管人员和其他直接责任人员给予警告，并处以二十万元以下的罚款。
	第二百零七条 【证券公司违法从事证券自营业务】证券公司违反本法第一百二十九条的规定从事证券自营业务的，责令改正，给予警告，没收违法所得，并处以违法所得一倍以上十倍以下的罚款；没有违法所得或者违法所得不足五十万元的，处以五十万元以上五百万元以下的罚款；情节严重的，并处撤销相关业务许可或者责令关闭。对直接负责的主管人员和其他直接责任人员给予警告，并处以二十万元以上二百万元以下的罚款。
	第二百一十条 【证券公司从业人员私下接受客户委托买卖证券】证券公司的从业人员违反本法第一百三十六条的规定，私下接受客户委托买卖证券的，责令改正，给予警告，没收违法所得，并处以违法所得一倍以上十倍以下的罚款；没有违法所得的，处以五十万元以下的罚款。
	第二百一十五条 【证券市场诚信档案】国务院证券监督管理机构依法将有关市场主体遵守本法的情况纳入证券市场诚信档案。
	第二百一十六条 【国务院证券监督管理机构或者国务院授权的部门不依法履职】国务院证券监督管理机构或者国务院授权的部门有下列情形之一的，对直接负责的主管人员和其他直接责任人员，依法给予处分： （一）对不符合本法规定的发行证券、设立证券公司等申请予以核准、注册、批准的； （二）违反本法规定采取现场检查、调查取证、查询、冻结或者查封等措施的； （三）违反本法规定对有关机构和人

续表

《期货和衍生品法》第十二章“法律责任”	《证券法》第十三章“法律责任”
	员采取监督管理措施的； （四）违反本法规定对有关机构和人员实施行政处罚的； （五）其他不依法履行职责的行为。
	第二百二十二条　【上缴国库】依照本法收缴的罚款和没收的违法所得，全部上缴国库。
	第二百二十三条　【复议诉讼】当事人对证券监督管理机构或者国务院授权的部门的处罚决定不服的，可以依法申请行政复议，或者依法直接向人民法院提起诉讼。

五、1999－2022期货市场行政处罚和市场禁入案例汇总表

	案号	当事人	违法事实	处罚结果
1	湖北〔2022〕4号①	秦某	通过虚假申报方式操纵纯碱、动力煤等6个品种、9个合约，合计盈利553,693,30元。	没收违法所得553,693,30元，并处以违法所得1倍罚款，合计1,107,386.60元。
2	山东〔2022〕3号②	何某伟	相互交易上海期货交易所天然橡胶期货多个合约、中国金融期货交易所沪深300股指期权IO2012－C－4850合约，共成交274次440手，获利197,764.46元。	责令改正，给予警告，罚款3万元。
3	〔2021〕117号	阮某	操纵白糖1801期货合约，涉案账户合计盈利116,330,801元。	没收违法所得，并处违法所得2倍罚款，合计220,775,922.00元。
		嘉和投资		没收违法所得，并处违法所得1倍罚款，合计85,477,654.00元。
		钟某		给予警告，罚款5万元。
4	〔2021〕100号	黄某	操纵纤维板1910合约，合计盈利2,312,281.87元。	没收违法所得，并处违法所得2倍罚款，合计2,275,401.00元。
		蒋某		没收违法所得，并处违法所得2倍罚款，合计2,275,401.00元。
		徐某		没收违法所得，并处违法所得2倍罚款，合计2,386,043.61元。

① 本栏仅标注案号的，决定书系由中国证监会作出；案号前注明属地的，决定书系由该地证监局作出。——本书注

② 本案当事人何某伟为私募基金从业人员，其在期货市场的违规交易行为被认定为私募基金利益输送行为，最终依据《私募投资基金监督管理暂行办法》（证监会令第105号）第三十八条规定给予处罚。——本书注

续表

	案号	当事人	违法事实	处罚结果
5	江苏〔2021〕4号、7号	新纪元期货	1. 新纪元期货违法向关联方提供借款； 2. 新纪元期货违法对外提供担保。	没收违法所得322,800元，并处违法所得2倍罚款，合计968,400元。
		戴某斌		给予警告，罚款5万元。
		刘某		1. 给予警告，罚款5万元； 2. 撤销期货从业人员资格。
		黄某		1. 给予警告，罚款5万元； 2. 撤销期货从业人员资格。
		张某芬		1. 给予警告，罚款5万元； 2. 撤销期货从业人员资格。
		杜某		给予警告，罚款5万元。
		相某宁		给予警告，罚款3万元。
		褚某如		给予警告，罚款5万元。
6	〔2020〕78号	李某	1. 编造并传播期货交易虚假信息； 2. 非法从事期货投资咨询业务。	1. 罚款40万元； 2. 责令停止非法期货投资咨询业务。
7	〔2020〕30号	邹某鑫	操纵"玉米淀粉1601"合约，合计亏损7,273,100元。	罚款70万元。
		刘某		罚款30万元。
8	〔2019〕94号	江某	相互成交精对苯二甲酸1512合约等，使对冲1号账户在相互成交交易中共计亏损211,580元，刘某账户盈利211,580元。	责令改正，给予警告，罚款30万元。
9	〔2019〕29号①	深圳市富航投资管理有限公司	相互成交股指期货，使富航1号盈利733,700元，华泰资管计划亏损1,376,000元。	责令改正，没收违法所得73,370元，并处以80万元罚款，合计873,370元。
		岳某		1. 给予警告，罚款20万元； 2. 暂停基金从业资格3年。
		李某亚		1. 给予警告，罚款10万元； 2. 暂停基金从业资格2年。

① 〔2019〕94号、〔2019〕29号两案虽然是期货市场的违规交易行为，但中国证监会最终将两案违法行为认定为私募基金利益输送行为，并依据《证券投资基金法》和《私募投资基金监督管理暂行办法》（证监会令第105号）对当事人给予行政处罚。——本书注

续表

	案号	当事人	违法事实	处罚结果
10	上海〔2019〕16、17、18号	华鑫期货	华鑫期货实际使用了非本公司购买或开发的交易系统传递客户交易指令，未对该系统上进行交易的客户账户资金和持仓进行验证，不符合期货公司审慎经营和风险管理的要求，所获违法所得为10,089,097元。	给予警告，没收违法所得10,089,097元，并处以违法所得1倍罚款，合计20,178,194.00元。
		李某		给予警告，罚款3万元。
		金某献①		给予警告。
11	海南〔2019〕3号	郑某光	编造并传播期货交易虚假信息。	给予警告，罚款10万元。
12	山东〔2019〕1号	中州期货	1. 隆昌集团将其持有的中州期货26%股权用于质押担保，未按规定向国务院期货监督管理机构提交书面报告； 2. 隆昌集团持有的中州期货26%股权先后被有关司法机关冻结，未按规定向国务院期货监督管理机构提交书面报告； 3. 中州期货涉及重大诉讼事项，未按照规定向国务院期货监督管理机构提交书面报告； 4. 中州期货保证金账户及自有资金账户先后被有关司法机关冻结，未按规定向国务院期货监督管理机构提交书面报告； 5. 中州期货自有资金账户资金被司法机关扣划，未按规定向国务院期货监督管理机构提交书面报告。	责令改正，给予警告，并处罚款10万元。
		隆昌集团		责令改正，给予警告，并处罚款10万元。
		王某江		1. 给予警告，并处罚款5万元； 2. 撤销期货从业人员资格。
		唐某		给予警告，并处罚款3万元。

① 金某献因犯操纵期货市场罪、职务侵占罪，被判处有期徒刑五年，并处罚金人民币六十万元，详见本书第41－42页的内容。——本书注

续表

	案号	当事人	违法事实	处罚结果
13	大连〔2018〕1号	曾某雄	编造并传播期货交易虚假信息，同时交易盈利1223.82元。	给予警告，没收违法所得1,223.82元，并处以40万元罚款，合计401,233.82元。
14	黑龙江〔2018〕02号	大通期货	违规向股东提供借款。	给予警告，没收违法所得230,800元，并处以违法所得2倍罚款，合计692,400元。
		何某峰		给予警告，罚款5万元。
		杜某		给予警告，罚款3万元。
		张某		给予警告，罚款3万元。
		丛某叶		给予警告，罚款1万元。
		胡某贵		给予警告，罚款1万元。
		战某		给予警告，罚款1万元。
		张某		给予警告，罚款1万元。
15	山西〔2018〕02号	和合期货	违反风险监管指标。	给予警告，罚款30万元。
		刘某洁		给予警告，罚款5万元。
		袁某滢		给予警告，罚款4万元。
		韩某敏		给予警告，罚款4万元。
		马某萍		给予警告，罚款4万元。
16	〔2017〕58号	廖某焱	操纵“普麦1601”合约，合计亏损约478万元。	罚款60万元。
17	〔2017〕13号	上海有色金属交易中心有限公司	编造并且传播虚假信息。	给予警告，罚款40万元。
		陆某宏		给予警告，罚款8万元。
18	山西〔2017〕02号	三立期货	违规对外担保。	责令改正，给予警告，罚款10万元。
		刘某		给予警告，罚款5万元。

续表

	案号	当事人	违法事实	处罚结果
19	〔2016〕119 号	刘某铖	操纵“聚氯乙烯 1501”合约，合计亏损 37,573,453 元。	罚款 50 万元。
20	〔2016〕5 号处罚决定〔2016〕1 号禁入决定	陶某	操纵“胶合板 1502”合约价格，合计获利 1,140,444 元。	1. 没收违法所得，并处以违法所得 2 倍罚款，合计 1,710,666.00 元；2. 市场禁入 3 年。
		傅某南		1. 没收违法所得，并处以违法所得 2 倍罚款，合计 1,710,666.00 元；2. 市场禁入 5 年。
21	〔2015〕31 号处罚决定〔2015〕8 号禁入决定	姜某	操纵“甲醇 1501”合约，合计亏损 79,459,652 元。	1. 罚款 100 万元；2. 市场禁入终身。
22	〔2014〕35 号	厦门宝拓	操纵焦炭 1209 合约交割结算价格，违法所得 387,658.12 元。	责令改正，没收违法所得387,658.12 元，并处以违法所得 1 倍罚款，合计 755,316.24 元。
		陈某卿		给予警告，罚款 3 万元。
		苏某		给予警告，罚款 1 万元。
23	〔2013〕67 号	海南大印	操纵天然橡胶“RU1010”期货合约结算价，海南大印违法所得 241,410 元，海南龙盘园违法所得 289,200 元。	责令改正，没收违法所得 241,410 元，并处违法所得 2 倍罚款，合计 724,230 元。
		海南龙盘园		责令改正，没收违法所得 289,200 元，并处违法所得 2 倍罚款，合计 867,600 元。
		海南万嘉实业		责令改正，没收违法所得 221,475 元，并处违法所得 2 倍罚款，合计 664,425 元。
		王某		给予警告，罚款 10 万元。
		莫某萍		给予警告，罚款 3 万元。
		陈某荣		给予警告，罚款 2 万元。

续表

	案号	当事人	违法事实	处罚结果
24	〔2013〕59 号处罚决定〔2013〕20 号禁入决定	光大证券	1. 内幕交易 ETF，合计规避损失 13,070,806.63 元；2. 内幕交易股指期货，合计获利 74,143,471.45 元。	没收违法所得 87,213,278.08 元，并处以违法所得 5 倍罚款，合计 523,285,668,48 元。
		徐某明		1. 给予警告，罚款 60 万元；2. 终身市场禁入。
		杨某忠		1. 给予警告，罚款 60 万元；2. 终身市场禁入。
		沈某光		1. 给予警告，罚款 60 万元；2. 终身市场禁入。
		杨某波		1. 给予警告，罚款 60 万元；2. 终身市场禁入。
25	〔2012〕22 号	宝尔胜钢铁	操纵 RB1107 合约交割结算价格，少纳增值税 75,846.15 元。	罚款 20 万元。
		黄某称		给予警告，罚款 2 万元。
26	〔2012〕15 号	胶南粮库	操纵 WT105 合约价格，违法所得 1,720 元。	罚款 20 万元。
		刘某江		给予警告，罚款 2 万元。
27	〔2011〕6 号	三五九期货	1. 违规向公司控股股东提供自有资金；2. 报送虚假财务报告和虚假风险监管报表。	给予警告，罚款 15 万元。
		袁某农		给予警告，罚款 5 万元。
		钱某炳		给予警告，罚款 1 万元。
28	〔2010〕30 号	殷某红	利用虚假学历证明取得期货公司首席风险官任职资格。	给予警告，撤职，罚款 3 万元。
29	〔2009〕25 号①	安泰期货	利用他人账户交易股票，违法所得 1,276,959.06 元。	责令改正，没收违法所得。
30	〔2009〕23 号处罚决定〔2009〕13 号禁入决定	万汇期货	1. 挪用客户保证金；2. 违规开展期货自营业务。	吊销期货经纪业务许可。
		冯某		罚款 5 万元。
		李某		罚款 4 万元。
		麦某		罚款 1 万元。
		严某		终身市场禁入。
		卞某		终身市场禁入。

① 本案为期货公司违反《证券法》的情形，最终依据 2005 年修订的《证券法》第二百零八条对当事人给予行政处罚。——本书注

续表

	案号	当事人	违法事实	处罚结果
31	〔2009〕14 号处罚决定〔2009〕10 号禁入决定	三隆期货	1. 挪用客户保证金； 2. 违规开展期货自营业务、未按规定保存有关文件和资料。	免予处罚（已吊销期货业务许可）。
		邹某平		1. 罚款 10 万元； 2. 市场禁入 3 年。
		邹某英		1. 罚款 5 万元； 2. 市场禁入 3 年。
		鲁某		罚款 2 万元。
32	〔2009〕12 号	华南期货	挪用客户保证金。	罚款 10 万元。
		姜某		罚款 5 万元。
		张某涛		罚款 3 万元。
33	〔2009〕6 号处罚决定〔2009〕4 号禁入决定	齐鲁期货	挪用客户保证金。	免予处罚（已吊销期货业务许可）。
		石某军		罚款 2 万元。
		毕某善		1. 罚款 5 万元； 2. 市场禁入 2 年。
		沈某		罚款 1 万元。
34	〔2009〕3 号	泰阳期货	任用不具备从业资格的人员。	给予警告，罚款 10 万元。
		刘某岳		给予警告，罚款 3 万元。
		王某		给予警告，罚款 2 万元。
		陈某		给予警告，罚款 2 万元。
35	〔2008〕48 号	大业期货	违规对外提供担保、未按照规定履行报告义务。	给予警告，罚款 10 万元。
		罗某杭		给予警告，罚款 5 万元。
36	〔2008〕39 号	嘉陵期货	挪用客户保证金、违规开展账户管理、违规进行自营交易、向监管部门报送虚假资料和财务报告。	吊销期货经纪业务许可。
37	〔2008〕32 号	格林期货	透支交易。	责令改正，给予警告，罚款 20 万元。
		赵某钰		给予警告，罚款 3 万元。
		李某哲		给予警告，罚款 4 万元。
		赵某军		给予警告，罚款 5 万元。

续表

	案号	当事人	违法事实	处罚结果
38	〔2008〕11号	寰宇期货	1. 透支交易； 2. 未依法履行报告义务。	给予警告。
		施某东		罚款4万元。
39	〔2008〕9号	新天期货	挪用客户保证金、违规进行期货自营业务、向监管部门提供虚假财务报表和结算数据。	给予警告，罚款30万元。
		陈某		罚款10万元。
		漆某芸		罚款8万元。
		叶某		罚款1万元。
40	〔2006〕38号	金迪期货	1. 透支交易； 2. 挪用客户保证金。	给予警告，没收违法所得25,857.86元，并处以20万元罚款，合计225,857.86元。
		徐某雪		罚款4万元。
		吕某英		罚款4万元。
		申某正		罚款2万元。
		朱某光		罚款1万元。
41	〔2006〕21号	鑫国联期货上海营业部	透支交易。	罚款10万元。
		奚某松		罚款2万元。
		万某忠		罚款1万元。
42	〔2006〕20号	经易期货上海营业部	透支交易。	罚款10万元。
		陈某华		罚款2万元。
		周某平		罚款1万元。
43	〔2005〕4号	璐通期货	未经客户委托擅自进行期货交易。	给予警告，罚款5万元。
		王某勤		罚款2万元。
		罗某		罚款1万元。
		赵某		罚款1万元。

续表

	案号	当事人	违法事实	处罚结果
44	〔2005〕3号	港九期货	违规对外提供担保。	责令改正，给予警告，罚款10万元。
		廖某东		罚款5万元。
		王某		罚款1万元。
45	〔2005〕2号	万向期货	透支交易。	给予警告，没收违法所得118,546元，并处以违法所得1倍罚款，合计237,092元。
		冯某		罚款3万元。
46	〔2004〕24号	中谷期货	1. 透支交易； 2. 混码交易。	给予警告，罚没款合计393,346元。
		沈某义		罚款3万元。
		范某敏		罚款3万元。
47	〔2004〕5号	万向期货	违规为境外客户开户（未对客户身份信息进行充分审查和了解）。	罚款10万元。
		冯某		罚款3万元。
		梁某斌		罚款1万元。
48	〔2003〕24号	恒丰期货	1. 挪用客户保证金； 2. 未经客户委托或者不按照客户委托范围擅自进行交易； 3. 将受托业务进行转委托； 4. 向客户提供虚假成交回报； 5. 未将客户交易指令下达到期货交易所内。	免予处罚（已注销登记）。
		罗某		罚款10万元。
		张某宁		罚款9万元。
49	〔2003〕1号	吉粮发期货	1. 未将客户交易指令下达到期货交易所内； 2. 透支交易。	给予警告，没收违法所得8,814元，并处以10万元罚款，合计108.814元。
		刘某		罚款1万元。

续表

	案号	当事人	违法事实	处罚结果
50	〔2002〕17 号	京都期货	1. 未将客户交易指令下达到交易所内； 2. 与客户约定分享利益； 3. 任用未取得高管人员任职资格证书的人员在公司任职。	给予警告，没收违法所得 206,405 元，并处以违法所得 1 倍罚款，合计 412,810 元。
		韩某		罚款 5 万元，并责令公司给予其纪律处分。
		李某平		责令公司给予其纪律处分。
51	〔2002〕15 号	新基业期货	1. 透支交易； 2. 混码交易。	给予警告，没收违法所得 25,133.05 元，并处以 10 万元罚款，合计 125,133,05 元。
		洪某		罚款 1 万元。